DEIN COACH ZUM ERFOLG!

Dein ActiveBook auf My**STARK**:

Du kannst auf alle digitalen Inhalte zu diesem Band online zugreifen. Registriere dich dazu unter **www.stark-verlag.de/mystark** mit deinem **persönlichen Zugangscode:**

H9P3-Z7W6-S8B3

C08840-001614

Die Inhalte dieser Auflage stehen bis Schuljahresen...

My**STARK**

Das Active**Book** *bietet dir:*

- Original-Prüfungsaufgaben von 2022 mit vollständigen Lösungsvorschlägen
- Kleinschrittige Aufgaben zur Analyse von literarischen und pragmatischen Texten
- Videos zur Veranschaulichung des Vorgehens bei der Textanalyse
- Sofortige Ergebnisauswertung und Feedback zu einzelnen Aufgaben

DEIN COACH ZUM ERFOLG!

So kannst du interaktiv lernen:

Interaktive Aufgaben

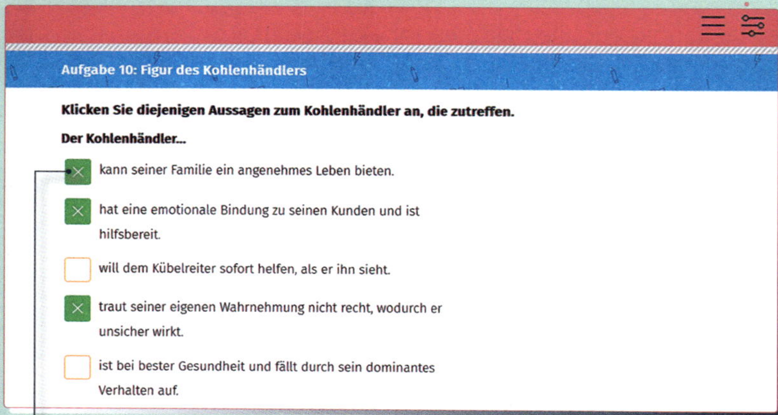

Sofortige Ergebnisauswertung

Lernvideos

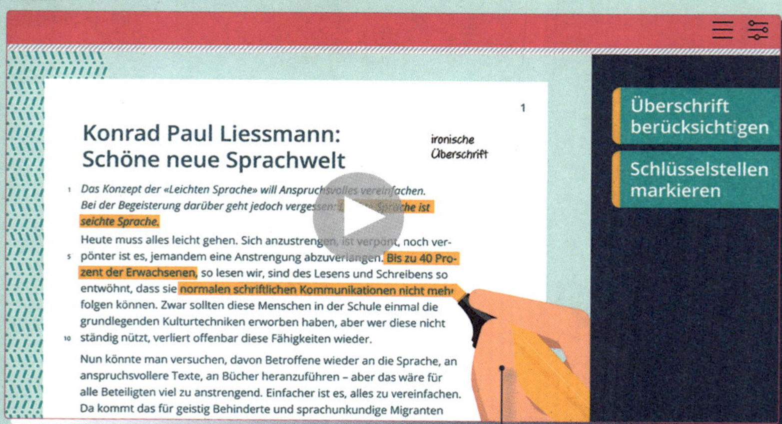

Anschauliche Erklärungen zur Textanalyse

Systemvoraussetzungen:
- Mindestens 1024×768 Pixel Bildschirmauflösung
- Chrome, Firefox oder ähnlicher Webbrowser
- Internetzugang

STARK

2023

Berufliches Gymnasium

Original-Prüfungsaufgaben mit Lösungen

Baden-Württemberg

Deutsch

STARK

20. ergänzte Auflage
www.stark-verlag.de

Inhaltsverzeichnis

Abiturprüfungsaufgaben 2019

Abiturprüfungsaufgaben 2020

Abiturprüfungsaufgaben 2021

Sobald die Original-Prüfungsaufgaben 2022 freigegeben sind, können Sie sie als PDF auf der Plattform MyStark herunterladen (Zugangscode vgl. Farbseiten zu Beginn des Buches).

Autorinnen und Autoren

Dieter Gall	Hinweise und Tipps
Dr. Martin Brück	Hinweise und Tipps
Dr. Dorothea Hennig	Übungsaufgabe 1
Florian Andelfinger	Übungsaufgabe 2
Claudia Mutter	Übungsaufgabe 4
Dr. Eva-Maria Knittel	Übungsaufgabe 5
Dr. Gwendolyn Whittaker	Abiturlösungen 2020–2021/3
Daniel Hagmann	Abiturlösungen 2019–2021/1
Dr. Ulrich Vormbaum	Abiturlösung 2021/2, Übungsaufgaben 3 und 6
Dr. Michael Dengler	Abiturlösungen 2019/3 und 2021/5 b
Hans-Martin Ruopp	Abiturlösung 2019/4
Christoph Stephan	Abiturlösungen 2019–2020/5, 2021/5 a
Rainer Maria Meinicke	Abiturlösungen 2020–2021/4

Vorwort

Liebe Abiturientinnen und Abiturienten,

Sie werden bald das Abitur im Fach Deutsch ablegen. Der vorliegende Band hilft Ihnen dabei, sich optimal auf die Prüfung vorzubereiten.

Das einführende Kapitel „**Hinweise und Tipps**" informiert Sie über die offiziellen Rahmenvorgaben, macht Sie mit den Arbeitsanweisungen (Operatoren) vertraut und erläutert die verschiedenen Schwierigkeitsstufen (Anforderungsbereiche) innerhalb jeder einzelnen Aufgabe. Es schließen sich konkrete Tipps an, was Sie bei der Bearbeitung der unterschiedlichen Aufgabenarten beachten müssen. Hinweise zur mündlichen Prüfung im Fach Deutsch runden diesen Teil ab.

Ein Block mit zahlreichen **Übungsaufgaben** konzentriert sich auf die aktuellen **Pflichtlektüren** und das **Leitthema Lyrik** „Reisen in der deutschsprachigen Lyrik vom Sturm und Drang bis zur Gegenwart". Daran schließt sich eine Auswahl aus den offiziellen **Prüfungsaufgaben** der Jahre 2019 bis 2022 an.

Zu jedem Klausurbeispiel finden Sie einen ausführlichen **Lösungsvorschlag**, mit dem Sie Ihren eigenen Aufsatz vergleichen können. Den Lösungsvorschlägen vorangestellt sind **Bearbeitungshinweise**, die Ihnen bei der Erschließung der einzelnen Arbeitsanweisungen helfen. Wesentliche **Fachbegriffe** in den Lösungsvorschlägen sind durch Fettdruck hervorgehoben; **Strukturierungshinweise am Rand** sollen helfen, den Gedankengang nachzuvollziehen.

Vergegenwärtigen Sie sich bei Ihrer Vorbereitung immer wieder die genaue Fragestellung und die verwendeten Operatoren und lesen Sie die Erklärung der unterschiedlichen Aufgabenarten in den Hinweisen nach. Auf diese Weise wiederholen Sie auch die im Unterricht gelernten Inhalte und Methoden.

Sollten nach Erscheinen dieses Bandes noch wichtige Änderungen in der Abiturprüfung 2023 vom Kultusministerium bekannt gegeben werden, finden Sie aktuelle Informationen dazu im Internet unter: *www.stark-verlag.de/mystark*

Wir wünschen Ihnen eine effektive Abiturvorbereitung und eine erfolgreiche Abiturprüfung!

Die Autorinnen und Autoren sowie der Verlag

HINWEISE UND TIPPS

Hinweise und Tipps zur schriftlichen Abiturprüfung

1 Grundlagen

1.1 Vorgaben für das Zentralabitur Deutsch 2023

Die schriftlichen Prüfungsaufgaben richten sich in Aufbau und Inhalt nach:

- dem „Lehrplan für die Sekundarstufe II: Berufliches Gymnasium“ (August 2008), im Internet zu finden unter: http://lehrplan.lernnetz.de/intranet1/index.php?DownloadID=381
- den bundesweit verbindlichen „Bildungsstandards im Fach Deutsch für die Allgemeine Hochschulreife“, im Internet zu finden unter: www.kmk.org/fileadmin/Dateien/veroeffentlichungen_beschluesse/2012/2012_10_18-Bildungsstandards-Deutsch-Abi.pdf
- den in der Regel für jeweils vier Schuljahre gültigen Pflichtlektüren, die vom Kultusministerium in „Kultus und Unterricht“ veröffentlicht werden.

1.2 Zeitrahmen und Hilfsmittel

In der Abiturprüfung im Fach Deutsch werden Ihnen fünf unterschiedliche Aufgaben vorgelegt, von denen Sie eine auswählen müssen. Zur Bearbeitung stehen Ihnen 5 Stunden (300 Minuten) zur Verfügung. 30 Minuten sind zusätzlich als Lese- und Auswahlzeit vorgesehen. Als Hilfsmittel sind ein Wörterbuch der deutschen Rechtschreibung sowie unkommentierte Ausgaben der Pflichtlektüren zugelassen.

2 Prüfungsstoff

Die **Prüfungsthemen** konzentrieren sich auf **drei literarische Werke** der Gattungen Drama und Roman/Erzählung sowie das vorgegebene **lyrische Themenfeld**.

Für die schriftliche Abiturprüfung ist das lyrische Schwerpunktthema „**Reisen in der deutschsprachigen Lyrik vom Sturm und Drang bis zur Gegenwart**" verbindlich. Damit ist ein breiter zeitlicher Rahmen vorgegeben, der ein an literarischen Epochen orientiertes Vorgehen nahelegt. Reiselyrik kann erst dann entstehen, wenn Reisen nicht mehr allein als zweckbestimmter Vorgang – etwa als Handelsreise eines Kaufmanns – erfahren, sondern als spezifische Erfahrung entdeckt wird: als Bewegung im Raum, von Ort zu Ort, zwischen Aufbruch und Ankunft einschließlich des dabei Erlebten und Empfundenen. Dieses lyrische Motiv wird erstmals in der Epoche des Sturm und Drang auf breiterer Textbasis entfaltet. Es erreicht einen Höhepunkt in der Romantik setzt sich bis in die Gegenwart fort. Die **ästhetische Erfahrung** der Natur als Landschaft oder sozialhistorische und **technische Entwicklungen** wie Urbanisierung, Industrialisierung und neue Fortbewegungsarten prägen das Reiseerlebnis. Während sich Reisen in der Romantik primär als Wandern vollzieht, aber auch als Reisen mit der Kutsche, wird die Eisenbahnfahrt mit ihrer geschwindigkeitsbedingten Flüchtigkeit und der Kontrastierung von Innen- und Außenraum zu einem beliebten Thema der Reiselyrik im 19. Jahrhundert. Schauplätze von Reiselyrik können Bahnhöfe sein, später auch Flughafenterminals. Kritik am Reisen – oft auch in ironischer und parodistischer Form – wird im weiteren Verlauf des 19. und verstärkt im 20. und 21. Jahrhundert zum Thema von Gedichten. Sie verbindet sich häufig mit einer Kritik an der Entwicklung der Fortbewegungsarten und am modernen Massentourismus, der keine wirkliche Erfahrung des Fremden und keine Entdeckungen mehr zulässt. Es gibt neben **freiwilligen** auch unfreiwillige, **erzwungene Formen** des Reisens – aus politischen, sozialen oder auch ökologischen Gründen. Zu nennen wären u. a. die Exillyrik während des Nationalsozialismus, Lyrik der DDR sowie Flucht und Migration im 21. Jahrhundert. So wird die ursprünglich romantische Thematik von Heimat und Fremde auch heutzutage wieder hochaktuell. Im Unterschied zu Gedichten, die zeittypische Erfahrungen reflektieren, gibt es schließlich auch solche, die das Reisen **metaphorisch verdichten**: als Lebensreise, Sinnsuche oder letzte Reise. Hier können mit der Existenzkrise, dem Kreislauf des Lebens oder der Endlichkeit des Menschen anthropologische, auch religiöse und metaphysische Grunderfahrungen im Mittelpunkt der lyrischen Texte stehen. (Näheres zu diesem Thema findet sich in der **STARK-Gedichtsammlung** „Reiselyrik", hrsg. von Dr. Ulrich Vormbaum, ISBN 978-3-8490-3228-9)

Bei den **drei literarischen Werken** handelt es sich um

- Johann Wolfgang von Goethes Drama „**Faust. Der Tragödie erster Teil**",
- E.T.A. Hoffmanns Novelle „**Der goldne Topf**",
- Hermann Hesses Roman „**Der Steppenwolf**".

Bei der Behandlung der **drei Pflichtlektüren** liegt der Schwerpunkt auf dem **Werkvergleich**. Der Bildungsplan für die Kursstufe sieht vor, dass Schülerinnen und Schüler „die geschichtliche Bedingtheit eines Werkes" erkennen wie auch „Zusammenhänge zwischen Texten (Intertextualität)" und in der Lage sind, „themenverwandte beziehungsweise motivähnliche Texte aus verschiedenen Epochen zu vergleichen."

Die **Vergleichbarkeit der drei Werke** ergibt sich schon aus knappen Inhaltsangaben:

Mehr als nur Klassik: Goethe, Faust I (1808)

Mit seinen Erkenntnismöglichkeiten unzufrieden, wendet sich der Universalgelehrte Faust in Goethes Drama magischen Praktiken zu und unternimmt weitere Versuche der **Selbstüberschreitung** (Beschwörung des Erdgeistes, Suizid), die allesamt scheitern. Diese Erfolglosigkeit führt zum **Teufelspakt** mit Mephisto, der sich zu einer Wette entwickelt: Mephisto wird Fausts Seele gewinnen, wenn er ihn zu Ruhe und Stillstand verführen kann.

vom Pakt zur Wette

Faust hingegen verspricht sich von der Wette eine **Erweiterung seines Horizonts** über menschliche Dimensionen hinaus. Vorbereitet wird diese Wette durch eine andere, die Mephisto mit Gott im „Prolog im Himmel" eingeht: Deren Gegenstand ist Faust selbst und die Frage, ob Mephisto sein Ziel erreichen wird.

die Wette im Himmel

Der Teufel lädt den Gelehrten zu einer Reise ein, die über die Stationen „Auerbachs Keller" und „Hexenküche" (Fausts Verjüngung) in eine Kleinstadt führt, wo Faust auf Margarete, ein Mädchen aus **kleinbürgerlichen Verhältnissen**, trifft. Mithilfe Mephistos gelingt es ihm, Margarete an sich zu binden und ihr seine **Liebe** zu beteuern.

Einbruch in Margaretes Leben

Allerdings wirkt sich Fausts **Ungeduld** in der Rolle des jugendlichen Liebhabers, die seiner Ungeduld als Wissenschaftler gleichkommt, katastrophal aus: Er trägt zum Tod ihrer Mutter und ihres Bruders bei und vernichtet durch seine Verführungskünste, die zur Schwangerschaft Margaretes führen, deren Existenz.

Fausts Schuld

Während Faust in Begleitung Mephistos nach **Ablenkung** von seinen Schuldgefühlen sucht („Walpurgisnacht"), wird Margarete aus Verzweiflung zur **Kindsmörderin**. Faust will die zum Tode Verurteilte aus dem **Kerker** befreien. Die halb wahnsinnig gewordene Margarete lässt sich auf den Fluchtplan aber nicht ein, nimmt alle Schuld auf sich und übergibt sich in der Hoffnung auf Gnade dem Gericht Gottes.

Margaretes Schicksal

Inszenierungsfoto von Goethe / Wilson / Grönemeyer: Faust I und II, Berliner Ensemble, © Lucie Jansch

Eine romantische Novelle: Hoffmann, Der goldne Topf (1814)

Hauptfigur der Novelle „Der goldne Topf" ist der Student Anselmus. In seinem alltäglichen Leben – repräsentiert durch den Konrektor Paulmann, dessen Tochter Veronika und den Registrator Heerbrand – erschließt sich ihm zunehmend eine andere, **höhere Wirklichkeit**, die wiederum in ein **gutes** und in ein **böses Prinzip** geteilt ist. Ersteres wird durch den Archivarius Lindhorst, der zugleich als Feuersalamander ein Elementargeist ist, vertreten, das andere durch eine alte Hexe.

zwischen den Fronten höherer Mächte

Mit seiner **Liebe zu Serpentina**, einer der Schlangentöchter Lindhorsts, könnte Anselmus die Erlösung des Archivarius bewirken. Als Strafe für ein Vergehen in mythischer Vorzeit, wovon der **Atlantis-Mythos** erzählt, wurde dieser in die enge bürgerliche Welt versetzt und muss nun eine Doppelexistenz führen.

Liebe zur mythischen Serpentina

Doch die Hexe fesselt Anselmus durch ihre Zauberkraft an Veronika, die eine Ehe mit einem beruflich erfolgreichen Anselmus anstrebt, und somit an das **bürgerliche Milieu**. Der Sieg Lindhorsts über das alte Äpfelweib führt schließlich zur Vereinigung des Anselmus mit Serpentina und zu ihrem gemeinsamen **Leben auf einem Rittergut** im utopischen Atlantis.

Kampf um Anselmus

Veronika hingegen findet im **Registrator Heerbrand** den geeigneten Ehemann, der es – ihren Wünschen entsprechend – zum Hofrat bringt. Im letzten Kapitel des „Märchens aus der neuen Zeit" gibt Lindhorst dem Erzähler einen Einblick in **Anselmus' selige Existenz** in Atlantis, die nichts anderes sei als „das Leben in der Poesie". Als Mitgift erhält das Paar einen goldenen Topf, in dem eine Lilie erblüht, die sein **gemeinsames Glück** beschützt.

Anselmus als Poet in Atlantis

Sie wollen mehr über „Der goldne Topf" wissen? Die **STARK-Interpretationshilfe** hilft Ihnen weiter! (ISBN 978-3-8490-3283-8)

Zwischen Wolf und Mensch: Hesse, Der Steppenwolf (1927)

Der Roman „Der Steppenwolf" besteht aus den Aufzeichnungen der Hauptfigur **Harry Haller**, denen das Vorwort des Herausgebers vorangestellt und in die der „Traktat vom Steppenwolf" eingefügt ist, der Hallers Existenzproblematik analysiert. Haller leidet an einem inneren Konflikt, in dem Mensch und Wolf, Geistiges und Animalisches, Kultur und Natur, für ihn unvereinbar im Streit liegen. Dieser **Zwiespalt** bestimmt seine Lebensführung.

Harry Hallers Zerrissenheit

Weitgehend isoliert von seiner Umwelt, führt er in seiner Studierstube imaginäre Unterhaltungen mit den Geistesgrößen vergangener Epochen – vor allem mit Goethe, aber auch mit Mozart. Die Nächte verbringt er dagegen in Kneipen, ohne dort mehr als oberflächliche Zerstreuung zu finden. Hallers ganze Verachtung richtet sich gegen die selbstzufriedene und lauwarme **Welt des Bürgertums**, die von der Problematik des Steppenwolfs nicht betroffen ist und zu der er sich gerade deswegen auch immer wieder hingezogen fühlt.

Haller zwischen Goethe und Kneipe

Auf seinen **nächtlichen Streifzügen** begegnet Haller dem Mädchen Hermine; durch sie lernt er den Jazztrompeter Pablo, Inhaber eines „Magischen Theaters", kennen. Hermine nimmt sich Hallers an und lässt ihn, bevor sie seine Geliebte wird, durch ihre jüngere Freundin Maria eine unbeschwerte, heitere **Sinnlichkeit** erfahren. Am Ende von Hallers Entwicklungsprozess steht die Einführung in Pablos „Magisches Theater", eine „**Schule des Humors**", in der er das Lachen lernen und damit den starren **Dualismus seiner Steppenwolf-Existenz** überwinden soll. Der Höhepunkt der Darbietungen ist die Vision eines Liebesspiels zwischen Hermine und Pablo, woraufhin der eifersüchtige Haller Hermine ersticht. Mozart tritt auf und macht sich über die pathetische Reaktion Hallers lustig, der sich trotz seines Versagens an die **Hoffnung** klammert: „Einmal würde ich das Lachen lernen. Pablo wartete auf mich. Mozart wartete auf mich."

neue Kontakte: Hermine, Pablo und Maria

Humor als Lösung?

andamanec – Fotolia.com

Sie wollen mehr über „Der Steppenwolf" wissen? Die **STARK-Interpretationshilfe** hilft Ihnen weiter! (ISBN 978-3-8490-3282-1)

Beispiele für Vergleichsaspekte:

Faust, Anselmus und Haller sind Außenseiter, wobei Gemeinsamkeiten und Unterschiede bestehen: Entscheidend für den Gelehrten Faust ist seine **Unzufriedenheit** mit sich selbst und seiner Situation, die ihn vom Wissenschaftsbetrieb entfernt und auf riskante Abwege führt. Hinzu kommt, dass er keine engeren zwischenmenschlichen Beziehungen unterhält und seine Studierstube als Gefängnis empfindet. Auch Haller hat keine nennenswerten sozialen Kontakte und leidet an seinem **Steppenwolf-Ich**, das im Traktat tiefenpsychologisch analysiert wird. Dort wird ein Zusammenhang hergestellt zwischen Haller und Faust, der in Goethes Drama von den „zwei Seelen", die in seiner „Brust" wohnen, spricht. Beide – Faust und Haller – plagt ein unversöhnbarer Konflikt zwischen ihrer **Bindung an das Leben** und einer **Orientierung am Geistigen**. Ein Unterschied besteht darin, dass Haller die Welt des Bürgertums – mit einer Art von Hassliebe – verachtet, während Faust zwar isoliert lebt, aber beim Osterspaziergang seinen Mitbürgern offen und freundlich begegnet. Anselmus schließlich leidet weder an sich selbst noch an seinem gesellschaftlichen Umfeld, in dem er zunächst fest verankert ist. Von diesem entfernt er sich unter dem **Einfluss höherer Mächte**, die in sein Leben eingreifen und ihn zunächst nur verunsichern. Trotz einiger Widerstände gelangt er zu einem „Leben in der Poesie", d. h., er wird zum Dichter. Sein Weg führt von Dresden nach Atlantis: Er überwindet, von Helferfiguren (Lindhorst, Serpentina) begleitet, den Dualismus, der Fausts und Hallers Leben prägt, durch eine **konsequente Entwicklung**. Der Preis, den er dafür zahlt, besteht allerdings im Verlust der Realität.

1. Beispiel: Außenseitertum

Faust und Haller mit „zwei Seelen"

Anselmus' Ringen um eine höhere Existenz

Das Verhältnis der drei Protagonisten zu Frauen bildet einen weiteren Schwerpunkt. Faust vernichtet Margaretes soziale, psychische und – wie zu vermuten ist – physische Existenz gerade durch seine Liebe, die zwischen Schwärmerei und sexueller Begierde changiert. Es sind nicht nur sein übereiltes Handeln und seine **mangelnde Sensibilität**, die zur Katastrophe führen. Hinzu kommen der erhebliche **soziale und intellektuelle Abstand** zwischen beiden und die engen Moralvorstellungen sowie öffentlichen Strafrituale der damaligen Gesellschaft. Diesen versucht sich Margarete in ihrer Verzweiflung durch die Tötung ihres eigenen Kindes zu entziehen. Bei der letzten Begegnung zwischen ihr und Faust im Kerker wird die vollständige **Entfremdung** zwischen beiden deutlich: Während Margarete die ganze Schuld auf sich nimmt, drängt Faust sie vergeblich zur Flucht, die er sodann mithilfe Mephistos ergreift. Margarete ist – um den Preis ihres bevorstehenden Todes – über sich hinausgewachsen und stellt Faust, was Moralität und Verantwortung betrifft, weit in den Schatten.

2. Beispiel: Verhältnis zu Frauen

Fausts verheerender Einfluss auf Margarete

Margarete und Veronika gehören dem kleinbürgerlichen Milieu an und hegen durchaus **Vorstellungen vom gesellschaftlichen Aufstieg** – bei Veronika führt dies zu konkreten Heiratsplänen, bei Margarete äußern sich solche Wünsche eher indirekt, wenn sie etwa von dem Schmuck, den Mephisto beschafft hat, fasziniert ist. Hier enden aber bereits die Parallelen. Denn das Scheitern der Beziehung zwischen Veronika und Anselmus führt nicht in die Katastrophe, sondern ermöglicht ein **doppeltes Happy End:** Beide finden den geeigneten Partner. Während Veronika und Heerbrand eine typisch bürgerliche Ehe mit klassischer Rollenverteilung eingehen, entzieht sich die Beziehung zwischen Anselmus und seiner Muse Serpentina konkreten Vorstellungen und muss dem freien Spiel der Phantasie überlassen bleiben.

Veronika am Ziel ihrer Wünsche

Die Frauenfiguren im „Steppenwolf“ unterscheiden sich grundsätzlich von den bisher erwähnten: Hermine und Maria sind **emanzipierte Frauen** und in Bezug auf Haller **Helferfiguren**. Dies gilt vor allem für Hermine: Sie vereint die im „Goldnen Topf“ auf Veronika und Serpentina verteilten Bereiche des Wirklichen und Phantastischen, bewegt sich einerseits im **Halbweltmilieu** der Bars und Nachtclubs und gehört andererseits zum „Magischen Theater“. Ihre Strategie erinnert an Mephistos Umgang mit Faust: Sie befreit Haller aus seiner Studierstube und macht ihn, darin von Maria unterstützt, mit den heiteren und **genussreichen Seiten des Lebens** bekannt. Sie spielt Haller den Traktat zu und ist mit der Dramaturgie des „Magischen Theaters“ vertraut, wo sie ihn auf die entscheidende Probe stellt.

moderne Frauen: Hermine und Maria

3. Beispiel: Verhältnis von Welt und Gegenwelt

In allen drei Werken wird die in der Fiktion als real dargestellte Welt mit einer zweiten Welt konfrontiert: Es geht um das Verhältnis zwischen Welt und Gegenwelt bzw. **Wirklichkeit** und **Phantasie**. Goethe greift auf christliche Vorstellungen zurück und Fausts Welt wird zwischen Himmel und Hölle situiert. Nach dem „Prolog im Himmel“ finden allerdings keine Interventionen vonseiten des Herrn statt, weil dieser auf seinen „Knecht“ Faust vertraut. Dagegen begleitet Mephisto als **Vertreter der Hölle** Faust von der Szene „Studierzimmer“ an. Welche Bedeutung hat nun die Gegenwelt für Faust? Der Teufel dient ihm einerseits als **Projektionsfigur:** Er kann ihn für alles, was nicht gelingt, verantwortlich machen und ihm schließlich die Schuld an Margaretes Schicksal zuschreiben. Keinesfalls verhält es sich aber so, dass Mephisto als Verkörperung des Bösen den ursprünglich guten Charakter Fausts verdirbt, der schon vor der Begegnung mit ihm als höchst **problematische Figur** erscheint. Vielmehr stellt Mephistos Zauberkunst die Mittel bereit, durch die Fausts Tendenz zur Überschreitung seiner menschlichen Grenzen erst ihre zerstörerische Dynamik entfalten kann, deren Opfer Margarete wird. Die Hoffnung des Herrn im Prolog auf den guten Menschen Faust wird enttäuscht.

Faust zwischen Himmel und Hölle

Aber auch Mephisto kann seine Wette mit Faust nicht gewinnen, solange dieser das Verweilen im „schönen Augenblick“ scheut, der zur Besinnung führen könnte.

Anselmus zwischen Dresden und Atlantis

Ganz anders stellt sich die Einwirkung der Gegenwelt auf Anselmus dar. Der Student wirkt anfangs tölpelhaft und ungeschickt, er stürzt gleichsam bei der ersten Begegnung mit dem Äpfelweib in diese **höhere Wirklichkeit**. Weitere Begegnungen mit der Gegenwelt lassen Anselmus' Verhalten aus der Perspektive anderer Figuren geradezu als verrückt erscheinen. Erst die Bekanntschaft mit Lindhorst und der Auftrag, geheimnisvolle Manuskripte zu kopieren, bringen ihn auf den richtigen Weg, der nach einigen Rückschlägen zum Ziel führt. Sein **„kindliches poetisches Gemüt“** macht ihn allem Phantastischen gegenüber aufgeschlossen und stellt die Voraussetzung für ein „Leben in der Poesie“ dar. Die Gegenwelt im „goldnen Topf“ ist **märchenhaft angelegt** und findet im Atlantis-Mythos, der Lindhorsts Vorgeschichte erzählt, eine Verdichtung. Gleichzeitig wird vom Standpunkt der märchenhaften Gegenwelt aus die Enge und **Beschränktheit der bürgerlichen Welt** ironisch und satirisch entlarvt.

Ausgleich von Realität und Phantasie

Eine alternative Existenz als Dichter deutet sich am Ende der Novelle an, als der **Erzähler** selbst auftritt und sich im Gespräch mit Lindhorst darüber beklagt, dass er nach der Vision von Atlantis nun in sein armseliges „Dachstübchen“ zurückkehren müsse. Lindhorst tröstet ihn mit dem Hinweis darauf, dass auch er sich Atlantis als „poetisches Besitztum [seines] inneren Sinns“ angeeignet habe. Somit wird die Gegenwelt am Ende der Novelle relativiert durch die Existenz des Erzählers, der vor der Realität nicht flieht und sich dennoch seine Phantasie bewahrt.

Haller zwischen Studierstube und „Magischem Theater“

Als Gegenwelt zum bürgerlichen Milieu begreift Harry Haller zunächst die **Welt der Hochkultur** mit ihren Heroen Goethe und Mozart. Die Orientierung an dieser Gegenwelt begründet jedoch den Dualismus von Animalischem und Geistigem, an dem der Steppenwolf leidet. Erst die Begegnung mit einer anderen Gegenwelt, der des **„Magischen Theaters“**, eröffnet ihm – mithilfe von Hermine und Pablo – eine Perspektive auf die Überwindung seines Konflikts. Wie Anselmus trifft er unerwartet auf diese Gegenwelt, als er auf einem nächtlichen Streifzug die Tür zum „Magischen Theater“ entdeckt. Als **„Schule des Humors“** soll das „Magische Theater“ bewirken, dass Haller seinen inneren Dualismus zugunsten einer humoristischen, die Gegensätze gelten lassenden Haltung aufgibt. Im Unterschied zu Atlantis verspricht das „Magische Theater“ keine Erlösung, sondern lässt sich als Schule der **Persönlichkeitsentwicklung** verstehen. Die Gegenwelt im „Steppenwolf“ wirkt – im Kontrast zu „Faust“ und in Entsprechung zum „Goldnen Topf“ – konstruktiv auf die reale Welt ein.

3 Aufgabenarten

Die bundesweit gültigen „Bildungsstandards im Fach Deutsch für die Allgemeine Hochschulreife“ unterscheiden drei wesentliche fachspezifische Erschließungsformen von Texten (Interpretation, Analyse, Erörterung) sowie materialgestütztes Schreiben, d. h. das Verfassen eines Textes ausgehend von vorliegenden themenspezifischen Materialien (Texte, Schaubilder, Grafiken, Statistiken). Es ergibt sich folgendes Gesamtbild:

Textbezogenes Schreiben				**Materialgestütztes Schreiben**	
Interpretation literarischer Texte	Analyse pragmatischer Texte	Erörterung literarischer Texte	Erörterung pragmatischer Texte	Informierende Texte	Argumentierende Texte
Aufgabenart I, Teilaufgabe 1 Aufgabenarten II und III	Aufgabenart V Schwerpunkt Analyse	Aufgabenart I, Teilaufgabe 2	Aufgabenart V Schwerpunkt Erörterung	Aufgabenart IV: Verfassen eines Essays • Materialsammlung (Dossier), auch mit informierenden Texten, wird vorgelegt • Essay: nicht-argumentierende Schreibform (ggf. argumentierende Passagen)	

In den „Bildungsstandards“ wird ausgeführt, dass die Aufgabenarten „Grundmuster“ darstellen, die „miteinander kombinierbar sind“ und „Mischformen“ zulassen.
Das oben dargestellte Spektrum wird durch die Aufgabenarten der schriftlichen Abiturprüfung in Baden-Württemberg abgedeckt:

I. Interpretation und Vergleich der Pflichtlektüren (Werke im Kontext)
II. Interpretationsaufsatz zu einem Gedicht oder Gedichtvergleich
III. Interpretation eines Kurzprosatextes
IV. Verfassen eines Essays
V. Analyse und Erörterung eines nicht fiktionalen Textes (Schwerpunkt Erörterung *oder* Analyse)

Auf den folgenden Seiten (X–XIV) werden die einzelnen abiturrelevanten Aufgabenarten gesondert voneinander vorgestellt. Dabei wird jeweils auch erläutert, wie Sie in der Prüfung vorgehen sollten und worauf Sie im Einzelnen besonders achten müssen.

3.1 Interpretationsaufsatz mit übergreifender Teilaufgabe zu anderen Pflichtlektüren (Werke im Kontext)

Als Textgrundlage wird Ihnen ein Auszug aus einer der drei Pflichtlektüren vorgelegt. In einer **ersten Teilaufgabe** sollen Sie diese Passage sowohl im **Kontext** der Handlung verorten als auch **interpretieren**. Wichtig ist es, sich nicht in weitschweifigen Nacherzählungen des gesamten Werks zu verlieren, sondern zielgerichtet alle wesentlichen Aspekte zusammenzufassen, die für das Verständnis der vorliegenden Textstelle von Bedeutung sind. Erst dann sollten Sie den Auszug unter Berücksichtigung der sprachlich-erzähltechnischen Gestaltung deuten.
Die **zweite Teilaufgabe** verlangt die Einbeziehung **einer weiteren Pflichtlektüre**; zu dieser wird **kein Textauszug** vorgelegt. Sie müssen entsprechend der Fragestellung Ihre **Lektürekenntnisse** in einen Vergleich **einbringen**. Direkte Belege (Zitate, Verweise auf Textstellen) werden aufgrund des Umfangs der Aufgabe und der zur Verfügung stehenden Zeit nicht erwartet. Es ist aber notwendig, zum Beispiel Romankapitel oder Akte beziehungsweise Szenen eines Dramas als Belege anzuführen. Der zweiten Teilaufgabe ist ein **Außentext** vorangestellt. Es handelt sich dabei um Sachtexte von 15 bis maximal 125 Wörtern Länge, wobei in der Regel **kurze, aphoristisch zugespitzte Statements** zum Einsatz kommen. Der Außentext bezieht sich auf das Thema des Werkvergleichs und setzt in diesem Zusammenhang Akzente: Angestrebt wird eine **Vertiefung und Differenzierung des Vergleichs**.

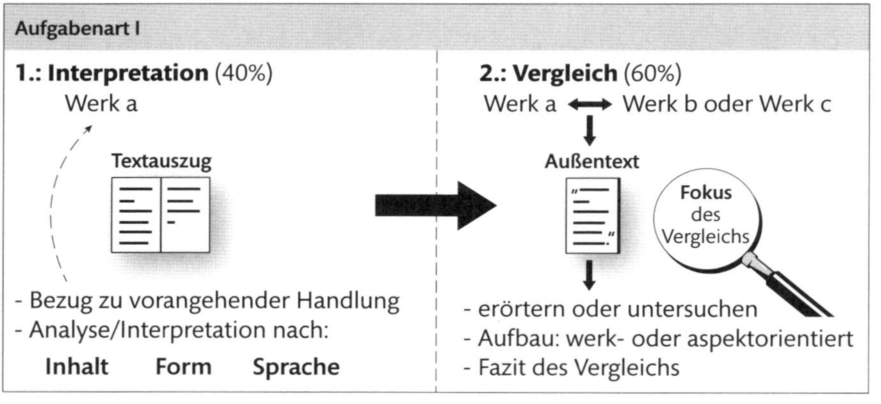

Der **Werkvergleich** wird als literarische Erörterung geführt und muss mehr leisten als eine Reproduktion von Inhalten; eine bloße Bilanzierung von Gemeinsamkeiten und Unterschieden wird der Aufgabe nicht gerecht. Es kommt darauf an, die Lektürekenntnisse in eine stringente Argumentation einzubinden. Sie müssen Ihr literarisches Wissen im Hinblick auf den Vergleichsaspekt eigenständig organisieren, Schwerpunkte setzen und eine Gliederung entwickeln, die Verlauf und Zielrichtung der Argumentation klar hervorhebt und für den Leser nachvollziehbar macht. Für die **Strukturierung des Vergleichs** sind grundsätzlich **zwei Varianten** denkbar: **blockweise** und an den Werken orientiert oder **parallelisierend**, d. h. an Vergleichsaspekten ausgerichtet.

3.2 Interpretationsaufsatz zu einem Gedicht oder Gedichtvergleich

Bei Gedichten ist die Textbasis schmaler, an das Verständnis werden jedoch aufgrund der – in besonderem Maße – poetischen Sprache und Formgestaltung höhere Anforderungen gestellt. Daher ist eine ausgeprägte **Sensibilität für Lyrik** die wichtigste Voraussetzung für eine erfolgreiche Gedichtinterpretation. Außerdem ist es notwendig, das Instrumentarium der Form- und Sprachanalyse zu beherrschen, d. h., die gängigen **Fachbegriffe** (z. B. metrische Formen, rhetorische Figuren) präzise und trennscharf verwenden zu können. Denn für die Interpretation von Gedichten ist eine genaue **Analyse der sprachlichen und formalen Gestaltung** unabdingbare Voraussetzung. Oft erschließt sich der mögliche Sinn eines Gedichts erst aus der Form sowie besonderen sprachlichen Eigenschaften.

In der Regel wird ein **Gedichtvergleich** verlangt; jedenfalls kamen in den vergangenen Jahren Vergleichsaufgaben weit häufiger vor als solche, die nur ein Gedicht zum Gegenstand haben. Ein Gedichtvergleich stellt nicht unbedingt höhere Anforderungen an den Interpreten, sondern kann auch eine gewisse Arbeitserleichterung bedeuten: Denn eine Gegenüberstellung zweier Gedichte hilft, den Blick für die jeweiligen Besonderheiten zu schärfen. Das **methodische Vorgehen beim Gedichtvergleich** muss genau überlegt werden. So kann man die Texte zunächst unabhängig voneinander bzw. nacheinander deuten und dann zu einem Vergleich übergehen oder das zweite Gedicht vor dem Hintergrund einer ausführlichen Interpretation des ersten behandeln.

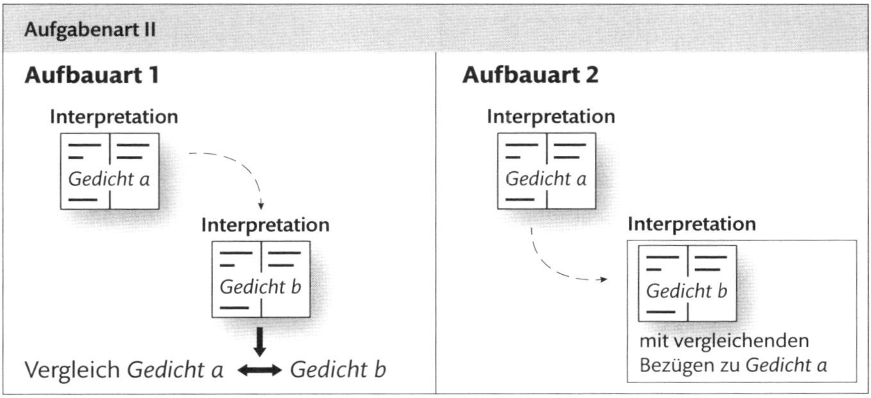

Das Thema „**Reisen in der deutschsprachigen Lyrik vom Sturm und Drang bis zur Gegenwart**“ macht aufgrund der kaum überschaubaren Vielzahl infrage kommender Gedichte ein exemplarisches Vorgehen erforderlich.

3.3 Interpretation eines Kurzprosatextes

Bei dieser Aufgabenart müssen Sie die vorgegebenen kurzen Prosatexte interpretieren, indem Sie in einer prägnanten **Darstellung der Thematik, der Textsorte, des Inhalts und der Textabsicht** zeigen, dass Sie den Text verstanden haben. In der folgenden Interpretation werden Aussagen zur Deutung des Textes verbunden mit **Beobachtungen zur erzähltechnischen und sprachlichen Gestaltung.** Ratsam ist hierbei eine sichere Kenntnis der **Charakteristika der epischen Kleinformen** (Kurzgeschichte, Erzählung, Novelle, Märchen etc.). Nicht zuletzt sollten Sie den jeweiligen Text **in seinem literaturhistorischen Kontext einordnen,** indem Sie besondere Kennzeichen einer Epoche bzw. einer Strömung nachweisen.

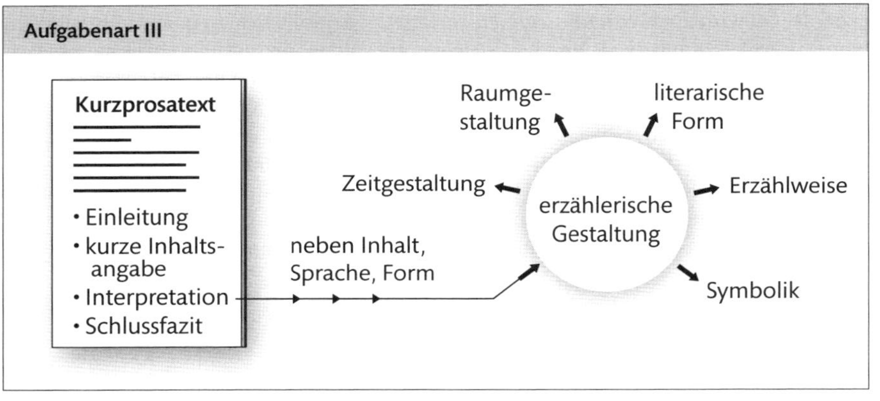

3.4 Verfassen eines Essays

Sie erhalten eine Zusammenstellung unterschiedlicher Informationen zu einem übergreifenden Thema. Im Allgemeinen umfasst dieses **Dossier** nicht mehr als vier Textseiten. Im Dossier sind neben üblichen Texten, wie z. B. Berichten, Interviews, Reden, Kommentaren, auch sogenannte nicht-kontinuierliche Texte enthalten, z. B. Grafiken, Karikaturen, Statistiken. Das Dossier kann auch literarische Texte enthalten, mit denen kulturelle und geschichtliche Akzente gesetzt werden können.

Die Aufgabenstellung verlangt im ersten Schritt von Ihnen, von diesen Texten **Abstracts** anzufertigen. Hierbei handelt es sich um Kurzzusammenfassungen, die möglichst präzise und objektiv einen Überblick über ein Dokument geben. Das Thema, die Fragestellung oder Perspektive, unter der es im Text betrachtet wird, und das Ergebnis der jeweiligen Untersuchung oder Darstellung müssen darin festgehalten werden.

Aufgrund der Informationen, die aus den Texten gewonnen und in den Abstracts zusammengetragen wurden, und **aufgrund Ihrer eigenen Erkenntnisse und Erfahrungen** sollen Sie in einem Essay **Ihre Position zu einem Thema** darlegen. Es bleibt Ihnen freigestellt, wie Sie die Verknüpfung zwischen Abstract und Essay herstellen, z. B. über Zitate, Paraphrasen, Anspielungen, Wertungen eines Gedankens oder ganz allgemein über einen Teilaspekt eines Themas.

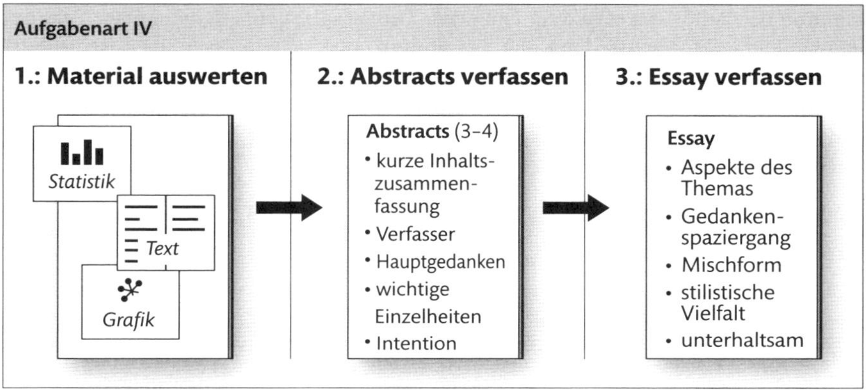

3.5 Analyse und Erörterung eines nicht fiktionalen Textes

Vorgegeben wird ein nicht fiktionaler Text bzw. ein Textauszug aus einem größeren (essayistischen, philosophischen, wissenschaftlichen) Werk. Die – weit häufiger vorkommenden – eigenständigen Textvorlagen, die unter Umständen gekürzt sein können, sind zumeist Zeitungen oder Zeitschriften entnommen.
Das breite Themenspektrum hat zur Folge, dass Sie sich auf der Inhaltsebene nicht gezielt vorbereiten, sondern allein die für die Aufsatzformen des Erörterns und Analysierens **notwendigen Methoden einüben** können. Überblickt man die Aufgaben der letzten Jahre, so lässt sich allerdings eine gewisse inhaltliche Eingrenzung vornehmen. In der Regel behandeln die ausgewählten Texte **aktuelle gesellschaftliche Probleme,** die in übergreifende (historische, kulturelle, philosophische) Perspektiven gerückt werden.
Es wird explizit in der Themenstellung angegeben, ob der **Schwerpunkt** der Aufgabe auf der **Analyse oder** auf der **Erörterung** liegt. Dies wird durch die mehrschrittige Arbeitsanweisung präzisiert.

Schwerpunkt Analyse: Die ersten beiden Arbeitsaufträge beziehen sich auf den vorliegenden Text und verlangen von Ihnen in der Regel eine Zusammenfassung des Inhalts sowie eine Untersuchung von Argumentationsstrategie und/oder sprachlich-formaler Gestaltung. Der dritte Arbeitsauftrag fordert Sie schließlich zu einer eigenen Stellungnahme und Auseinandersetzung mit den Aussagen des Textes bzw. der Position des Autors auf. Hier sollten Sie auch auf eigene Erfahrungen und Kenntnisse zurückgreifen, um schließlich zu einem begründeten und differenzierten Urteil zu gelangen (siehe oberes Schaubild, S. XIV).

Schwerpunkt Erörterung: Auch hier müssen Sie sich zunächst in den ersten beiden Teilaufgaben mit dem Inhalt und der argumentativen bzw. sprachlich-rhetorischen Gestaltung der Textvorlage beschäftigen. Wichtig ist es dabei, einige auffällige sprachliche Mittel herauszugreifen und diese in ihrer Wirkungsweise und Bedeutung für die

Intention des Autors zu erläutern. Die dritte Teilaufgabe nennt dann, an den Text anknüpfend, eine Problemstellung, die Sie erörtern sollen. Sie müssen über die im Text genannten Aspekte hinaus eigene Argumente vorbringen und durch Beispiele abstützen, um dann zuletzt ein schlüssiges Fazit zu ziehen (siehe unteres Schaubild, S. XIV).

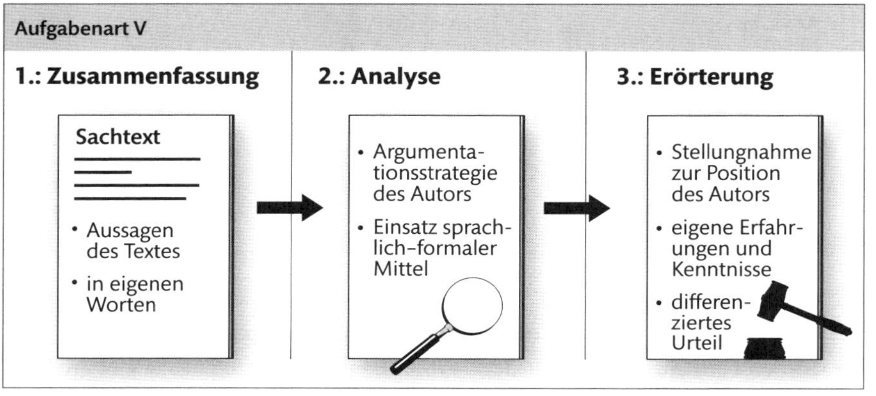

Tipps zur Arbeit mit Texten

Jeder gelungene Aufsatz entsteht aus einem Zusammenspiel von genauem Eingehen auf die Aufgabenstellung und individuellem Zugang, also der Fähigkeit, den Text „zum Sprechen" zu bringen. Für die Prüfungssituation ist es wichtig, über ein **Repertoire an Fragen** zu verfügen, mit denen man an literarische Texte herangeht.

Interpretation einer dramatischen Szene

- Wie sieht die Kommunikationssituation aus und wie sind die Redeanteile verteilt?
- Welche Spannung liegt in der Szene? Wie spitzt sich die Auseinandersetzung zu?
- Gibt es einen Höhe- und Wendepunkt? Wo liegt er?
- Welche Rolle spielt der Schauplatz und eventuell ein Requisit oder eine Geste?
- Tragen die Regieanmerkungen zum Verständnis bei?
- Was bleibt hinter dem gesprochenen Wort unausgesprochen und ist mitzudenken und lässt uns ahnen, wie es in der Figur wirklich aussieht und was sie vielleicht plant?
- Welchen Platz und welche Funktion hat die Szene im Handlungszusammenhang?

Gedichtinterpretation

- Bei Gedichten sollten Sie nicht mechanisch das Metrum bestimmen, wenn Sie nicht wissen, was es ausdrückt und bewirkt.
- Aus welcher Perspektive wird im Gedicht gesprochen?
- Was entwickelt sich vom ersten bis zum letzten Vers? Denn auch in Gedichten passiert etwas.
- Ergibt sich eher fließend ein Erlebniszusammenhang mit einer spürbaren Atmosphäre? Oder ist es ein eher spröder, intellektuell gedachter und gebauter Text, durchsetzt von Konjunktionen, Einsprüchen und Antithesen?
- Welche Versgruppen gehören zusammen?
- Gibt es ein zentrales Motiv? Inwieweit wandelt es sich gegebenenfalls?
- Was ist mit dem Ich, das implizit oder explizit sich und seine Sicht der Welt zum Ausdruck bringt? Wie spricht es? Welche Sprache wählt es?
- Wie unterstützt die formale Gestaltung die Aussage?

Sie sollten hinhören und überlegen, wie das Gedicht wirkt, und untersuchen, wodurch diese Wirkung zustande kommt. In der ersten halben Stunde einer Gedichtinterpretation sollten Sie den Text auf sich wirken lassen, Fragen sammeln und noch nicht losschreiben. Und noch etwas: Wie das eine oder andere letztlich zu verstehen ist, ist nicht immer eindeutig zu entscheiden: Gedichte haben einen offenen Deutungsraum. Die Interpretation muss daher nach Plausibilität streben, indem sie sich nahe am Gedicht bewegt und die Thesen durch konkrete Textbelege stützt.

Interpretation von epischen Texten

- Bei erzählender Literatur sollten Sie sich vor der Gefahr hüten, in der Fülle des Stoffes zu ertrinken und zu viel Inhaltliches zu rekonstruieren.
- Sie müssen meistens den Romanausschnitt erst im Romanganzen (im Kontext) verankern und eine Zusammenfassung geben, bevor Sie zur Untersuchung übergehen. Die Konzentration auf Wesentliches, auf den thematisierten Erzählstrang oder Aspekt und die Strukturierung der eigenen Darstellung sind besonders nötig.
- Entscheidend für das Verständnis ist es sehr oft, die Erzählperspektive und Haltung des Erzählers zu erkennen und zu deuten. Weiß er nicht mehr, als die einzelne Person wissen kann, erzählt er gleichsam aus ihr heraus personal? Oder überschaut er

eine Welt? Oder verschwindet er ganz hinter einem erzählenden Ich? Hegt der Erzähler Sympathie für seine Helden oder bleibt er ironisch distanziert?
- Wird linear-chronologisch erzählt oder gebrochen in Zeitsplittern, Facetten, Vorwegnahmen und Rückblicken?
- Entsteht ein Abbild unserer Wirklichkeit, oder erscheint sie ins Artifizielle, Groteske, Absurde verfremdet?
- Welches Bild von der erzählten Zeit wird entworfen, mit welchen Fragen setzt sich der Autor in seinem Text auseinander?

Analyse von Sachtexten

- Bei Sachtexten ist es wichtig, Textsorte, Adressatenbezug und Kommunikationszusammenhang zu klären, denn oft reagieren Autoren auf bestimmte Situationen, greifen mit ihrem Beitrag in eine öffentliche Debatte ein oder lösen diese sogar aus. Bei der Wahl solcher Themen sollten Sie also etwas Hintergrundinformation haben.
- Entscheidend ist es, das zentrale Problem zu erfassen, die Intention des Autors aus der Fülle der Aussagen herauszuschälen und die wichtigsten Argumente zu finden, welche die vorgetragene Intention stützen.
- Bei Reden wäre zu fragen, ob überzeugend argumentiert oder ob eher überredet, manipuliert, verschleiert und mit Emotionalität und Suggestion Stimmung erzeugt wird. Aufschlussreich bei der Untersuchung von Reden ist es, nach Merkmalen zu suchen, die vielleicht eine Wir-Gruppe von einer Feind-Gruppe abgrenzen.
- Der Übergang zu literarischen Texten ist dann fließend, wenn die Autoren Dichter sind und in der Form des Essays schreiben.
- Bei Glossen und Polemiken kommt es sehr darauf an, Mittel der Ironie, der ironischen Übertreibung und Zuspitzung nicht zu überlesen.

Einen guten Eindruck macht es immer, wenn Sie korrekt **zitieren** können. Sie sollten nicht zu umfangreich zitieren oder dem Leser das Zitat kommentarlos präsentieren. Zitate, oft nur ein Satzfetzchen oder ein besonderes Wort, werden gewählt, weil sie aufschlussreich und vielsagend sind: Man muss also damit arbeiten, sie erläutern und kommentieren. Überhaupt ist es das A und O aller Interpretation, das Vorgefundene in die eigene Sprache zu überführen. Wer nur wiederholt, was der Autor sagt, bleibt erkenntnisblind. Die Anstrengung dagegen, Fremdes selbstständig in der eigenen Sprache wiederzugeben, wirft unwillkürlich Fragen auf und bedeutet damit den ersten Schritt zum Verständnis eines Textes.

Sehr ratsam ist es, über zentrale **Fachbegriffe** so zu verfügen, dass über Erzähltes und Dargestelltes präzise gesprochen werden kann. Sie sollten etwa schreiben können: „Die Peripetie erkenne ich in dem Moment, in dem …“ Oder: „Hier wird der Beziehungsaspekt wichtiger als der Inhalt.“ Oder: „In diesen Ellipsen, diesen Kurzsätzen ohne Prädikat, drückt sich aus, wie …“. Sehen Sie zu, dass Sie Wortarten, Satzteile und Nebensatztypen korrekt bezeichnen können. Üben Sie, die wichtigsten rhetorischen Figuren zu erkennen, die gestalteter Sprache ihre Wirkung verleihen.
(Eine wertvolle Hilfe bei der Prüfungsvorbereitung: Werner Winkler: Prüfungswissen Oberstufe. Stark Verlag 2015, Titel-Nr.: 94406; mit Übersicht zu rhetorischen Figuren.)

4 Anforderungsbereiche und Operatoren

4.1 Anforderungsbereiche (AFB)

In den „Bildungsstandards im Fach Deutsch für die Allgemeine Hochschulreife“ werden **drei Anforderungsbereiche** definiert, die sich in jeder Aufgabe – in jeweils leicht variierenden Anteilen – wiederfinden. Die einzelnen Bereiche bauen aufeinander auf und verlangen von Ihnen einen zunehmenden Grad an Abstraktionsfähigkeit und Problemlösungsvermögen. In jedem Bereich gilt es, eine Verstehensleistung, eine Argumentationsleistung und eine Darstellungsleistung zu erbringen.

- **Anforderungsbereich I** betrifft die **Reproduktion:** die Wiedergabe von gelernten Sachverhalten sowie die wiederholende Zusammenfassung, die sehr oft in Teilaufgabe 1 der Abiturprüfung verlangt ist. Der im Unterricht erarbeitete Hintergrund an Lektüre- und Faktenwissen, fachspezifische Arbeitstechniken, Methoden der Texterschließung sowie Darstellungstechniken sollen zum Einsatz gebracht werden.
- **Anforderungsbereich II** zielt auf die Anwendung erworbener Arbeitsweisen, auf **Reorganisation von Bekanntem und Transferleistungen**. Meistens sind in der zweiten Teilaufgabe Anforderungen gestellt, die ein selbstständiges Auswählen, Ordnen, Erläutern, Interpretieren oder Vergleichen verlangen. Erwartet wird von Ihnen eine eigenständige, argumentativ begründete Interpretation bzw. Erörterung, die zeigt, dass Sie in der Lage sind, Gelerntes auch auf unbekannte Zusammenhänge anzuwenden. Auf dem AFB II liegt in der Abiturprüfung das Hauptgewicht.
- **Anforderungsbereich III** betrifft die gedankliche Selbstständigkeit der Leistung, die oft in der letzten Teilaufgabe nötig wird: Hier müssen Sachverhalte und Zusammenhänge eigenständig ausgewertet, durchdacht und begründet beurteilt werden. Sie sollen zu einer differenzierten und kritischen Wertung von Texten und Sachverhalten gelangen und Ihre Fähigkeit zur **Reflexion und Problemlösung** beweisen.

Die Aufgabenstellung kann mehrere Teilaufgaben umfassen oder aus nur einem umfassenden Operator (Arbeitsanweisung) wie „erörtern“ oder „interpretieren“ bestehen, der Leistungen in allen drei Anforderungsbereichen erfordert. Wird die Aufgabe nicht weiter differenziert, entfällt damit auch eine erste Strukturierungshilfe, die die einzelnen Teilaufträge bieten würden. Folglich haben Sie weniger Orientierungspunkte, aber auch mehr Freiraum beim Gliedern Ihres Aufsatzes.

4.2 Operatoren

Operatoren sind Arbeitsanweisungen. Sie machen deutlich, welche Art von Aufgabenstellung gemeint ist, lassen sich den einzelnen Anforderungsbereichen zuordnen und geben einen Hinweis auf das Niveau der entsprechenden Aufgabe. Durch ihre konkreten Vorgaben dienen Operatoren sowohl dazu, Arbeitsaufträge eindeutig zu formulieren und voneinander abzugrenzen, als auch einheitliche Bewertungs- und Korrekturmaßstäbe zu setzen. Die folgende Operatorenliste entspricht den als Anhang zu den „Bildungsstandards im Fach Deutsch für die Allgemeine Hochschulreife“ veröffentlichten Musteraufgaben für die schriftliche Abiturprüfung.

Anforderungsbereich I (Reproduktion)		
beschreiben	Hier sollen Sie eine genaue und sachliche, auf Erklärung und Wertung verzichtende Darstellung von Personen, Situationen, Vorgängen, Formmerkmalen usw. geben.	*Beschreiben Sie den Verlauf* des Dialogs
darstellen / darlegen	Sie haben die Aufgabe, einen Zusammenhang, eine Entwicklung, eine methodische Entscheidung (des Autors) sachbezogen und objektiv zu formulieren.	*Stellen Sie die Wirkungsabsicht dar, die der Autor mit seinem Text verfolgt.*
wiedergeben	Sie sollen Informationen aus dem vorliegenden Text zusammenfassend in eigenen Worten präsentieren.	*Geben Sie die Hauptgedanken der Rede wieder.*
zusammenfassen	Es wird von Ihnen erwartet, dass Sie Inhalte, Aussagen, Zusammenhänge strukturiert und komprimiert wiedergeben.	*Fassen Sie den Gang der Argumentation im vorliegenden Zeitungsartikel zusammen.*

Anforderungsbereich II (Reorganisation und Transfer)		
untersuchen, erschließen	Hier müssen Sie einen Text in Einzelheiten des Inhalts und der Form zerlegen sowie einzelne Textaspekte und Textelemente für sich und in ihrer Wechselbeziehung systematisch betrachten.	*Untersuchen Sie, inwiefern die rhetorischen Mittel die Aussageabsicht verstärken. Erschließen Sie die Motive der Figur anhand ihres Gesprächsverhaltens.*
einordnen	Einzelne Textelemente – in der Regel der vorgegebene Textauszug – werden unter Berücksichtigung ihrer Bedeutung und Funktion in einen Gesamtzusammenhang (z. B. Akt, Kapitel, Werk) gestellt.	*Ordnen Sie die vorliegende Szene in den Handlungszusammenhang des ersten Aktes ein.*
vergleichen	Sie sollen Texte, Figuren, Sachverhalte und Problemstellungen unter vorgegebenen oder selbst gewählten Aspekten einander gegenüberstellen und Gemeinsamkeiten sowie Unterschiede feststellen.	*Untersuchen Sie in einer vergleichenden Betrachtung das Rollenverhalten von Walter Faber in Max Frischs Roman und das von Georg Danton in Büchners Drama.*
erklären	Hier müssen Sie Textaussagen und Sachverhalte in einen Begründungszusammenhang stellen und zu Schlussfolgerungen kommen.	*Erklären Sie die in dieser Stellungnahme zum Ausdruck kommende Einschätzung des Romans.*

erläutern	„Erläutern" entspricht „erklären", enthält jedoch den zusätzlichen Aspekt, dass Sie Ihre Ergebnisse durch Zusatzinformationen und Beispiele veranschaulichen und einsichtig machen sollen.	*Erläutern Sie diese Einschätzung des Romans vor dem Hintergrund Ihrer Lektüreerfahrungen.*
heraus-arbeiten	Hier geht es darum, Strukturen, Leitgedanken, Strategien usw. aus einem Textganzen herauszulösen und in textbezogener Vorgehensweise sowie unter Konzentration auf das Wesentliche darzustellen.	*Arbeiten Sie die rhetorische und sprachliche Gestaltung des Leitartikels heraus.*

Anforderungsbereich III (Reflexion und Problemlösung)		
beurteilen	Sie müssen zu einem Text oder zu einem Sachverhalt zu einem selbstständigen, begründeten Sachurteil gelangen, und zwar nicht gestützt auf subjektive Werte, sondern auf fachliches Wissen.	*Beurteilen Sie den Lösungsvorschlag, den der Verfasser im vorliegenden Text entwickelt.*
bewerten	Es wird von Ihnen erwartet, dass Sie zu einem Sachverhalt, Text oder Problem selbstständig Stellung nehmen und ihn unter Bezugnahme auf eine Wertordnung angemessen beurteilen.	*Bewerten Sie den Lösungsvorschlag des Verfassers vor dem Hintergrund Ihrer eigenen Erfahrungen mit der Problematik.*
(kritisch) Stellung nehmen	Hier geht es darum, die Einschätzung einer Problemstellung, eines Sachverhaltes, einer Wertung auf der Grundlage fachlicher Kenntnis und Einsicht nach kritischer Prüfung und Abwägung zu formulieren.	*Nehmen Sie Stellung zu der zentralen These des Autors, der zufolge Computerspiele die Gewaltbereitschaft bei Jugendlichen fördern.*
begründen	Es ist wichtig, dass Sie ein Analyseergebnis, Urteil, eine Einschätzung, eine Wertung fachlich und sachlich absichern (durch einen entsprechenden Beleg, Beispiele, Argumente).	*Nehmen Sie Stellung zum Thema „Computerspiele und Gewalt" und begründen Sie Ihre Auffassung.*
prüfen, überprüfen	Hier müssen Sie eine Auffassung, eine Argumentation, ein Ergebnis usw. auf ihre/seine Schlüssigkeit, Gültigkeit, Berechtigung hin unter Bezugnahme auf Kriterien untersuchen.	*Arbeiten Sie die Kernthesen des Autors heraus und überprüfen Sie ihre Gültigkeit.*

sich auseinandersetzen mit	Sie sollen zu einer (fachlichen) Problemstellung oder These eine Argumentation entwickeln, die zu einem begründeten und nachvollziehbaren Ergebnis führt. Es handelt sich um eine offene, auf die Breite des thematischen Spektrums ausgerichtete Form des Erörterns, die Sachverhalte skizziert, Ursachen und Folgen reflektiert.	*Setzen Sie sich mit den Schlussfolgerungen, zu denen der Autor kommt, auseinander.*
analysieren, interpretieren	**Literarische Texte:** Texterfassung, Textbeschreibung, Textdeutung (unter Berücksichtigung des Wechselbezuges von Textstrukturen, Funktionen und Intentionen, Erfassen zentraler strukturbildender, genretypischer, syntaktischer, semantischer und rhetorischer Elemente und ihrer Funktionen für das Textganze), kritische Reflexion und ggf. Wertung.	*Interpretieren Sie das vorliegende Gedicht.* *Interpretieren Sie beide Gedichte im Vergleich.* *Interpretieren Sie den Dialog, und achten Sie dabei insbesondere auf die szenische und sprachliche Gestaltung.*
	Sachtexte: Texterfassung, Textbeschreibung, Textuntersuchung (Zusammenhang von Textstruktur und Textintention, strukturbildende semantische, syntaktische Elemente unter Berücksichtigung der sprachlichen Funktion); Erfassen der pragmatischen Struktur des Textes unter besonderer Berücksichtigung der Argumentationsweise; Erkennen und ggf. Beurteilen des Zusammenspiels von Struktur, Intention und Wirkung im Rahmen des historischen und aktuellen Verstehenshorizontes.	*Analysieren Sie die vorliegende Rede, und achten Sie dabei insbesondere auf Merkmale und Funktion der rhetorischen Gestaltung.* *Analysieren Sie den vorliegenden Textauszug; berücksichtigen Sie dabei insbesondere die Wirkungsstrategie des Autors.*
erörtern	Es wird von Ihnen erwartet, dass Sie eine These, eine Problemstellung oder eine Argumentation in schlussfolgernder Abwägung des Für und Wider und unter Berücksichtigung verschiedener Perspektiven überprüfen sowie ein begründetes Urteil fällen, ggf. auch Schlussfolgerungen ziehen und Lösungsperspektiven entwickeln.	*Erörtern Sie, ausgehend von der Argumentation des Verfassers, die Notwendigkeit von Sprachförderkonzepten.* *Erörtern Sie die Frage, ob Kleists Drama als Komödie oder Tragödie inszeniert werden sollte.*

5 Tipps

5.1 Praktische Tipps

Die **Wahl der Aufgabe** sollte sorgfältig getroffen werden, denn von der „richtigen“ Aufgabe hängt ganz wesentlich der Erfolg der Arbeit ab. Deshalb sollten Sie nicht nur die Textvorlage, sondern auch die Aufgabenstellung genau lesen und für sich selbst folgende Fragen beantworten:

- Was genau wird verlangt: Reproduktion, Erarbeitung, Beurteilung, Stellungnahme, Vergleich, Eigengestaltung?
- Welches ist die Schwerpunktaufgabe? Liegt sie mir?
- Welche Aufgabe fordert mich heraus? Wo kann ich meine Stärken einbringen?
- Ausschlaggebend sollte nicht die vermeintliche Leichtigkeit einer Aufgabe sein, sondern die Möglichkeit, sie auf ergiebige und gehaltvolle Weise zu lösen. Auch die Gelegenheit, Kenntnisse aus dem Unterricht einzubringen, ist ein Aspekt bei der Entscheidungsfindung.

Grundsätzlich werden Leistungen in zwei Aufgabenbereichen gefordert: bei der **Reproduktion** und der **Erarbeitung**.

- Zum ersten Typus gehört alles, was Sie sozusagen im Kopf haben sollten, wenn Sie den Prüfungsraum betreten: Wissen um Gattungen, Epochen, Autoren, Stoffe, Werke – das Hintergrundwissen, das für jede Bearbeitung und Einordnung nötig ist. Sie sollten es parat haben und nur noch entscheiden, was davon im jeweiligen Zusammenhang relevant ist.
- Bei dem Erarbeitungsteil liegt das Wissen noch nicht bereit, es ist mithilfe geeigneter Methoden erst noch zu erschließen. Das ist natürlich arbeits- und zeitaufwendiger als das Reproduzieren. Erarbeitungsaufgaben sind daher immer Schwerpunktaufgaben.

Ist die Entscheidung gefallen, sollten Sie möglichst nicht mehr wechseln, denn das wäre verschenkte Zeit. Eine grobe **Zeitplanung** ist immer hilfreich. Die 330 Minuten Bearbeitungszeit entsprechen einem knapp sechsstündigen Unterrichtsvormittag. Es liegt also nahe, eine Grobplanung im 45-Minuten-Takt vorzunehmen. Bei Analyseaufgaben könnten Sie zum Beispiel zwei Unterrichtsstunden für die Konzeptphase ansetzen – Textmarkierungen, Skizzen, Aufsatzgliederung, Disposition, Ausformulierung von Kern- und Gelenkstellen –, etwa zwei Stunden für die Reinschrift und eine Stunde für die Durchsicht und Feinkorrektur. Damit wären etwa fünf Stunden verplant, sodass abzüglich der Pausen noch ein Puffer von einer knappen Stunde bleibt. Pausen sollten Sie erst nach Beendigung eines Arbeitsganges einlegen, im Idealfall erst vor der Reinschrift.

5.2 Hinweise zu den Bewertungskriterien

Bei der Bepunktung werden folgende Bewertungskategorien berücksichtigt:

- inhaltliche Leistung,
- methodische Leistung,
- sprachliche Leistung/Darstellungsleistung.

Besonders viel Gewicht wird in der Bewertung darauf gelegt, dass Ihre Ausfertigung

- sachlich richtig ist,
- Ihre Aussagen folgerichtig und begründet sind,
- Ihre Arbeit einen bestimmten Grad an Selbstständigkeit, z. B. in der Entwicklung von Gedankengängen, aufweist,
- über einen klaren Aufbau und eine klare Sprache verfügt,
- eine Sicherheit im Umgang mit der Fachsprache und den Methoden aufzeigt und
- sprachlich richtig und in ihrer äußeren Form angemessen ist.

Hinweise und Tipps zur mündlichen Abiturprüfung

1 Allgemeines

Eine mündliche Abiturprüfung gibt es in jedem Fall im fünften Abiturfach. Daneben sind weitere mündliche Prüfungen im ersten bis vierten Abiturfach möglich, wenn die Leistung in den Abiturklausuren mit weniger Punkten als die Leistungen in den Halbjahreskursen bewertet worden ist oder ein Prüfling sich für eine freiwillige mündliche Prüfung meldet, z. B. um seinen Abiturdurchschnitt zu verbessern. Für mündliche Prüfungen im ersten bis vierten Fach gilt, dass sie nicht dem Stoffgebiet der Abiturklausur entsprechen dürfen. Bei dieser Prüfung müssen Sie ein 20-minütiges Prüfungsgespräch zu einem Thema absolvieren, auf das Sie sich 20 Minuten zuvor in einem Vorbereitungsraum einstellen können.

Die mündliche **Präsentationsprüfung** (also das fünfte Prüfungsfach) enthält in der Regel zwei gleichwertige Elemente, durch die einerseits die Fähigkeit zum **Vortrag**, andererseits die Fähigkeit zur Beteiligung am **Prüfungsgespräch** überprüft wird. Es gelten ansonsten grundsätzlich dieselben Kriterien für die Bewertung wie bei den schriftlichen Anforderungen, wobei es besonders darauf ankommt, dass man auch in mündlicher Rede gewandt und präzise argumentiert, ohne den Faden zu verlieren.
Zunächst erhalten Sie eine Aufgabenstellung, die aus einer oder mehreren Teilaufgaben bestehen kann. Für die Bearbeitung dieser Aufgabe stehen Ihnen im Vorbereitungsraum 20 Minuten zur Verfügung. Innerhalb dieser Zeit sollen Sie einen 10-minütigen Vortrag vorbereiten, der in sich geschlossen und logisch untergliedert ist. Während des Vortrages können Sie sich auf die Texte sowie auf Ihre stichwortartigen Aufzeichnungen stützen.
Die Kürze der Vorbereitungszeit schließt aus, dass Sie Ihren Vortrag schriftlich ausformulieren; vielmehr ist es, ähnlich wie bei der Sichtungsphase in der Klausur, notwendig, den Vortrag durch sinnvolles Markieren und knappe Anmerkungen vorzubereiten.
Der zweite Prüfungsteil besteht aus einem Prüfungsgespräch, in dem Ihr Hintergrundwissen und Ihre Fähigkeit, größere fachliche und sachliche Zusammenhänge zu erschließen, überprüft werden.

Die größten Schwierigkeiten bei der mündlichen Abiturprüfung liegen erfahrungsgemäß im ersten Teil, also in dem mindestens 10-minütigen zusammenhängenden, gegliederten Vortrag. Da es für solch lange Vorträge kaum echte Übungsmöglichkeiten im Unterricht gibt, zumindest nicht für jeden Einzelnen, fehlt es weitgehend an konkreten Vorerfahrungen; daher im Folgenden einige Tipps, wie Sie sich auf diese Prüfungssituation vorbereiten und Ihren Vortrag ansprechend gestalten können.

Tipps für die 20-minütige Vorbereitung

- Themenstellung: Was ist die Zielrichtung der geforderten Bearbeitung?
- Operatoren: Welche konkreten Anforderungen werden gestellt? Bei Mehrteiligkeit: Welche Gliederungshilfe bieten die Teilaufgaben? Welcher Aufgabe kommt das größte Gewicht zu?
- Einstieg: Mit welcher Einführung führt man den Vortrag schnell und stringent zum Kern der Aufgabenstellung?
- Texte: Fachbegriffe an den Rand schreiben, Quellen-Anmerkungen ergänzen, Stichworte für den Vortrag festlegen; wichtige Zitatstellen markieren.
- Gliederung: Nummerieren Sie Ihre Markierungen, damit Sie Ihren Vortrag anhand dieser Reihenfolge gestalten können.
- Beenden Sie Ihren Vortrag mit einem klaren Fazit.
- Grobstruktur: Nennung der Aufgabenstellung – Einleitung – Bearbeitung der Teilaufgaben – Schlussteil.

Tipps für den Vortrag

- Zeitmanagement: Legen Sie eine Armbanduhr neben Ihr Konzept, schreiben Sie, bevor Sie zu sprechen anfangen, den konkreten Zeitraum für Ihren Vortrag auf Ihr Konzept – so haben Sie klare zeitliche Anhaltspunkte.
- Nutzen Sie die Anmerkungen, die Sie während der Vorbereitungszeit angefertigt haben, als Leitfaden Ihres Vortrages.
- Sprechen Sie möglichst frei, klammern Sie sich nicht an Ihr Konzept.
- Sprechen Sie klar, deutlich und hinreichend laut.
- Achten Sie auf ein angemessenes Sprechtempo. Versuchen Sie, nicht zu schnell zu sprechen.
- Vermeiden Sie sowohl Endlossätze als auch Aneinanderreihungen und monotone Satzanfänge („Und … und … und …“).
- Verwenden Sie die Fachsprache, die Sie gelernt haben, um zu verdeutlichen, dass Sie Ihr Metier beherrschen.
- Zitate/Textbelege: Verdeutlichen Sie während des Vortrages, woher Sie Ihre Aussagen beziehen, indem Sie Kernstellen mit Zeilenhinweisen anführen.
- Ein gelegentlicher Blickkontakt zu Ihrem Prüfer oder den übrigen Beisitzern zeugt von einem souveränen Umgang mit der Situation und den Kommunikationsregeln.

- Bewegen Sie sich bei Ihrem Vortrag auf einer einheitlichen Sprachebene und vergegenwärtigen Sie sich, dass die Adressaten Ihres Vortrags Deutschlehrerinnen und Deutschlehrer, also Fachleute sind.

Sie können diesen ersten Teil der mündlichen Prüfung üben, indem Sie Arbeitsaufträge aus diesem Band zugrunde legen, die Vorbereitungszeit exakt einhalten und zwei Kursmitglieder als fiktive Prüfungskommission hinzuziehen. Lassen Sie sich anschließend von Ihrer selbst gewählten Prüfungskommission begründet darlegen, ob Ihr Vortrag sprachlich und inhaltlich verstanden wurde.
Ebenso können Sie natürlich in der Familie oder im Freundeskreis das Referieren üben oder zu diesem Zweck Ihren Vortrag aufnehmen und selbst überprüfen.

3 Prüfungsteil II: das Prüfungsgespräch

Die zeitliche Dauer des zweiten Prüfungsteils entspricht derjenigen des ersten Teils: etwa 10 Minuten je nach Verlauf. Das Thema des Prüfungsgesprächs muss einem anderen Kurshalbjahr entnommen sein als der für den vorangegangenen Vortrag vorgegebene Gegenstand. Meistens stellt der Prüfer durch eine kurze Überleitung einen Zusammenhang zwischen Ihrem Vortrag und dem Gegenstand des zweiten Teils der Prüfung her; das gibt auch Ihnen die Gelegenheit, an Ihren Vortrag anzuknüpfen. Sie sollten sich dabei aber nicht wiederholen oder gar den Eindruck erwecken, dass Sie dem Thema des Prüfungsgesprächs ausweichen wollen.
Im weiteren Verlauf sollen Sie Ihre Kommunikationskompetenzen im Rahmen eines Fachgespräches unter Beweis stellen: Zeigen Sie sich also als gewandter Gesprächspartner, der adressatengerecht und sachkundig die Fragen und Impulse aufgreift und möglichst selbstständig und ergiebig damit umgeht.

Tipps für das Prüfungsgespräch

- **Sprechanteil:** Je eigenständiger und umfassender Sie als Prüfling mit den Fragen und Impulsen umgehen, desto besser! Begnügen Sie sich nicht mit Kurzantworten, führen Sie länger aus.
- **Erfassen der Frageintention:** Achten Sie auf die Operatoren und auf fachliche Kernbegriffe! Führen Sie sinnvolle Beispiele oder Vergleiche aus dem Unterricht an, zeigen Sie Ihr Hintergrund- und Allgemeinwissen. Aber schweifen Sie nicht ab, bleiben Sie beim Thema.
- **Gesprächsaufbau durch den Prüfer:** In der Regel gestaltet der Prüfer ein solches Gespräch nach dem Prinzip „Vom Einfachen zum Schwierigen, vom Einzelfallbeispiel zum Allgemeinen/Modellhaften".
  Wenn Sie einen Bezug zu einer Ihnen passend erscheinenden Theorie oder zu einem aus dem Unterricht bekannten Beispiel selber herstellen können: Tun Sie dies!

- **Unterrichtsbezüge:** Hintergrund aller Fragen und Impulse ist das aus dem Unterricht Bekannte. Stellen Sie also dort nach Möglichkeit über das gerade angesprochene Einzelbeispiel hinaus Vergleiche zu dem im Unterricht Behandelten an, weisen Sie auf Gemeinsamkeiten oder auch auf Unterschiede hin. Machen Sie somit deutlich, dass Sie den Gesprächsgegenstand aus dem Prüfungsgespräch in größere Zusammenhänge einordnen können.
- **Verständnisproblem:** Sollten Sie mit einer einzelnen Frage einmal nichts anfangen können: Verlieren Sie keine Zeit, bitten Sie an einer solchen Stelle um eine kurze ergänzende Erläuterung.
- **Unterbrechungen:** Lassen Sie sich nicht irritieren. Der Prüfer möchte Ihnen entweder zurück auf den Haupt(frage)weg helfen oder den Themenschwerpunkt wechseln, was vielleicht nur daran liegt, dass die Prüfungszeit allmählich knapp wird: Werten Sie solche Unterbrechungen in jedem Fall als für Sie günstig und hilfreich.
- **Mimik und Gestik:** Lassen Sie sich nicht durch Äußerlichkeiten irritieren: Die Prüfer werden sich bemühen, eine neutrale Atmosphäre herzustellen. Wenn das Prüfungsgespräch beispielsweise weniger persönlich verläuft als eine normale Unterrichtsstunde, ist das kein beunruhigendes Zeichen.

ÜBUNGSAUFGABEN

Deutsch (Baden-Württemberg) ▪ Abiturprüfung
Übungsaufgabe 1

INTERPRETATION UND VERGLEICH DER PFLICHTLEKTÜREN (WERKE IM KONTEXT)

Arbeitsanweisungen

– Interpretieren Sie den Textauszug; beziehen Sie das für das Verständnis Wesentliche aus der vorangehenden Handlung ein.

„Nicht Erkenntnis ist das Ziel der (…) dargestellten Lebenskrise, sondern erst die zur Erfahrung gewordene Erkenntnis kann lebensverändernd wirken."

(Aus: Helga Esselborn-Krummbiegel, Hermann Hesse. Der Steppenwolf. Oldenbourg, München 1988, S. 83.)

– Johann Wolfgang von Goethes „Faust I" und Hermann Hesses „Der Steppenwolf": Untersuchen Sie in einer vergleichenden Betrachtung, welche Rolle die Erfahrung im Lebensweg von Faust und Haller spielt; prüfen Sie dabei, ob sich die obige These auf beide Figuren anwenden lässt.

Material **Johann Wolfgang von Goethe (1749–1832): Faust I (1808)**

Studierzimmer
FAUST. MEPHISTOPHELES

FAUST. Es klopft? Herein! Wer will mich wieder plagen?
MEPHISTOPHELES. Ich bin's.
FAUST. Herein!
MEPHISTOPHELES. Du musst es dreimal sagen.
FAUST. Herein denn!
MEPHISTOPHELES. So gefällst du mir.
Wir werden, hoff ich, uns vertragen!
Denn dir die Grillen zu verjagen
Bin ich, als edler Junker, hier,
In rotem goldverbrämtem Kleide,
Das Mäntelchen von starrer Seide,
Die Hahnenfeder auf dem Hut,
Mit einem langen, spitzen Degen,
Und rate nun dir, kurz und gut,
Dergleichen gleichfalls anzulegen;
Damit du, losgebunden, frei,
Erfahrest was das Leben sei.

FAUST. In jedem Kleide werd ich wohl die Pein
Des engen Erdelebens fühlen.
Ich bin zu alt, um nur zu spielen,
Zu jung, um ohne Wunsch zu sein.
Was kann die Welt mir wohl gewähren?
Entbehren sollst du! sollst entbehren!
Das ist der ewige Gesang,
Der jedem an die Ohren klingt,
Den, unser ganzes Leben lang,
Uns heiser jede Stunde singt.
Nur mit Entsetzen wach ich morgens auf,
Ich möchte bittre Tränen weinen,
Den Tag zu sehn, der mir in seinem Lauf
Nicht Einen Wunsch erfüllen wird, nicht Einen,
Der selbst die Ahnung jeder Lust
Mit eigensinnigem Krittel mindert,
Die Schöpfung meiner regen Brust
Mit tausend Lebensfratzen hindert.
Auch muss ich, wenn die Nacht sich niedersenkt,
Mich ängstlich auf das Lager strecken;
Auch da wird keine Rast geschenkt,
Mich werden wilde Träume schrecken.
Der Gott, der mir im Busen wohnt,
Kann tief mein Innerstes erregen;
Der über allen meinen Kräften thront,
Er kann nach außen nichts bewegen;
Und so ist mir das Dasein eine Last,
Der Tod erwünscht, das Leben mir verhasst.
MEPHISTOPHELES. Und doch ist nie der Tod ein ganz willkommner Gast.
FAUST. O selig der, dem er im Siegesglanze
Die blut'gen Lorbeern um die Schläfe windet,
Den er, nach rasch durchrastem Tanze,
In eines Mädchens Armen findet.
O wär ich vor des hohen Geistes Kraft
Entzückt, entseelt dahingesunken!
MEPHISTOPHELES. Und doch hat jemand einen braunen Saft,
In jener Nacht, nicht ausgetrunken.
FAUST. Das Spionieren, scheint's, ist deine Lust.
MEPHISTOPHELES. Allwissend bin ich nicht; doch viel ist mir bewusst.
FAUST. Wenn aus dem schrecklichen Gewühle
Ein süß bekannter Ton mich zog,
Den Rest von kindlichem Gefühle
Mit Anklang froher Zeit betrog;
So fluch ich allem was die Seele
Mit Lock- und Gaukelwerk umspannt,

Und sie in dieser Trauerhöhle
Mit Blend- und Schmeichelkräften bannt!
Verflucht voran die hohe Meinung,
Womit der Geist sich selbst umfängt!
Verflucht das Blenden der Erscheinung,
Die sich an unsre Sinne drängt!
Verflucht was uns in Träumen heuchelt,
Des Ruhms, der Namensdauer Trug!
Verflucht was als Besitz uns schmeichelt,
Als Weib und Kind, als Knecht und Pflug!
Verflucht sei Mammon, wenn mit Schätzen
Er uns zu kühnen Taten regt,
Wenn er zu müßigem Ergetzen
Die Polster uns zurechte legt!
Fluch sei dem Balsamsaft der Trauben!
Fluch jener höchsten Liebeshuld!
Fluch sei der Hoffnung! Fluch dem Glauben,
Und Fluch vor allen der Geduld!
(…)

Aus: J. W. von Goethe, Faust I. Textausgabe mit Material, Hallbergmoos: Stark 2016, S. 69 ff.

TIPP **Bearbeitungshinweise**

TEILAUFGABE 1: In der **Hinführung** geht es darum, die **für das Verständnis der Textstelle** notwendigen Informationen über das gesamte Drama zu liefern. Dabei sollten Sie auch den Kontext der Textstelle innerhalb der gesamten Szene beachten. Nicht nur das Vorangegangene, sondern auch die folgende Handlung ist für das Verständnis der Textstelle bedeutsam. In diesem Fall wird durch sie **Fausts Pakt und Wette mit dem Teufel** eingeleitet. Um den Kontext zu klären, ist die Frage hilfreich: „Welche Handlungselemente müssen bekannt sein, um die gegebene Situation zu verstehen?" Beim vorliegenden Textausschnitt sollten Sie auch die Rahmenhandlung, v. a. den **„Prolog im Himmel"**, berücksichtigen.

Auf die Hinführung folgt bei einer Textinterpretation eine **kurze Inhaltsangabe des Textausschnitts**. Hier ist es wichtig, dass Sie kurz und knapp darüber informieren, worum es im Einzelnen überhaupt geht, was das Thema der Textstelle ist. Dabei werden **Abschnitt für Abschnitt** der **Inhalt**, die **sprachliche Gestaltung** und einzelne **Aspekte zur Deutung** untersucht. In einem Versdrama sollte man sich dabei unbedingt über die Struktur, über Aufbau und Gliederung der Verse einen Überblick verschaffen. Auch ist auf die **Art der Dialoge** und die Redeanteile der agierenden Personen zu achten. Um die Interpretation am Text zu belegen, ist **korrektes Zitieren** notwendig. Im Falle des vorliegenden Textausschnitts handelt es sich überwiegend um einen Monolog bzw. eine längere Rede. Hier sollten Sie abschließend auf den gesamten **Gedankengang Fausts** in seiner Abfolge eingehen und so die Interpretation im Detail abrunden.

TEILAUFGABE 2: In der zweiten Teilaufgabe wird zuerst nach der **Rolle der Erfahrung** gefragt. Der Begriff der Erfahrung ist sehr allgemein und erlaubt Ihnen bei der Deutung eine größere Freiheit: Um die Aufgabe einzugrenzen, sollte Sie kurz umreißen, wie Sie diesen Begriff auffassen.

Der hier gegebene Lösungsvorschlag sollte als **eine Möglichkeit unter vielen** anderen betrachtet werden. Entscheidend ist, dass man sein persönliches Verständnis am Text durchgängig und verständlich zu begründen vermag. Verweise auf die Handlung, auf Romanabschnitte oder Szenenausschnitte und passende Belegstellen sind von herausragender Bedeutung für die **Stichhaltigkeit der Argumentation**. Der Lösungsvorschlag ist als Anregung und Orientierung für eine am Text entlang geführte Untersuchung zu verstehen.

Ob Sie die **Vergleichsaufgabe** für die einzelnen Werke **zunächst getrennt oder gleich verbunden** lösen wollen, das bleibt Ihnen überlassen. Im vorliegenden Fall ist die Fragestellung für beide Werke so ergiebig, dass eine getrennte Bearbeitung zunächst einfacher erscheint. Beachten Sie, dass die Stellungnahme zum gegebenen Außentext inhaltlich eine **Berücksichtigung der gesamten Situation der beiden Protagonisten** erfordert.

Textausgabe für den Vergleichstext: Hermann Hesse: Der Steppenwolf (1927). Erzählung, Frankfurt a. M.: Suhrkamp 2015.

Lösungsvorschlag

TEILAUFGABE 1

„Eritis sicut deus scientes bonum et malum" („Ihr werdet sein wie Gott, wissend, was gut und schlecht ist") – Dieses Bibelzitat schreibt Mephistopheles dem Studenten, der den Gelehrten Faust in seinem Studierzimmer um Rat aufsucht, in sein Stammbuch (vgl. V. 2045 ff.). Die vorliegende Textstelle steht im Kontext dieser Szene aus Goethes 1808 erschienener Tragödie „Faust I". Sie beschließt die **Exposition der Handlung**, die **Gelehrtentragödie Fausts**.

Einleitung:
Autor, Titel, Erscheinungsjahr, Thema

Der biblische Text spielt auf das **Kernthema der Tragödie** an: Faust möchte, quasi wie Gott, zu allumfassender Erkenntnis gelangen und damit die **Grenzen des Menschlichen sprengen**. Er verbündet sich mit dem Teufel. Analog ließen sich die ersten Menschen im Paradies von der Schlange dazu verführen, von dem für den Menschen verbotenen Baum der Erkenntnis zu essen.

Fausts Wille zur Grenzüberschreitung

Das insgesamt zweiteilige Drama gliedert sich in eine **Rahmen- und** eine **Binnenhandlung**. Die Exposition für die Rahmenhandlung ist – wie im barocken Welttheater – der „**Prolog im Himmel**", der für das Verständnis der Szene von Bedeutung ist, aus der die vorliegende Textstelle stammt. Im Prolog wettet der Teufel mit Gott, dass es ihm gelingen werde, den strebsamen **Faust von der rechten Bahn abzubringen**. Gott allerdings ist sich seiner Sache sicher: Er versteht die Versuchung durch den Teufel als notwendig, um den Menschen in seinem redlichen Streben nicht ermüden zu lassen (vgl. V. 340 ff.).

Bezug zu vorangegangener Handlung:
– „Prolog im Himmel"
– Wette zwischen Teufel und Gott

Die vorliegende Textstelle (V. 1530–1606), in der Mephisto Faust zum zweiten Mal in seinem Studierzimmer aufsucht, ist der **Auftakt zum Bündnis zwischen Faust und Mephisto**. Sie schließt die Exposition der Binnenhandlung ab, in der sich die Gelehrtentragödie entfaltet. Im Auf und Ab seines intensiven und allumfassenden Erkenntnisstrebens ist Faust hier nach mehreren vergeblichen Bemühungen – in der **Schau des Makrokosmos** und der **Begegnung mit dem Erdgeist** (vgl. V. 430–521) – dem **Suizid** sehr nahe gerückt und am **Tiefpunkt der Verzweiflung** angelangt. Da die Rede Fausts in dieser Szene eng auf die vorangegangenen Teile der Binnenhandlung bezogen ist, wird sich dieser Kontext aus der Interpretation der Textstelle erschließen.

– Gelehrtentragödie
– Makrokosmos, Erdgeist und Suizidversuch

Die Szene beginnt mit einer dialogischen **Wechselrede** von Vers zu Vers (Stichomythie), in der Faust den an die Zimmertür klopfenden Mephisto nach allen Regeln der Beschwörungskunst dreimal „herein" bitten muss, damit er auch eintreten kann. Mephisto tritt

Interpretation des Textauszugs
Mephistos Besuch bei Faust

anders als bei seinem ersten Besuch im Gewand eines „edlen Junkers" auf, mit rotem Mantel, Federhut und Degen. Die **Kleiderordnung**, die in früherer Zeit die Stände streng voneinander schied, hat hier **Symbolkraft** für das folgende Geschehen: Mephisto fordert Faust auf, sich ebenso zu kleiden, damit er „losgebunden" und „frei / Erfahr[e] was das Leben sei" (V. 1542 f.). Es geht also nun für Faust um ein **grundlegend verändertes Dasein**, das hinaus aus der „engen" Studierstube – wie es in der Regieanweisung zur Szene „Nacht" heißt – zur lebendigen **Welterfahrung** führen soll.

bedeutsame Verkleidung Mephistos

Die Charakteristik dieses neuen Lebensgefühls steht im Kontrast zu dem Leben, das Faust als Gelehrter führt, wenn er selbst sein **Studierzimmer als „Kerker**" und „Mauerloch" bezeichnet (V. 398 f.), in dem ihn statt der „lebendigen Natur" nur „Moder" und „Totenbein" umgibt (V. 416 f.). Und schon in dieser ersten Szene „Nacht" treibt es Faust in Gedanken hinaus aus dem Studierzimmer, wenn er verzweifelt ausruft: „Flieh! Auf! Hinaus ins weite Land!" (V. 418) Doch führt ihn dieser Impuls zunächst nur zum weiteren **Studium des Astrologen und Naturforschers Nostradamus**, in dessen Buch er das Zeichen des Makrokosmos erblickt, das ihm im Bestreben, die ganze Natur zu „fassen", anstatt sie nur anzuschauen, aber nicht genügt (vgl. V. 455).

Fausts Unzufriedenheit mit dem Gelehrtendasein

erneute Hinwendung zum Buch

Doch Faust verweigert sich vorerst Mephistos Idee zur Lebensfahrt. Er ist an einem solchen Tiefpunkt angelangt, dass er bezweifelt, dass das Leben ihm überhaupt noch anderes als **Entbehrungen** zu bieten habe. Die folgende **monologartige Rede** Fausts (V. 1544–1606), dreimal unterbrochen durch Mephistos Erinnerung an Fausts Suizidabsicht (vgl. V. 1572, 1579 f., 1582), **gipfelt in einem langen Fluch** (V. 1583–1606) und stellt ein **Resümee aus der Exposition der Handlung** dar. Auch mit dem Knittelvers (4-hebiger Jambus mit freier Füllung) schließt Faust hier an die Anfangsszene „Nacht" an.

fehlende Bereitschaft zur Reise bei Faust

Fausts Rede als Wendepunkt für die Handlung

In den ersten 28 Versen (V. 1544–1571) klagt Faust über das **Fehlen jedweder Lebensperspektive**. Einleitend knüpft er an Mephistos Aufforderung an, indem er jede Verkleidung als nutzlos und illusorisch ablehnt (vgl. V. 1544 f.). Er umreißt innerhalb dieser Verse ein ganzes „Erdeleben", **von der Jugend bis zum Alter** (V. 1545), ein „ganzes Leben lang" (V. 1552), und am Ende dieses Abschnitts ein „Dasein", das „Tod" und „Leben" (V. 1570 f.) insgesamt umfasst. Ein Tag, der symbolisch für das ganze Leben stehen kann, dient als Beispiel für ein ausschließlich vom **Gefühl permanenter Entbehrung** gekennzeichnetes Leben: vom traurigen Erwachen über den jede kreative Lebensregung im Keim erstickenden Tag hinweg, bis zu den nächtlichen, unruhigen Alpträumen (vgl. V. 1554–1565). Besondere Betonung erhält die Mitte seiner Rede durch die Wortwie-

1. Teil der Rede: Fausts Klage über Grenzen seiner Existenz

Entbehrung als dominantes Lebensgefühl

derholung „nicht Einen“ (V. 1557), wodurch eine fünfte Hebung im Vers zustande kommt. Wesentlich ist die Feststellung, dass kein einziger Wunsch erfüllt werden kann, da **Fausts Verlangen nach allumfassender Erkenntnis und schöpferischem Handeln** an der Endlichkeit des Alltagslebens scheitert.

Faust zwischen Anspruch und Realität

Hatte Faust bisher über die Beschränktheit der traditionellen Wissenschaft und des Gelehrtenwesens geklagt, so äußert er sich an dieser Stelle grundsätzlich über das Dasein: „Der Gott, der mir im Busen wohnt,/Kann tief mein Innerstes erregen; [...] Er kann nach außen nichts bewegen“ (V. 1566 ff.). Faust bezieht in diese Verse seine **niederschmetternde Erfahrung mit dem Erdgeist** ein, den er durch Magie zwar leibhaftig zur Erscheinung gebracht hatte, dem er sich aber nicht annähern konnte. Er nennt sich selbst dort schon „Ebenbild der Gottheit“ (V. 614), das „[s]ich ahnungsvoll vermaß“, „schaffend, Götterleben zu genießen“ (V. 620 f.). Faust entbehrt, weil er mehr will, als nur „in derber Liebeslust,/Sich an die Welt“ zu klammern (V. 1114 f.); er entbehrt, weil er auf göttliche Weise, also kreativ schaffend und nicht nur betrachtend, genießen will. Er verspürt eine **metaphysische Sehnsucht** („[z]u den Gefilden hoher Ahnen“, V. 1117), die im Alltag ständig an ihre Grenzen stößt. In dieser Szene nun wird es noch allgemeiner gesagt: **Zwischen Außen- und Innenwelt** besteht **keine Kongruenz**. Fausts tief bewegtes Inneres ist nach Außen unwirksam und wird umgekehrt durch die lebendige Außenwelt nicht erreicht oder befriedigt (vgl. V. 1566 ff.).

Begegnung mit Erdgeist als einschneidendes Erlebnis

Fausts Drang nach Höherem bleibt ungestillt

Lebensüberdruss und Todessehnsucht

Dieser inhaltlich bedeutsame Abschnitt (V. 1566–1571) korrespondiert mit dem Anfang der Rede (V. 1544–1549): Es handelt sich um jeweils sechs Verse, die mit zwei Versen im Paarreim enden. Die **Gegensatzpaare** jung–alt, innen–außen, bestimmen die Gedankenführung und betonen das **Missverhältnis von Wunschintensität und Wirksamkeit**. Der erste Paarreim (V. 1548 f.) handelt von der chronischen Entbehrung, der letzte Paarreim (V. 1570 f.) zieht die finstere Schlussfolgerung: Im Gegensatzpaar von Tod und Leben wird der **Tod angestrebt**, das **Leben aber gehasst** und verneint.

Ablehnung des trügerischen Scheins

Der **Wunsch zu sterben** verweist auf die Osternacht, in der die Chormusik der Engel Faust vor dem Schritt in den Freitod bewahrt hat. Daran erinnert nun Mephisto, anknüpfend an das Stichwort „Hass“ (vgl. V. 1571), diesem wesentlichen Gefühlselement des Teufels, mit dem Fausts Rede vorläufig endet. Doch Faust ist noch **deprimierter als in der Osternacht:** Das Glück der Ostergesänge entwertet er als Betrug (vgl. V. 1586). Faust steigert sich ausgehend von dieser Erfahrung in einem Ausbruch der Verzweiflung gegen alles „**Blenden der Erscheinung**“ (V. 1593).

Die nun einsetzende, 24 Verse umfassende **Fluchlitanei** (V. 1583–1606) wirkt zwar sehr emotional und leidenschaftlich, unterliegt jedoch in Inhalt und Aufbau strengen **rhetorischen Regeln:** Dreimal acht Verse lassen sich wiederum in **sechs Quartette** untergliedern. Die ersten beiden Quartette geben das Thema vor (V. 1583–1586, 1587–1590): Sollte eine **schöne Täuschung** jemals bestanden haben („Wenn“, V. 1583), so muss sie verworfen werden („So“, V. 1587). Es folgt hier schon der erste Fluch: „So fluch ich allem, was die Seele“ (V. 1587). Dieser setzt die folgende Fluchkette rhetorisch in Bewegung: Ausnahmslos allem, was die Seele verblendet, gilt dieser Fluch. Alles, was sich „andrängen“ will (vgl. V. 1594) und was als „Blend- und Schmeichelkräft[e]“ daherkommt (V. 1590), um Geist und Sinne zu vernebeln, wird restlos verurteilt.

2. Teil der Rede: Rhetorik der Fluchtirade

Das wird in den folgenden Versen konkretisiert (V. 1591–1598): **Stolz** (vgl. V. 1591 f.) sowie **Ruhm**, **Ehre** und **Besitz** (vgl. V. 1595 ff.) gehören dazu. Im dritten Redeabschnitt hebt Faust nochmals neu an mit der Beschreibung der fatalen **Folgen des Reichtums**. Die Konjunktion „wenn“ (V. 1599) wiederholt und intensiviert dabei die verwerflichen Bedingungen. Zugleich enthält die Erwähnung des „müßige[n] Ergetzen[s]“ (V. 1601) schon einen wesentlichen Aspekt der unmittelbar folgenden Wette („Werd ich beruhigt je mich auf ein Faulbett legen“, V. 1692).

weitere verdammenswerte Eigenschaften

Die Rede gipfelt in der **Verfluchung des Rausches**, wohl gesetzt als Übergang zu den nicht materiellen Gütern, nämlich den höchsten drei christlichen **Kardinaltugenden Liebe**, **Hoffnung** und **Glaube**. Alle drei werden „vor allen“ und zuletzt zusammengefasst in der Geduld (vgl. V. 1603–1606): Diese steht biblisch für Glaube und Hoffnung. Sie ist der **Inbegriff einer christlichen Haltung** des unerschütterlichen Gottvertrauens und stellt zugleich den maximalen **Gegensatz zur Ungeduld** des immer vorwärtsstrebenden Faust dar.

Höhepunkt: Abwendung vom Christentum

Auch formal ist das **letzte Versquartett** (V. 1603–1606) ein Höhepunkt: Bis dorthin setzt Faust sechsmal mit der Fluchformel ein, was **syntaktisch ähnliche Verspaare** erzeugt (V. 1591–1598). „Verflucht“ wird zu „Fluch“ verkürzt und fünfmal wiederholt: Das so beschleunigte Sprechtempo drückt Fausts **wachsende Erregung** aus. Die ersten drei Schlussverse setzen jeweils mit dem Anfangswort „Fluch“ in einer **gegen das Metrum** gerichteten Betonung ein, womit Faust seiner Wutrede eine kraftvolle Wirkung verleiht. Der erste und dritte Vers des letzten Quartetts gleichen sich syntaktisch („Fluch sei“) und bewirken durch diese Wiederholung eine **Intensivierung**. Innerhalb des vorletzten Verses bildet der „Fluch“ durch zweimalige Wiederholung eine Zäsur. Und im letzten Vers fällt durch die steigende Taktung – den Versanfang bildet hier die Kon-

metrisch-formale Gestaltung dieses Abschnittes

junktion „und“ – die metrisch passende Betonung nochmal auf den bis dahin insgesamt zehnmal wiederholten „Fluch“.

Dieser rhetorischen Steigerung entspricht der Gedankengang: Er führt von der persönlichen, seelischen Täuschung über die Abwertung der materiellen Alltagsgüter hin zur absoluten **Verdammung jedweden spirituellen Gottvertrauens** und Seelentrostes. War im Anfangsteil dieser Szene die Rede von der **Unmöglichkeit transzendenter Erfahrung im irdischen Dasein**, so entwertet der zweite Abschnitt des Monologs vollständig alle Annehmlichkeiten des Daseins, weil sie das metaphysische Streben in Vergessenheit geraten lassen. Der Gipfel dieser Abwertung, die äußerste **Verneinung der christlichen Tugenden**, macht Faust an diesem Punkt der dramatischen Entwicklung **für den Pakt mit dem Teufel bereit.**

Fazit
Bedeutung dieser Szene: Faust für Teufelspakt bereit

TEILAUFGABE 2

Für die gefragte Untersuchung ist die Szene „Studierzimmer II“ eine Schlüsselstelle. Denn sie weist einerseits auf Fausts bisheriges, **isoliertes Gelehrtendasein** zurück und andererseits voraus auf sein neues, **der Welt zugewandtes Leben** mit Mephisto. Über die Rolle der Erfahrung für Faust gibt sowohl das eine wie das andere Aufschluss.

„Studierzimmer II“ als Schlüsselstelle

Erfahrung ist ein sehr weit aufzufassender Begriff, unter dem hier alles gefasst werden soll, was zum direkten, lebendigen **Austausch des Menschen mit der sozialen Welt und der Natur** führt. Dem Leben entfremdet und entsprechend arm an Erfahrung ist derjenige, der sich vor der Außenwelt – aus welchen Gründen auch immer – vollständig isoliert. Bereits in der ersten Szene der Gelehrtentragödie erweist sich das ganze Ausmaß der **Lebensentfremdung Fausts**. Und ähnlich wie im Faust-Drama ist es in Hermann Hesses Roman „Der Steppenwolf“ von 1927: Harry Hallers zutiefst einsames Leben, das er vor der Begegnung mit seinen Gefährten führt, hält mit dem „Traktat über den Steppenwolf“ bereits das Spektrum seiner späteren Erfahrungsmöglichkeiten bereit. Und um zu entscheiden, ob die Erkenntnisse „**lebensverändernd**“ wirken, müssen in beiden Fällen daher auch die Situationen, in denen die Protagonisten weltabgewandt leben, in die Untersuchung einbezogen werden. Der zweite Abschnitt der Interpretation erfolgt für beide Protagonisten zunächst getrennt und führt dann in einen abschließenden Vergleich.

Definition des Begriffs Erfahrung

Fausts Distanz zum Leben

Außentext: Frage nach der Wirkung von Erkenntnis und Erfahrung

Vor seinem Pakt mit dem Teufel wird Faust als ein zutiefst unzufriedener Gelehrter gezeigt, dem es trotz aller wissenschaftlichen Anstrengung nicht vergönnt ist, zu „erkenne[n] was die Welt/Im Innersten zusammenhält“ (V. 382 f.). Faust charakterisiert sich selbst zwar als einen herausragenden Wissenschaftler (vgl. V. 366 f.), doch

Faust: trockenes Buchwissen

mangelt es ihm dafür gänzlich **an der Lebensfreude** (vgl. V. 370) und **am rechten Bezug zur Welt** (V. 374 ff.). Seine Kritik, ja, seine Abscheu gilt dem beschränkten, finsteren und der Natur fernen Leben in der Studierstube, das er als Gelehrter führt und das seinem rastlosen **Streben nach Grenzüberschreitung** niemals genügen kann. Als Kontrastfigur dient Fausts **wissenschaftlicher Gehilfe Wagner**, dessen Zufriedenheit sich schon darin erschöpft, dass ihn seine „Geistesfreuden/Von Buch zu Buch, von Blatt zu Blatt" tragen (V. 1104 f.). Demgegenüber treibt Faust sein grenzenloser Erkenntnisdrang hinaus aus der Gelehrtenstube, denn ihm genügt das rein theoretische Wissen nicht.

Fausts Flucht in die Welt aus Abneigung gegen bisheriges Leben

Und daher möchte er dem allen entkommen, „[h]inaus ins weite Land" (V. 418). Sein Forscherdrang bezieht sich eben nicht wie bei Wagner nur auf das **Buchwissen**, das „schal[e] Zeu[g]" (V. 603), wie er es nennt. Ja, es „ekelt" ihn „vor allem Wissen" (V. 1749). Darum genügt ihm auch das Zeichen des Makrokosmos nicht, weil es zwar ein „Schauspiel", aber eben **„ein Schauspiel nur"** ist, ein zweitrangiges Abbild (V. 454). Faust möchte **in aktiver Teilhabe die „unendliche Natur" erfahren** (V. 436), er möchte in das „Ganze" des Kosmos eintauchen und darin „baden" (V. 445 ff.), anstatt es nur zu betrachten. Daraus folgt die **magische Beschwörung des Erdgeistes**, des Inbegriffs aller lebendigen, tätigen und wirksamen Ganzheit (V. 501 ff.); denn Faust hat sich als Wissenschaftler „der Magie ergeben", damit er die Welt, die Zusammengehörigkeit des Lebens und der Natur erkennen und erfahren kann (vgl. V. 377 ff.). Der Erdgeist jedoch weist Faust in die **Schranken seiner Möglichkeiten** (vgl. V. 485). Faust muss erfahren, dass er zu hoch gegriffen hat und ihm die unmittelbare Teilhabe an der göttlichen Transzendenz – trotz seiner Gottebenbildlichkeit (vgl. V. 516) – nicht möglich ist.

Fausts enttäuschende Begegnung mit dem Erdgeist

Erfahrung des „Ganzen" als Ziel

Überheblichkeit von Faust

Nicht nur für den Gelehrten und Wissenschaftler, sondern auch für den Menschen Heinrich Faust spielt die lebendige Erfahrung eine herausragende Rolle. Die **Szene „Vor dem Tor"** zeigt ihn in der Begegnung mit der kleinen und festlichen, österlichen Welt, mit den Bauern, den Mädchen, Soldaten und Handwerkern der kleinen Stadt und mit der Natur. Sie ist eine **Vorschau auf Fausts neue Welterfahrung und die Begegnung mit Gretchen**, einem Mädchen aus dem einfachen Volk, in der gemeinsamen Ausfahrt mit Mephisto. Nicht nur Faust, sondern auch das Volk hat sich zum Spaziergang aus der „Enge" (V. 926) der Straßen aufgemacht und kann sich jetzt zur Empfindung des wahren „Menschseins" aufschwingen („Hier ist des Volkes wahrer Himmel, [...] Hier bin ich Mensch, hier darf ich's sein", V. 938 ff.). Die „farbige" **Lebendigkeit der Szene** (V. 936) steht im **Kontrast zur Lebensentfremdung** der Studierstube.

Fausts Spaziergang als Öffnung gegenüber der Welt

Die Wirkung des Spaziergangs, die Begegnung Fausts mit Welt und Natur ist belebend und es regt sich die **Menschen- und** die **Gottesliebe** in ihm (vgl. V. 1184 f.). Faust wendet sich in dieser positiven Stimmung der **Bibelübersetzung**, dem „Überirdischen" (V. 1216) zu, um sich durch „redlich[e]" (V. 1221) Beschäftigung selbst zu therapieren. Der Weg, den diese Übersetzung der Anfangsverse nimmt, zeigt einerseits nochmals deutlich seine schon bekannte **Abwertung des Wortes** und des bloß theoretischen Wissens („und tu nicht mehr in Worten kramen", V. 385) und andererseits weist sie auf die kommende **Hinwendung zur Welt** und zur lebendigen, tatkräftigen Erfahrung hin, indem nun statt des Worts, die Tat an den Beginn der Bibelübersetzung tritt.

Erkenntnis über den Wert der Tat

Faust folgt in dieser Szene also der Überzeugung, dass es noch einen Lebenssinn geben könne, womit er **noch nicht reif für den lebensverändernden Pakt** mit dem Teufel ist; das ist erst beim zweiten Besuch des Teufels der Fall. Tatsächlich wird Faust sich infolge des Pakts den Reisemantel anlegen, wie Mephisto es ihm vorschlägt, um ihm zur gemeinsamen Ausfahrt in die „kleine [und] die große Welt" (V. 2052), in die Vielfalt des Lebens zu folgen. Daran lässt sich zwar erkennen, dass die **Welterfahrung** künftig eine herausragende Rolle für Faust spielen wird. Doch die Bedeutung dieser Erfahrung, wohin immer sie führt, bleibt von vornherein **relativiert vor dem hohen Anspruch Fausts** an jegliche Erfahrung, wie er sich in der Wette manifestiert. Denn seine Wette mit dem Teufel besagt, dass es in diesem Leben keinen Augenblick geben kann, der ihm die transzendente Fülle bieten wird, nach der er rastlos sucht (vgl. V. 1699–1702).

Entschluss zur Wette und Aufbruch in die Welt

eingeschränkte Wirksamkeit der Erfahrung

Zwar kann erst das Ende von „Faust II" darüber Auskunft geben, ob jener die Wette nicht doch verliert. Doch selbst wenn er den erfüllten Augenblick erleben könnte, wäre **jede neue Lebensperspektive beendet**, denn die Wette ist so angelegt, dass Faust sich bereits jede Möglichkeit der Veränderung abschneidet: Für den Augenblick der Erfüllung hat er **sein Leben dem Teufel verschrieben** und muss ausgerechnet dann sterben, wenn er ans Ziel seiner metaphysischen Sehnsucht gelangt ist. Eine lebensverändernde Erkenntnis kann es in diesem Sinne daher nicht geben.

Fahrt in die Welt zum Scheitern verurteilt

Dass Faust sich trotzdem mit dem Teufel verbündet, wirft ein weiteres Licht auf die **Rolle der Erfahrung für Faust:** Es geht ihm nicht um neue Erkenntnisse, sondern um das Leben selbst. In seiner nihilistischen **Entwertung aller Lebensperspektiven** folgt Faust dem ursprünglichen Fluchtimpuls. Er will sich betäuben, indem er die Flucht aus seinem bisherigen Dasein antritt und buchstäblich ins volle Leben eintaucht: „Stürzen wir uns in das Rauschen der Zeit, / Ins Rollen der Begebenheit" (V. 1754 f.). Er will sich ablenken und

Ablenkung und Genuss statt Erfahrung und Erkenntnis

seinem **Hunger nach lebendiger Erfahrung** folgen: „Da mag denn Schmerz und Genuß, [...] Miteinander wechseln wie es kann;/Nur rastlos betätigt sich der Mann“ (V. 1757 ff.). Dass Mephisto ihm das nicht bieten kann, was er verlangt, wird deutlich, indem Faust sein Wunschverlangen ins Absurde übersteigert (vgl. V. 1675–1687). Er will die Welt in ihrer Totalität und er will sie mit äußerster Intensität erfahren, den Selbstgenuss eingeschlossen, auch wenn er weiß, dass er damit in seiner ganzen, menschlichen Beschränktheit letztendlich **zum Scheitern verurteilt** ist (vgl. V. 1765–1775).

Faust scheitert am eigenen Ehrgeiz

Dazu ist ihm Mephisto dienlich, denn er hat keine Ahnung, wohin er will und auf welche Weise er sich der Welt überhaupt zuwenden soll, womit das Ausmaß seiner Lebensentfremdung nochmal deutlich wird (vgl. V. 2051–2072). **Verkleidung**, **Verjüngung** und **Hexentrank** sind weitere entscheidende **Hilfsmittel** bei der Zuwendung zur Welt. Fausts Ausfahrt in die Welt, in die Vielfalt des Lebens ist motiviert – eigentlich ganz modern – als **Ablenkung von der Aussichtslosigkeit** seiner wissenschaftlichen und menschlichen Existenz, als Selbstbetäubung, aber auch als **Daseins- und Selbstgenuss**; nicht aber als Erkenntnis fördernde Lebensveränderung. Ihr Zweck liegt in der Erfahrung selbst, das Scheitern eingeschlossen. Fausts **Liebesgeschichte mit Gretchen** ist eine Erfahrung mit katastrophalem Ausgang. Und erst der Schluss des gesamten Dramas gibt letztendlich Auskunft darüber, ob das Kalkül Fausts aufgegangen ist.

Fazit zu Faust:

keine Lebensveränderung durch Ausfahrt in die Welt

Es gibt erstaunlich viele Parallelen unter dem vorgegebenen Aspekt zwischen den Figuren Faust und Harry Haller, dem Protagonisten des Romans „Der Steppenwolf“ von Hermann Hesse: **Harry Haller** führt – ähnlich wie Faust – ein **zurückgezogenes**, **weltfernes Leben** im Mietzimmer eines Kleinbürgerhauses. „Der Mann, der diese Stube bewohnte, konnte ein Gelehrter sein“ (S. 19), schreibt der Herausgeber der autobiografischen Aufzeichnungen Hallers zur Einführung in die Handlung. Haller fasst seine **innere Gespaltenheit** zwischen „Trieb und Geist“ (S. 75) bzw. „Natur und Geist“ (S. 80) in das **Bild eines Steppenwolfs** (vgl. S. 40), wobei er sich auch des Goethe'schen Bildes von den „**zwei Seelen**“ (S. 85) in der Brust bedient. Allerdings führt das Bild in eine völlig andere Richtung: Die eine Seite, das Geistige, repräsentiert den moralisch und sozial angepassten Menschen, während die andere Seite, die Wolfsnatur, sich gegen die bürgerlichen Konventionen richtet und in die soziale Isolation führt. Kulturpessimismus und Zivilisationskritik sind in das Bild von der **Doppelnatur als Mensch und Wolf** verwoben.

Vergleichstext: Hesses „Der Steppenwolf“

Harry Hallers Leben als Steppenwolf

Bezug zu Fausts „zwei Seelen“: Haller zwischen Anpassung und Isolation

Genau ausgeführt sind diese Gedanken im sogenannten „**Traktat vom Steppenwolf**“, den Haller auf einem seiner einsamen Vorstadtstreifzüge erworben hat und der den Untertitel „Nur für Verrückte“ trägt.

„Traktat“: Analyse und Erfahrung als Ausweg

Da Haller sich selbst in einem Gedicht schon als Steppenwolf bezeichnet hat, trifft die Lektüre ins Schwarze, sie ist der erste Schritt zu der vom Traktat empfohlenen **Selbstkonfrontation**. Nicht nur, dass Haller sich nun einen Zeitpunkt zur erlaubten Selbsttötung vorgibt, der ihm eine stärkere Akzeptanz seiner Lage ermöglicht, sondern mit dem Traktat setzt auch ein für den Lebensweg Hallers entscheidender Prozess der **Selbstanalyse** und **Selbsterfahrung** ein. Der Traktat und die Erlebnisse stehen in einem komplementären Verhältnis – so wie in einer Psychoanalyse Erleben und Deutung zusammengehören.

Bedeutung des Traktats für Hallers Lebenswandel

Zunächst bedarf es eines Blicks auf die weiteren Erkenntnisse, die der Traktat für die Selbsterkenntnis Hallers bereithält. Zwar knüpft er an Hallers Selbstbild vom Steppenwolf an, doch entfaltet er noch eine weitere **Persönlichkeitstheorie**, in der fernöstliche und zeitgenössische psychoanalytische Persönlichkeitsmodelle sich mischen. Folgende Elemente dieser Theorie, die für **Hallers Erfahrungen** zur lebensverändernden Erkenntnis werden, sind zu nennen: die Vorstellung von einer kohärenten **Ich-Persönlichkeit als Wahn** (vgl. S. 79); die Auffassung von der Persönlichkeit als einer **Seelenvielfalt** statt einer Zweiheit (vgl. S. 78); der Zugang zu den vielfältigen Elementen der Persönlichkeit durch Konfrontation mit sich selbst und dem eigenen Unbewussten sowie mit anderen Personen, die diese Elemente repräsentieren (vgl. S. 78 ff.); **Selbstverwandlung** und Selbstüberschreitung als schmerzhafter, zur „Unsterblichkeit" führender Prozess (vgl. S. 81 ff.); der **Humor als Möglichkeit**, überlebensnotwendige Kompromisse zu schließen, und als Tor zum Göttlichen (vgl. S. 72); und schließlich die Zuversicht und „Hoffnung", dass Haller diesen Weg beschreiten kann (vgl. S. 73).

Persönlichkeitstheorie im Traktat: Vielfalt statt Einheit

herausragende Bedeutung des Humors

Durch die Begegnung Hallers mit Hermine, die an einem Tiefpunkt von Hallers Isolation stattfindet, immer in Gedanken an den gefürchteten und erlösenden Suizid, wandelt sich die Theorie des Traktats in erlebte Wirklichkeit um und Haller lernt allmählich, den „Wahn der Persönlichkeit" (S. 79) zu durchbrechen. Und seine **Öffnung zum Leben wirkt** letztendlich **lebensverändernd**. Haller schaut durch Hermine in den Spiegel seiner eigenen Persönlichkeit und lässt sich von ihr den „Stoß" geben, den er braucht, um „wieder lebendig" zu werden, „um tanzen […], lachen […], leben zu lernen" (S. 143). Dass sie sich für ihre Hilfe von ihm den Tod wünscht, mutet wie eine **Umkehrung des Teufelspakts** an, in dem Mephisto für seine Dienste die Seele Fausts verlangt. Faust und Haller bedürfen der **Gefährten**, um aus der sozialen Isolation herauszukommen („Sie war die Erlösung, der Weg ins Freie", S. 136; „Faust I": V. 2050 ff.). Bevor sie diesen Gefährten begegnen, sind sie zutiefst melancholisch, Haller

Begegnung mit Hermine als Auslöser für Hallers Wandel

Gemeinsamkeit Faust – Haller: Gefährten

ist hoffnungslos vereinsamt (vgl. S. 81 f.), die Welt ist für sie ohne Wert und beide liebäugeln mit dem Suizid (vgl. S. 62 ff.).

Verlangen nach Intensität des Erlebens bei Faust und Haller

Beide lehnen die satte Zufriedenheit (aus unterschiedlichen Motiven) ab, sie **erstreben Intensität** (vgl. S. 69) und Ganzheit der Empfindung: Leid und Schmerz sowie Glück oder Genuss (vgl. S. 191). Tanz und Musik können diese Intensität realisieren (vgl. S. 170). Beide **verachten** das bloß theoretische **Wissen ohne Verbindung zur lebendigen Erfahrung** – wenn auch hinsichtlich unterschiedlicher Erkenntnisziele: „Aber nicht Wissen und Verstehen war es, was not tat, wonach ich mich so verzweifelt sehnte, sondern Erleben, Entscheidung, Stoß und Sprung", sagt Haller (S. 37). Und beide, Faust wie Haller, führt der erste Schritt in die Welt auch zugleich in ihre **Banalität** hinein, sei es in Auerbachs Keller (in die „flache Unbedeutenheit", V. 1861; „Was ist das für ein Marterort?", V. 1835) oder in die Tanzschuppen, die „widerwärtig[e] […] Welt" der „Vergnügungsmenschen" (S. 157). Beider Verhältnis zu dieser Welt ist gekennzeichnet von **Distanz und Anziehung**. Und wie der Teufel Faust Gretchen zuführt, so führt Hermine Haller Maria zu und lehrt ihn, „ein wenig gewöhnlich und menschlich zu lieben" (S. 165).

Faust und Haller: unterschiedliche Ziele

Hallers Zugang zur eigenen Innenwelt

Die Begegnung Hallers mit der „Oberfläche des Lebens" (S. 163), insbesondere aber die Liebe Marias, verschafft ihm den **Zugang zum inneren Reichtum** im „Bildersaal [s]eines Lebens" (S. 181). Aber auch Faust wird durch sein Gretchen vom „Kribskrabs der Imagination […] kuriert" (V. 3268 f.) und Naturgenuss stellt sich wieder ein (V. 3217 ff.). Beide sind in diesem Lebens- und Erfahrungskursus **hin- und hergerissen zwischen entgegengesetzten Empfindungen**: Während Faust „von Begierde zu Genuss" taumelt (V. 3249), findet Haller sich „ganz wunderlich" zwischen „Schmerz und Lust […], Himmel [und] Hölle" wieder und kämpft mit seinem alten Selbstbild (S. 172 f.). Der Lebenskurs, den Haller unter Hermines Anleitung durchläuft, macht ihn schließlich **bereit für die Erlebnisse des Magischen Theaters** (vgl. S. 222 ff.), für das er zuvor noch nicht reif war. Ähnlich wie Faust bei der ersten Begegnung mit dem Teufel noch nicht reif für den Pakt ist. Während Faust durch Verjüngungskur und Hexentrank für das Liebeserlebnis vorbereitet werden muss, wirkt die Lebensschule Hallers **grundlegend verändernd auf seine Persönlichkeit** ein. Sie kulminiert im Zutritt zum Magischen Theater.

Abschluss des Lebenskurses: Magisches Theater

Vorbereitung auf die bevorstehenden Erlebnisse

Selbstkonfrontation im Magischen Theater

Wie im „Faust" die Handlung durch Szenen wie die „**Hexenküche**" oder die „**Walpurgisnacht**" ins Halbreale, Traumhafte gerückt wird, so landet Haller durch das Magische Theater in einer **surrealen, traumhaften Szene** – einer „Welt ohne Zeit"(S. 224), in der es „nur Bilder [gibt], keine Wirklichkeit" (S. 228). Es gelingt den Zugang zur eigenen Innenwelt zu bekommen, indem sie in einen „**Bilder-**

saal" transformiert wird, wie Pablo es Haller vor seinem Eintritt ins Theater erklärt (vgl. S. 224). Im Sinne des Traktats wird dadurch die Selbstkonfrontation möglich. Sie kann dort erfahren und erlebt werden. Haller verabschiedet sich von seiner alten Persönlichkeit (vgl. S. 226) und führt einen **Scheinselbstmord** durch (er verabschiedet sich vom falschen Schein seines alten Selbstbildes), um sich in den verschiedenen Räumen des Theaters dem unendlichen **Figurenspiel der Seele** zu öffnen und sich selbst im Sinne des im Traktat entwickelten Menschenbildes vielfältig zu erweitern.

Hallers Persönlichkeitswandel

Wie Faust das Hexengebräu braucht, so bedarf Haller einer physischen **Stimulation durch Rauch und Flüssigkeit**. Doch soll er im Sinne der **Theorie des Humors** aus dem Traktat vor allem **das Lachen lernen**, was ihm durch die Konfrontation mit seinem Spiegelbild auch gelingt. Dennoch erreicht Harry das Lernziel seines Selbsterfahrungskurses nicht vollständig, weil er die Wirklichkeit mit der (surreal-virtuellen) Bilderwelt verwechselt und **Hermine am Ende aus Eifersucht tötet** – während Faust zum Schluss für den realen Tod seines Gretchens verantwortlich ist.

Humor als Ausweg aus der Krise

Haller nicht am Ziel: Ermordung Hermines

Doch **Hallers Lernprozess ist in Fluss geraten** und er hofft darauf, das „Figurenspiel" des Lebens (S. 260) besser spielen zu lernen und mit ihm den Humor der Unsterblichen. Faust zeigt keinen Humor. Für Haller hingegen bedeutet Humor eine **Selbstüberschreitung**. Er möchte ihn von den Unsterblichen (z. B. Goethe, Mozart) lernen; ähnlich wie Faust sucht Haller die **Erfahrung des Unvergänglichen im Irdischen** oder, wie er sagt, die „Gottesspur" (S. 40), doch ohne Verbindung mit einer Religion.

Haller: Lernprozess in Gang gesetzt

Hinsichtlich ihrer Erkenntnisabsichten streben Faust und Haller in verschiedene Richtungen: Faust will erkennen, „was die Welt im Innersten zusammenhält" (S. 382), Haller geht es primär um Selbsterkenntnis, wozu er viel Selbsterfahrung benötigt, die das wahre Potenzial seiner Persönlichkeit zur vollen Entfaltung bringen soll. Für **Faust** bedeutet die Öffnung zum Leben eine überfällige **Absage an die Gelehrtentradition** und die Flucht in die „kleine und die große Welt", angetreten aus der Unmöglichkeit, den ewigen Augenblick im Irdischen erfahren zu können. **Haller** möchte den **Zugang zur Wirklichkeit der verborgenen Seele**. Er hat die Hoffnung, diesem Ziel auf dem Weg der Erfahrung, durch „Lebenskunst" (S. 247), immer näher zu kommen. Die durch diese **Erfahrung** gewonnenen Einsichten wirken daher – anders als bei Faust – **bei Haller tatsächlich lebensverändernd**.

Fazit

trotz Hinwendung zur Welt: wenig Entwicklung bei Faust

Hallers lebensverändernde Erfahrungen

Deutsch (Baden-Württemberg) ▪ Abiturprüfung
Übungsaufgabe 2

INTERPRETATION UND VERGLEICH DER PFLICHTLEKTÜREN (WERKE IM KONTEXT)

Arbeitsanweisungen

– Interpretieren Sie den Textauszug; beziehen Sie das für das Verständnis Wesentliche aus der vorangehenden Handlung ein.

„Das Phantastische […] offenbart ein Ärgernis, einen Riß, einen befremdenden, fast unerträglichen Einbruch in die wirkliche Welt."

(Aus: Roger Caillois, Das Bild des Phantastischen. Vom Märchen bis zur Science Fiction. In: Rein A. Zondergeld (Hg.), Phaïcon, 1. Almanach der phantastischen Literatur. Insel-Taschenbuch, Frankfurt/M. 1974, S. 45)

– E.T.A. Hoffmanns „Der goldne Topf" und Johann Wolfgang von Goethes „Faust I": Erörtern Sie in einer vergleichenden Betrachtung, ob Caillois' Definition des Fantastischen auf Anselmus' und Fausts Begegnungen mit diesem übertragbar ist.

Material **E.T.A Hoffmann: Der goldne Topf (1814)**

„Der Herr ist wohl nicht recht bei Troste!", sagte eine ehrbare Bürgersfrau, die vom Spaziergange mit der Familie heimkehrend, still stand, und mit übereinandergeschlagenen Armen dem tollen Treiben des Studenten Anselmus zusah. *Der* hatte nämlich den Stamm des Holunderbaumes umfasst und rief unaufhörlich in die Zweige und Blätter hinein: „O nur noch einmal blinket und leuchtet, ihr lieblichen goldnen Schlänglein, nur noch einmal lasst eure Glockenstimmchen hören! Nur noch einmal blicket mich an, ihr holdseligen blauen Augen, nur noch einmal, ich muss ja sonst vergehen in Schmerz und heißer Sehnsucht!" Und dabei seufzte und ächzte er aus der tiefsten Brust recht kläglich, und schüttelte vor Verlangen und Ungeduld den Holunderbaum, der aber statt aller Antwort nur ganz dumpf und unvernehmlich mit den Blättern rauschte, und so den Schmerz des Studenten Anselmus ordentlich zu verhöhnen schien. – „Der Herr ist wohl nicht recht bei Troste", sagte die Bürgersfrau, und dem Anselmus war es so, als würde er aus einem tiefen Traum gerüttelt oder gar mit eiskaltem Wasser begossen, um ja recht jähling zu erwachen. Nun sah er erst wieder deutlich, wo er war, und besann sich, wie ein sonderbarer Spuk ihn geneckt und gar dazu getrieben habe, ganz allein für sich selbst in laute Worte auszubrechen. Bestürzt blickte er die Bürgersfrau an, und griff endlich nach dem Hute, der zur Erde gefallen, um davonzueilen. Der Familienvater war unterdessen auch herangekommen und hatte, nachdem er das Kleine, das er auf dem Arm getragen, ins Gras gesetzt, auf seinen Stock sich stützend mit Verwunderung dem Studenten zugehört und zugeschaut. Er hob jetzt Pfeife und

Tabaksbeutel auf, die der Student fallen lassen, und sprach, beides ihm hinreichend: „Lamentier' der Herr nicht so schrecklich in der Finsternis, und vexier' Er nicht die Leute, wenn Ihm sonst nichts fehlt, als dass Er zuviel ins Gläschen geguckt – geh' Er fein ordentlich zu Hause und leg' Er sich aufs Ohr!" Der Student Anselmus schämte sich sehr, er stieß ein weinerliches Ach! aus. „Nun nun", fuhr der Bürgersmann fort, „lass' es der Herr nur gut sein, so was geschieht den Besten, und am lieben Himmelfahrtstage kann man wohl in der Freude seines Herzens ein Schlückchen über den Durst tun. Das passiert auch wohl einem Mann Gottes – der Herr ist ja doch wohl ein Kandidat. – Aber wenn es der Herr erlaubt, stopf ich mir ein Pfeifchen von seinem Tabak, meiner ist mir da droben ausgegangen." Dies sagte der Bürger, als der Student Anselmus schon Pfeife und Beutel einstecken wollte, und nun reinigte der Bürger langsam und bedächtig seine Pfeife, und fing ebenso langsam an zu stopfen. Mehrere Bürgermädchen waren dazugetreten, die sprachen heimlich mit der Frau und kickerten miteinander, indem sie den Anselmus ansahen. *Dem* war es, als stände er auf lauter spitzigen Dornen und glühenden Nadeln. Sowie er nur Pfeife und Tabaksbeutel erhalten, rannte er spornstreichs davon. Alles was er Wunderbares gesehen, war ihm rein aus dem Gedächtnis geschwunden, und er besann sich nur, dass er unter dem Holunderbaum allerlei tolles Zeug ganz laut geschwatzt, was ihm denn um so entsetzlicher war, als er von jeher einen innerlichen Abscheu gegen alle Selbstredner gehegt. Der Satan schwatzt aus ihnen, sagte sein Rektor, und daran glaubte er auch in der Tat. Für einen am Himmelfahrtstage betrunkenen Candidatus theologiae gehalten zu werden, der Gedanke war ihm unerträglich. Schon wollte er in die Pappelallee bei dem Kosel'schen Garten einbiegen, als eine Stimme hinter ihm herrief: „Herr Anselmus! Herr Anselmus! wo rennen Sie denn um tausend Himmels willen hin in solcher Hast!" Der Student blieb wie in den Boden gewurzelt stehen, denn er war überzeugt, dass nun gleich ein neues Unglück auf ihn einbrechen werde. Die Stimme ließ sich wieder hören: „Herr Anselmus, so kommen Sie doch zurück, wir warten hier am Wasser!" – Nun vernahm der Student erst, dass es sein Freund, der Konrektor Paulmann war, der ihn rief; er ging zurück an die Elbe, und fand den Konrektor mit seinen beiden Töchtern, sowie den Registrator Heerbrand, wie sie eben im Begriff waren in eine Gondel zu steigen. Der Konrektor Paulmann lud den Studenten ein, mit ihm über die Elbe zu fahren, und dann in seiner auf der Pirnaer Vorstadt gelegenen Wohnung abends über bei ihm zu bleiben. Der Student Anselmus nahm das recht gern an, weil er denn doch so dem bösen Verhängnis, das heute über ihn walte, zu entrinnen glaubte. Als sie nun über den Strom fuhren, begab es sich, dass auf dem jenseitigen Ufer bei dem Anton'schen Garten ein Feuerwerk abgebrannt wurde. Prasselnd und zischend fuhren die Raketen in die Höhe und die leuchtenden Sterne zersprangen in den Lüften, tausend knisternde Strahlen und Flammen um sich sprühend. Der Student Anselmus saß in sich gekehrt bei dem rudernden Schiffer, als er nun aber im Wasser den Widerschein der in der Luft herumsprühenden und knisternden Funken und Flammen erblickte; da war es ihm, als zögen die goldnen Schlänglein durch die Flut. Alles was er unter dem Holunderbaum Seltsames geschaut, trat wieder lebendig in Sinn und Gedanken, und aufs Neue ergriff ihn die unaussprechliche Sehnsucht, das glühende Verlangen, welches dort seine Brust in krampfhaft schmerzvollem Entzücken erschüttert. „Ach, seid ihr es denn wieder, ihr goldenen Schlänglein, singt nur, singt! In eurem Gesange erscheinen ja wieder die holden lieblichen dunkelblauen Augen – ach, seid ihr denn unter den Fluten!“ – So rief der Student Anselmus und machte dabei eine heftige Bewegung, als wolle er sich gleich aus der Gondel in die Flut stürzen. „Ist der Herr des Teufels?“, rief der Schiffer, und erwischte ihn beim Rockschoß. Die Mädchen, welche bei ihm gesessen, schrien im Schreck auf und flüchteten auf die andere Seite der Gondel; der Registrator Heerbrand sagte dem Konrektor Paulmann etwas ins Ohr, worauf dieser mehreres antwortete, wovon der Student Anselmus aber nur die Worte verstand: „Dergleichen Anfälle – noch nicht bemerkt?“ – Gleich nachher stand auch der Konrektor Paulmann auf und setzte sich mit einer gewissen ernsten gravitätischen Amtsmiene zu dem Studenten Anselmus, seine Hand nehmend und sprechend: „Wie ist Ihnen, Herr Anselmus?“ Dem Studenten Anselmus vergingen beinahe die Sinne, denn in seinem Innern erhob sich ein toller Zwiespalt, den er vergebens beschwichtigen wollte. Er sah nun wohl deutlich, dass das, was er für das Leuchten der goldenen Schlänglein gehalten, nur der Widerschein des Feuerwerks bei Antons Garten war; aber ein nie gekanntes Gefühl, er wusste selbst nicht, ob Wonne, ob Schmerz, zog krampfhaft seine Brust zusammen, und wenn der Schiffer nun so mit dem Ruder ins Wasser hineinschlug, dass es wie im Zorn sich emporkräuselnd plätscherte und rauschte, da vernahm er in dem Getöse ein heimliches Lispeln und Flüstern: „Anselmus! Anselmus! Siehst du nicht, wie wir stets vor dir herziehen? – Schwesterlein blickt dich wohl wieder an – glaube – glaube – glaube an uns.“ – Und es war ihm, als säh’ er im Widerschein drei grünglühende Streife. Aber als er dann recht wehmütig ins Wasser hineinblickte, ob nun nicht die holdseligen Augen aus der Flut herausschauen würden, da gewahrte er wohl, dass der Schein nur von den erleuchteten Fenstern der nahen Häuser herrührte.

Aus: E.T.A. Hoffmann, Der goldne Topf. Ein Märchen aus der neuen Zeit, Stuttgart: Reclam 2015, S. 12 ff.

TIPP **Bearbeitungshinweise**

TEILAUFGABE 1: Diese Aufgabe fordert eine Interpretation der Textstelle unter Einbezug sprachlicher wie erzählerischer Mittel und unter Berücksichtigung zentraler, vorangehender Handlungselemente, die für die Deutung des Textauszugs wesentlich sind.
Der Textanalyse sollte eine erste, konzentrierte Lektüre vorangehen, die zunächst **grundlegende Beobachtungen**, z. B. zu einer Grundstimmung, eines Kernthemas oder einer zentralen Fragestellung, vielleicht auch einer Entwicklung, ermöglicht. Von derartigen, noch sehr allgemeinen Befunden ausgehend, lässt sich die Textstelle dann wesentlich zielgerichteter analysieren.
Der vorliegende Textauszug berichtet von Anselmus' ersten beiden **Begegnungen mit dem Fantastischen**. Herauszuarbeiten, wie Anselmus auf diese jeweils reagiert und wie die Gesellschaft sich ihm gegenüber deswegen verhält, sollte ein wesentliches Ziel Ihrer Textanalyse sein. Eine tiefschürfendere Analyse der sprachlichen Gestaltung bietet sich vor allem in jenen Passagen an, in denen Anselmus seine **Gefühle über das Erlebte** zum Ausdruck bringt.
Da der Textauszug in der zweiten Vigilie der Novelle zu verorten ist, hält sich der Umfang der geforderten **Hinführung zur Textstelle** in Grenzen: Erwähnung finden sollten der Vorfall zwischen Anselmus und der Marktfrau, seine darauffolgende Flucht an das Elbufer und seine erste Begegnung mit dem Wunderbaren, auf die der vorgelegte Textauszug direkt folgt. Die Detailanalyse sollte mit einem pointierten Fazit schließen, das Ihre wesentlichsten Beobachtungen noch einmal prägnant und zusammenfassend darlegt.

TEILAUFGABE 2: Hier sollen Sie prüfen, ob **Roger Caillois' Definition des Fantastischen** auf Anselmus' und Fausts Aufeinandertreffen mit diesem anwendbar ist. Erläutern Sie zunächst das vorliegende Zitat in Ihren eigenen Worten. Es ist hier hilfreich, einen **Kriterienkatalog** zu erarbeiten, den Sie gut handhaben können: Was ist laut Caillois fantastisch? Welche Auswirkungen hat das Fantastische laut Caillois auf die wirkliche Welt? Sie werden bei Ihrer Auseinandersetzung mit den zu vergleichenden Figuren schnell feststellen, dass Caillois' Definition sich nicht eins zu eins auf Anselmus und Faust übertragen lässt: Mit Blick auf **Anselmus** sticht ins Auge, dass die Begegnung mit dem Fantastischen nicht nur negative, sondern v. a. viele positive Folgen für sein Leben hat. Fausts Zusammentreffen mit dem Fantastischen wirkt auf den ersten Blick kompatibler mit Caillois' Begriffsauslegung, weicht von ihr aber insofern ab, als dass das Übernatürliche nicht einfach über **Faust** hereinbricht, sondern er es heraufbeschwört und für seine Zwecke zu instrumentalisieren versucht.
Der Werkvergleich sollte mit einem knappen, vergleichenden Fazit schließen, in dem Sie ein **begründetes und differenziertes Urteil** über die Übertragbarkeit von Caillois' Definition auf die Vergleichstexte fällen.

Textausgabe für den Vergleichstext: J. W. von Goethe, Faust I. Textausgabe mit Material, Hallbergmoos: Stark 2016.

Lösungsvorschlag

TEILAUFGABE 1

Einleitung:
Autor, Titel, Erscheinungsjahr, Thema

Im Zentrum der 1814 veröffentlichten romantischen Novelle „Der goldne Topf“ aus der Feder E.T.A. Hoffmanns wird der **unbeholfene gesellschaftliche Außenseiter Anselmus** unverhofft zu einer zentralen Figur in einem uralten, märchenhaften Konflikt. Der vorliegende Textauszug zeigt, wie Anselmus zum ersten Mal mit der **Welt des Wunderbaren und Fantastischen** in Berührung kommt und wie er und sein bürgerliches Umfeld darauf reagieren.

Bezug zu vorangegangener Handlung:

– Zusammenstoß mit Marktfrau

– Unzufriedenheit mit seinem Leben

– Erscheinen der drei Schlangen

– Anselmus' Verlangen ist geweckt

Zu Beginn der Handlung befindet sich Anselmus, ein Student, auf dem Weg zum **Dresdner Himmelfahrtsfest,** auf dem er ein paar gesellige Stunden verbringen möchte. Vor dem Schwarzen Tor stolpert er allerdings über den **Apfelkorb einer alten Marktfrau**, die ihn vor den Augen der Marktbesucher mit einem **Fluch** belegt, obwohl er sie mit seinem Portemonnaie für sein Missgeschick entschädigt und sich damit um seinen Festbesuch gebracht hat. Anselmus flüchtet daraufhin unter einen **Holunderbaum am Elbufer**, wo er nicht nur seinem Unmut über den Vorfall auf dem Markt, sondern auch über sein Leben im Allgemeinen Luft verschafft: Er klagt über schicksalshafte Mächte und **seine eigene Tollpatschigkeit**, die ihn immer wieder um persönliches Glück und Erfolg brächten. Seine monologische Wutrede wird aber schließlich von geheimnisvollen Klängen und einem unverständlichen Lispeln und Flüstern unterbrochen, die vom Baum herab zu ihm dringen. Er entdeckt im Blätterwerk **drei grüngoldene Schlangen**. Insbesondere die dunkelblauen Augen einer Schlange erfüllen Anselmus mit sehnsüchtigem Verlangen. Als sich jedoch bei Sonnenuntergang eine unbekannte raue, tiefe Stimme an die märchenhaften Wesen richtet, stürzen sich diese in die Elbe und entziehen sich so den Blicken des gebannten Studenten.

Interpretation des Textauszugs

Reaktion auf das Verschwinden der Schlangen

sprachliche Gestaltung des Gefühlsausbruchs

Anselmus reagiert auf den plötzlichen Verlust des eben erlebten, unerwarteten Glücks **verzweifelt**, bettelt förmlich um dessen Rückkehr: Er ruft „unaufhörlich“ (Z. 4) nach den drei Schlangen und umfasst dabei sogar den Baum – für Außenstehende gewiss ein **skurriler Anblick**, den selbst der auktoriale Erzähler als „tol[l]“ (Z. 3), als verrückt, bewertet und der dem Leser verdeutlicht, welch großes Verlangen in Anselmus geweckt worden ist. Seine **unbändige Sehnsucht** offenbart sich insbesondere in seinem Seufzen und Ächzen (vgl. Z. 8) – ein Schmerzlaut –, in der **Interjektion** „O“ (Z. 5), der flehend anmutenden vierfachen Wiederholung der Worte „nur noch einmal“ (Z. 5 ff.), den zärtlich wirkenden **Diminutiven**, mit denen er die Zauberwesen beschreibt („Schlänglein“, Z. 5; „Glockenstimmchen“, Z. 6), und dem Verweis auf die Seelenqualen, die ihm das Verschwinden der Schlangen bereitet (vgl. Z. 7 f.). Das Umfassen des Baums steigert sich schließlich zu einem verzweifelten Schütteln (vgl. Z. 9), doch **Anselmus’ Flehen** bleibt unbeantwortet: Die wundersamen Wesen kehren nicht zu ihm zurück.

Reaktion der Passanten auf Anselmus’ Verhalten

Stattdessen wird er durch die **Worte einer Passantin,** die seinen ungewöhnlichen Gefühlsausbruch nachdrücklich verurteilt (vgl. Z. 1, 11 f.), aus seinem „tiefen Traum“ (Z. 13) gerissen und schonungslos in die **graue bürgerliche Realität** zurückgeholt. Während diese Frau den Studenten zweimal **als verrückt bezeichnet**, ist ihr Ehemann, der in ihm einen Theologiestudenten zu erkennen glaubt (vgl. Z. 28 f.), bemüht, dessen Verhalten zu rationalisieren und Ratschläge zu erteilen: Anselmus sei alkoholisiert und solle seinen Rausch zu Hause ausschlafen, anstatt die Öffentlichkeit in Aufregung zu versetzen (vgl. Z. 22 ff.). Beide Reaktionen zeigen, dass die bürgerliche Welt Anselmus’ offen gezeigte Sehnsucht nach dem Übernatürlichen als anormal bewertet und nach weltlichen Erklärungen dafür sucht. Alsbald gesellen sich in Form mehrerer „Bürgermädchen“ (Z. 33) weitere Schaulustige hinzu, die durch ihr Tuscheln und Kichern (vgl. Z. 33 f.) das Benehmen des Studenten ebenfalls als **Normverstoß** brandmarken. Die Reaktionen der Öffentlichkeit lösen in Anselmus **Scham** und **Weinerlichkeit** (vgl. Z. 24 f.), gar Schmerz aus („als stände er auf lauter spitzigen Dornen und glühenden Nadeln“, Z. 34 f.) und veranlassen ihn, wie schon zuvor auf dem Markt, abermals zur Flucht (vgl. Z. 36) vor einer Gesellschaft, die ihm **seine Andersartigkeit** aufzeigt und ihn damit ausgrenzt.

Anselmus abgestempelt als Verrückter oder Betrunkener

Anselmus von Anschuldigungen getroffen und zur Flucht getrieben

Übereinstimmung von Fremd- und Selbstwahrnehmung

Bezeichnenderweise scheint Anselmus in den Tenor der Kritik an seiner Person einzustimmen, wenn er nun – wie bereits die bürgerliche Gesellschaft und der Erzähler zuvor – sein Verhalten unter dem Holunderbaum selbst als verrückt (vgl. Z. 38), „entsetzli[ch]“ (Z. 38) und „unerträglich“ (Z. 42) erachtet, wenn er sich gegenüber betont, dass er „von jeher einen innerlichen Abscheu gegen alle Selbstredner gehegt“ (Z. 39) hat, aus denen „[d]er Satan schwatz[e]“ (Z. 39 f.). Er **verteufelt sein Verhalten** sogar, denn es ist ihm „unerträglich“ (Z. 42), „[f]ür einen am Himmelfahrtstage betrunkenen Candidatus theologiae gehalten zu werden“ (Z. 40 f.), der doch die Sittlichkeit schlechthin verkörpern sollte. Die **Selbstverurteilung des Studenten** macht deutlich, wie sehr er in seinen bürgerlichen Vorstellungen und Erklärungsmustern **gefangen** ist und dass er sich den fantastischen Erscheinungen, die doch nach ihm zu rufen scheinen, noch nicht unbefangen öffnen kann.

Anselmus noch ganz dem bürgerlichen Denken verpflichtet

Rückkehr in die Bürgerlichkeit

Der **zweite Textabschnitt** (Z. 42–88) stellt eine **Wiederholung** und **Steigerung** der Ereignisse des ersten Abschnitts (Z. 1–42) dar. Zufällig begegnet Anselmus nun dem befreundeten Konrektor Paulmann, dessen zwei Töchtern und dem Registrator Heerbrand, die gerade in eine Gondel steigen, um auf der Elbe zu fahren, bemerkt sie in seiner Aufregung zunächst aber nicht. Erst durch einen Ruf Paulmanns, der **Anselmus' Fluchtverhalten** erneut belegt („wo rennen Sie denn […] hin in solcher Hast!", Z. 44), kommt der aufgewühlte Student wieder zu sich. Das Angebot seines Freundes, sich dessen Gästen anzuschließen, nimmt er „recht gern" (Z. 53) an, weil er auf eine Verbesserung seiner Situation und eine **Rückkehr in die „Normalität"** der bürgerlichen Welt hofft (vgl. Z. 53 f.); schließlich zeigt ihm Paulmanns Einladung doch, dass er noch Verbündete in der Gesellschaft hat.

Einladung durch Paulmann: Beruhigung der Situation

Als Anselmus aber das **Spiegelbild eines Feuerwerks im Wasser** betrachtet – das Feuerwerk und sein Spiegelbild stehen symbolisch für die **zwei Welten**, zwischen denen der Student hin- und hergerissen ist – kehren die Erinnerungen an sein wundersames Erlebnis unter dem Holunderbaum zurück und er erkennt die grüngoldenen **Schlangen in den Wasserspiegelungen** wieder. Er scheint seiner Sehnsucht erneut nachgeben zu wollen, als er „eine heftige Bewegung [macht], als wolle er sich gleich aus der Gondel in die Flut stürzen" (Z. 67 f.). Hat Anselmus also anfangs noch einen Baum umarmt, will er jetzt sogar **sein Leben riskieren**, um den Schlangen näherzukommen. Wieder ist seine an diese gerichtete Rede geprägt von sehnsüchtigen Interjektionen („Ach", Z. 64; „ach", Z. 66), von flehenden Wiederholungen („singt nur, singt!", Z. 65) und einem Diminutiv („Schlänglein", Z. 65).

erneute Vision bei der Fahrt in der Gondel

Steigerung: Anselmus bereit, sich in die Fluten zu stürzen

Auch die Reaktionen der restlichen Bootsinsassen wirken – nach den Ereignissen des ersten Abschnitts – vertraut: Der Schiffer sieht den **Teufel am Werk** (vgl. Z. 68), zerrt Anselmus zurück ins Boot und damit zurück in die graue bürgerliche Realität. Die Töchter Paulmanns „schrien im Schreck auf und flüchteten auf die andere Seite der Gondel" (Z. 69 f.) – ein ausdrucksstarkes Bild, das veranschaulicht, wie deutlich sich die Gesellschaft von Anselmus' Sehnsucht nach dem Fantastischen distanziert –, während Heerbrand mit Paulmann tuschelt (vgl. Z. 70 f.) und dieser Anselmus' Verhalten als Anfall (vgl. Z. 72 f.), **als krankhaft bewertet**. Dieses Déjà-vu verdeutlicht auf drastische Weise: Auch im Kreise vertrauter Menschen kann Anselmus nicht auf Akzeptanz seiner **Andersartigkeit**, seiner Bereitschaft, an das Übernatürliche zu glauben, hoffen. Die bürgerliche Gesellschaft scheint ihn nur als einen der Ihrigen anerkennen zu wollen, wenn er sich anpasst, wenn er sich selbst verleugnet. Damit entlarvt sie sich aber selbst: Indem sie alles, was ihrem Weltbild widerspricht – hier das Verhalten des Anselmus –, umgehend als anormal bewertet und gar in den Bereich der Krankheit drängt, verrät sie

Reaktion der Bekannten auf Anselmus' Verhalten

Gefährdung seines Ansehens in bürgerlichen Kreisen

ihre **bürgerliche Skepsis und Intoleranz** wie auch ihre **Neigung zur selbstgerechten Vorverurteilung und Moralisierung**, die im vorliegenden Textauszug karikaturistisch überzeichnet wirken.

Charakterisierung des Bürgertums als engstirnig

Aufgrund dieser Ereignisse verspürt Anselmus nun einen „**Zwiespalt**" (Z. 77) in sich, den er kaum aufzulösen vermag: Die „goldenen Schlänglein" (Z. 78) kann er sich zwar als **optische Täuschung**, als „Widerschein des Feuerwerks" (Z. 78 f.), erklären und sich damit ausreden, doch gleichzeitig empfindet er ein „nie gekanntes Gefühl" (Z. 79) der Sehnsucht, das ihn nicht loslässt bzw. das er nicht loslassen möchte. Denn selbst als er eine rationale Erklärung für die neuerliche Erscheinung der Schlangen gefunden hat, hört er sie wieder lispeln, flüstern und an ihn appellieren, an sie zu glauben (vgl. Z. 82 ff.).

Anselmus dem Gefühl innerer Zerrissenheit ausgeliefert

Fazit

Dieser Zwiespalt lässt sich als zentraler Befund der vorangegangenen Detailanalyse identifizieren: Obwohl die **zweifache Begegnung mit den wundersamen Schlangen** Anselmus davon überzeugen müsste, dass er wahrscheinlich nicht von bloßen Anfällen oder wirren Einbildungen heimgesucht worden ist, sondern die fantastische Welt tatsächlich in die reale eingefallen ist, zweifelt er noch, weil er sich unter dem Eindruck der ihn umgebenden bürgerlichen Gesellschaft **um eine Rationalisierung des Erfahrenen bemüht** und sich von ihrem Urteil über seine Person abhängig macht. Er zeigt sich – auf Kosten seines Ansehens als Bürger – zwar als durchaus **aufnahmebereit für diese andere Welt**, hat aber noch nicht die innere Freiheit erlangt, sich voll und ganz auf sie einzulassen.

Bedeutung des Textauszugs für die Entwicklung des Anselmus

TEILAUFGABE 2

Der in der analysierten Textstelle angelegte Konflikt zwischen den Welten des Alltags und des Fantastischen ist auch Gegenstand von Roger Caillois' vorliegender Definition: Das **Fantastische** stelle eine potenzielle **Bedrohung** dar (vgl. „Ärgernis") und sorge für **Zwietracht** (vgl. „Riß"). Berührungen mit ihm könnten für die wirkliche Welt also **nicht folgenlos** bleiben. Caillois bewertet die Auswirkungen eines solchen „Einbruch[s]" als „befremden[d], fast unerträgli[ch]".

Fantastisches nach Caillois

Caillois' These und Anselmus

Betrachtet man die Handlung um Anselmus im Lichte Caillois', wird schnell deutlich, dass seine Definition des Fantastischen nicht konfliktfrei angewandt werden kann. Die fantastische Märchenwelt „bricht" gleich zweifach in die Alltagswelt des Studenten „ein": einmal in Form des **Archivarius Lindhorst** und seiner Schlangentöchter, einmal in Form der **Rauerin** (auch Äpfelweib, Liese oder die Alte). Hieraus zu schließen, beide Einbrüche würden „unerträgliche Ärgernisse" für Anselmus darstellen, wäre aber vorschnell.

Sowohl Lindhorst als auch die Rauerin sind vordergründig **Wesen der Alltags-, hauptsächlich aber der Märchenwelt:** Lindhorst ist königlicher Beamter und Salamander zugleich und verfügt über **magische Fähigkeiten**, die sich in Metamorphosen und Zauberei ausdrücken. Wegen seiner Liebe zu einer Schlange ist er vom Geisterfürsten Phosphorus aus Atlantis verbannt worden und hat die Form eines Menschen annehmen müssen (vgl. Dritte und Achte Vigilie). Die Rauerin, hervorgegangen aus der Verbindung einer Drachenfeder und einer Runkelrübe, vereint Markthändlerin und Hexe in einer Person; sie bedient sich **schwarzer Magie** und ist ebenfalls zu Verwandlungen fähig. Zwischen diesen beiden fantastischen Wesen schwelt ein **uralter Konflikt**, der aber – ganz in Caillois' Sinne – erhebliche **Folgen für die reale Welt** hat: Lindhorst möchte nach Atlantis zurückkehren, muss dafür aber zunächst seine drei Töchter mit irdischen Jünglingen „kindlich-poetischen Gemüts" vermählen. Die Rauerin hingegen möchte unbedingt in den **Besitz des goldenen Topfes** gelangen, den Lindhorst in seinem Haus aufbewahrt, und trachtet deshalb nach seinem Leben.

fantastische Elemente im „goldnen Topf"

Anselmus zwischen den Fronten eines mythischen Kampfes

Unerwartet wird Anselmus so zu einer zentralen Spielfigur in dieser Fehde: Serpentina, eine der Schlangentöchter Lindhorsts, erkennt **sein Talent zur Poesie** und verliebt sich in ihn. Lindhorst treibt daraufhin die **poetische Ausbildung des Studenten** voran, indem er ihn alte Schriften kopieren lässt, mit dem Ziel, ihn mit Serpentina zu vermählen und somit seiner Rückkehr nach Atlantis ein Stück näherzukommen. Dieses **fantastische Reich Atlantis** ist jedoch – entgegen der Behauptung von Caillois – gänzlich **abgekoppelt von der Realität** und hat keinerlei Einfluss auf die echte Welt.

Anselmus als Poet erkannt und als Ehemann auserwählt

Atlantis: kein Bezug zur Realität

Bevor Lindhorsts Plan aber erste Gestalt annehmen kann, versucht die Rauerin schon, ihn zu vereiteln, und „bricht" in der Tat mit „befremdenden" und „unerträglichen" Folgen in die Alltagswelt des Studenten „ein": Als Anselmus vor Lindhorsts Haus steht und eintreten möchte, greift sie ihn in der **Gestalt des Türklopfers** an. Ihr mächtiger Zauber verwandelt die Klingelschnur in eine **Riesenschlange**, die sich immer fester um seinen Körper windet und ihn zu erdrücken droht. Dieser **Einbruch des Fantastischen** verstört und ängstigt den Studenten dermaßen, dass er vor einem erneuten Besuch beim Archivarius Lindhorst zunächst zurückschreckt.

Bekräftigung von Caillois' These:

offener Angriff und Einschüchterungsversuch durch die Rauerin

Das Äpfelweib sucht aber nicht nur die offene Konfrontation mit Anselmus, sondern nimmt auch im Verborgenen **Einfluss auf sein Leben**, um seine poetische Weiterentwicklung zu verhindern: Veronika, die Tochter Paulmanns, möchte Anselmus ebenfalls an sich binden und ist sogar dazu bereit, **seine Liebe** zu **erzwingen**. Aus diesem Grund sucht sie die Rauerin auf, die ihr einen **magischen**

magischer Spiegel der Rauerin: Veronikas Einfluss auf Anselmus

Spiegel fertigt, mit dem Veronika den ahnungslosen Studenten forthin beeinflussen kann (vgl. Siebte Vigilie). Hiermit wird das aus der Textstelle bekannte Spiegelmotiv aufgegriffen, gleichzeitig aber variiert: Der Zauber der Rauerin soll **Anselmus zu Veronika hin- und von Serpentina wegtreiben**. Dies gelingt auch zunächst, als Veronika dem Jüngling sogar das Versprechen abringen kann, sie zu heiraten, sollte er Hofrat werden (vgl. Neunte Vigilie).

Strategie erfolgreich: Heiratsversprechen

Der starke Liebeszauber der Hexe bewirkt sogar, dass Anselmus, in Gedanken an Veronika gebunden, versehentlich eines der wertvollen Originale Lindhorsts beim Kopieren mit Tinte befleckt und für seinen **Verrat an Serpentina** in ein Kristallglas im Labor des Archivarius verbannt wird (vgl. Neunte Vigilie). Hiermit erfüllt sich der **Fluch der Rauerin**, mit dem Anselmus zu Beginn der Novelle belegt worden ist. Erst sein erneutes **Bekenntnis zu Glaube, Liebe und Hoffnung**, also zu Serpentina und zur Poesie, vermag ihn letztlich aus seinem Gefängnis zu befreien (vgl. Zehnte Vigilie).

Höhepunkt des schädlichen Einflusses: Anselmus im Kristall gefangen

Abschließend muss aber gleichwohl die Frage gestellt werden, ob die Art und Weise, wie Lindhorst **Anselmus für seine Zwecke instrumentalisiert**, nicht ebenfalls als „Ärgernis" im Sinne Caillois' bewertet werden muss. Auf den ersten Blick ist man durchaus geneigt, dieser Sichtweise beizupflichten, schließlich könnte man das finale Liebesbekenntnis des Jünglings auch so deuten, dass es unter dem Eindruck seiner Gefangenschaft im Kristallglas erzwungen wird. Tatsächlich aber steht der Student unter dem **Einfluss schwarzer Magie**, als er sich für kurze Zeit von Serpentina abwendet. Seine **Sehnsucht nach ihr** ist authentisch und entspringt seinem „kindlich-poetischen" Innersten. Ebenso kehrt er aus freien Stücken wieder und wieder zu Lindhorst zurück – lediglich die Rauerin vermag es, ihn kraft ihrer dunklen Künste kurzzeitig davon abzuhalten.

Anselmus' Liebesschwur: freie Entscheidung oder von Lindhorst erzwungen?

Glaubwürdigkeit von Anselmus

Den wohl entscheidendsten Hinweis darauf, dass der Archivarius als **positive fantastische Figur** zu sehen ist, liefert die zwölfte Vigilie, in der dem Leser das – auf den Sieg über die Hexe folgende – Leben des Anselmus in Atlantis, an der Seite Serpentinas, nähergebracht wird: Der Student findet **Erfüllung im Leben in der Poesie**. Er hat seinen Platz in dieser fantastischen Märchenwelt gefunden und ist endlich glücklich – ein deutlicher **Kontrast zu seinem früheren Leben** als tollpatschiger bürgerlicher Außenseiter in der wirklichen Welt. Somit lässt der Erzähler keinen Zweifel daran, dass Anselmus seine Bestimmung gefunden hat und der **Einbruch des Fantastischen** – in Form der Familie Lindhorst – für ihn eine **glückliche Fügung** ist. **Caillois' These trifft** auf Anselmus also – bis auf wenige Ausnahmen – **nicht zu**.

keine Vereinbarkeit von Caillois' These und Anselmus' Erfahrungen

Auch in Johann Wolfgang von Goethes „Faust I" begegnet der titelgebende Protagonist dem Fantastischen. Faust hat die ihm zur Verfügung stehenden wissenschaftlichen Mittel ausgereizt und die **Grenzen des menschlichen Erkenntnisvermögens erreicht**. Aus Pessimismus und Übermut zugleich wendet er sich schließlich der Magie zu und beschwört den Erdgeist, um sich von seinen menschlichen Fesseln zu befreien und endlich Einblick darin zu erhalten, „was die Welt / im Innersten zusammenhält" (V. 382 f.). Er scheitert allerdings beim Versuch, den Herbeigerufenen zu beherrschen und sich diesen untertänig zu machen. Faust demonstriert hier zum ersten Mal, dass er bereit ist, Grenzen zu überschreiten, um seine persönlichen Ziele zu erreichen. Faust, könnte man sagen, ist – anders als Anselmus – von Beginn an kein alltäglicher Mensch. Er selbst ist es, der den **„Einbruch" des Fantastischen** überhaupt erst ermöglicht.

Infolge seiner Niederlagen emotional besonders angreifbar, wird Faust nun vom Leibhaftigen in Form eines schwarzen Pudels aufgesucht (vgl. „Vor dem Tor"). Die Farbe kündigt hier bereits **symbolisch** das sich **nahende Unheil** an, was Caillois' These bestätigen würde. Der Teufel bietet dem Gelehrten einen Pakt an. Mephisto will Faust auf Erden dienen, um ihm die **Genüsse des Lebens** näherzubringen; im Gegenzug fordert er **Fausts Unterwerfung im Jenseits**. Letzterer formt den Pakt in eine Wette um: Sollte es dem Teufel tatsächlich gelingen, ihm einen Moment vollkommenen Glücks zu bescheren, an dem er festhalten möchte, will Faust ihm seine Seele vermachen (vgl. „Studierzimmer I" und „Studierzimmer II").

Mit der beidseitigen Einwilligung in die Wette vollzieht sich der endgültige „Einbruch" des Fantastischen in die Alltagswelt. Mephisto veranlasst die **körperliche Verjüngung Fausts** in einer „Hexenküche" und stiftet auf Geheiß seines Wettpartners mit seinen dunklen Künsten eine **Liebesbeziehung** zwischen diesem und Gretchen, einem etwa vierzehnjährigen, frommen Mädchen, das Fausts Avancen bei ihrem ersten Aufeinandertreffen charakterstark zurückweist. Mephisto befindet daraufhin selbst, er habe aufgrund ihres unschuldigen Wesens keine Macht über sie. So vermag es lediglich seine **teuflische List**, sie zu einer Liebesbeziehung mit Faust zu verführen. Beispielsweise verschafft er seinem Wettpartner **Zutritt zu ihrem Zimmer** und lässt ihn dort gestohlenen Schmuck deponieren, der ihr tugendhaftes Gemüt erweichen soll (vgl. „Abend"). Obwohl Faust mehrfach damit hadert, Gretchens Herz mithilfe des Leibhaftigen zu erobern (vgl. z. B. „Wald und Höhle"), ist er schlussendlich dennoch dazu **bereit, ihren Untergang in Kauf zu nehmen,** um sich mit ihr vereinigen zu können.

Vergleichstext: Goethes „Faust"

Caillois' These und Faust

Fausts Streben nach Höherem

Fantastisches als Mittel zum Zweck für Faust

Pakt zwischen Mephisto und Faust: „Ärgernis" angedeutet

Pakt zu Wette erweitert: Fausts Seele als Einsatz

Rolle der Magie bei der Verführung Gretchens durch Faust

trotz Zweifel: Fausts skrupelloses Vorgehen

In Gretchens Schicksal spiegelt sich das „Ärgernis", das Caillois mit dem Fantastischen in Verbindung bringt. Ein **Schlaftrunk Fausts,** den sie ihrer Mutter verabreicht, um sich unbemerkt mit Faust für eine Liebesnacht treffen zu können, wirkt tödlich. Kurze Zeit später erfährt **Gretchens Bruder Valentin** vom Verhältnis seiner Schwester und sieht Schande über seine Familie hereinbrechen; hier kommt es – mit Caillois' Worten – zum „Riß", den das Fantastische mit sich bringt. Valentin fordert Faust zu einem Duell, bei dem es allerdings nicht mit rechten Dingen zugeht. Mephisto lähmt Valentins Arm mit einem **Zauber** und drängt Faust zum **Todesstoß**, den dieser dann auch ausführt. Um einer Bestrafung Fausts zu entgehen, flüchten sie und **lassen Gretchen schwanger zurück** (vgl. „Nacht. Straße vor Gretchens Türe").

Zutreffen von Caillois' These auf Gretchen

Mephisto ist nun bestrebt, das tragische Schicksal des Mädchens vor dem Gelehrten zu verbergen, und lockt ihn deshalb zur „**Walpurgisnacht**" auf dem Hexenberg, einem fantastischen Ort, wo sie sich u. a. **mit zwei lüsternen Hexen vergnügen** – ein Gegenentwurf zur reinen, unschuldigen Liebe, die Gretchen Faust entgegenbringt. Als Faust schließlich erfährt, dass Gretchen ihr inzwischen geborenes gemeinsames Kind aus Verzweiflung ertränkt hat und deshalb zum Tode verurteilt worden ist, fordert er Mephisto zu ihrer Rettung auf (vgl. „Trüber Tag. Feld"). Dieser verschafft ihm **Zugang zum Kerker** des Mädchens, das sich einer Flucht aber verweigert und beim Anblick Mephistos erklärt, sein Schicksal stattdessen in Gottes Hände legen zu wollen. Die Stimme Gottes verkündet ihre Rettung (vgl. „Kerker"), also ihre Aufnahme in den Himmel nach der bevorstehenden Hinrichtung.

Mephistos großes Bemühen, vom Schaden abzulenken

Gretchens Seele gerettet

Mit dem Fantastischen an seiner Seite lädt Faust **große Schuld** auf sich: Er erzwingt ein angesichts seines tatsächlichen Alters eigentlich unmögliches, **von der Gesellschaft geächtetes Verhältnis** und raubt einem jungen Mädchen die Unschuld, die Familie und das Leben. Obwohl er Mephisto mehrfach vorhält, ihn zum Bösen verführt zu haben, ist er es doch selbst, der das Fantastische über Gretchen hereinbrechen lässt und sie so ins Unglück stürzt. Gleichzeitig verdeutlicht die Figur des listigen Teufels, dass das **Fantastische** – ganz nach Roger Caillois – seiner Natur entsprechend etwas **Unheilvolles für die wirkliche Welt darstellt**.

Preis des Fantastischen für Faust: Schuld und moralisches Versagen

Die **Anwendung von Caillois' Definition** des Fantastischen auf Anselmus' und Fausts Erfahrungen mit ebenjenem hat zu unterschiedlichen Ergebnissen geführt. Caillois' grundlegender Gedanke, dass das Fantastische der Realität stets großen Schaden zufügen würde, trifft auf die Geschichte um Anselmus nicht zu. Das **Märchenreich Atlantis** beispielsweise steht in keiner Verbindung zur Alltagswelt,

Fazit

kann also von vornherein keinen – wie auch immer gearteten – Einfluss auf diese ausüben. Und wo das Fantastische die Realität berührt, **überwiegen** für Anselmus die **positiven Auswirkungen** (durch die Familie Lindhorst), auch wenn „befremdliche“ Effekte (durch die Rauerin) nicht geleugnet werden können. **Anselmus' Aufgehen in der Poesie** hat für ihn günstige Folgen; insofern erlebt er, trotz einiger Stolpersteine, einen erfreulichen „Einbruch“ des Fantastischen, der ihm zur **Entfaltung seiner Persönlichkeit** verhilft.

Caillois' These nicht auf Anselmus übertragbar

Im Hinblick auf Faust kann die Behauptung von Roger Caillois jedoch bestätigt werden. Das **Fantastische in Form von Mephisto** stellt einen unheilbringenden Eindringling dar, der aufgrund seines listigen und unkontrollierbaren Charakters de facto ein **Moral- und Gesetzloser** ist und gleich mehrere Figuren ins Unglück stürzt. Faust wird in diesem Zusammenhang zu einer höchst ambivalenten Figur, die auf der Suche nach Erkenntnis und Glück ganz bewusst **das Böse in Kauf nimmt und instrumentalisiert** und so den „Einbruch“ des Fantastischen nicht nur ermöglicht, sondern auch vorantreibt und sich damit schuldig macht.

Caillois' Definition des Fantastischen gut auf Faust übertragbar

INTERPRETATION UND VERGLEICH DER PFLICHTLEKTÜRE (WERKE IM KONTEXT)

Arbeitsanweisungen

– Interpretieren Sie die Textstelle; beziehen Sie das für das Verständnis Wesentliche aus der vorangehenden Handlung ein.

„Wir träumen von Reisen durch das Weltall: ist denn das Weltall nicht in uns? Die Tiefen unseres Geistes kennen wir nicht. – Nach Innen geht der geheimnisvolle Weg. In uns, oder nirgends ist die Ewigkeit mit ihren Welten, die Vergangenheit und Zukunft. Die Außenwelt ist die Schattenwelt, sie wirft ihre Schatten in das Lichtreich."

(Aus: Novalis: Blütenstaub. 17. Fragment: Über die Phantasie (1797–98): In: Novalis: Werke. Herausgegeben und kommentiert von Gerhard Schulz, München: Beck 5. Aufl. 2013, S. 326)

– Hermann Hesses „Der Steppenwolf" und E.T.A. Hoffmanns „Der goldne Topf": Untersuchen Sie in einer vergleichenden Betrachtung, inwiefern Novalis' Gedanken über den geheimnisvollen Weg nach innen auf die Entwicklung der beiden Protagonisten Harry Haller und Anselmus zutreffen.

Material **Hermann Hesse: Der Steppenwolf (1927)**

Wie sollte ich nicht ein Steppenwolf und ruppiger Eremit sein inmitten einer Welt, von deren Zielen ich keines teile, von deren Freuden keine zu mir spricht! Ich kann weder in einem Theater noch in einem Kino lange aushalten, kann kaum eine Zeitung lesen, selten ein modernes Buch, ich kann nicht verstehen, welche Lust und Freude es ist, die die Menschen in den überfüllten Eisenbahnen und Hotels, in den überfüllten Cafés bei schwüler aufdringlicher Musik, in den Bars und Varietés der eleganten Luxusstädte suchen, in den Weltausstellungen, auf den Korsos, in den Vorträgen für Bildungsdurstige, auf den großen Sportplätzen – ich kann all diese Freuden, die mir ja erreichbar wären und um die tausend andre sich mühen und drängen, nicht verstehen, nicht teilen. Und was hingegen mir in meinen seltnen Freudenstunden geschieht, was für mich Wonne, Erlebnis, Ekstase und Erhebung ist, das kennt und sucht und liebt die Welt höchstens in Dichtungen, im Leben findet sie es verrückt. Und in der Tat, wenn die Welt recht hat, wenn diese Musik in den Cafés, diese Massenvergnügungen, diese amerikanischen, mit so wenigem zufriedenen Menschen recht haben, dann habe ich unrecht, dann bin ich verrückt, dann bin ich wirklich der Steppenwolf, den ich mich oft nannte, das in eine ihm fremde und unverständliche Welt verirrte Tier, das seine Heimat, Luft und Nahrung nicht mehr findet.

Mit diesen gewohnten Gedanken lief ich auf der nassen Straße weiter, durch eins der stillsten und ältesten Quartiere der Stadt. Da stand gegenüber, jenseits der Gasse, in der Finsternis eine alte graue Steinmauer, die ich immer gerne sah, sie stand immer so alt und unbekümmert da, zwischen einer kleinen Kirche und einem alten Hospital, auf ihrer rauhen Fläche ließ ich bei Tage oft meine Augen ausruhen, es gab wenige so stille, gute, schweigende Flächen in der innern Stadt, wo ja sonst auf jedem halben Quadratmeter ein Geschäft, ein Advokat, ein Erfinder, ein Arzt, ein Barbier oder Hühneraugenheilkünstler einem seinen Namen entgegenschrie. Auch jetzt wieder sah ich die alte Mauer still in ihrem Frieden liegen, und doch war etwas an ihr verändert, ich sah ein kleines hübsches Portal mit einem Spitzbogen in der Mitte der Mauer und wurde irr, denn ich wußte wahrhaftig nicht mehr, ob dies Portal immer dagewesen oder neu hinzugekommen war. Alt sah es ohne Zweifel aus, uralt; vermutlich hatte die kleine geschlossene Pforte mit ihrer dunklen Holztür schon vor Jahrhunderten in irgendeinen verschlafenen Klosterhof geführt und tat es heute noch, wenn auch das Kloster nicht mehr stand, und wahrscheinlich hatte ich das Tor hundertmal gesehen und bloß nie beachtet, vielleicht war es frisch bemalt und fiel mir darum auf. Immerhin blieb ich stehen und blickte aufmerksam hinüber, ohne doch hinüber zu gehen, die Straße dazwischen war gar so bodenlos erweicht und naß; ich blieb auf dem Trottoir und schaute bloß hinüber, es war alles schon sehr nächtig, und mir schien, um die Pforte sei ein Kranz oder sonst etwas Buntes geflochten. Und jetzt, wo ich mir Mühe gab, genauer zu sehen, sah ich über dem Portal ein helles Schild, auf dem stand, so schien mir, irgend etwas geschrieben. Ich strengte die Augen an, und schließlich ging ich trotz Schmutz und Pfützen hinüber. Da sah ich über dem Portal auf dem alten Graugrün der Mauer einen Fleck matt beschienen, und über den Fleck liefen bewegliche bunte Buchstaben und verschwanden alsbald wieder, kamen wieder und verflogen. Nun haben sie, dachte ich, richtig auch diese alte gute Mauer zu einer Lichtreklame mißbraucht! Indessen entzifferte ich einige der flüchtig erscheinenden Worte, sie waren schwer zu lesen und mußten halb erraten werden, die Buchstaben kamen mit ungleichen Zwischenräumen, so blaß und hinfällig, und erloschen so rasch. Der Mann, der damit sein Geschäft machen wollte, war nicht tüchtig, er war ein Steppenwolf, armer Kerl; warum ließ er seine Buchstaben hier auf dieser Mauer im finstersten Gäßchen der Altstadt spielen, zu dieser Tageszeit, bei Regenwetter, wo niemand hier unterwegs war, und warum waren sie so flüchtig, so hingeweht, so launisch und unleserlich? Aber halt, jetzt gelang es mir, hintereinander konnte ich mehrere Worte erhaschen, die hießen:

Magisches Theater
Eintritt nicht für jedermann
– nicht für jedermann

Ich versuchte die Pforte zu öffnen, die schwere alte Klinke bewegte sich auf keinen Druck. Das Buchstabenspiel war zu Ende, plötzlich hatte es aufgehört, traurig, seiner Vergeblichkeit inne geworden. Ich trat einige Schritte zurück, trat tief in den Schmutz, es kamen keine Buchstaben mehr, das Spiel war erloschen, lange blieb ich im Schmutz stehen und wartete, vergebens.

Da, als ich es aufgab und schon auf den Bürgersteig zurückgekehrt war, tropften vor mir her ein paar farbige Lichtbuchstaben über den spiegelnden Asphalt.

Ich las:

Nur – – für – – Ver – – rückte!

Ich hatte nasse Füße bekommen und fror, dennoch blieb ich noch eine ganze Weile wartend stehen. Nichts mehr. Während ich noch stand und dachte, wie hübsch die zarten bunten Buchstabenirrlichter über die feuchte Mauer und den schwarzglänzenden Asphalt gegeistert waren, fiel mir plötzlich wieder ein Bruchstück aus meinen vorigen Gedanken ein: das Gleichnis von der golden aufleuchtenden Spur, die so plötzlich wieder fern und unauffindbar ist.

Ich fror und ging nun weiter, jener Spur nachträumend, voll Sehnsucht nach der Pforte zu einem Zaubertheater, nur für Verrückte. Ich hatte inzwischen die Marktgegend betreten, wo es an Abendunterhaltungen nicht fehlte, alle paar Schritte hing ein Plakat und warb eine Tafel: Damenkapelle – Varieté – Kino – Tanzabend –, aber dies alles war nichts für mich, es war für „Jedermann“, für Normale, welche ich denn auch überall in Scharen durch die Pforten drängen sah. Trotzdem war meine Traurigkeit ein wenig aufgehellt, es hatte mich doch ein Gruß der andern Welt berührt, ein paar farbige Buchstaben hatten getanzt und auf meiner Seele gespielt und an verborgene Akkorde gerührt, ein Schimmer der goldenen Spur war wieder sichtbar gewesen.

Aus: Hermann Hesse: Der Steppenwolf (1927). Erzählung, Frankfurt a. M.: Suhrkamp 2015, S. 40–44

TIPP **Bearbeitungshinweise**

TEILAUFGABE 1: Ihre **Einleitung** können Sie mit einem passenden Gedanken zur Thematik des vorgegebenen Textauszugs aus **„Der Steppenwolf"** beginnen. Dabei bietet es sich an, z. B. unter Einbezug persönlicher Erfahrungen einen Aspekt des Außentextes herauszugreifen. Denken Sie auch daran, den **Autor** des Textauszugs und knapp die wichtigsten Informationen zum **Werk** selbst zu nennen. Gestalten Sie im Anschluss die verlangte **Hinführung** zur Textstelle unbedingt funktional. Das heißt, Sie überlegen sich hierfür, welche Kenntnisse aus „Der Steppenwolf" über die vorangegangene Handlung nötig sind, um den Textauszug verstehen zu können: In diesem Fall sollten Sie also auf das „Vorwort des Herausgebers" und den Beginn von „Harry Hallers Aufzeichnungen" eingehen. Sie können in dieser Kontextualisierung auch darauf hinweisen, welche Bedeutung die vorliegende Textstelle für den gesamten Roman hat.

Bei der **Analyse** und **Interpretation** der Textstelle wird Ihnen auffallen, dass vergleichsweise wenig „passiert" (außer dass Buchstaben auf einer alten Steinmauer erscheinen); der Fokus liegt vielmehr auf den Gedanken des durch die Stadt spazierenden Protagonisten. Deuten Sie daher – **Abschnitt für Abschnitt** mit Belegen in Form von Zeilenangaben – die **Reflexionen Hallers:** Welchen Gedanken hängt er nach? In welchem Verhältnis steht er zu sich selbst und seiner Umwelt? Was sagt die von ihm geäußerte Kritik über seine eigene Person aus? Welche **Sprache** wählt Haller, um seinen Gedanken Ausdruck zu verleihen? Überlegen Sie, ob sich eine **Entwicklung des Protagonisten** darstellen lässt.

TEILAUFGABE 2: Der **Werkvergleich** bildet den **Schwerpunkt** der gesamten Aufgabe (Anteil von ca. sechzig Prozent an der Gesamtleistung). Setzen Sie sich anfangs mit dem sog. **Außentext** auseinander und fassen Sie seine wesentliche Aussage kurz zusammen. Es kann hilfreich sein, dann zunächst auf einem Notizblatt in Stichpunkten festzuhalten, was Ihnen zum genannten **Vergleichsaspekt** – Novalis' geheimnisvoller Weg nach innen – in Bezug auf Harry Haller und Anselmus aus der Vergleichslektüre „Der goldne Topf" einfällt.

Beginnen Sie Ihre **aspektbezogene Untersuchung** am besten mit Harry Haller, da Sie auf diese Weise sofort auf einzelne Ergebnisse aus Teilaufgabe 1 zurückgreifen können. Denken Sie aber daran, die **gesamte Romanhandlung** zu berücksichtigen. Entscheidend ist, dass Sie darstellen, in welcher Hinsicht der von Novalis geäußerte Gedanke auf die Entwicklung der jeweiligen Figur zutrifft und in welcher Hinsicht nicht. Greifen Sie auf **Ihre Textkenntnis** zurück und führen Sie aussagekräftige **Textstellen** und **Zitate** an, um Ihre Darstellung zu belegen (Seitenangaben). Gehen Sie dann zur zweiten Lektüre über und wiederholen Sie dieses Verfahren, wobei Sie bereits hier relevante **Gemeinsamkeiten und Unterschiede** zwischen Haller und Anselmus herausarbeiten können. Schließen Sie Ihren Werkvergleich auf jeden Fall mit einem **zusammenfassenden Fazit** ab.

Textausgabe für den Vergleichstext: E.T.A. Hoffmann, Der goldne Topf. Ein Märchen aus der neuen Zeit, Stuttgart: Reclam 2015.

Lösungsvorschlag

TEILAUFGABE 1

Einleitung: einleitender Gedanke

Der Mensch ist ein seltsam gespaltenes Wesen. Jeder von uns lebt in seiner eigenen, nicht sichtbaren Welt mit seinen besonderen **Gedanken, Gefühlen und Fantasien**. Zum anderen steht jeder einer konkreten Außenwelt mit vielen anderen Menschen gegenüber und muss sich in der Gesellschaft mit all ihren Möglichkeiten, Erfordernissen und Konventionen behaupten. Dabei kann es zu einem **Ungleichgewicht zwischen Innen- und Außenwelt** kommen, sei es, dass man sich auf Kosten der Persönlichkeit zu sehr an die Gesellschaft anpasst, sei es, dass man sich enttäuscht von der Außenwelt abwendet und sich auf sein Innenleben zurückzieht. Letzteres scheint bei **Harry Haller**, dem Protagonisten aus Hermann Hesses 1927 erschienenen Roman „**Der Steppenwolf**“, der Fall zu sein. Wie der Titel bereits andeutet, begreift er sich als ein **umherstreunender Einzelgänger**, der in der zivilisierten Gesellschaft nicht heimisch werden kann. Aus der Perspektive des isolierten Künstlers schaut er auf die **geistlose Oberflächlichkeit und Mittelmäßigkeit des Bürgers** mit Abscheu herab, andererseits gibt es Augenblicke, in denen er sich nach dessen geregelten Verhältnissen sehnt.

Autor, Titel, Erscheinungsjahr, Thema

Bezug zu vorangegangener Handlung:

– Vorwort des Herausgebers

Im Hinblick auf unser Thema ist es interessant, dass der Leser den Protagonisten zu Beginn des Romans zunächst aus der vermittelten Außenansicht kennenlernt, nämlich **aus dem Blickwinkel geordneter Bürgerlichkeit**. Ein Neffe der Vermieterin, in deren Haus Harry Haller für ein knappes Jahr zwei Zimmer im Dachgeschoss bewohnt hat, beschreibt ihn in seinem Aussehen, seinen Verhaltensweisen und Lebensgewohnheiten. Anlass für diese einführende Charakteristik ist die Tatsache, dass Haller die während seines Aufenthaltes verfassten Aufzeichnungen ebendiesem Neffen hinterlassen hat, der sie nun, versehen mit einem Vorwort, als Herausgeber veröffentlicht. Als Augenzeuge entwirft der Neffe das Bild eines annähernd 50 Jahre alten kränklichen und ungeselligen Mannes, der, ohne einer geregelten Arbeit nachzugehen, sich in alte Bücher vertieft und relativ maßlos Alkohol und Zigarren konsumiert.

– Harry Haller aus der Außensicht

– Haller vor der Araukarie und beim Konzert

Bei den **Begegnungen mit Haller** greift der Herausgeber im Rückblick **zentrale Motive** auf, die auch in den tagebuchartigen Aufzeichnungen des Protagonisten eine Rolle spielen. In der einen Episode trifft der Neffe den „Steppenwolf“ auf dem Treppenabsatz ganz in den Anblick einer gepflegten Zimmerpflanze versunken, einer sogenannten Araukarie. Die reinliche Atmosphäre scheint den Protagonisten zu berühren und an seine **bürgerliche Herkunft** zu erinnern. In einer weiteren Episode beobachtet der Neffe bei einem Konzertbesuch, wie die sonst so kritischen und mürrischen Gesichtszüge des Protagonisten bei einem Musikstück von Friedemann Bach sich plötzlich aufhellen und ein **kurzzeitiges Glücksgefühl** ausstrahlen.

– Harry Hallers Aufzeichnungen

Mit Beginn der eigentlichen Aufzeichnungen werden die besagten beiden Episoden aus einer ganz anderen Perspektive, nämlich von innen heraus erlebt und erhalten dadurch eine viel tiefere Bedeutung. **Harry Haller** beschreibt **als Ich-Erzähler** einen typischen Tag in seinem aktuellen Leben, einen „leidlichen Dutzendtag" (S. 36), was so viel heißt wie alte Bücher zu wälzen, spazieren zu gehen und möglichst nicht von Gichtanfällen malträtiert zu werden. Aber gerade diese ereignisarme Zufriedenheit lässt ihn seine **innere Leere** spüren und ruft Abscheu und Verzweiflung hervor. Missmutig entschließt er sich, das Dachzimmer zu verlassen und sich im Gasthaus mit Alkohol zu betäuben. Auf dem Treppenabsatz hält er an der **Araukarie** inne, Wehmut und Andacht ergreifen ihn. Er empfindet diesen reinlichen Platz wie eine Art Heiligtum, wie einen „leuchtende[n] kleine[n] Tempel der Ordnung" (S. 37), dem er für eine Weile mit gefalteten Händen gegenübersitzt.

– Spaziergang und Alkohol als Ablenkung

– Hallers Sehnsucht nach der göttlichen Spur

Doch die damit verbundenen Erinnerungen an seine bürgerliche Kindheit sind abgeschlossene Vergangenheit und die **Gegenwart erscheint ihm sinnlos**. Eine der wenigen Ausnahmen von dieser Tristesse ist ihm ein **Musikstück**, das er zuvor bei einem Konzert gehört hat. Die Erinnerung ist eindringlich, ähnlich wie der Araukarienplatz erhalten die Klänge **etwas Weihevolles** und doch ist hier die Bedeutung viel umfassender, denn Haller steht der Musik nicht, wie dem bürgerlichen „Tempel der Ordnung", abgegrenzt gegenüber, sondern kann in ihr vollkommen aufgehen: „[I]ch hatte Himmel durchflogen und Gott an der Arbeit gesehen" (S. 39). In solchen Augenblicken der sehnsuchtsvollen Hingabe erscheint es ihm, als folge er einer **goldenen göttlichen Spur**, die ihn, wenn auch nur kurzzeitig aufblitzend, aus seiner **Frustration** und aus der als geistlos kritisierten Zeit herausreißt.

Interpretation des Textauszugs

Die Erinnerung an die goldene himmlische Spur geht dem vorgegebenen Textausschnitt unmittelbar voraus und bestimmt ihn als Motiv. Hallers Genuss des absoluten Glücksgefühls, hervorgehoben durch die als Alliteration gesetzte Dreierfigur „Erlebnis, Ekstase und Erhebung" (Z. 11), lässt, sobald verloschen, die Gegenwart umso trister und trivialer erscheinen und leistet der **inneren Zerrissenheit** Vorschub. Der Mensch, der sich himmlischen Klängen hingeben und wunderbare Verse hervorbringen kann, sieht sich zugleich als „ruppiger Eremit" (Z. 1), als ein Steppenwolf, den die ihn umgebende Welt anwidert, wie der eindringliche Ausruf des Eingangssatzes zeigt.

Hallers Verhältnis zur Welt und zu sich selbst

Mit dem nachfolgenden vielgliedrig gewundenen Satz (vgl. Z. 2–9) wird der **aufgeblähte Kulturbetrieb** „der eleganten Luxusstädte" (Z. 6) mit Verachtung gestraft. Sprachlich kommt das durch eine Akkumulation der Unterhaltungsmöglichkeiten zum Ausdruck. Ob Theater oder Kino, Zeitung oder modernes Buch, überfüllte Cafés, Bars oder Varietés – mit jeder weiteren **Aufzählung an denkbaren Zerstreuungsangeboten** steigern sich Abscheu und **Bestätigung des Einzelgänger-Daseins** als Steppenwolf. Die Tirade gipfelt in Harry Hallers Erkenntnis, dass er wohl verrückt sein müsse, wenn er sich von den normalen kulturellen Interessen des Bürgers derart absondere (vgl. Z. 14 f).

sprachliche Gestaltung der Kulturkritik

Wirkung der Kritik: Bestärkung seiner Außenseiter-Rolle

Mit der zweimaligen Nennung des Attributs „verrückt" (Z. 12, 15) klingt ein **Leitmotiv** in Harry Hallers Aufzeichnungen an, was sich bereits darin zeigt, dass diese mit dem Zusatz „Nur für Verrückte" überschrieben sind (vgl. S. 33). Im doppelten Sinne bestätigt das Verrücktsein Hallers **Selbstbild einer zerrissenen Persönlichkeit:** Als Steppenwolf suhlt er sich hartnäckig in der **Rolle des Verrückten**, welcher der Normalität bürgerlicher Mittelmäßigkeit nicht entsprechen will, und als gebildeter Mensch und Künstler sehnt er sich trotz seiner bürgerlichen Herkunft nach dem Verrückten, das sich über das Geregelte, Normale erhebt, sucht er doch die **geistige Entrückung**, die goldene göttliche Spur.

Hallers Selbstcharakterisierung

In dieser **Sehnsucht** liegt freilich auch die Chance, das festgefahrene Selbstbild des unglücklichen Außenseiters aufzubrechen. Ein erstes Anzeichen hierfür tut sich auf, als Haller **auf dem Weg zum Gasthaus** in einem alten Stadtbezirk an einer ihm bekannten grauen Steinmauer vorbeikommt. Einerseits fühlt er sich zu der verlassenen, stillen Stätte hingezogen, andererseits kann er nicht umhin, sich wieder einmal übertrieben erbost über das entgegengesetzte, laute und geschäftige **Spektakel in der modernen Innenstadt** auszulassen, wie das die Hyperbel („auf jedem halben Quadratmeter ein Geschäft", Z. 23 f.) und die vielen fast ins Groteske gesteigerten Professionen („ein Advokat, ein Erfinder, ein Arzt, ein Barbier oder Hühneraugenheilkünstler", Z. 24 f.) zum Ausdruck bringen. Als ihn die **friedliche Atmosphäre der alten Steinmauer** wieder in den Bann schlägt, entdeckt er zu seiner Verwunderung ein **kleines Portal**, das er vorher nie bemerkt hat. Zunächst glaubt er einer Sinnestäuschung zu erliegen („und wurde irr", Z. 27 f.), denn die Pforte erscheint sehr alt und kann nicht vor Kurzem eingebaut worden sein. Bei genauerem Hinsehen erkennt er über dem Eingang etwas Helles, bunte Buchstaben scheinen über die Mauer zu flackern. Als Erstes regt sich wieder seine **kulturpessimistische Haltung** in dem Verdacht, das grelle, marktschreierische Treiben habe nun auch von dieser ehrwürdigen Stätte in Form einer modernen Lichtreklame Be-

Symbolik der alten Steinmauer

Übertreibung in der Darstellung der Stadt

Hallers Reaktion auf das unbekannte Portal

sitz ergriffen (vgl. Z. 42 f.). Dann aber gelingt es ihm, einige der flüchtig tanzenden Buchstaben zu entziffern: „Magisches Theater – Eintritt nicht für jedermann – nicht für jedermann" (Z. 52 ff.). Vergeblich versucht er das Tor zu öffnen.

Aufschrift des Portals

Harry Haller kommt hier das erste Mal mit dem **Magischen Theater** in Berührung, das im weiteren Verlauf seiner Aufzeichnungen noch eine große Rolle spielen wird. Dabei wirft die **vorausdeutende Erstbegegnung** natürlich die Frage auf, inwieweit es sich hier wirklich um einen Eingang zu einem Theater handelt. Später, auf dem Rückweg vom Gasthaus nach Hause, wird Haller die Mauer noch einmal eines prüfenden Blickes unterziehen und nirgends ein Portal oder einen Durchgang entdecken (vgl. S. 51). Aber die Buchstaben kündeten ja auch von einem Magischen Theater. Und entzieht sich das Magische nicht gerade der real erfahrbaren Welt und öffnet es nicht erst seine Wirkung über unser **inneres Vorstellungsvermögen**?

Bedeutung des Magischen Theaters

Führt man sich noch einmal den Kontext dieser merkwürdigen Situation an der Steinmauer vor Augen, dann wird deutlich, dass der Gang zum Gasthof eigentlich **ein einziger Gedankengang** ist. Weder nimmt der Protagonist die Umgebung sonderlich wahr noch findet eine Begegnung mit anderen Menschen statt. Haller zeigt sich als ein Intellektueller, der nur mit sich selbst im geistigen Austausch ist. Die **Außenwelt** taucht eigentlich **nur als Folie** für die im Gespräch mit sich selbst geäußerte **Kritik an den Massenvergnügungen** und der dekadenten Konsumwelt (vgl. Z. 42 f.) auf. Wenn man so will, dient ihm die äußere Wirklichkeit nur zur **Bestätigung seiner inneren Wirklichkeit**, also seiner Distanz und Aversion der Gesellschaft gegenüber und seiner Suche nach einem Lichtblick, der über den banalen Alltag hinausgeht. Beide, die Abkehr wie die Sehnsucht, sind ihm **Anzeichen seiner Verrücktheit**. Mit diesen „gewohnten Gedanken" (Z. 18) kommt die abgelegene historische Mauer in seinen Blick und die imaginäre Pforte wird ihm zum Wunschbild, die leidvolle Gegenwart zu verlassen und in eine **geheimnisvolle Zauberwelt** einzutreten. Die vermeintliche Leuchtschrift des Magischen Theaters lässt sich so als eine **Projektion seines Inneren** deuten. Ein Beleg hierfür zeigt sich auch darin, dass sich die Lichtbuchstaben – „Nur – für – Ver – rückte!" – als Stichwort für seine eigene Identitätszuschreibung im nassen Asphalt widerspiegeln (vgl. Z. 60 ff.).

Hallers fehlender Bezug zur Außenwelt

Haller auf eigenes Innenleben fixiert

Aussagekraft der Leuchtschrift über Hallers Zustand

Das Magische Theater stellt für Haller eine **Chance** dar, aus dem **Gefängnis seines zweipoligen Wesens** (Mensch vs. Steppenwolf) auszubrechen und sein isoliertes Dasein hinter sich zu lassen. Symbolisch gesprochen hieße das, durch die Mauer zu treten – doch noch bleibt die Pforte verschlossen. Wohl aber ist die **goldene Spur**, die den ganzen Textabschnitt motivisch einrahmt, in Form der leuchten-

Ankündigung eines Wandels in Hallers Leben

den Buchstaben aufgeblitzt, ein Bruchstück aus Hallers vorigen Gedanken – „das Gleichnis von der golden aufleuchtenden Spur" (Z. 68) – ist wieder in ihm erwacht. Damit wird das aufflackernde Licht für den suchenden Protagonisten zum **Wegweiser:** „Ich fror und ging nun weiter, jener Spur nachträumend, voll Sehnsucht nach der Pforte zu einem Zaubertheater, nur für Verrückte." (Z. 70 f.)

Leitmotiv: goldene Spur

Angesichts dieses Erlebnisses hat sich **Hallers Stimmung merklich geändert**. Der „ruppig[e] Eremit" (Z. 1) vom Anfang der vorgegebenen Textstelle ist recht zahm geworden. Obwohl er mittlerweile das von ihm verhasste, geschäftige Stadtzentrum erreicht hat, bleiben seine gedanklichen Schimpftiraden aus. Er sieht, wie **Scharen von vergnügungslustigen Menschen** durch die Eingänge der Veranstaltungshäuser drängen, und bemerkt lediglich, dass diese Pforten für „Jedermann" (Z. 74) seien, nicht für ihn. Dem Protagonisten schwebt eine andere Pforte vor, eine **Vision**, die **seine Wut und seine Traurigkeit in den Hintergrund rücken** lässt. Er hat in seinem Inneren ein Zeichen („ein[en] Gruß", Z. 76) aus einer geheimnisvollen Welt jenseits der Mauer verspürt: „[E]in paar farbige Buchstaben hatten getanzt und auf meiner Seele gespielt und an verborgene Akkorde gerührt, ein Schimmer der goldenen Spur war wieder sichtbar gewesen." (Z. 76 ff.)

veränderte Stimmung bei Haller: leise Hoffnung

Hermann Hesse gestaltet den **Aufbau** und die **Handlung** des Romans bis hierhin auf eine Weise, durch die der Leser am Beispiel Harry Hallers allmählich von einer äußeren alltäglichen Welt **in eine innere, seelische und übersinnliche Welt geführt** wird. Das beginnt mit der Außendarstellung des Herausgebers, geht weiter mit den Aufzeichnungen eines typischen Tagesverlaufes aus der Ich-Perspektive mit zwiespältigen Gedanken und Gefühlen, und verdichtet sich in der mysteriösen Wahrnehmung einer leuchtenden Buchstabenspur, die der **inneren Sehnsucht** entspringt.

Fazit

Bedeutung der Textstelle

TEILAUFGABE 2

Insofern könnte man mit Recht auf das Novalis-Zitat verweisen, dass der **„geheimnisvolle Weg" nach innen** geht. Aber ist das nicht tatsächlich nur ein Weg für Verrückte? Ein Weg der **Sinnestäuschung**, der die inneren Wünsche und Vorstellungen auf die Außenwelt projiziert? Demgegenüber meint Novalis, dass sich der **eigentliche Sinn** unter der Oberfläche **in den Tiefen unseres Geistes** enthüllt, dass sich der Kern des Seins nur in uns offenbart, während alles Äußere nur Hülle ist. Um es in seinen Bildern auszudrücken: Die äußere Wirklichkeit ist eine Schattenwelt; das Licht dagegen, und damit die Erkenntnis, die Erleuchtung, kommt von innen.

Novalis-Zitat vom Weg nach innen

Verhältnis von Außen- und Innenwelt

In Bezug auf Hesses Roman „Der Steppenwolf" stellt sich damit die Frage, ob die Leuchtspur an der imaginären Pforte zum Magischen Theater auf eine verborgene innere Welt verweist und ob Harry Haller auf diesem geheimnisvollen Weg zu einer **Einsicht in eine innere Wahrheit** gelangt. Dass die Pforte in der Mauer auf dem Rückweg nicht mehr zu finden ist (vgl. S. 51), lässt sie als **Hirngespinst** erscheinen, wenn dem Protagonisten nicht im nächsten Moment wie aus dem Nichts ein Jahrmarktsverkäufer entgegentreten würde, dessen Plakat ein Magisches Theater ankündigt und der ihm ein Büchlein aushändigt – den „**Traktat vom Steppenwolf**" mit dem Zusatz „Nur für Verrückte" (S. 54).

„Steppenwolf": Harry Haller und der Weg nach innen

Diese zweite Begegnung mit dem Magischen Theater wird noch deutlicher zum Spiegel von Harrys innerem Selbst. Bei der **Lektüre der theoretischen Ausführungen** des Traktats (vgl. S. 54–86) wird der Protagonist nicht nur mit einer Person seines Namens, sondern auch mit der eigenen Zerrissenheit konfrontiert. Sachlich erläutert der **scheinbar allwissende Verfasser des Traktats** die innere Aufspaltung Harrys in einen tierisch-instinktiven Anteil und einen menschlich-rationalen Anteil, die sich gegenseitig bekämpfen und miteinander uneins sind. Dieses Selbstbild wird aber im weiteren Verlauf der Abhandlung als „eine sehr **grobe Vereinfachung**" (S. 75) dargestellt. Es sei eine Täuschung, sich selbst, nur weil man einen Körper habe, als ein Ich zu denken, auch die Zweiteilung, wie Harry sie vornähme, Wolf und Mensch, entspräche nicht der Wirklichkeit, vielmehr schwinge **jeder Mensch zwischen unzähligen Polpaaren**. Die Folgerung ist für den Autor des Traktats, man solle die Seele nicht in eine Einheit zwängen, sondern im Laufe seines Lebens immer mehr Welt, immer **mehr Persönlichkeiten in sich zulassen** (vgl. S. 84).

Konfrontation mit sich selbst beim Lesen des Traktats

keine Zweiteilung der Persönlichkeit

unendlich viele Facetten der Persönlichkeit

In dieser Kernaussage des Traktats scheint **Novalis' Gedanke**, dass das Weltall in den Tiefen unseres Geistes verborgen liege, auf. Demnach enthält unsere Seele mehr als nur unsere Persönlichkeit bzw. das, was wir dafür halten. Wenn Novalis von der „Ewigkeit mit ihren Welten" spricht, dann könnte damit die in der Psychologie verbreitete These gemeint sein, dass in unserem **Unterbewusstsein** zeitlose Handlungsmuster und mythische Vorstellungen ihren Abdruck hinterlassen und dass das Bild vom Wolf in uns nur ein Urbild unter vielen ist. **Hallers Konsequenz** aus der Lektüre, in deren vorgehaltenem Spiegel er sich durchaus erkennt, ist, **aus der lebensverneinenden Zweiheit auszubrechen** und den Steppenwolf in sich abzutöten: „Dieser Steppenwolf mußte sterben […]." (S. 88) In seiner Vorstellung ist das Tor in der Mauer die Einladung zum Selbstmord: „Die Pforte stand offen." (S. 93)

Zusammenhang zwischen Traktat und Novalis-Zitat

Hallers Wille, den Zwiespalt zu überwinden

Die Begegnung mit Hermine hält ihn von seinem Suizidvorhaben ab. Sie nimmt Haller unter ihre Fittiche und führt ihn dem Leben mit all seinen **sinnlichen Vergnügungen** zu. Hermine lehrt den Intellektuellen das **Tanzen**, lässt ihn den Reiz der modernen **Jazz-Musik** entdecken und bringt ihn in **Kontakt mit anderen Menschen** wie dem Saxophonisten Pablo oder Maria, mit der er die Freuden der körperlichen Liebe genießt. Harry beginnt seine festgefahrene Verkapselung aufzugeben und sich der Außenwelt zuzuwenden. Und trotzdem ist gerade Hermine eine wichtige **Helferfigur für seinen Weg nach innen**. Selbst vom Leben enttäuscht und manchmal von düsteren Stimmungen heimgesucht, ist sie ein **Spiegel für Harry**, als weibliches Gegenüber aus der Welt der Vergnügungen spiegelt sie ihm seitenverkehrt seine komplementären Persönlichkeitsanteile (vgl. S. 140 f.). Im Grunde ist sie ein Teil seiner selbst, den er bisher nicht ausgelebt hat. So gesehen überrascht es nicht, dass sie alles über ihn zu wissen scheint (vgl. S. 146). Wenn sie will, dass er sich in sie verliebt (vgl. S. 143), dann heißt das im übertragenen Sinn, dass Haller auf seinem Weg nach innen lernen soll, **liebevoll mit sich selbst** umzugehen, d. h. sich als Mensch anzunehmen und in seinen Fehlern und Facetten zu verstehen. Erst dann kann er auch ein **Verständnis für die ihn umgebende Welt** entwickeln.

Hermines Bedeutung für Haller

Hermine als Helferin auf dem Novalis-Weg

Selbstliebe als wichtiger Schritt

Für diesen Schritt aber fehlt noch Harrys Einblick in sein Inneres und die Erkenntnis, dass die eigene Seele die Sicht auf die Welt bestimmt. Nach einer rauschenden **Maskenballnacht** und einem innigen **Tanz mit Hermine** entdeckt er, dass sie **eigentlich eins** sind: „Vor ihrem Blick, aus dem meine eigene Seele mich anzuschauen schien, sank alle Wirklichkeit zusammen, auch die Wirklichkeit meines sinnlichen Verlangens nach ihr. Verzaubert blickten wir einander an, blickte meine arme kleine Seele mich an." (S. 221) Nun scheint er **bereit** zu sein **für das Magische Theater**.

Einsicht: Seelenverwandtschaft mit Hermine

Für Haller entpuppt sich das Magische Theater als **Spiegelsaal seiner Seele**. Zunächst sieht er sich in einem Taschenspiegel, den ihm Pablo hinhält, als Steppenwolf, mit einem erlösenden Gelächter kann er sich von diesem Selbstbild befreien (vgl. S. 227). In einem riesigen Wandspiegel zerfällt dann sein Abbild in eine **Vielzahl von Gestalten**, die Haller in unterschiedlichen Stimmungen und Stadien aus seinem vergangenen und zukünftigen Leben zeigen (vgl. S. 228 f.). Doch es bleibt in diesem Theater nicht beim Zuschauen, Haller kommt es vor, als laufe er einigen seiner gespiegelten Ich-Personen hinterher und spiele ihre jeweilige Lebenssituation nach. Auf diese Weise vollzieht er ganz **unterschiedliche Persönlichkeitsanteile** in sich nach, erfährt auch die dunklen und brutalen Seiten seiner Psyche und lernt Möglichkeiten kennen, unterschiedliche Facetten seiner Persönlichkeit miteinander zu kombinieren.

Einblick in eigenes Seelenleben

Seelenvielfalt statt starre Zweiheit

Ob nun Halluzination oder Traumbilder – diese Innenschau ist für Haller **wie eine Therapie**, kann er doch in der Vielgestaltigkeit seiner Persönlichkeit den **Irrtum einer starren Zuschreibung als Steppenwolf** erkennen. Allerdings schafft es Haller noch nicht, sein komplexes Seelenbild mit genügend Abstand und Humor zu betrachten. Über den Steppenwolf in ihm vermag er zu lachen, seine Eifersucht aber kann er noch nicht überwinden. Als ihm in einem gespiegelten Seelenbild Pablo und Hermine im innigen Beieinander erscheinen, ersticht er das Traumbild Hermine und tötet damit einen Teil von sich selbst ab (vgl. S. 267 ff.).

trotz Fortschritt: Hallers fatale Eifersucht

Damit ist das **Ende von Hallers geheimnisvollem Weg nach innen** erreicht. Bezieht man sich auf den Begriff des Geistes bei Novalis, dann hat der Protagonist aus Hesses Roman auf der Spur des Magischen Theaters analog zu den „Tiefen unseres Geistes" die **Tiefen seiner Seele ausgelotet**. Er hat die imaginäre Pforte gefunden und jenseits der Mauer einen Blick in eine magische Welt geworfen. Ob ihm das hilft, seine Lebenskrise zu bewältigen, lässt der Romanschluss offen. Zumindest hat er den Irrtum seines starren zweipoligen Selbstkonzepts durchschaut, denn ihm sind in den Spiegelbildern seiner Seele die verschiedensten **Ausformungen seiner Persönlichkeit,** aus der Vergangenheit bis in die Zukunft, erschienen. Um mit Novalis zu sprechen, ist Harry Haller die Erleuchtung, nach der er sich gesehnt hat, ein wenig zuteilgeworden: Er hat „in das Lichtreich" seiner Seele gesehen und eine Ahnung von der „Ewigkeit mit ihren Welten", personifiziert durch die Unsterblichen, erhalten.

Haller auf Novalis' Weg nach innen

Haller auf dem Weg, aber nicht am Ziel

Auch die Vergleichslektüre, **„Der goldne Topf"** von E.T.A. Hoffmann, ist von einer zeitlos magischen Welt geprägt. Das zeigt sich bereits in der näheren Gattungsbestimmung im Untertitel der 1814 veröffentlichten Erzählung: „Ein Märchen aus der neuen Zeit". **Wunderbare Elemente** wie sprechende Tiere, Zauberer und Hexen gehen mit konkret in der erzählten Gegenwart verorteten Geschehnissen – Dresden am Anfang des 19. Jahrhunderts – einher. Die Hauptfigur heißt Anselmus, ein **fantasiebegabter**, **aber** in praktischen Dingen **unbeholfener Student**. Im Verlauf der Handlung koppelt er sich vermehrt von der Außenwelt ab und gibt sich einer träumerischen Zauberwelt hin. Ob diese Hinwendung dem geheimnisvollen Weg nach innen entspricht, wie ihn **Hoffmanns Zeitgenosse Novalis** beschrieben hat?

Vergleichstext: Hoffmanns „Der goldne Topf"

Anselmus zwischen Realität und Traumwelt

Die **Ausgangsposition der zwei Figuren** ist durchaus **vergleichbar**. Beide tendieren zum geistigen, künstlerischen Menschentyp, beide kommen sie mit ihrer bürgerlich geprägten Umgebung nicht gut zurecht, beide sind sie am Anfang der einsetzenden Handlung auf dem Weg in ein Gasthaus. Während Haller in erlebter kritischer

Gemeinsamkeiten zwischen Haller und Anselmus:

Rede gegen die dekadente Gesellschaft aufbegehrt, hadert Anselmus **in einem langen Monolog** mit sich selbst und seiner Tollpatschigkeit (vgl. S. 7 ff.). Jüngster Anlass hierfür ist sein Stolpern in einen Apfelkorb. Auf dem weiteren Gang erleben sowohl Haller als auch Anselmus eine wundersame, **nicht erklärbare Erscheinung**. Ersterer sieht die imaginäre Leuchtschrift des Magischen Theaters, Letzterer erblickt unter einem Holunderbusch **drei leuchtende kleine Schlänglein** und verliebt sich in die herrlichen Augen von einer der drei. Auch in der ersten **Reaktion eines rationalen Erklärungsversuchs** gibt es Parallelen: Haller denkt zunächst an eine Lichtreklame, Anselmus begründet anfangs das Rascheln, Lispeln und Funkeln mit dem Wind und der Abendsonne (vgl. S. 9 ff.).

vergleichbare Ausgangssituation

rätselhafte Erscheinungen

Versuch der Rationalisierung

Entscheidend ist vor allem, dass beide Protagonisten nach diesem Erlebnis **von Sehnsucht erfüllt** sind, der eine nach der goldenen göttlichen Spur, der andere nach dem „lieblichen goldnen Schlänglein" (S. 12). Aber es gibt in der Wirkung des Geschehens einen zentralen Unterschied. Für Haller wirft das Erlebte etwas Licht in seine kranke Seele, dem verliebten Anselmus wird dagegen mit Staunen eine **beseelte Natur** zuteil. Mit allen Sinnen erfährt er, wie die Natur zum Leben erwacht, wie es duftet, klingt und blinkt, und wie es scheint, als würden der Holunderbaum, der Wind und die Abendsonne zu ihm sprechen. Mit anderen Worten: Haller bleibt auf sein psychisches Empfinden bezogen, Anselmus hingegen gibt sich einer anderen, **märchenhaft erfüllten Welt** hin.

Sehnsucht nach einem anderen Leben

Diese wichtige Unterscheidung wird verständlicher, wenn man sich die **Gattung** und die **Entstehungszeit beider Lektüren** vor Augen führt: Hesse hat einen modernen Roman geschrieben, Hoffmann dagegen ein romantisches Kunstmärchen. Hesses Protagonist leidet an einem Identitätsproblem, Hoffmanns Anselmus – bezeichnenderweise nur mit einem Vornamen ausgestattet – zeichnet sich dagegen nicht durch ein reflektiertes seelisches Innenleben aus. Trotzdem lässt er sich nicht auf eine einfache Märchenfigur vom Typ des naiven Dummlings reduzieren. Denn beide Protagonisten, also auch Anselmus, sind doppelt angelegt, der eine innerlich aufgrund seines schizophrenen Selbstkonzepts (Mensch vs. Wolf), der andere äußerlich aufgrund seiner Zugehörigkeit sowohl zum realen als auch zum magischen Geschehen.

Unterschiede in der Gestaltung der Hauptfiguren

Zwiespältigkeit von Haller und Anselmus

Wie Harry Haller ist auch Anselmus **zerrissen zwischen den beiden getrennten Welten**. In der Alltagswelt wirkt er verträumt und ungeschickt, manche Mitmenschen halten ihn für **überspannt oder betrunken** (vgl. S. 12 f.). Andere wie der Konrektor Paulmann und der Registrator Heerbrand stellen nach einem gemeinsam mit ihm durchzechten Punschabend fest, dass er **verrückt** ist (vgl. S. 90 f.). Auch

Reaktion der Mitmenschen auf Anselmus

er selbst sieht sich in einem wahnsinnigen Zwiespalt, als er bei der Bootsfahrt auf der Elbe den gespiegelten Lichtschein eines Feuerwerks mit den drei leuchtenden Schlänglein gleichsetzt (vgl. S. 15). Offensichtlich kann der Protagonist die **reale Welt** und die **Traumwelt nicht** immer **voneinander unterscheiden**.

Anselmus' fehlender Realitätssinn

Wichtig für Anselmus' weitere Entwicklung ist seine **Anstellung als Schreiberling** beim Archivarius Lindhorst. In dessen weiträumigem Haus überschneiden sich beide Welten. Doch der Hausherr führt Anselmus in ein gewöhnliches Studierzimmer, in dem die altertümlichen Handschriften mit den wundersam geschlängelten Schriftzeichen abgeschrieben werden sollen. In seiner Einbildung **von Kristallklängen und Serpentinas Stimme begleitet**, geht Anselmus das Kopieren gut von der Hand, sodass er nach einigen Arbeitstagen sogar befördert wird und in dem sonderbaren blauen Bibliothekssaal (vgl. S. 64) schreiben darf. Aus den Blättern der Palmbäume entnimmt der Archivar eine Pergamentrolle, die er dem Lehrling zur Abschrift vorlegt (vgl. S. 64 f.).

Anselmus' Entwicklung zum Dichter

Inspiration durch Serpentina

Nun füllt sich die Bibliothek mit Leben und von einem der Palmstämme schlängelt sich Serpentina zu Anselmus herunter und schmiegt sich als herrliches Mädchen an ihn. Sie erzählt ihm die **Geschichte ihres Vaters**, der sich im Reich Atlantis als Salamander in eine grüne Schlange verliebte und vom Geisterfürsten daraufhin dazu verdammt wurde, mit seinen Töchtern, den drei Schlänglein, ein dürftiges Leben als Mensch zu führen. Nur wenn die Töchter mit drei Jünglingen von **kindlich poetischem Gemüt** vermählt würden, könnten alle wieder erlöst in das ewige wunderbare Reich zurückkehren (vgl. S. 70). Mit einem Kuss entschwindet Serpentina, und Anselmus – „erwach[t] wie aus einem tiefen Traume" (S. 72) – bemerkt, dass er die Erzählung bereits vollständig aufgeschrieben hat.

Serpentinas Erzählung

Anselmus als Erlöserfigur

Die blaue Bibliothek, so scheint es, ist nicht nur ein Raum zur Aufbewahrung von Büchern, in ihr **wird Literatur zum Ereignis**. Wenn man so will, ist sie ein **belebter Erzählraum**, in dem sich der Schreiberlehrling Anselmus inspiriert durch seine Muse Serpentina zum Dichter entwickelt. Die Dichtung, der mythische Stoff – die Schöpfung der Welt, die Vertreibung aus dem Paradies, die zukünftige Wiedergewinnung von Atlantis – ist als ewiges Urbild schon angelegt und wird durch die **Einbildungskraft des Dichters** mit Leben erfüllt.

keine Grenzen zwischen Literatur und Leben

Das ewige Lichtreich, von dem Novalis spricht, wäre dann das **Reich der Poesie**, das von innen heraus aus der Imagination des Dichters entsteht. Nicht von ungefähr trägt das Textfragment von Novalis, auf das wir uns beziehen, den Titel „Über die Phantasie". Dabei kann die

Umzug in das Reich der Poesie als Novalis' Weg nach innen

nüchterne Außenwelt durchaus **Schatten in das Lichtreich werfen** und die Einbildungskraft zum Erlöschen bringen. Als sich Anselmus in seiner Zerrissenheit wieder einmal **zur bürgerlichen Welt hingezogen** fühlt und beschließt, Hofrat zu werden und „Mademoiselle Paulmann“ (S. 80) zu heiraten, verlieren die Räumlichkeiten des Archivars plötzlich ihren wunderbaren Glanz, im Wintergarten sieht der Student „nichts als gewöhnliche Scherbenpflanzen“ (S. 80). Auch die Schreibarbeit will nicht gelingen und er ruiniert das Pergament mit einem großen schwarzen Tintenklecks.

Rückfall in die Bürgerlichkeit

Aus Sicht der bürgerlichen Welt, ohne die Sehnsucht und den Glauben an Serpentina, kann der Zugang zum inneren Reich der Poesie nicht gelingen. Das Bibliothekszimmer verwandelt sich und Anselmus landet **eingesperrt in einer Kristallflasche** auf dem Regal (vgl. S. 82). Schmerzhaft erkennt Anselmus seine **Unfreiheit**, ganz im Gegensatz zu einigen anderen jungen Burschen, die auch von Glas umschlossen sind, dies aber nicht zu merken scheinen. Anselmus findet in seiner Verzweiflung wieder den **Glauben an die Liebe zu Serpentina**, und als er die Hexe mit dem goldnen Topf, dem Symbol für die Poesie, davonlaufen sieht, stößt er mit aller Macht gegen das Glas. Während der Archivarius die Hexe im Kampf besiegt, stürzt Anselmus durch das zersprungene Glas in die Arme der Serpentina (vgl. S. 89).

Gefangenschaft in der Flasche

Glaube als Schlüssel zum inneren Reich

Was aus Sicht der Außenwelt wie der **selbstmörderische Sturz eines Wahnsinnigen** von der Brücke in die Elbe erscheinen mag, ist mit den Augen der Fantasie betrachtet nichts anderes als der endgültige **Umzug des Helden in das Lichtreich Atlantis**. Allerdings kann der Erzähler das Leben dort auf dem Rittergut nur ausmalen, wenn er sich selbst in die blaue Bibliothek des Archivarius begibt …

Doppeldeutigkeit des Märchenendes

Novalis’ Gedanke, dass der geheimnisvolle Weg nach innen geht, trifft auf beide Protagonisten zu, allerdings sind **Blickrichtung und Konsequenzen unterschiedlich**. Beide leiden an der äußeren Wirklichkeit und folgen ihrer inneren **Sehnsucht** nach einer goldenen Spur bzw. Schlangenlinie, die ins Wunderbare und Unerklärliche weist. Und beide erhalten auf diesem Weg **Unterstützung**, im einen Fall durch Hermine, im anderen durch den Archivar. Der reflektierte Harry Haller blickt im Magischen Theater in den **Spiegel seiner eigenen Seele**, der fantasiebegabte Anselmus erschafft dagegen in seinem Inneren eine **poetische Welt der Harmonie**.

abschließender Vergleich:
Weg nach innen bei Haller und Anselmus

Von außen betrachtet könnte man sagen, dass **beide verrückt** sind, also von der empirisch erfahrbaren Realität abgerückt sind. Der eine hat sich womöglich im **Drogenrausch** in eine Traumwelt verstiegen – man denke an die Getränke und Zigaretten, die Pablo im Magi-

alternative Interpretation: Haller und Anselmus als Verrückte

schen Theater reicht – und der andere könnte trügerischen Sinneseindrücken und **Wahnvorstellungen erlegen** sein. Andererseits: Gehören unsere Träume, unsere Fantasien und Gedanken nicht auch zur Realität? Und sind wir uns nicht selbst immer auch ein Geheimnis? Ausgehend von Novalis und mit Begriffen der Psychologie könnte man antworten, dass in den geistigen Tiefen unseres Inneren, also im kollektiven Unbewussten, ewige Urbilder aufleuchten, z. B. archetypische Handlungsmuster oder ganze Schöpfungsmythen, die Einfluss auf Sehnsüchte, Verhaltensweisen und Einstellungen in unserem Leben nehmen.

Relativierung: Einfluss des Unbewussten

Wie auch immer, die Konsequenzen beider Wege nach innen sind jedenfalls sehr verschieden: **Harry Haller kehrt** zum Romanschluss mit neuen Einsichten aus den Spiegelwelten des Magischen Theaters **in die erzählte Wirklichkeit zurück**, aus der **Anselmus** am Ende des Kunstmärchens mit seinem „**Umzug**“ **in eine Parallelwelt**, das Lichtreich Atlantis, für immer verschwindet.

Fazit

VERGLEICHENDE INTERPRETATION ZWEIER GEDICHTE

Thema: Reiselyrik vom Sturm und Drang bis zur Gegenwart

Arbeitsanweisung

Interpretieren und vergleichen Sie die beiden Gedichte.

Material 1 Hilde Domin (1909–2006): Auf Wolkenbürgschaft (1957–1959)

Ich habe Heimweh nach einem Land,
in dem ich niemals war,
wo alle Bäume und Blumen
mich kennen,
in das ich niemals geh,
doch wo sich die Wolken
meiner
genau erinnern,
ein Fremder, der sich
in keinem Zuhause
ausweinen kann.

Ich fahre
nach Inseln ohne Hafen,
ich werfe die Schlüssel ins Meer
gleich bei der Ausfahrt,
Ich komme nirgends an.
Mein Segel ist wie ein Spinnweb im Wind,
aber es reißt nicht.
Und jenseits des Horizonts,
wo die großen Vögel
am Ende ihres Flugs
die Schwingen in der Sonne trocknen,
liegt ein Erdteil,
wo sie mich aufnehmen müssen,
ohne Paß,
auf Wolkenbürgschaft.

Aus: Hilde Domin, Nur eine Rose als Stütze. Frankfurt am Main – Astano, Tessin, Juni 1957 – Mai 1959. In: Hilde Domin, Gesammelte Gedichte. S. Fischer Verlag Frankfurt am Main 1987, S. 131

Material 2 Bertolt Brecht (1898–1956): Der Radwechsel (1953)

Ich sitze am Straßenhang.
Der Fahrer wechselt das Rad.
Ich bin nicht gern, wo ich herkomme.
Ich bin nicht gern, wo ich hinfahre.
Warum sehe ich den Radwechsel
mit Ungeduld?

Aus: Bertolt Brecht, Der Radwechsel. In: Ders.: Werke. Große kommentierte Berliner und Frankfurter Ausgabe. Herausgegeben von Werner Hecht, Jan Knopf, Werner Mittenzwei und Klaus-Detlev Müller. Bd. 12: Gedichte 2. Sammlungen 1938 –1956. Frankfurt a. M.: Suhrkamp 1989.

TIPP **Bearbeitungshinweise**

Untersuchen Sie die vorgelegten Texte zunächst daraufhin, wie das Thema Reisen jeweils gestaltet wird. **Von welcher Art Reise** sprechen die Gedichte? Was ist **Grund und Anlass der Reise**? Handelt es sich um eine reale oder eine gedankliche, womöglich utopische Reise? Welche Erfahrungen und Erlebnisse, Gefühle und Reflexionen kommen zum Ausdruck?

Sie sollten auch die **Form der Gedichte** genau untersuchen: Ist das Gedicht strophisch gegliedert oder handelt es sich um eine Versgruppe? Gibt es ein **Metrum**? Wie kann der **Rhythmus** der Verse beschrieben werden? Enthält das Gedicht **Endreime** nach einem bestimmten Schema bzw. wo enden die Verse? Welche weiteren **Klangelemente** fallen auf (z. B. Binnenreime, Assonanzen, Häufung dunkler oder heller Vokale)? Welche **rhetorischen Figuren** kommen vor? Weist das Gedicht eine bestimmte Gedichtform (z. B. Sonett) auf? Wie ist die **Sprache** des Gedichts beschaffen? Ist sie poetisch oder nähert sie sich der Alltagssprache? Spricht das Gedicht in Bildern (z. B. Vergleiche, Metaphern, Symbole)? Aus welchen Lebensbereichen stammen diese (z. B. Natur, Technik)? Gibt es ein **lyrisches Ich**, einen lyrischen Sprecher? Kommen weitere Personen vor?
Beginnen Sie Ihren Aufsatz mit einer **Einleitung**, in der Sie zum Thema hinführen. Sie können dabei vom Schlüsselbegriff des Gedichts „Auf Wolkenbürgschaft“, Heimweh, ausgehen. Bevor Sie mit der Interpretation eines der Gedichte beginnen, sollten Sie auch das zweite kurz vorstellen. Achten Sie auf korrekte **Angaben zu Titel**, **Autor**, **Erscheinungsjahr** und gegebenenfalls auf die Zugehörigkeit zu einer Epoche.
Bei einer vergleichenden Gedichtinterpretation sollten Sie gut überlegen, welches der Gedichte Sie zuerst interpretieren wollen. Eine feste Regel für die Reihenfolge gibt es nicht. Vielleicht beginnen Sie mit dem Gedicht, das Ihnen besser gefällt, zu dem Sie mehr zu sagen haben oder bei dem Ihnen mehr auffällt. Der **Aufbau Ihres Aufsatzes** kann sich an folgendem Schema orientieren: Einleitung, Interpretation Text 1, Überleitung, Interpretation Text 2, Vergleich der beiden Texte, abrundender Schluss (vgl. auch S. XI).
Bei den vorliegenden Gedichten ist es hilfreich, wenn Sie **Kenntnisse über die Autoren** haben. Vielleicht ist Ihnen **Hilde Domin** im Deutschunterricht schon einmal begegnet. Sie wurde als Jüdin im „Dritten Reich“ verfolgt und ging ins Exil. Der Name Domin ist ein Pseudonym und geht auf ihr Gastland, die Dominikanische Republik, zurück. Gedichte mit dem Thema Exil schrieb sie auch nach der Rückkehr nach (West-)Deutschland. Auch **Bertolt Brecht** floh vor den Nazis, siedelte sich nach dem Krieg jedoch in der damaligen DDR an. Das Erscheinungsjahr des Gedichts verweist auf ein historisch wichtiges Datum: In den Tagen um den 17. Juni 1953 fand in der DDR ein Arbeiteraufstand statt, der von der Sowjetarmee gewaltsam niedergeschlagen wurde. Brecht schrieb die Buckower Gedichte nach diesem Aufstand. „Der Radwechsel“ könnte also auch eine politische Dimension aufweisen. Wie immer bei Interpretationen gilt: **Der Text ist primär**. Gehen Sie deshalb vorsichtig und behutsam mit Zusatzinformationen um.

Lösungsvorschlag

Einleitung: Hinführung zum Thema

Heimweh – mit diesem Begriff benennen Menschen in der Fremde ihre **Sehnsucht**, wieder in der Heimat zu sein. Nicht nur auf ein bestimmtes Land, eine Landschaft oder einen fernen Ort kann das Heimweh sich richten, auch der **Verlust** einer für sicher geglaubten Gemeinschaft, z. B. eines Freundeskreises, oder einer vertrauten Umgebung, etwa des Elternhauses, kann das schmerzhafte Gefühl von Heimweh hervorrufen.

kurze Vorstellung der beiden Gedichte

Von Heimweh spricht auch das lyrische Ich in Hilde Domins Gedicht „Auf Wolkenbürgschaft" (1957–1959). In poetischer Sprache beschreibt es ein **Heimweh ohne Heimat**, das sich nicht auf das Gewohnte und Vertraute der eigenen Herkunft richtet, sondern auf die **Reise zu einem utopisch fernen Ziel**. Auch das kurze, in nüchtern-schmuckloser Alltagssprache gehaltene Gedicht „Der Radwechsel" (1953) von Bertolt Brecht handelt vom **Herkommen und Hinfahren** (vgl. V. 3 f.). Die beiden Gedichte sollen im Folgenden vergleichend interpretiert werden.

Hauptteil: Hilde Domins „Auf Wolkenbürgschaft"

Ausgangssituation des lyrischen Ich: Heimweh ohne genaues Ziel

Domins Gedicht beginnt mit einer Aussage, die dem Leser recht trivial vorkommt – auf den ersten Blick zumindest. „Ich habe Heimweh" – wer hätte das noch nie gesagt? Aber bereits die Ergänzung „nach einem Land" (V. 1) löst durch den **Gebrauch des unbestimmten Artikels** Irritationen aus, da sich Heimweh normalerweise auf ein **konkretes Ziel** richtet: Man hat z. B. Heimweh nach Deutschland, nach dem Schwarzwald, nach der Stadt oder dem Dorf, wo Eltern und Geschwister leben und wo man selbst zu Hause ist. Das lyrische Ich jedoch hat Heimweh nach „einem Land,/in dem [es] niemals war" (V. 1 f.) und in das es auch niemals gehen wird (vgl. V. 5). Wie seltsam, ja geradezu **paradox** mutet diese Aussage an, besteht die Voraussetzung für Heimweh doch gerade darin, dass man einen vertrauten Ort verlassen hat, dem man fest verbunden ist und in den man irgendwann zurückkehren will.

Sehnsucht nach unbürokratischer Aufnahme in herbeigesehntem Land

In zwei Strophen ungleicher Länge (11 und 15 Verse), **ohne festes Metrum und Reim**, schildert das lyrische Ich seine **Situation:** Es sehnt sich nach einem Land, wo es weder jemals war noch jemals hingehen wird und dennoch bekannt ist; es bricht auf, ohne irgendwo anzukommen, und **imaginiert als Ziel seiner Reisen einen Erdteil**, wo es auch ohne amtlichen Identitätsnachweis aufgenommen wird.

Charakterisierung des Sehnsuchtslandes

Das **Land seiner Sehnsucht** hat folgende Attribute: Es ist ein unbekanntes Land, wo jedoch in der Erde verwurzelte Pflanzen – Bäume und Blumen, und zwar alle – das lyrische Ich kennen (vgl. V. 3 f.) und wo **flüchtige, unbeständige Gebilde am Himmel** – Wolken –

sich seiner „genau“ erinnern (vgl. V. 6–8). Die personifizierte Natur, nicht der Mensch, versichert es seiner Existenz. Deshalb bleibt es unbehaust, „ein Fremder, der sich / in keinem Zuhause / ausweinen kann“ (V. 9–11). Durch die **isolierte Position des Personalpronomens „meiner“** (V. 7) und die Wahl der männlichen Form „ein Fremder“ für das vermutlich weibliche lyrische Ich wird dieser Eindruck verstärkt.

Personifizierung der Natur

In der zweiten Strophe kommt Bewegung auf, das lyrische Ich wird aktiv, es steht **als handelndes Subjekt** in einer dreiteiligen Satzreihe an jeweils erster Stelle und zugleich **am Versbeginn:** „Ich fahre“ (V. 12), „ich werfe“ (V. 14), „[i]ch komme nirgends an“ (V. 16). Aber seine Aktivitäten laufen ins Leere: Es steuert Inseln „ohne Hafen“ (V. 13) an – Inseln also, die nicht auf die Ankunft Fremder eingestellt sind; es wirft „die Schlüssel ins Meer“ (V. 14) und schließt damit eine Rückkehr endgültig aus; es kommt „nirgends“ (V. 16) an. Wie in der ersten Strophe entsteht nach diesen negativen Erfahrungen jedoch auch hier **Hoffnung aus der Natur**. Im Bild des spinnwebgleichen Segels (vgl. V. 17 f.) hellt sich die Situation des lyrischen Ich auf: Wo auch immer der Wind das Schiff hintreibt, wie stark auch immer es stürmt, das Segel bleibt beweglich, es gibt nach, passt sich an, „reißt nicht“ (V. 18).

Handlungen des lyrischen Ich in zweiter Strophe

Bedeutung der Natur

Wohl auch deshalb gelingt es dem lyrischen Ich, zuversichtlich in die Zukunft zu blicken (vgl. V. 19–26): Es wird konkreter und verweist auf einen nicht näher benannten Kontinent, wo nicht nur der Flug der „großen Vögel“ (V. 20), sondern auch seine eigene Reise endet, und zwar „ohne Paß, / auf Wolkenbürgschaft“ (V. 25 f.). **Grund und Anlass der Reise** lassen sich aus den letzten beiden Versen erschließen. Wer ohne Pass unterwegs und zum Betreten eines fremden Landes auf eine Bürgschaft angewiesen ist, befindet sich **in einer prekären Situation**, z. B. als Flüchtling. **Hilde Domins Biografie** als deutsche Jüdin, die vor dem NS-Regime nach Südamerika floh, legt diese Interpretation nahe.

Bezug zu Domins Biografie: Flucht und Exil

Die Deutung des Gedichts reicht jedoch weit darüber hinaus in zeitunabhängige Sinndimensionen. Es geht um **Heimatverlust** und Exil in einem existenziellen Sinn, um Unterwegssein als Grundmuster menschlichen Lebens, um die **Sehnsucht nach der verlorenen Einheit mit der Natur**, um die **Vergeblichkeit allen Reisens** und den **Mut**, dennoch **zu vertrauen**. „[S]ie“ (V. 24) – wer auch immer das ist – sind verpflichtet, das heimatlose lyrische Ich aufzunehmen. Völlig offen bleibt, worauf diese **Verpflichtung** beruht: Sind „sie“ humanitären Werten verpflichtet, handeln „sie“ aus Nächstenliebe, haben „sie“ irgendeinen Vertrag unterschrieben, bekommen „sie“ eine Gegenleistung?

Vertrauen auf Aufnahme im Ankunftsland

Der letzte Vers greift den Titel des Gedichts auf und nimmt auf die Beschreibung des Sehnsuchtslands Bezug (vgl. V. 6 ff.). **Die Verantwortung einer Bürgschaft für die Einreise in das fremde Land** übernehmen nicht Menschen, die sich für das lyrische Ich einsetzen, ein Pfand hinterlassen oder seine Integrität garantieren, sondern in irrealer Weise die Wolken, die sich des lyrischen Ich „genau erinnern“ (V. 8). Nur auf diese flüchtigen Gebilde, die am Himmel in wechselnden Formationen vorüberziehen, sich in Schnee und Regen auflösen oder uns heftige Gewitter bescheren, kann es sich verlassen. Es reist „auf Wolkenbürgschaft“ (V. 26). Dass am Ende des Gedichts nicht Resignation, sondern eine Art **Hoffnungsschimmer** steht, ein Urvertrauen durchschimmert, erstaunt den Leser.

ungewöhnliche Bürgschaft: Wolken als Garanten für lyrisches Ich

Anklang von Zuversicht am Gedichtende

Ganz anders gestaltet sich die Reise des Sprechers in Bertolt Brechts Gedicht „Der Radwechsel“ (1953). Seine Fahrt von A nach B, vermutlich im Automobil, wird **von einem technischen Zwischenfall unterbrochen**. Eine Reifenpanne zwingt ihn zum Anhalten, reißt Automobil und Insassen aus dem Verkehrsfluss. Da er über einen Chauffeur verfügt, der das defekte Rad des Wagens wechselt, hat er unerwartet Zeit und **Gelegenheit, über seine Situation nachzudenken**. Er muss feststellen: „Ich bin nicht gern, wo ich herkomme / Ich bin nicht gern, wo ich hinfahre“ (V. 3 f.). Er hat **weder Heim- noch Fernweh**.

Bertolt Brechts „Der Radwechsel“

Einen Grund für diesen Zustand nennt er nicht, er lässt offen, was Ausgangspunkt und Ziel seiner Reise und warum beide so wenig erstrebenswert sind. Auch die Art der Reise wird aus den wenigen Worten **in den beiden syntaktisch und inhaltlich parallelen Aussagesätzen** nicht ersichtlich. Handelt es sich um eine schwierige Geschäftsreise, vielleicht in einem ungeliebten Beruf? Oder ist es eine private Fahrt, weg von einem fremd gewordenen Zuhause, hin zu einem neuen, bisher fremd gebliebenen Domizil? Reist der Sprecher aus eigenem Interesse, sozusagen selbstbestimmt, oder muss er sich irgendwelchen Zwängen beugen? Sind es bestimmte Umstände, die ihm weder am Ausgangs- noch am Zielpunkt der Reise behagen, z. B. Klima, Kultur, soziale und politische Strukturen?

keine Informationen über Hintergründe der Reise

Der Leser erfährt es nicht, ja er wird sogar **mit einer expliziten Frage aus dem Monolog des Sprechers entlassen:** „Warum sehe ich den Radwechsel / mit Ungeduld?“ (V. 5 f.). Damit wird er zum Dialog aufgefordert, er soll sich seine **Gedanken über die paradoxe Lage** machen: Wieso empfindet der Sprecher Ungeduld? Besteht doch noch Hoffnung oder Vorfreude auf das Kommende? Oder ist Bewegung immer besser als Stillstand, weil man sich dabei vom Nachdenken ablenken kann? Hier könnte **Brechts biografische Situation** eine politische Deutung nahelegen: Hoffte er als DDR-Bürger

unbeantwortete Frage als Aufforderung an Leser

Bezug zu Brechts Leben: politische Lage in der DDR

nach dem Aufstand vom 17. Juni auf politische Veränderung, wie auch immer sie aussehen mochte?

Ruhelosigkeit und Ärger angesichts der Situation

Ob metaphorisch oder konkret: Knapp, wortkarg, lakonisch bringt der Sprecher in den sechs reimlosen, metrisch unregelmäßigen Versen des Gedichts seine Lage auf den Punkt. Die **Ungeduld**, die der Sprecher bei sich feststellt (vgl. V. 6), wird durch einen Zeilensprung (vgl. V. 5 f.) besonders hervorgehoben. Ebenso bekommt seine **Erkenntnis über seine Unzufriedenheit** durch die parallel gestalteten Sätze, jeweils aus Aussage- und Attributsatz bestehend (vgl. V. 3 f.), besonderes Gewicht.

Autopanne als Möglichkeit der Reflexion

Fest steht: Der Radwechsel verkehrt den Zweck seiner Reise ins Gegenteil, sein Wagen garantiert ihm nicht mehr Mobilität und Fortbewegung, sondern schafft **Stillstand und Ruhe**. Während der Fahrer den Schaden behebt, sitzt der Sprecher untätig am Straßenhang, abseits des Verkehrsflusses. Aber er schaut sich nicht um, betrachtet weder die Landschaft noch den Himmel, sondern **kehrt seine Gedanken nach innen**. Mitten im Alltag überfällt ihn eine Unrast, die ihn mit Sinnfragen konfrontiert. Ob sie nur die aktuelle Situation oder seinen gesamten Lebensentwurf betreffen, bleibt offen.

Vergleich der Gedichte

Unterschiede in Inhalt und sprachlicher Gestaltung

„Der Radwechsel" und „Auf Wolkenbürgschaft" sind Gedichte, bei denen zunächst **große Unterschiede** auffallen. Das eine ist relativ lang (26 Verse in zwei Strophen gegliedert) und schildert die **existenzielle Situation des lyrischen Ich**. Stilmittel wie Alliteration (V. 3), wiederholte Negationen (V. 2, 5, 10, 16, 18), Parallelismen (V. 2 und 5; V. 12, 14, 16) und lyrische Bilder (Wolken, Segel) prägen die Sprache und verstärken die Aussage. Das andere Gedicht ist sehr kurz, es umfasst lediglich sechs Verse. In nüchterner Sprache umreißt es vordergründig die **konkrete Lage des Sprechers**, ohne sie durch Adjektive, Vergleiche oder Metaphern zu präzisieren. Der Radwechsel kann aber auch als Metapher verstanden werden.

Gemeinsamkeit: Reisen als Suche nach einem Sinn

Die beiden Autoren sprechen jedoch **ähnliche Themen und Motive** an: die **Fahrt**, sei es auf dem Schiff oder im Auto, als Sinnbild für **das Leben**, der Mensch *in statu viatoris*, d. h. ständig unterwegs, auf der **Suche nach einem Ort zum Wohlfühlen**, vor existenzielle Fragen gestellt, auf die es keine endgültigen und eindeutigen Antworten gibt. Für Domins lyrisches Ich bilden diese Fragen den **Grundton seines Daseins**, ganz anders als bei Brecht, wo sie unerwartet in den **Alltag des Sprechers** einbrechen, ihn verunsichern und ungeduldig machen.

Verbundenheit mit der Natur bei Domin

Domins lyrisches Ich ist **in die Natur eingebettet**, aus der es Sinn und Hoffnung schöpft. Bäume und Blumen (V. 3), Wolken (Titel, V. 6, 26), Inseln (V. 13), das Meer (V. 14), der Wind (V. 17), der

Horizont (V. 19), große Vögel und ihre Schwingen (V. 20, 22), die Sonne (V. 22): All dies nimmt das lyrische Ich im Sinne einer **Selbstvergewisserung** und als Bestätigung der eigenen Existenz sensibel wahr.

keine Wahrnehmung der äußeren Umgebung bei Brecht

Brechts Sprecher hingegen erwähnt seine Umgebung nur mit einem einzigen Wort im ersten Vers: „Ich sitze am Straßenhang". Als **Angehöriger einer höheren sozialen Schicht** – immerhin kann er sich einen eigenen Chauffeur leisten – hat er es offensichtlich nicht nötig, seinem Fahrer zu helfen, ja er kommt trotz seiner Ungeduld gar nicht auf die Idee, beim Reifenwechsel selbst Hand anzulegen und damit die Unterbrechung der Fahrt von A nach B zu verkürzen.

hoffnungsvoller Blick in die Zukunft bei Domin

Das lyrische Ich in „Auf Wolkenbürgschaft" hingegen wird auf seiner gedanklichen Reise nach fernen Kontinenten **von der Hoffnung getragen**, einen Ort für ein neues Leben zu entdecken, endlich in der ersehnten Heimat anzukommen, ein Zuhause zu finden, in dem es sich ausweinen kann (vgl. V. 10 f.). Es ist **bereit**, die Vergangenheit endgültig hinter sich zu lassen und **sich Gefahren auszusetzen**, was in den Bildern der zweiten Strophe deutlich zum Ausdruck kommt: Die ins Meer geworfenen Schlüssel (vgl. V. 14), die hafenlosen Inseln (vgl. V. 13), das unsichere Herumirren („Ich komme nirgends an", V. 16) und das vom Zerreißen bedrohte Segel im Wind (vgl. V. 17 f.) sind Zeichen dafür. Die zunehmende Distanz vom unbenannten Ausgangspunkt der Reise bewirkt so beim lyrischen Ich eine **Weiterentwicklung**: Es kann sich vorstellen, dass „jenseits des Horizonts" (V. 19) ein **neues Leben möglich** ist.

Bejahung des Lebens in „Auf Wolkenbürgschaft"

Schluss

Ob sich das Leben des lyrischen Sprechers bei Brecht in Zukunft ändern wird, bleibt dahingestellt. Zwar sieht er sich **für einen Moment mit existenziellen Fragen konfrontiert**, die ihm vorher wohl nicht in den Sinn gekommen sind. Der nüchtern-pragmatische Duktus seiner Aussagen, der ausbleibende Blick über den Straßenhang hinaus und **seine Passivität während des Radwechsels** lassen aber vermuten, dass er schnell wieder in seinen Alltag zurückfinden wird. Seine **Sinnkrise wird** wohl **folgenlos bleiben**. Domins lyrisches Ich hingegen erlebt keine Sinnkrise, sondern empfindet eine **tiefe Sehnsucht nach dauerhafter Zugehörigkeit** – zur Natur, zu einem Land, zu einer Gesellschaft, in der es bedingungslos aufgenommen wird. Weltweit zeigt das **Schicksal vieler Flüchtlinge** die Aktualität dieses Gedichts.

Deutsch (Baden-Württemberg) ▪ Abiturprüfung
Übungsaufgabe 5

VERGLEICHENDE INTERPRETATION ZWEIER GEDICHTE

Thema: Reisen in der deutschsprachigen Lyrik vom Sturm und Drang bis zur Gegenwart

Arbeitsanweisung

Interpretieren und vergleichen Sie die beiden Gedichte.

Material 1 Joseph von Eichendorff (1788–1857): Die zwei Gesellen (1818)

Es zogen zwei rüst'ge Gesellen,
Zum erstenmal von Haus,
So jubelnd recht in die hellen,
Klingenden, singenden Wellen
Des vollen Frühlings hinaus.

Die strebten nach hohen Dingen,
Die wollten, trotz Lust und Schmerz,
Was Rechts in der Welt vollbringen,
Und wem sie vorübergingen,
Dem lachten Sinnen und Herz. –

Der erste, der fand ein Liebchen,
Die Schwieger[1] kauft' Hof und Haus;
Der wiegte gar bald ein Bübchen,
Und sah aus heimlichem Stübchen
Behaglich ins Feld hinaus.

Dem zweiten sangen und logen
Die tausend Stimmen im Grund[2],
Verlockend' Sirenen, und zogen
Ihn in der buhlenden Wogen
Farbig klingenden Schlund.

Und wie er auftaucht' vom Schlunde,
Da war er müde und alt,
Sein Schifflein das lag im Grunde,
So still war's rings in die Runde,
Und über die Wasser weht's kalt.

Es singen und klingen die Wellen
Des Frühlings wohl über mir;
Und seh ich so kecke Gesellen,
Die Tränen im Auge mir schwellen –
Ach Gott, führ uns liebreich zu dir!

Aus: Der Neue Conrady, Das große deutsche Gedichtbuch, Von den Anfängen bis zur Gegenwart. Neu herausgegeben und aktualisiert von Karl Otto Conrady, Düsseldorf/Zürich: Artemis & Winkler 2001, S. 392.

Anmerkungen

1 Schwieger: Schwiegermutter
2 Grund: Abgrund, Tiefe

Material 2 Franz Grillparzer (1791–1872): In der Fremde (1843)

Schon bin ich müd zu reisen,
Wär's doch damit am Rand,
Vor Hören und vor Sehen
Vergeht mir der Verstand.

So willst Du denn nach Hause?
O nein! Nur nicht nach Haus!
Dort stirbt des Lebens Leben
Im Einerlei mir aus.

Wo also willst Du weilen?
Wo findest Du die Statt?
O Mensch, der nur zwei Fremden
Und keine Heimat hat.

Aus: Franz Grillparzer: Gedichte (abrufbar unter: https://gutenberg.spiegel.de/buch/gedichte-9680/6; zuletzt aufgerufen am 18.06.2019)

TIPP **Bearbeitungshinweise**

Auch wenn Sie zunächst jedes Gedicht einzeln interpretieren sollen, empfiehlt sich eine anfängliche vergleichende Betrachtung in Gedanken. Dadurch treten die jeweiligen Besonderheiten der Gedichte für Sie klarer hervor. Markieren Sie z. B. gleiche oder ähnliche Wörter und in einer anderen Farbe Gegensätze.

Einleitend können Sie **eigene Reflexionen über das Thema des Reisens** vorausschicken, diese sollen jedoch möglichst direkt zur Kernproblematik zumindest des ersten Gedichts führen.

Stellen Sie kurz beide Gedichte vor; nennen Sie Autor, Titel und die zeitlichen Daten, die Ihnen vorliegen.

Verfassen Sie nun **zwei getrennte Interpretationen**. Beginnen Sie jeweils mit einer **Beschreibung des formalen Aufbaus**: Strophenzahl, Strophenlänge, Versmaß, Reimschema. Wenn Sie einen grundsätzlichen Zusammenhang zwischen Form und Gesamtinhalt erkennen, benennen Sie ihn.

Wenn Ihnen der Einstieg in die Interpretation schwerfällt, können Sie zunächst den Inhalt der einzelnen Strophen zusammenfassen. (Dies in Gedanken zu tun, ist immer sinnvoll, indem es beim Erschließen der Struktur hilft.) Grundsätzlich **interpretieren** Sie **am Text entlang**, von oben nach unten. **Beobachtungen zur Form** müssen immer **mit dem Inhalt in Verbindung** gebracht werden. Benennen Sie z. B. keine Stilmittel, ohne ihre Wirkung an genau der betreffenden Stelle zu beschreiben.

Achten Sie darauf, dass **am Schluss nichts Nebensächliches** steht.

Nach der Interpretation des ersten Gedichts sollten Sie eine **kurze Überleitung** zum zweiten finden, vorzugsweise mit einer Gemeinsamkeit oder einem Gegensatz. Innerhalb der zweiten Interpretation können Sie (müssen aber nicht) schon auf einzelne Vergleichspunkte hinweisen.

Die **wesentlichen Gemeinsamkeiten und Unterschiede** beschreiben Sie sämtlich in einem Vergleichsteil. Hier ist eine sinnvolle Ordnung besonders wichtig, v. a. wiederum ein markanter Schluss. Eine begründete Epochenzuordnung ist kein Muss, wertet die Interpretation jedoch auf.

Lösungsvorschlag

„Das Leben ist eine große Entdeckungsreise." So lautet ein schlichter Spruch fürs Poesiealbum, verharmlosend vielleicht, aber nie verkehrt, in jedem Fall eine brauchbare Ermutigung für junge Leute zu positiver Sicht und aktiver Gestaltung ihres Lebens. Das **Motiv der Entdeckungsreise** findet sich in Joseph von Eichendorffs Gedicht „Die zwei Gesellen" aus dem Jahr 1818. Andeutungsweise erscheint es auch bei Franz Grillparzer, der von 1791 bis 1872 lebte, in seinem nicht datierten Gedicht „In der Fremde".

Einleitung:
Lebensreise

Vorstellung beider Gedichte

„Die zwei Gesellen" ist in sechs Strophen zu jeweils fünf Versen gegliedert, die sich nach dem Schema abaab reimen. Die a-Zeilen weisen klingende, die b-Zeilen stumpfe Kadenzen auf. Die Verse haben durchgängig drei Hebungen, aber unterschiedlich viele Senkungen, was einen ebenso lebhaften wie volkstümlichen Klangeindruck erzeugt. Zum **Stil eines Volksliedes** gehören auch der eher einfache Satzbau und der meist gängige Wortschatz, der jedoch, wie zu zeigen ist, zu **ungewöhnlicher Metaphorik** kombiniert wird.

Hauptteil:
„Die zwei Gesellen":
formaler Aufbau

Das Gedicht beginnt nach dem klassischen **Muster einer Erzählung**: „Es zogen zwei rüstge Gesellen,/Zum erstenmal von Haus" (V. 1 f.). Hierbei bleibt offen, ob es sich um die traditionelle Wanderschaft von Handwerksgesellen handelt, die einen Teil ihrer Berufserfahrung in der Fremde erwerben, oder ob zwei beliebige junge Männer die – in früheren Zeiten sonst eher seltene – Möglichkeit einer langen Reise haben. In jedem Fall sind sie kräftig und unternehmungslustig. Zu ihrer **Aufbruchsstimmung** und frohen **Erwartung von etwas Neuem** passt die Jahreszeit des „vollen Frühlings" (V. 5), welcher mit dem Bild von „hellen,/Klingenden, singenden Wellen" (V. 3 f.) beschrieben wird. Die Reisenden fühlen sich wie von einer angenehmen, klaren Flut umspielt und getragen. Deren Singen – nicht Rauschen – entspricht dem eigenen Jubel (vgl. V. 3). **Bewegung und Klang der Wellen** werden in der Synkope am Anfang des vierten Verses und in den zwei aufeinanderfolgenden Daktylen des Binnenreims versinnlicht.

erste Strophe:
Aufbruch

Zusammenspiel von Form und Inhalt

In der zweiten Strophe erfolgt eine kurze gemeinsame **Charakterisierung der beiden Gesellen**, betont durch die anaphorische Wiederholung von „Die" (V. 6 f.). Beide haben sich **hohe Ziele gesetzt**. Sie wollen in der Welt etwas bewirken und sich weder durch oberflächliche Vergnügungen noch durch Schwierigkeiten und Leiden davon abhalten lassen. Ihre **zuversichtliche Ausstrahlung** wirkt positiv auf die Menschen, denen sie begegnen (vgl. V. 9 f.).

zweite Strophe:
hohe Ziele

Die dritte Strophe befasst sich mit dem ersten der zwei Gesellen: „Der erste, der fand ein Liebchen" (V. 11). Die Wiederholung von „der", jetzt als Pronomen, klingt sehr volksliedhaft, ebenso wie der Diminutiv „Liebchen", dem noch „Bübchen" (V. 13) und „Stübchen" (V. 14) folgen. (Man kennt solche Diminutive etwa aus „Alle meine Entchen" und „Hänschen klein".) Alles in der Existenz des ersten Gesellen wird verniedlicht, das **Glück fällt ihm in den Schoß** wie im harmlosesten Teil eines Märchens. Einer Heirat mit seiner Liebsten scheint nichts im Wege zu stehen. Seinen Besitz („Hof und Haus", V. 12 – einprägsam durch die Alliteration) muss er sich nicht selbst erwerben, sondern bekommt ihn von der Mutter seiner Frau geschenkt. Ein Stammhalter lässt nicht lang auf sich warten. Die Felder braucht er offenbar nicht zu beackern, sondern kann sie vom „heimliche[n]" (V. 14), das heißt wohl heimeligen Wohnzimmer aus „[b]ehaglich" (V. 15) betrachten, setzt also keinen Fuß vor die Tür. Seine einzige Tätigkeit scheint das Kinderwiegen zu sein. Dass der Säugling vielleicht stundenlang schreit oder dass auch geschenkter Besitz Probleme bereiten und Einsatz verlangen kann, zumindest Verwaltungsarbeit, bleibt in diesem **Idyll satter Zufriedenheit** ausgeblendet.

der erste Geselle: häusliche Idylle

kein selbst erarbeitetes Glück

Ausblendung möglicher Probleme

Der länger dauernden Reise des zweiten Gesellen ist nicht eine, sondern sind zwei Strophen gewidmet. Er **verhält sich ähnlich passiv** wie der erste, auch sein Leben scheint kampflos zu verlaufen, aber doch ganz **gegensätzlich**. Anstelle eines einzigen Liebchens begegnen ihm „tausend Stimmen" (V. 17), „[v]erlockend' Sirenen" (V. 18). Der Ausdruck, welcher der griechischen Mythologie entnommen ist, fällt aus dem Volksliedton heraus, doch auch in heimischen Sagen gibt es das **Motiv der Wassernixe**, die mit ihrem herrlichen Gesang den Menschen ins Verderben zieht. Das Wort „Grund" (V. 17) bedeutet so viel wie **Abgrund**. Aus den „[k]lingenden, singenden Wellen" von Vers 4 ist nun „der buhlenden Wogen/ Farbig klingende[r] Schlund" geworden (V. 19 f.). Das **Wasser**, **Symbol des Lebens**, **aber auch der Gefahr**, ist tief und reißend; es wird in Vers 19 selbst personifiziert, indem es um den Menschen „buhlt", das heißt wirbt. In der fast expressionistisch anmutenden Synästhesie „farbig klingend" spricht es Sehsinn und Gehör zugleich an; eine Synkope hebt das Wort „farbig" zusätzlich hervor. Das allmähliche Versinken im Strudel wird durch zwei Enjambements – Vers 18 auf 19 und 19 auf 20 – klanglich unterstützt.

der zweite Geselle: gefährdende Abenteuer

Wasser als zentrales Symbol

Man weiß nicht genau, welche Art **Verlockungen** das Leben für den zweiten Gesellen bereithält. Zweifellos aber sind sie **trügerisch** (vgl. V. 16) und führen letztlich nicht zum Glück. Der Gedanke liegt nahe, dass er viele sexuelle Abenteuer erlebt, jedoch keine dauerhafte Liebe. Ebenso könnte er sich Alkohol und Drogen hingeben und

mögliche Versuchungen für den zweiten Gesellen

seine Gesundheit ruinieren oder auch nur ständig etwas Neues ausprobieren, dessen er bald wieder überdrüssig wird. Es scheint sich hier um einen Menschen zu handeln, der sich angesichts der **Überfülle von Möglichkeiten** für keinen bestimmten Weg entscheiden kann, sei es Familie, Beruf oder sonst eine Aufgabe oder Passion.

klägliche Lebensbilanz

„Und wie er auftaucht' vom Schlunde" (V. 21): Erst im Alter kommt der zweite Geselle zur **Besinnung**. Seine Bilanz ist kläglich: „Sein Schifflein das lag im Grunde" (V. 23). Aus der Liedsprache übersetzt mag das heißen, dass er **jeden Halt und auch jede Lebensenergie verloren** hat. Er ist einsam und hat kein Zuhause, weder ein konkretes noch ein geistiges. Die ganze Welt erscheint ihm kalt und stumm – „[s]o still" (V. 24) wird durch die schwebende Betonung am Versanfang und durch Inversion betont –, weil er keinen Sinn in ihr gefunden hat.

existenzielle Verlorenheit des zweiten Gesellen

Schluss des Gedichts

Die letzte Strophe schließt den Kreis zum hoffnungsvollen Anfang: „Es singen und klingen die Wellen/Des Frühlings wohl über mir". (V. 26 f.). Hier tritt **erstmals ein lyrisches Ich** explizit in Erscheinung. Es ist an die Stelle von mehreren Betrachtern in der zweiten Strophe gerückt. Dort hieß es: „Und wem sie vorüber gingen,/Dem lachten Sinnen und Herz." (V. 9 f.). Nun sagt das lyrische Ich: „Und seh ich so kecke Gesellen,/Die Tränen im Auge mir schwellen" (V. 28 f.). Es hat vor den früheren Betrachtern einen **Wissensvorsprung**, indem es die **zwei beispielhaften Schicksale** kennt. Interessant ist, dass es offensichtlich das Leben nicht nur des zweiten, sondern auch des ersten Gesellen für beweinenswert hält. Dieser hat in seiner beschränkten Häuslichkeit die ursprünglichen hohen Ziele wohl ebenso verfehlt wie der zweite.

Menschen- und Weltbild in „Die zwei Gesellen":

Aufgehoben-sein in Gott

Der Schluss ist folgerichtig, auch wenn er – schon durch den Gedankenstrich im vorletzten Vers – zunächst abrupt wirkt. Das Gedicht handelt von Menschen, die **aus eigener Kraft nicht zu einem wirklichen Lebenssinn gelangen** können. Aus religiöser Sicht gilt dies für alle Menschen, denn alle **Sinnstiftung** ist **an Gott gebunden**. Darum steht zuletzt die **demütige Bitte**, in die das lyrische Ich sich miteinschließt: Gott möge die Lebensläufe in seine Hand nehmen und zur Vollendung führen.

„In der Fremde": ähnliche Problematik

Die beiden Existenzformen **Sesshaftigkeit und Unterwegssein** erscheinen auch in Grillparzers Gedicht „In der Fremde"; auch dort werden sie als problematisch dargestellt. Das Gedicht besteht aus drei Strophen zu jeweils vier Versen. Das Versmaß ist ein dreihebiger Jambus mit abwechselnd klingenden und stumpfen Kadenzen, das Reimschema ist abcb.

formaler Aufbau

„Schon bin ich müd zu reisen“ (V. 1): Die Müdigkeit, die Eichendorffs zweiter Geselle erst im Alter spürt, tritt bei Grillparzers lyrischem Ich unmittelbar und vorzeitig ein; Inversion und schwebende Betonung heben das Wort „[s]chon“ hervor. Auch der zweite Vers beginnt synkopisch, wodurch der Wunsch „Wär's doch damit am Rand“ (V. 2) nachdrücklicher klingt. Das nächste Verspaar wandelt die bekannte Redewendung ab, dass einem Hören und Sehen vergeht: „Vor Hören und vor Sehen/Vergeht mir der Verstand.“ (V. 3 f.) Die Wiederholung des Wortes „vor“ betont die **Vielzahl der Sinneseindrücke**, welche – ähnlich den „tausend Stimmen“ bei Eichendorff – das lyrische Subjekt überfordern und angeblich nicht nur um die Wahrnehmungsfähigkeit, sondern gleich **um den Verstand bringen**.

erste Strophe: Reisemüdigkeit

Reizüberflutung

In der zweiten Strophe stellt das Ich sich selbst eine **Frage** und redet sich dabei mit Du an: „So willst Du denn nach Hause?“ (V. 5). Die Antwort erfolgt in einem zweifachen Ausruf: „O nein! Nur nicht nach Haus!“ (V. 6). Besonderen Nachdruck verleiht ihm wiederum eine gegenläufige Betonung – auf dem Wort „[n]ur“ – sowie auch die elliptische Kürze. Die **heftige Abwehr** begründet das lyrische Ich mit dem täglichen „Einerlei“ (V. 8), welches ihm „des Lebens Leben“ (V. 7) vernichte. Das auffällige **Polyptoton** meint das, was das Leben lebendig macht. Durch die **Wiederkehr des Immergleichen** scheint der Alltag jeden Reiz zu verlieren.

zweite Strophe: Überdruss am Alltag zu Hause

Auch die dritte Strophe beginnt mit einer Selbstbefragung, hier mit synkopischer Betonung des Wortes „[w]o“ und einprägsamer Alliteration: „Wo also willst Du weilen?“ (V. 9). Das Fragepronomen erfährt eine Wiederholung: „Wo findest Du die Statt?“ (V. 10). Eine Antwort darauf bleibt aus beziehungsweise müsste „nirgends“ heißen. „O Mensch, der nur zwei Fremden/Und keine Heimat hat“ (V. 11 f.): Womöglich sieht sich das **lyrische Ich** hier nicht nur als Individuum, sondern auch **als Repräsentanten eines Menschentyps**, des ewig Unzufriedenen. Das Zuhause ist für diesen keine „Statt“, also keine bleibende Stätte, und keine „Heimat“, weil es seinen Bedürfnissen nicht entgegenkommt. Er fühlt sich dort ebenso wenig wohl wie auswärts, wo er die Reizüberflutung nicht ordnen kann (vgl. V. 1–4). Indem es für ihn **zwischen zwei Extremen keine passende Umgebung** gibt, bleibt er überall ein Fremder.

dritte Strophe: „zwei Fremden“

Exemplarität

Beide Gedichte **kontrastieren ein Zuhause** – Schauplatz des Alltagslebens – **mit der Fremde**, Schauplatz letztlich eines orientierungslosen Vagabundierens. Beide Gedichte spiegeln ein Stück weit **allgemein menschliche Erfahrungen**. Dazu passt Einfachheit und Verständlichkeit in Wortschatz und Satzbau sowie eine klare Struktur, die jedoch in „Die zwei Gesellen“ deutlich ausgeklügelter ist. „In der Fremde“ ist kürzer und in Form und Inhalt schlichter. Es

Vergleich zwischen beiden Gedichten:

Gemeinsamkeiten

zeigt wenig bildhafte Sprache, allerdings stehen „Leben“, „Heimat“ und „Fremde“ jeweils für ein Existenzgefühl. Das lyrische Ich beschränkt sich auf die eigene, vielleicht **exemplarische Psychologie**.

Unterschiede

In „Die zwei Gesellen“ geht es nicht um die Psyche, sondern um das **menschliche Dasein innerhalb einer göttlichen Ordnung**. Das lyrische Ich erscheint erst gegen Schluss als Betrachter von außen, und nur als Teil der menschlichen Gemeinschaft. Es blickt auf zwei ganz gewiss exemplarische Lebensläufe, eine durchschnittlich-bürgerliche und eine interessante, aber buchstäblich gestrandete Existenz. Zwar spielen subjektive Gefühle eine wichtige Rolle, wie Tatendrang, Behagen, Faszination, Erschöpfung, Rührung, Angst und Trauer. Eigentliches Thema aber ist die **Diskrepanz zwischen der hohen Bestimmung des Menschen und seiner Unzulänglichkeit**, das zwangsläufige Scheitern im Diesseits, das nur Gott zum Guten wenden kann.

Schluss:
Romantik und Realismus

Die Gedichte zeigen jeweils wesentliche Charakteristika der Epochen Romantik und Realismus. „Die zwei Gesellen“ ist ein religiöses Gedicht. Es handelt von der **romantischen Lebenswanderschaft** in einer Welt, die zwar ihre dunklen Seiten hat, aber prinzipiell auf einem geheimnisvollen, wunderbaren Plan beruht. In Eichendorffs Lyrik ist dies der **Wille des christlichen Schöpfergottes**. Der Realismus hingegen **verzichtet auf** den **Entwurf eines Weltbildes**. Grillparzers Gedicht konzentriert sich ganz auf das, was dem lyrischen Ich unmittelbar zugänglich ist: das **eigene Bewusstsein**.

Deutsch (Baden-Württemberg) ▪ Abiturprüfung
Übungsaufgabe 6

VERGLEICHENDE INTERPRETATION ZWEIER GEDICHTE

Thema: Reisen in der deutschsprachigen Lyrik vom Sturm und Drang bis zur Gegenwart

Arbeitsanweisung

Interpretieren und vergleichen Sie die beiden Gedichte.

Material 1 Ferdinand von Saar (1833–1906): Eisenbahnfahrt (1855)

Eingeschlossen vom Waggon
Lehn' ich in der Ecke,
Und der Dampf trägt mich davon
Brausend auf der Strecke.

In die Gegend rings hinaus
Blick' ich so im Fahren
Weithin breitet sie sich aus,
Blühend wie vor Jahren.

Ob des Zuges Hast auch steigt,
Scheint er doch zu weilen[1],
Nur vor meinem Auge zeigt
Sich ein Flieh'n und Eilen.

Dörfer, Felder, Wald und Au'n
Ziehn vorbei im Fluge,
Still, mit unverwandtem Schau'n,
Sinn' ich nach[2] dem Truge[3].

Und in tiefster Seele klar
Wird mir dieses Leben
Wo, was immer ist und war,
Scheint vorbei zu schweben.

Liebe, Glück und Jugendzeit,
Ach, sie alle weilen –
Nur der Mensch in Ewigkeit
Muss vorüber eilen.

Aus: Ferdinand von Saar: Werke. Hrsg. v. J. Minor. Bd. 2, Leipzig 1908, S. 162. Nach der Erläuterung in Bd. 3 auf S. 164 stammt das handschriftlich überlieferte Gedicht aus Saars erster, unveröffentlicht gebliebener Gedichtsammlung von 1855.

Anmerkungen
1 weilen: verweilen, verharren, stillstehen
2 Sinn' ich nach: denke ich über etwas nach
3 Truge: Trugschluss, Täuschung

Material 2 Tobias Pagel (*1981): deadlines[1] (2017/2018)

wie wald sich an der trasse entlangschient
bricht welle um welle am damm
                    wild
wechsel vielleicht ein dschungel un
begehbar wie die kulisse eines stückes
wald das nachziehen des mobiliars
im unterholz ***deadlines*** oder doch
nur unbehauene bücher
das stroboskop[2] der lichtblitze
durchs dickicht hinter lidern
gibt es keine welt jenseits
dieser gleise sommerränder nur
die gerade spur metall der wir nach
eilen durch die entente[3]
der bäume die die schmale schneise zu
              wächst kein fort
kommen überland nur spiegel
bilder in verschlossenen landschaften

Aus: Tobias Pagel, deadlines, 25. Open mike. Wettbewerb für junge Literatur. Die 20 Finaltexte. München (Allitera Verlag) 2017, S. 108. Die vorliegende Fassung hat der Autor für die Internet-Plattform Fixpoetry im August 2018 leicht verändert (https://www.fixpoetry.com/texte/text-des-tages/tobias-pagel/deadlines).

Anmerkungen

1 deadlines: (engl.) Fristen, äußerste Grenzen (wörtlich: „tote Linien“)
2 stroboskop: Gerät, das Lichtblitze in regelmäßigen zeitlichen Abständen abgibt, sodass Bewegungen abgehackt als eine Abfolge stehender Bilder erscheinen
3 entente: (franz.) Bündnis, Zusammenschluss (militärisch, politisch)

TIPP **Bearbeitungshinweise**

Der Aufgabentyp „Gedichtinterpretation" verlangt die Analyse und Deutung eines lyrischen Textes, in der Regel werden **zwei Gedichte auf Unterschiede und Gemeinsamkeiten hin miteinander verglichen**. Für den vergleichenden Interpretationsaufsatz sind zwei Vorgehensweisen zu empfehlen: Entweder die Gedichte werden nacheinander analysiert und in einem dritten Teil in ein Verhältnis zueinander gesetzt, oder ein Gedicht wird zunächst ausführlich analysiert und das zweite Gedicht wird dann zum ersten in Bezug gesetzt.

Die beiden hier zum Vergleich ausgewählten Reisegedichte stammen aus ganz unterschiedlichen Stilepochen. Ferdinand von Saar hat seinen Text an der **Wende vom Biedermeier zum Realismus** geschrieben, Tobias Pagel hingegen ist ein Autor der **Gegenwart**. Beide Gedichte haben das Motiv des Reisens mit der Eisenbahn gemeinsam, wie dies bereits von Saars Gedichtüberschrift „Eisenbahnfahrt" aus den Pioniertagen des Zugverkehrs verrät.

Es empfiehlt sich, die Analyse mit diesem leichter zugänglichen, sehr regelhaft gebauten 6-strophigen Gedicht zu beginnen. Dabei hilft die **präzise Anwendung fachsprachlicher Begriffe** zur Form – wie Strophe, Vers und Reim – nicht nur bei der Beschreibung des Textaufbaus, sondern vor allem auch bei der Gliederung des Inhalts in Sinnabschnitte. Der **Situation des lyrischen Ich** – übrigens nicht gleichzusetzen mit dem Autor –, den Eindrücken während der Fahrt sowie den daraus gewonnenen Erkenntnissen werden jeweils zwei Strophen gewidmet. Ist der inhaltliche Verlauf erst einmal über die Analyse des Aufbaus gesichert, kann eine differenzierte Deutung einsetzen. Auch hier gilt, dass Aspekte zur Form und Sprache nicht einfach nur benannt, sondern **funktional für die Ermittlung der Gesamtaussage** genutzt werden sollen. So ist es z. B. möglich, das Metrum mit dem Takt der fahrenden Lokomotive in Verbindung zu bringen, über die Kreuzreime die Antithetik von Bewegung und Stillstand herauszuarbeiten, die Parallelität von gereihten Schauplätzen und Lebensstationen zu erkennen und die **Bahnfahrt symbolisch als Sinnbild für die Lebensreise** zu übersetzen.

Der Vergleich zweier Gedichte miteinander ist natürlich mit Mehrarbeit verbunden, aber die Gegenüberstellung hilft auch, den **Blick für das Verständnis und die Besonderheit des jeweiligen Textes** zu schärfen. Dies ist auch beim vorliegenden Gedichtvergleich der Fall. Nach der Analyse des Gedichts „Eisenbahnfahrt" fällt es wesentlich leichter, das Motiv der Bahnreise auch im zweiten, modernen Gedicht „deadlines" annähernd zu erahnen. Ein Einstieg über Inhalt und Aufbau ist allerdings weniger angezeigt. All das, was das erste Gedicht als Bezugsgröße ausmacht – eine konkrete Situation mit einem lyrischen Sprecher sowie gliedernde Elemente wie Stropheneinteilungen oder Reimverbindungen –, findet sich im zweiten Gedicht nicht. Stattdessen ist es nötig, die **scheinbar so zusammenhangslos aneinandergereihten Wörter** selbst genauer in Augenschein zu nehmen. Dabei wird auffallen, dass sich die Wörter verschiedenen Themenfeldern zuordnen lassen, die den ersten Eindruck bestätigen, dass es im zweiten Gedicht um **Wahrnehmungen während einer Zugreise durch eine naturhafte Umgebung** gehen könnte.

Auf keinen Fall sollte man sich durch die **Offenheit des zweiten Textes**, seinen fehlenden eindeutigen Wirklichkeitsbezug entmutigen lassen. Stattdessen gilt es vielmehr, die **Unbestimmtheit der Bilder als wesentliches Merkmal für ein modernes Gedicht** herauszuarbeiten und dem konventionellen Ausgangsgedicht aus dem 19. Jahrhundert entgegenzusetzen. Ein solches Vorgehen nimmt das gemeinsame Motiv einer Bahnfahrt zum Anlass, um einen zentralen Unterschied zwischen beiden Gedichten ihrer Form und Aussage nach aufzuzeigen: Die Welt, wie wir sie heute wahrnehmen, wird nicht mehr als so offen, geordnet und eindeutig empfunden, dass sie sich ohne Weiteres als Sinnbild für das eigene Leben erschließen ließe. Eine Detailanalyse könnte dann, basierend auf Textbelegen, Vermutungen an- und Thesen dazu aufstellen, warum beim Reisen die **Außenwelt in diesem Gegenwartsgedicht so verschlossen** bleibt. Ein möglicher Ansatzpunkt wäre das Tempo des Schnellzuges, im übertragenen Sinne unser hohes Lebenstempo, das sich in den Enjambements widerspiegelt und eine **Wahrnehmung von vielen Impulsen und Reizen, aber nicht von konkreten Einzelheiten** – sei es eine Verseinheit im Text, sei es einen Wald oder ein Dorf jenseits der Gleise – erlaubt.

Lösungsvorschlag

Wer kennt ihn nicht, den **Blick auf wechselnde Landschaften**, die an dem Betrachter vorbeiziehen? Es ist wie ein Film aufeinanderfolgender Bilder von Häusern, Wäldern und Wiesen, die mit steigender Geschwindigkeit ineinanderzufließen und zu verschwimmen scheinen. Solche **Eindrücke während der Fahrt** – z. B. von einem Zugabteil aus – sind ein typisches Reisemotiv, das auch die beiden hier zum Vergleich vorliegenden Gedichte „Eisenbahnfahrt" von Ferdinand von Saar aus dem 19. Jahrhundert und „deadlines" von Tobias Pagel aus der Gegenwart aufgreifen.

Einleitung:
Hinführung zum Thema

Überleitung zu den Gedichten

Seinem Titel entsprechend führt das ältere Gedicht gleich zu Beginn ohne Umschweife in die Situation einer Bahnfahrt und in die Wahrnehmungen eines Reisenden ein. Das **lyrische Ich** lehnt **in der Ecke eines Waggons** (vgl. V. 1 f.) und blickt, während sich die Dampflokomotive lärmend in Bewegung setzt (vgl. V. 3 f.), nach draußen. Offenbar ist es Frühling, denn der Reisende fährt durch eine **blühende Landschaft** (vgl. V. 5–8).

Hauptteil:
von Saar: „Eisenbahnfahrt"

Strophen 1 und 2

Beschreiben die zwei Anfangsstrophen die Ausgangssituation der Eisenbahnfahrt, so schließen sich im Mittelteil der folgenden beiden Strophen Überlegungen dazu an, **wie das lyrische Ich die Außenwelt wahrnimmt**, wenn es unterwegs ist. Ihm fällt auf, dass im Abteil alles stillzustehen scheint („weilen", V. 10), obwohl der Zug doch fährt und sogar noch Tempo aufnimmt („Ob des Zuges Hast auch steigt", V. 9). **Stillstand und Geschwindigkeit** kommen im Reimpaar „weilen" (V. 10) und „Eilen" (V. 12) prägnant zum Ausdruck. Es scheint, als bewege sich nicht die Eisenbahn, sondern die Landschaft, die am Reisenden vorüberzieht. Dieser **Trugschluss**, wie es im Gedicht heißt („Truge", V. 16), wird durch den Gebrauch substantivierter Verben der Bewegung („Flieh'n und Eilen", V. 12) und durch die gedrängte monosyndetische Reihung der wie „im Fluge" (V. 14) dahinsausenden Landschaftsbilder („Dörfer, Felder, Wald und Au'n", V. 13) noch verstärkt. Wie ein Kontrapunkt dazu bleibt der Fahrgast geradezu statisch, wenn er sich „[s]till, mit unverwandtem Schau'n" (V. 15) **von dem vorüberziehenden Spektakel beeindrucken** lässt.

Strophen 3 und 4

trügerische Wahrnehmung des lyrischen Ich

In den beiden Schlussstrophen gewinnt das lyrische Ich der widersprüchlichen Illusion eine **einschneidende Erkenntnis für sein Leben** ab: Die Bahnreise gleicht einer **Lebensreise**. Eigentlich ist nur der Zug mit seinen Passagieren in Bewegung. Die Landschaftsausschnitte scheinen dagegen vorbeizuschweben (vgl. V. 20), in Wirklichkeit sind es fest verankerte Schauplätze, die hinter sich ge-

Strophen 5 und 6

Erkenntnisgewinn

lassen werden, weil der Mensch seine Lebensreise weiter fortsetzen muss (vgl. V. 21–24).

Die Zugreise wird somit zum **Sinnbild für das Leben**, das unaufhörlich voranschreitet. Rhythmisch kommt dies durch das durchgängige trochäische Versmaß zum Ausdruck, das dem unentwegten Stampfen und Rattern einer Dampflokomotive ähnelt. Das vorwärtsdrängende Metrum mit seinen Hebungen und Senkungen gibt das **Auf und Ab des Lebens** wieder und weist zugleich mit seiner fallenden, abflauenden Betonung darauf hin, dass die Lebenszeit zur Neige geht. Dieser **Prozess eines allmählichen Schwindens** wird auch dadurch hervorgehoben, dass der jeweils zweite Vers in der Länge abnimmt, auf den ersten vierhebigen Vers also stets ein dreihebiger folgt – was optisch durch die eingerückten Verse sichtbar wird. Zudem endet die kürzere Verszeile regelmäßig mit einer weiblichen Kadenz, klingt also ohne Betonung aus.

Symbolik der Zugreise

Übereinstimmung von Form und Inhalt

Eindrücklich zeigt sich diese Struktur in der Schlussstrophe, in der die **Erkenntnis über die Vergänglichkeit des Lebens** formuliert wird. Die Entwicklungsphasen in der Jugend erfahren im vierhebigen Trochäus eine kraftvoll akzentuierte Betonung („Liebe, Glück und Jugendzeit“, V. 21). Die schmerzvoll ausgerufene Erkenntnis, dass diese Phasen zeitlich begrenzt sind („Ach, sie alle weilen [...]“, V. 22), verkürzt sich dagegen auf drei Hebungen mit unbetonter Auslautung. Weiteres bleibt, wie der Gedankenstrich am Versende signalisiert, ungesagt.

Einsicht in Endlichkeit des menschlichen Daseins

Am Gedichtende liegt das Gewicht auf dem ewigen **Gesetz der Sterblichkeit**. Wie zum Beleg dafür ist der Mensch im kurzen Schlussvers als vorübereilende Erscheinung schon im Schwinden begriffen („Nur der Mensch in Ewigkeit/Muss vorüber eilen“, V. 23 f.). Vorausgedeutet wird dieser Prozess des Verschwindens bereits in der Anfangsstrophe mit der bildhaften Umschreibung der Dampflokomotive, der als Antrieb für die Lebensreise geradezu **etwas Flüchtiges, fast Körperloses** anhaftet: „Und der Dampf trägt mich davon/Brausend auf der Strecke.“ (V. 3 f.)

der Mensch als vorübergehendes Phänomen

Hat der Leser erst einmal die gleichnishafte **Analogie zwischen Eisenbahnfahrt und Lebensfahrt** erkannt, rückt die konkrete Schilderung des Reiseerlebnisses in ein neues Licht. Die Tatsache, dass sich das lyrische Ich als „[e]ingeschlossen vom Waggon“ (V. 1) beschreibt, kann dann möglicherweise als Anzeichen dafür gedeutet werden, dass sein Leben durch vorherbestimmte Wege – nämlich durch die Gleise – eingeengt ist. Diesem Bild entspricht auch die Position des lyrischen Ich, das **nicht aktiv handelnd** im Mittelpunkt steht, sondern **eher passiv in der Ecke** lehnt (vgl. V. 2). Die Zu-

lyrisches Ich handelt nicht, sondern beobachtet

rückstellung des Ich wird auch syntaktisch und metrisch deutlich, durch Inversion werden die Örtlichkeiten an den Satzanfang und damit in den Fokus gerückt (vgl. Strophen 1, 2 und 4), das lyrische Subjekt hingegen folgt erst nach dem Zeilensprung im angehängten dreihebigen Vers nach dem Verb an unbetonter Stelle (vgl. V. 2, 6, 16). Die Lebensreise mit all ihren Abschnitten ist es, die im Vordergrund steht, nicht der Reisende.

während der Zugreise: Wachwerden von Erinnerungen

Dabei lässt sich die trügerische Wahrnehmung einer in Bewegung geratenen Landschaft als **Erinnerung an vergangene Lebensstationen** deuten, die wie ein Film am Abteilfenster vorbeizuziehen scheinen. Ein Beleg für diese These ist die auffällige **Parallele zwischen den gereihten Landschaftsbildern** in der vierten Strophe **und dem aufgezählten Glück früherer Lebensphasen** in der sechsten Strophe. Auslöser für die Beschäftigung mit der Vergangenheit mag die ausgedehnte Gegend sein, die frisch in Blüte steht „wie vor Jahren" (V. 8). Dabei verstärkt jedoch der Blick zurück auf die Jugend die sentimentale Einsicht in die Vergänglichkeit des menschlichen Lebens. Das Gedicht lässt den Leser in der Stimmung zurück, dass wir letztlich **nur Gast auf Erden** sind und für uns als Fahrgäste die Bahnreise zu einem unbestimmten Zeitpunkt enden wird.

Menschenbild in „Eisenbahnfahrt"

Tobias Pagel: „deadlines"

Wie anders erscheint uns dagegen das zweite Gedicht aus der Gegenwart! Auf den ersten Blick ist **keine formale Ordnung erkennbar**, weder gibt es einen Strophenaufbau noch ein Reimschema, das die Verse miteinander verbindet. Vollkommen **freie Rhythmen** herrschen vor, Sätze sind allenfalls bruchstückhaft vorhanden, auf Interpunktionszeichen wird ebenso wie auf Großschreibung verzichtet. Ohne solche strukturbildenden Elemente fällt es jedoch schwer, einen Zugang zu diesem Gedicht zu finden. Auch der Titel „deadlines" gibt zunächst wenig Aufschluss und ermöglicht **kein Anknüpfen an eine Situation oder ein Erlebnis** wie im ersten – traditioneller ausgerichteten – lyrischen Text, zumal auch ein lyrischer Sprecher bis auf die einmalige Nennung des Subjektpronomens „wir" (V. 13) nicht auszumachen ist.

formale und inhaltliche Unzugänglichkeit des Gedichts

Annäherung über Wortfeld „Zugreise"

Gibt es weder Anknüpfungspunkte formaler noch inhaltlicher Art, bleibt wohl nur die **Annäherung an das Textgebilde** über seine einzelnen Wörter. Dabei trägt die vorausgegangene Analyse des anderen Gedichts sicherlich dazu bei, dass sofort Begriffe ins Auge fallen, die alle mit dem Zugverkehr zu tun haben, genauer gesagt mit dem **Untergrund der Eisenbahn**: „trasse" (V. 1), „damm" (V. 2), „gleise" (V. 12), „gerade spur metall" (V. 13), „schmale schneise" (V. 15).

vermitteltes Landschaftsbild

Offenbar geht es um eine Bahnlinie, die durch eine **dicht bewachsene Landschaft** führt, wie ein weiteres Wortfeld zum Thema „wald"

(V. 1) verrät: Von „dschungel“ (V. 4), „unterholz“ (V. 7), „dickicht“ (V. 10) und „bäume[n]“ (V. 15) ist die Rede. Nimmt man noch das lyrische Subjekt hinzu – jenes „wir“ (V. 13) als nicht näher bezeichnete Gruppe von Menschen –, dann tut sich auch in diesem zweiten Gedicht vor dem geistigen Auge des Lesers das **Bild von Bahnreisenden** auf, die durch die schmale Schneise zwischen den Bäumen (vgl. V. 15) der „gerade[n] spur metall […] nach/eilen“ (V. 13 f.). Anders als im ersten Gedicht bietet sich aber dem einzelnen Passagier nicht der Ausblick auf ein weites Panorama, die **Landschaft ist vielmehr verschlossen**, wie es im Schlussvers heißt, wie ein unbegehbarer Dschungel (vgl. V. 4 f.), ein nicht einsehbares Dickicht (vgl. V. 11).

Reise durch wild bewachsene Natur

Diese Verschlossenheit der Außenwelt während der Reise auf vorgegebener Spur hat einen großen Einfluss auf die Wahrnehmung des Fahrgastes und auf die lyrische Darstellung der wahrgenommenen Bilder. Vermutlich ist die **Fahrgeschwindigkeit sehr hoch**, denn der Waldrand verschwimmt zu einer wandförmigen Schiene (vgl. V. 1), vielleicht mit wellenartigen Farbverläufen und Helligkeitsstufen je nach Sonneneinstrahlung (vgl. „lichtblitze“ in V. 9). Die Wellen könnten aber auch als Schallwellen zu verstehen sein, die sich unaufhörlich am Eisenbahndamm brechen (vgl. V. 2) und so das hohe Tempo des Zuges akustisch wiedergeben. Offensichtlich verlieren auch die Sinne im **Verschwimmen der Landschaft** ihre Trennschärfe.

bruchstückhafte und unvollständige Wahrnehmung

vermitteltes Landschaftsbild

Eindeutige Zuordnungen zu einer gegenständlichen Wirklichkeit scheinen nicht mehr möglich, es gibt keine konkreten Einzelheiten, „keine welt jenseits/dieser gleise“ (V. 11 f.), nur „die kulisse“ (V. 5) eines zu schnell abgespulten Filmstreifens, der dem Betrachter eine **Vielzahl ganz eigener Eindrücke und Assoziationen** eröffnet, in denen die Bewegung, das Tempo mitzuschwingen scheint. In dieser subjektiven Vorstellungswelt jenseits der objektiven Realität gewinnt der Eisenbahndamm über die Zeilen hinweg gelesen plötzlich die Konturen von Damwild, das über die Trasse wechselt (vgl. V. 2, 3 und 4).

verlorene Verbindung zwischen Welt und Mensch

Dabei ist die eingerückte **Alleinstellung des Wortes „wild“** (V. 3) besonders beachtenswert. Liest man es nicht als Nomen, sondern als Attribut, könnte es sich ganz allgemein auf die Natur beziehen, die wild wuchernd an die Schneise herandrängt oder sogar über die Bahnlinie tritt, sodass „durch die entente/der bäume“ (V. 14 f.) das „fort/kommen überland“ (V. 16 f.) in Gefahr ist. Holt sich vielleicht die Natur zurück, was ihr der technische Fortschritt genommen hat? Ist der **Dschungel vielleicht stärker als die Zivilisation**, behauptet sich der Rohstoff Holz gegenüber seiner kulturellen Verfeinerung,

auffälliger Vers: „wild“

Gegensatz zwischen Natur und menschlichem Fortschritt

wächst das Mobiliar nicht nach (vgl. V. 6), bleiben die Bücher unbehauen (vgl. V. 8), kommt der Verkehr auf der Bahnstrecke vielleicht zum Erliegen und verkrautet zu toten Linien, sprich: „deadlines“?

Gedanken zum Gedichttitel „deadlines“

Eine eindeutige Antwort auf diese Fragen gibt das Gedicht nicht. Denn auch der Titel lässt sich in verschiedenen Hinsichten deuten. „[D]eadlines“ könnte **im Sinne einer Fristsetzung** so verstanden werden, dass Zivilisation und Fortschritt nicht unbegrenzt voranschreiten. Es könnte aber auch heißen, dass **unserer Wahrnehmung in einer immer schnelleren Welt Grenzen gesetzt** sind. Die letzte Deutung ist vor allem dann erhellend, wenn man das erste Gedicht zum Vergleich heranzieht.

Vergleich der Gedichte:

geordnete Welt im 19. Jahrhundert

In Ferdinand von Saars lyrischem Text erfährt der Reisende im Zug die **Weite der Landschaft**, wie sie in immer neuen Ausschnitten am Abteilfenster vorübergleitet. Dabei nimmt er ganz viele unterschiedliche Einzelheiten wahr, gewiss auch weil sich eine **ruckelnde Dampflokomotive in der Mitte des 19. Jahrhunderts** mit einer viel gemächlicheren Geschwindigkeit fortbewegt als die heute dahinbrausenden Schnellzüge und Intercitys. Die **wahrgenommene Welt erschließt sich** in den Pioniertagen der Eisenbahn noch **im Zusammenhang**. Der Reisende erkennt, wie sich Bild an Bild reiht, wie sich Dörfer mit Feldern abwechseln und Wiesen in Wälder übergehen. Erst ein solches Panorama ermöglicht es, dass die Bilder zum Sinnbild für das eigene Leben werden.

Geschwindigkeit und fragmentierte Wahrnehmung in der Gegenwart

Dem modernen Menschen **in unserer auf Schnelligkeit ausgerichteten Welt** wird dagegen eine solche beschauliche Erkenntnis eher nicht zuteil. In Tobias Pagels lyrischem Text ist alles in Bewegung. Es fehlt die ruhende Betrachtung und die gegenständliche Realität löst sich in ihren festgefügten Konturen auf. Was bleibt, sind **abgehackte Bilder**, die wie unter einem „[S]troboskop“ (V. 9) aufzucken und in unvollständigen Sätzen und Worten über die Verszeilen springen und dabei neue Formen und Kontexte annehmen oder **scheinbar Nicht-Zusammengehöriges miteinander verbinden**.

Verwandlung der gegenständlichen Bilder in subjektive Assoziationen

So verwandelt sich beispielsweise das Theaterstück mit Kulissenwand in ein Waldstück, das schon seine mögliche zukünftige Bestimmung für holzhaltige Buchseiten aufblitzen lässt (vgl. V. 5–8). Und der gewachsenen **Armee der Bäume** weiß die Zivilisation kein Bollwerk entgegenzusetzen („wächst kein fort“, V. 16), sodass der **Fortschritt zu stagnieren droht** („kein fort/kommen“, V. 16 f.). Gibt es hinter dem Dickicht nichts wahrzunehmen, geht **der Bezug zur gegenständlichen Welt jenseits der Gleise verloren**, verselbstständigt sich die Sprache in immer neuen Kreationen. Die wahrgenommenen Bilder gleichen Spiegelbildern (vgl. V. 17 f.), die den Gedanken der Fahrgäste zu entspringen scheinen. Es sind Chiffren, die nicht an Ort, Zeit und Logik gebunden sind, sondern freien Assoziationen folgen.

Fazit:

„Eisenbahnfahrt“: Wahrnehmung ermöglicht Erkenntnisprozess

Beide lyrischen Texte beziehen sich auf eine Reise mit der Eisenbahn, **unterscheiden sich aber in der Perspektive und in der Darstellung deutlich voneinander**. Ferdinand von Saar schildert in seinem regelmäßig aufgebauten 6-strophigen Gedicht aus der Epoche des Realismus die Situation des Reisenden sehr wirklichkeitsgetreu. Eingeschlossen im Waggon befindet sich der lyrische Sprecher in Distanz zur äußeren Umgebung, kann die vorbeiziehende Landschaft aber genau durch das Zugfenster wahrnehmen. Die aneinandergereihten Bilder regen ihn dazu an, den Verlauf **der Reise symbolisch als Lebensreise** aufzufassen und über die Flüchtigkeit des Lebens nachzudenken.

„deadlines“:

reflexives Spiel zwischen zerstückelter Wahrnehmung und subjektiven Assoziationen

Tobias Pagels Gegenwartsgedicht weist dagegen **weder formal noch inhaltlich eine gegliederte Ordnung** auf. Hier springen die Reiseeindrücke wie von selbst ganz unvermittelt und bruchstückhaft von einer Zeile zur nächsten, ohne dass explizit in die Situation eines Bahnreisenden eingeführt wird. Die einzelnen Bilder lassen einen eindeutigen Bezug zur gegenständlichen Realität vermissen, offenbar fährt die Eisenbahn zu schnell, um der Landschaft klare Konturen abzugewinnen. Es erscheint dem Leser, als säße das nicht genannte lyrische Ich im Zugabteil und sähe im Fensterglas vor der Kulisse der verschwommen vorbeirauschenden Außenwelt nur sich selbst und das **freie Spiel seiner Reflexionen**, ohne zu einer Erkenntnis zu kommen, während es der vorgegebenen Lebensspur, den Gleisen, nacheilt. Ein solches Reisen ist ohne Anbindung an die Außenwelt, es steht für ein **Lebensgefühl der Entfremdung und der Ortlosigkeit**.

PRÜFUNGSAUFGABEN

INTERPRETATION UND VERGLEICH DER PFLICHTLEKTÜREN (WERKE IM KONTEXT)

Arbeitsanweisungen

– Interpretieren Sie die Textstelle; beziehen Sie das für das Verständnis Wesentliche aus der vorangehenden Handlung ein.

„[Eine] innere Umgestaltung kann nicht einfach beschlossen […] werden. Viele äußere Umwege sind nötig: Kulissenwechsel, neue Erfahrungen, neue Beziehungen, die Arbeit mit Trainern und Therapeuten. Das Ganze ist ein Kampf gegen die innere Monotonie, gegen eine Starrheit des Erlebens und Wollens. Die beste Chance, den Kampf zu gewinnen, liegt in der Selbsterkenntnis.“

(Peter Bieri: Wie wollen wir leben? Residenz Verlag: Salzburg 5. Aufl. 2012, S. 14)

– Untersuchen Sie in einer vergleichenden Betrachtung, welche Rollen Hermine für Harry Haller und Mephisto für Heinrich Faust spielen, und erörtern Sie, inwieweit sich Haller und Faust im Sinne Bieris verändern.

[Bitte beachten Sie, dass der Schwerpunkt der Gewichtung auf der zweiten Teilaufgabe liegt.]

Material **Hermann Hesse: Der Steppenwolf**

Maria lehrte mich – in jener wunderlichen ersten Nacht und in den folgenden Tagen – vieles, nicht nur holde neue Spiele und Beglückungen der Sinne, sondern auch neues Verständnis, neue Einsichten, neue Liebe. Die Welt der Tanz- und Vergnügungslokale, der Kinos, der Bars und Hotelteehallen, die für mich, den Einsiedler und Ästheten, noch immer etwas Minderwertiges, Verbotenes und Entwürdigendes hatte, war für Maria, für Hermine und ihre Kameradinnen die Welt schlechthin, war weder gut noch böse, weder begehrens- noch hassenswert, in dieser Welt blühte ihr kurzes sehnsüchtiges Leben, in ihr waren sie heimisch und erfahren. Sie liebten einen Champagner oder eine Spezialplatte im Grill Room, wie unsereiner einen Komponisten oder Dichter liebte, und sie verschwendeten an einen neuen Tanzschlager oder an das sentimentale, schmalzige Lied eines Jazzsängers dieselbe Begeisterung, Ergriffenheit und Rührung wie unsereiner an Nietzsche oder an Hamsun. Maria erzählte mir von jenem hübschen Saxophonbläser Pablo und sprach von einem amerikanischen song, den er ihnen zuweilen gesungen habe, und sie sprach davon mit einer Hingerissenheit, Bewunderung und Liebe, die mich rührte und ergriff weit mehr als die Ekstasen irgendeines Hochgebildeten über ausgesucht vornehme Kunstgenüsse. Ich war bereit mitzuschwärmen, sei der song, wie er wolle; Marias liebevolle Worte, ihr sehnsüchtig aufblühender Blick riß breite Breschen in meine Ästhetik. Wohl gab es einiges Schöne, einiges wenige auserlesen Schöne, das mir über jeden Streit und Zweifel erhaben schien, obenan Mozart, aber wo war die Grenze? Hatten wir Kenner und Kritiker nicht alle als Jünglinge Kunstwerke und Künstler glühend geliebt, die uns heute zweifelhaft und fatal erschienen? War es uns nicht mit Liszt, mit Wagner, vielen sogar mit Beethoven so gegangen? War nicht Marias blühende Kinderrührung über den song aus Amerika ein ebenso reines, schönes, über jeden Zweifel erhabenes Kunsterlebnis wie die Ergriffenheit irgendeines Studienrats über den Tristan oder die Ekstase eines Dirigenten bei der Neunten Symphonie? Und stimmte das nicht merkwürdig gut zu den Ansichten des Herrn Pablo und gab ihm recht?

Diesen Pablo, den Schönen, schien auch Maria sehr zu lieben!

„Er ist ein schöner Mensch“, sagte ich, „auch mir gefällt er sehr. Aber sag mir, Maria, wie kannst du daneben auch noch mich liebhaben, einen langweiligen alten Kerl, der nicht hübsch ist und schon graue Haare bekommt und kein Saxophon blasen und keine englischen Liebeslieder singen kann?“

„Rede nicht so häßlich!“ schalt sie. „Es ist doch ganz natürlich. Auch du gefällst mir, auch du hast etwas Hübsches, Liebes und Besonderes, du darfst nicht anders sein, als du bist. Man soll über diese Sachen nicht reden und Rechenschaft verlangen. Schau, wenn du mir den Hals oder das Ohr küßt, dann spüre ich, daß du mich gern hast, daß ich dir gefalle; du kannst so auf eine Art küssen, ein bißchen wie schüchtern, und das sagt zu mir: er hat dich gern, er ist dir dafür dankbar, daß du hübsch bist. Das habe ich sehr, sehr gern. Und dann wieder bei einem andern Mann habe ich gerade das Gegenteil gern, daß er sich nichts aus mir zu machen scheint und mich so küßt, als sei es eine Gnade von ihm.“

Wieder schliefen wir ein. Wieder erwachte ich, ohne aufgehört zu haben, sie mit den Armen zu umschlingen, meine schöne, schöne Blume.

Und wunderlich! – beständig blieb die schöne Blume dennoch das Geschenk, das mir Hermine gemacht hatte! Beständig stand jene hinter ihr, war maskenhaft von ihr umschlossen! Und zwischenein plötzlich dachte ich an Erika, an meine ferne böse Geliebte, an meine arme Freundin. Sie war kaum weniger hübsch als Maria, wenn auch nicht so blühend und erlöst, und an kleinen genialen Liebeskünsten ärmer, und sie stand eine Weile als Bild vor mir, deutlich und schmerzlich, geliebt und tief in mein Schicksal verwoben, und sank wieder dahin, in Schlaf, in Vergessenheit, in halb betrauerte Ferne.

Und so stiegen viele Bilder meines Lebens in dieser schönen, zärtlichen Nacht vor mir auf, der ich so lange leer und arm und bilderlos gelebt hatte. Jetzt, vom Eros zauberhaft erschlossen, sprang die Quelle der Bilder tief und reich, und für Augenblicke stand das Herz mir still vor Entzücken und vor Trauer darüber, wie reich der Bildersaal meines Lebens, wie voll hoher ewiger Sterne und Sternbilder die Seele des armen Steppenwolfes gewesen sei.

Aus: Hermann Hesse: Der Steppenwolf. Suhrkamp Taschenbuch: Frankfurt/M. [56]2016, S. 178–181.

TIPP **Bearbeitungshinweise**

TEILAUFGABE 1: Die erste Teilaufgabe ist zweiteilig angelegt und verlangt eine **Hinführung zur Textstelle** sowie deren **Interpretation**. Die Voranstellung des Operators „interpretieren" verweist darauf, dass die Interpretation im Zentrum steht. Die funktional auszurichtende Hinführung dient dem Verständnis der vorgelegten Textstelle und dem inneren Zusammenhang Ihres Aufsatzes.

Die Hinführung soll die Handlung des Textausschnitts in das Handlungsganze einordnen. Dazu gehört die grobe **Darlegung der Erzählstruktur**: Die Textstelle ist ein Auszug aus dem zweiten Teil von Harry Hallers Aufzeichnungen, in dem sein **durch Maria ausgelöster Entwicklungsprozess** dargestellt wird. Die ersten beiden Teile – das Vorwort des Herausgebers mit dem ersten Teil von Harry Hallers Aufzeichnungen sowie das „Tractat vom Steppenwolf" – sollten nur gestreift werden. Eine analytische Vertiefung, zum Beispiel in die Erzählstruktur, wäre in der inhaltlichen Hinführung fehl am Platz. Es geht um die Kompetenz, zentrale Inhalte, die für das Verständnis der Textstelle und deren Funktion im Handlungsganzen wichtig sind, zielgerichtet zusammenzustellen.

Zur Handlungseinordnung gehören auch die **Zusammenfassung der Textstelle** und die **Bestimmung ihrer Funktion:** Zeigen sich Entwicklungsschritte oder zentrale Konflikte oder ein Wendepunkt in dem Textausschnitt? In der vorgelegten Textstelle wird die Funktion von Maria für Harry deutlich, da sie zum einen eine **kritische Überprüfung seiner starren Weltsicht** bewirkt und ihn zum anderen in die Welt der Erotik einführt. Beides ist Voraussetzung für Hallers Eintritt in das Magische Theater. Die Klärung dieser Fragen dient Ihnen auch dazu, Sicherheit und für Ihre **Interpretation** zu gewinnen. Gehen Sie bei Ihrer Interpretation am besten abschnittsweise vor und achten Sie darauf, den **Inhalt, die erzählerische Form und die Sprache** in einen funktionalen Zusammenhang zu stellen.

TEILAUFGABE 2: Die zweite Teilaufgabe bildet den Schwerpunkt und geht mit circa 60 Prozent in die Bewertung ein. Sie verlangt die Einbeziehung einer weiteren Pflichtlektüre, ein Textauszug wird hierbei nicht vorgelegt. Sie müssen entsprechend der Fragestellung **Ihre Lektürekenntnisse in einen Vergleich** einbringen, d. h. **Gemeinsamkeiten und Unterschiede** darstellen. In die Aufgabenstellung ist ein Außentext integriert, der Aspekte enthält, die erörternd in den Vergleich miteinbezogen werden und sich strukturbegleitend im Aufsatz wiederfinden sollen. Einleitend sollten Sie sich mit dem Außentext auseinandersetzen und seine Aussage zusammenfassen. Es ist hilfreich, sich zu den **Schlüsselbegriffen des Außentextes** Notizen zu machen. Sie sollen zeigen, dass Sie die Lektüren im Kontext des Außentextes differenziert und kritisch bewerten und zu einer **eigenständigen Reflexion und Problemlösung** gelangen können. In Ihrem **Fazit** können Sie Ihre Ergebnisse noch einmal präzise zusammenfassen.

zitierte Textausgabe: Hermann Hesse: Der Steppenwolf (1927). Erzählung, Frankfurt a. M.: Suhrkamp 2015.

Lösungsvorschlag

TEILAUFGABE 1

Einleitung:
Hinführung zum Thema

Schlechte Gewohnheiten sind meist schwer zu ändern. Wie schwer fällt Veränderung wohl erst, wenn sie die ganze Persönlichkeit betreffen soll? Jemand wie Harry Haller, der sich selbst als einsamen „Steppenwolf" sieht, der durch die Städte und sein Leben streunt, **enttäuscht vom Leben**, von der Gesellschaft, der soll sich verändern können? Doch nicht nur der Protagonist in Hermann Hesses gleichnamigem Roman von 1927 ist **von innerer Zerrissenheit geplagt**. Auch Heinrich Faust in Goethes Tragödie „Faust I" (1808) ist unzufrieden, möchte nicht mehr wie ein „Hund" leben (V. 376). Ihm fehlt die „leichte Lebensart" (V. 2 056), ebenso wie Harry Haller, der gescholten wird, nicht einmal tanzen zu können. Kann den beiden Veränderung gelingen oder sind die inneren Widerstände zu groß? Denn eine „innere Umgestaltung kann nicht einfach beschlossen [...] werden", konstatiert Peter Bieri, der Autor des Außentextes.

Informationen zu beiden Texten

Einordnung der Handlung:

Der Protagonist, der sich selbst als „Steppenwolf" bezeichnet, heißt mit bürgerlichem Namen Harry Haller. So steht es in seinen Ausweispapieren, doch die will er der Vermieterin seiner neuen Bleibe – einer Mansarde im Obergeschoss eines bürgerlichen Mehrfamilienhauses – zur Meldung bei der Polizei nicht so gerne vorlegen. Die Vermieterin toleriert es, da sich Haller als **sehr ruhiger und zurückgezogen lebender Intellektueller** erweist. Haller ist **knapp fünfzig Jahre alt**, als er in seine neue Wohnung einzieht, aber im Gepäck hat er einen alten Konflikt: Er fühlt sich innerlich zerrissen, für ihn **unvereinbar scheinende Gegensätze seiner Persönlichkeit** wachsen sich zu einer schweren Lebenskrise aus. Als auch ein Abend bei einem Professor misslingt, den Haller aus früheren Zeiten kennt, nimmt er sich vor, sich bis zu seinem fünfzigsten Lebensjahr selbst zu töten.

Angaben zur Hauptperson Harry Haller

Bekanntschaft mit Hermine

In einem Wirtshaus lernt er die junge Prostituierte **Hermine** kennen, die ihn in einem fürsorglichen Gespräch etwas aufmuntern und von seinen Suizidplänen ablenken kann. Sie macht ihn mit ihren Freunden, dem Musiker Pablo und der Prostituierten Maria, bekannt. Hermine entwickelt einen Lebensplan für Haller, der ihm die **Freuden des Lebens** nahebringen soll. Haller fühlt sich in Hermines Nähe wohl, weshalb er sich bereitwillig auf sie einlässt. Nach einem Kirchenkonzert kommt Harry niedergeschlagen nach Hause. Zu seiner Überraschung liegt Maria in seinem Bett und er verbringt die Nacht mit ihr. Haller weiß, dass Hermine dies arrangiert hat, da sie gleich mit der Umsetzung des Lebensplans für Harry beginnen will.

Unter dem Eindruck dieser Liebesnacht mit Maria denkt Haller darüber nach, was Maria ihn „lehrte" (Z. 1). In der vorgelegten Textstelle reflektiert er, welche Wirkung Marias Welt der Freuden auf ihn hat. In einem Gespräch mit Maria wundert er sich, dass sie ihn attraktiv findet. Maria erklärt ihm, dass ästhetisches Empfinden relativ ist und einen jeweils eigenen Wert hat. Die Liebesnacht lässt ihn **Zugang zu seinem Inneren** finden, was seine gefühlte Leere mit Lebenssinn füllt. Maria führt ihn in die Welt des sexuellen Erlebens und Genießens ein und bewirkt außerdem, dass er seine starren Ansichten und Werturteile über die Kultur selbstkritisch überdenken kann. Ihre Funktion ist es somit auch, **Harry Haller auf das Magische Theater vorzubereiten.**

Zusammenfassung der vorgelegten Textstelle

Funktion der Textstelle

Kompositorisch befindet sich die vorgelegte Textstelle im zweiten Teil der Aufzeichnungen Harry Hallers. Dem gehen der „Tractat vom Steppenwolf", der erste Teil von Harry Hallers Aufzeichnungen und das Vorwort des Herausgebers voraus. Im zweiten Teil der Aufzeichnungen geht es nun darum, dass **Haller aus seiner Innensicht** schildert, welche Lösungen es geben könnte: Hier treten die neuen Figuren in seinem Leben auf – Hermine, Pablo, Maria. Sie verkörpern **innerweltliche Sehnsüchte Hallers**. Im dritten Teil des Romans, im Magischen Theater, beginnen sich die einseitigen Sichtweisen des Protagonisten zu wandeln und aufzulösen.

Einordnung in den Aufbau des Romans

kurzer Ausblick auf das Ende des Romans

„[N]eues Verständnis, neue Einsichten, neue Liebe" (Z. 2 f.): Harry Haller sinniert zu Beginn der Textstelle darüber, was ihn Maria gelehrt habe. Seine Reflexionen spiegeln dabei **Marias Funktion in seinem Individuationsprozess** wider. Die Textstelle lässt sich in drei Teile gliedern: Im ersten Abschnitt (Z. 1–28) macht er sich Gedanken über Marias „**Welt der Tanz- und Vergnügungslokale**" (Z. 3) und die Wirkung, die sie auf Maria und auf ihn hat. Zunächst stilisiert er sich noch zum „Einsiedler und Ästheten" (Z. 4), grenzt sich mit dem umgangssprachlichen und doch elitär gemeinten Pronomen „unsereiner" (Z. 12) von dem ab, was Marias Welt für ihn immer noch hat: „etwas Minderwertiges, Verbotenes und Entwürdigendes" (Z. 5).

Interpretation der Textstelle:

Marias Welt vs. Hallers Welt

Doch im Verlaufe der Reflexion kommen ihm Zweifel und er **relativiert seine Schwarz-Weiß-Sicht:** Plötzlich „schien" (Z. 19) das in seiner Wahrnehmung Schöne nicht mehr „über jeden [...] Zweifel erhaben" (Z. 19). Die Frage nach der „Grenze" (Z. 20) taucht auf, als er zwischen einfacher und vermeintlich höherwertiger Kunst vergleicht, zwischen dem „schmalzige[n] Lied eines Jazzsängers" und Nietzsche oder Hamsun – beide lösen tiefe, sinnstiftende „Begeisterung, Ergriffenheit und Rührung" (Z. 11) aus. Er sieht sich sogar „bereit mitzuschwärmen" (Z. 16), denn Marias „Hingerissenheit,

Veränderung in Hallers Denken

Bewunderung und Liebe“ (Z. 14 f.) hätten ihn „weit mehr [gerührt] als die Ekstasen irgendeines Hochgebildeten über ausgesucht vornehme Kunstgenüsse“ (Z. 15 f.). **Lange Satzgebilde voller Aufzählungen** veranschaulichen Hallers Gedankengänge. Gleich fünf rhetorische Fragen reiht Hesse hintereinander, um die eine Botschaft deutlich zu machen: Haller erkennt, **wie einseitig seine Sicht auf Kunst** bisher war.

sprachliche Veranschaulichung von Hallers Umdenken

Zum neuen Sinnstifter werden die „Ansichten des Herrn Pablo“ (Z. 26 f.), also desjenigen, mit dem kein sinnvolles Gespräch über Musik möglich schien. „Diese[r] Pablo“ (Z. 28) übt auf Haller zunehmenden **Reiz und Anziehungskraft** aus: „[A]uch mir gefällt er sehr.“ (Z. 29) Dies ist für Haller der Aufhänger, um seine Gedankengänge zu unterbrechen und einen Dialog mit Maria wiederzugeben. Von Zeile 29 bis 41 lässt sich die vorgelegte Textstelle in einen zweiten Abschnitt unterteilen. Maria erklärt Haller am Beispiel männlicher Attraktivität, dass es **keine einheitlichen ästhetischen Kriterien** gebe. Sie erklärt ihm in einfachen Worten, worüber sich Harry zuvor in seiner Reflexion auf viel pathetischere Weise Gedanken gemacht hat – sie bezieht sich auf die Natur („Es ist doch ganz natürlich“, Z. 33), er auf den Geist („meine Ästhetik“, Z. 18). War es zuvor die Musik, so ist es nun die Schönheit, vor deren Hintergrund Hallers eindimensionale Urteile hinterfragt werden.

Auflösen bisheriger Beurteilungsmaßstäbe

Unterscheidung zwischen Natur und Geist

In seinen **Reflexionen zur Musik** war er zu der Einsicht gekommen, dass ein Song „dieselbe Begeisterung, Ergriffenheit und Rührung“ (Z. 11) erzeugen könne, und zwar egal, wer diese empfinde – seien es „sie“, also Hermine, Maria und Pablo, oder „unsereiner“ (Z. 12) bzw. „wir Kenner“ (Z. 20), also Harry. Maria ermuntert ihn deshalb: „[D]u darfst nicht anders sein, als du bist.“ (Z. 34 f.) Gerade die sprachlichen Dichotomien sind es, die Hallers eindimensionale Urteile erkennbar machen. So ist auch **Marias Wechsel zum unpersönlichen Indefinitpronomen** zu Beginn des nächsten Satzes zu verstehen: „Man soll über diese Sachen nicht reden und Rechenschaft verlangen.“ (Z. 35) Dies zeigt, wie selbstverständlich, womöglich unreflektiert sie von der Richtigkeit ihres Gefühls ausgeht und sich auch sprachlich gegen Widerspruch schützt. Ihr sind Harrys Unterteilungen gänzlich fremd.

Musik als Beispiel für Hallers Sinneswandel

Im dritten Abschnitt (Z. 42–56) setzt Haller seine Gedankengänge geradezu euphorisiert mit einer verstärkenden Anapher (vgl. Z. 42) und einer poetischen Wiederholung für sein **Begehren nach Maria** fort („meine schöne, schöne Blume“, Z. 43). Haller greift erneut das Adjektiv wunderlich (vgl. Z. 1, 44) auf, mit dem er seine Schilderungen zur Nacht mit Maria eröffnete. Es zeigt **seine Verwunderung über die geradezu zauberhafte Veränderung durch den „Eros“**

Haller von eigener Veränderung überrascht

(Z. 52). Die Erlebnisse mit Maria wecken Erinnerungen an seine „ferne böse Geliebte“ Erika (Z. 46 f.). Doch die positiven „Bilder [s]eines Lebens in dieser schönen, zärtlichen Nacht“ (Z. 51) sind stärker.

Einem **Erweckungserlebnis** gleich formuliert Haller ein „Jetzt“ (Z. 52), das er mit einer pathetischen **Reihung beglückender Gefühle** auffüllt. Plötzlich findet er Zugang zu den „Bilder[n] [s]eines Lebens“ (Z. 51), entdeckt in sich eine „Quelle […] tief und reich“ (Z. 53), die er der leeren „Seele des armen Steppenwolfes“ (Z. 55 f.) entgegensetzt. Die Textstelle endet mit dem veränderten Harry Haller; diese Wandlung wurde initiiert von Maria im Auftrag Hermines, um Haller auf den Eintritt in das Magische Theater vorzubereiten. Haller hat gezeigt, dass er **aufgeschlossen für Veränderungen** ist, durch die Nacht mit Maria öffnet er sich dem Leben und hier konkret dem Ausleben seiner sexuellen Bedürfnisse.

Ende der Textstelle: Bedeutung für Hallers weitere Entwicklung

TEILAUFGABE 2

Wie will jemand, der sich als „Steppenwolf“ darauf festgelegt hat, halb Wolf, halb Mensch zu sein, ausbrechen aus seinem selbst geschaffenen inneren Gefängnis? Und wie will jemand wie Heinrich Faust, der von sich selbst sagt, dass zwei Seelenextreme in seiner Brust wohnen, und als jemand, der sich sogar mit dem Teufel einlässt, **ausbrechen aus seinem inneren Gefängnis**? – Kann irgendwer helfen? Wer oder was kann helfen? Kann nur er sich helfen, ein anderer zu werden? Dies sind die Leitfragen, die Peter Bieri in dem Auszug aus seiner Abhandlung „Wie wollen wir leben?“ stellt.

Überleitung zum Werkvergleich

Bezug zum Außentext

Hesses „Der Steppenwolf“:

Harry Hallers Gemütslage ist aufs Äußerste gespannt, als der Abend mit dem Professor missglückt. Er wird sich wieder **seines Außenseitertums und seiner unvereinbar scheinenden Gegensätze bewusst** und sieht keine Hoffnung mehr: „[W]as gab es da noch für einen Ausweg? Es gab keinen. […] Nie, so schien mir, hatte das bloße Lebenmüssen so weh getan wie in dieser Stunde“ (S. 110). Genau in dieser **Todesstimmung** begegnet ihm Hermine. Die junge Prostituierte weckt seine Lebensgeister, indem sie sich seiner mütterlich annimmt: „Du bist ein Bub, und du solltest jemand haben, der ein wenig nach dir schaut.“ (S. 117) So wird Hermine zu Harrys „Mama“ (S. 119), zu seiner „anima“, um es psychoanalytisch mit Carl Gustav Jung zu sagen, oder eben mit Bieri: Hermine beginnt ihre „Arbeit“ mit Harry. Dabei ist sie vor allem **Ergänzung**, denn Harry ist ihr „animus“: „Aber ich brauche dich, wie du mich brauchst“ (S. 143).

Frage nach Hermines Bedeutung für Haller: Mütterlichkeit

Hermine regt ihn zum **Überdenken seiner starren Positionen** an, z. B. seiner dogmatischen Meinung über das Goethe-Bild beim Professor (S. 118 ff.). Sie will ihn das Tanzen, Lachen, Leben lehren.

Hermine als Hallers Lehrerin

Dazu knüpft sie für ihn **neue Beziehungen** – zu Maria, deren Bedeutung in der vorgelegten Textstelle deutlich wurde, und zu Pablo. Maria eröffnet ihm **Erfahrungen**, indem sie ihn Sexualität neu erleben lässt und bei ihm lange Verdrängtes an die Oberfläche befördert. Den „Dreier" mit Maria und Pablo lehnt er zwar ab, doch einem homoerotischen Kuss von Pablo entzieht er sich nicht (vgl. S. 186 f.). Auch Pablo wird wichtig für ihn, er wird ihm zum Führer im Magischen Theater, denn er verkörpert – im Freud'schen Sinne des Instanzenmodells von Es, Ich und Über-Ich – das **integrierte Selbst**, zu dem Harry finden soll.

Bezug zur Psychoanalyse

Hermine lässt ihn Neues durch Drogen erleben („geheim[e] Mittel", S. 186), er entdeckt seine Lust am Tanzen, das sich für ihn bis zum Rausch, zum Einswerden in der Masse steigert („Unio mystica der Freude", S. 216). Sie führt ihn an neue Orte, wie die „Welt der Tanz- und Vergnügungslokale" (Z. 3), und ins Magische Theater. All diese „äußere[n] Umwege" ermöglichen es Harry Haller im Sinne Bieris, **sich mit verdrängten Wünschen auseinanderzusetzen** und im Magischen Theater **Anstöße für seine Persönlichkeitsentwicklung** zu erhalten. Und Harry folgt bereitwillig, denn Hermine ist sein „Weg ins Freie" (S. 136), den er aber selbst gehen muss.

neue Erfahrungen durch Hermine

Auch Heinrich Faust hat einen Gesellen, einen Trainer und Therapeuten im Sinne Bieris – nur meint es dieser nicht gut mit ihm. Wie Hermine bei Haller erscheint ihm dieser auch **am Tiefpunkt seines Lebens:** „Und so ist mir das Dasein eine Last, / Der Tod erwünscht, das Leben mir verhasst." (V. 1 570 f.) Seine Obsession, erkennen zu wollen, „was die Welt / Im Innersten zusammenhält" (V. 382 f.), lässt ihn verzweifeln. Innerlich zerrissen, denn „[z]wei Seelen wohnen, ach! in [s]einer Brust" (V. 1 112), quält sich Faust spannungsreich und unauflöslich gefangen in der **Polarität von triebhaftem Lebenshunger und erhabener göttlicher Existenz**. Vor dem Selbstmord retten ihn nur die Osterglocken – und die **Verlockung durch Mephisto** (vgl. V. 3 270 f.).

Goethes „Faust I":

Parallele zu Harry Haller: Fausts Rettung vor dem Tod

Er ist **bereit, Grenzen zu überschreiten** und sich „der Magie [zu] ergeben" (V. 377). Schnell lässt er sich auf einen Gesellen ein, der sich seiner alles andere als mütterlich annimmt. Mephisto, **von der tierischen Natur des Menschen überzeugt** (vgl. V. 285 f.), will eine im „Prolog" geschlossene Wette mit dem Herrn gewinnen: Er wettet, **Faust vom rechten Wege abbringen** zu können. Letztlich hat der Herr aber seine Hand auf Mephisto: „Drum geb ich gern ihm den Gesellen zu, / Der reizt und wirkt und muss, als Teufel schaffen" (V. 342 f.). Der Herr vertraut auf die **Erkenntnis- und Reifungsfähigkeit des Menschen** (vgl. V. 317).

Mephistos negatives Welt- und Menschenbild

Mephistos Wette mit dem Herrn

Mephistos Trugschluss über die Natur des Menschen lässt ihn Faust in das **Saufgelage junger Studenten** in „Auerbachs Keller" bringen. Schließlich fehlt Faust doch „die leichte Lebensart" (V. 2 056), wie er selbst gesteht. Ein Unterfangen, das bei Faust nicht greift, sondern ihn anwidert. Ganz anders die **Bekanntschaft mit Margarete**. Mephisto bedient sich dabei des Zaubertranks der Hexe, um Fausts sexuelle Bedürfnisse zu wecken. Er lernt Gretchens Welt der bürgerlichen Moralvorstellungen kennen – und zerstört sie letztlich: Die Mutter erhält zu viel des Schlaftrunks, Gretchens Bruder Valentin wird von Faust erstochen, und Faust schwängert die junge Margarete und überlässt sie dann ihrem Schicksal. Sein Befreiungsversuch im „Kerker" dient eher der **Beruhigung seines eigenen Gewissens**. Gretchen dagegen gewinnt an Haltung, übernimmt Verantwortung für sein Handeln.

Mephistos zweifelhafte Methoden

von Faust angerichteter Schaden

Faust genießt in seinem pathetischen inneren Monolog in „Wald und Höhle" einen **Moment des Glücks in der Natur**. Trotz Fausts vordringlich triebhaften Verhaltens gegenüber Gretchen ist es doch dieses innerliche Berührtwerden, das Faust solch einen Augenblick erleben lässt. Faust wähnt sich gleich „den Göttern nah" (V. 3 242). Die Freude über sein Glücksgefühl mit der Natur vermischt sich mit der Erinnerung an Mephisto, „den Gefährten, den ich schon nicht mehr / Entbehren kann" (V. 3 243 f.). Faust spürt, dass er einer **Selbsttäuschung** erliegt, denn „im Genuss verschmacht ich nach Begierde" (V. 3 250). Er kommt **nur vordergründig zur Ruhe**. Bereitwillig lässt er sich von Mephisto „einteufeln" (V. 3 371), weil es ihn nach körperlicher Vereinigung mit Gretchen giert. Eine Selbsterkenntnis im Sinne Bieris, die zu einer Veränderung führt, sind diese Gedanken deshalb nicht.

„Wald und Höhle" als Sonderfall

keine Entwicklung bei Faust

Anders als Hermine den Steppenwolf Haller, will Mephisto Faust **nicht zu einem ganzheitlichen Menschen erziehen**. Er ist der Anti-Therapeut im Sinne Bieris. Er legt gezielt **Genüsse und Versuchungen als Köder** aus, um die Wette mit dem Herrn zu gewinnen. Hermine dagegen meint es gut mit Harry, der dies auch erkennt. Faust ist sich hingegen **der Gefahr durch Mephisto bewusst**, wenn er ihn aufs Übelste beschimpft: „Du Spottgeburt von Dreck und Feuer!" (V. 3 536).

Gegenüberstellung von Hermine und Mephisto

Inwieweit nun verändern sich Haller und Faust? Für Peter Bieri ist solch eine „innere Umgestaltung" „ein Kampf gegen die innere Monotonie, gegen eine Starrheit des Erlebens und Wollens". Faust begibt sich mit Mephisto auf die Reise; Haller wird durch Hermine und ihre Freunde **aus seiner inneren Monotonie gerissen**, er beginnt, sich seinen Freuden und Trieben zu stellen, indem er sich auf Ver-

Frage nach der Veränderung bei Haller und Faust

drängtes einlässt. Beide Protagonisten durchschreiten – wie aufgezeigt – viele „äußere Umwege", Kulissenwechsel, machen neue Erfahrungen, knüpfen neue Beziehungen, werden **von Trainern begleitet**. Die „beste Chance", die Bieri allerdings sieht, „den Kampf zu gewinnen, liegt in der **Selbsterkenntnis**".

Selbsterkenntnis bei Haller

In Hesses Entwicklungsroman ist diese im Magischen Theater verdichtet. Der Protagonist ist **mit den „Bildern" seines Lebens konfrontiert** und versucht, diese zu ordnen. Bei der Frage, ob ihm dies gelingt, sind zwei Interpretationen denkbar: Haller tötet Hermine aus Eifersucht: Er findet sie nach dem Liebesspiel mit Pablo und ermordet seine Anima-Seite, die weiblichen Anteile seiner Persönlichkeit. So gesehen **verfehlt er das Ziel seiner inneren Ganzheit** („Mit dieser Figur hast du leider nicht umzugehen verstanden", S. 278). Andererseits ist die Annahme durchaus plausibel, dass er sein Alter Ego Hermine tötet, weil sie ihre Funktion, die verdrängten Anteile in Hallers dualistischem Selbst- und Weltbild zu aktivieren, erfüllt hat. Sie war ihm „Stoß und Sprung" (S. 137), um Teile seiner selbst zu entwickeln, sein „Weg ins Freie" (S. 136). Er tötet sie, **um sich und Hermine gleichermaßen zu befreien**: „[D]as wird für dich und mich gut sein" (S. 143), sagt Hermine an einer Stelle.

Haller tötet Hermine: mögliche Deutungen

Fazit:

Haller: erste Schritte seiner Entwicklung

Der Schluss des Romans ist offen. „Einmal würde ich das Lachen lernen" (S. 278), verspricht Haller im letzten Absatz des Romans, aber diesmal mit der Selbsterkenntnis: „Oh, ich begriff alles" (S. 278). Er erkennt das **Lachen als Voraussetzung** dafür, seinen „Bildersaal" des Lebens, seine verschiedenen Persönlichkeitsanteile zu integrieren. Vollendet hat er dies noch nicht. Aber aus dem suizidwilligen Steppenwolf ist ein **lebenswilliger Harry** geworden. Am Ende sieht Haller die **Hoffnung**, dass er die Spielregeln in seinem Magischen Theater doch noch lernt und Mensch und Wolf in sich versöhnen kann.

Faust: keine Veränderung

Faust kann zwar auch „äußere Umwege" vorweisen, aber **nur kurze Momente der Selbsterkenntnis**. In der Szene „Wald und Höhle" reflektiert er seine Situation (vgl. V. 3 240–3 250), doch **seine Zerrissenheit und sein Egoismus sind stärker**. Er, der „Unbehauste" (V. 3 348), ahnt die Katastrophe. Doch rennt er in sein Unglück und reißt die Menschen um ihn herum mit: Gretchen, ihre Mutter, ihren Bruder. **Groß ist seine Schuld, klein seine Einsicht** am Ende: „O wär ich nie geboren!" (V. 4 596), ruft er fliehend. Fausts Unterfangen, Gretchen aus dem Kerker zu befreien, zeugt von dieser fehlenden Einsicht, denn er glaubt irrtümlicherweise, ihr – und letztlich auch sich selbst – den Weg „[i]ns Freie" (V. 4 537) ermöglichen zu können. Harry Haller ist ihn gegangen, Heinrich Faust nicht.

Fausts Selbstsucht und Schuld

Deutsch (Baden-Württemberg) ▪ Abiturprüfung 2019
Aufgabe 3

TEXTINTERPRETATION PROSA

Arbeitsanweisung

Interpretieren Sie den Text.

Text Alissa Walser (*1961): Weiter nichts, nichts weiter

Am Abend, bevor der Hund eingeschläfert wurde, schreibt die Mutter eine SMS. *Es geht ihm endgültig schlecht. Heute Abend kommt die Tierärztin. Denk an Benno. Denk an uns.*

Die Nachricht kommt nicht überraschend, trifft sie aber mit der Wucht des Unvermeidlichen.

Benno ist krank, und er ist sechzehn Jahre alt – ziemlich alt für einen großen, kranken Hund. Doch sie ist nicht darauf vorbereitet, dass er stirbt. Die Vorstellung davon, wie er aussehen wird, wenn er tot ist, verfolgt sie.

Sie telefoniert mit ihrer Mutter.

„Er hat ein starkes Herz.“ Ihre Mutter zitiert die Tierärztin. „Womöglich wird er es allein nicht schaffen. Es wird ihm wahrscheinlich nicht gelingen.“

„Was heißt *gelingen*?“

„Er hat einen starken Lebenswillen. Er kann nicht loslassen.“

Wenn es um den Tod geht, um Töten, Getötetwerden, Sterben, traut sie keinem – ihrer Mutter schon gar nicht. Sie sagt: „Ein Tier ist kein Mensch. Ein Tier leidet. Aber nicht wie ein Mensch. Tiere haben Würde, aber keinen Begriff davon. Sie leiden, und sie haben Würde.“ Sie sagt: „Man soll ein Tier nicht einschläfern, solange es nicht außer sich gerät, brüllt oder angreift vor Schmerz.“ Sie sagt: „Bitte, lass Benno in Frieden sterben. Lass ihn nicht einschläfern. Bitte.“

Ihre Mutter sagt eine Weile nichts, dann: „Soll er denn leiden, nur weil du das Sterben nicht erträgst?“

Sie sagt: „Du verdrehst alles. Du bist es, die das Sterben nicht erträgt. Deshalb lässt du ihn einschläfern.“

Und weil ihre Mutter nichts erwidert, fährt sie fort mit allem, was ihr einfällt. Dass sie gelesen habe, der Moment der Geburt werde allein vom Baby im Mutterbauch bestimmt, und sie glaube, mit dem Sterben sei es ebenso. „Das Wesen bestimmt, wann es Zeit ist zu gehen oder zu sterben, zu verenden, sich aus dem Staub und zu Staub zu machen, zu krepieren", sagt sie. „Das muss man nicht manipulieren – von außen. Denk zum Beispiel an mich", sagt sie, „als du mich geboren hast ..."

Sinnlos.

Wenn es um Dinge des praktischen Lebens geht, ist der Kopf ihrer Mutter eine geschlossene Gesellschaft. Ein eigenes Reich, in dem Benno, der Palasthund, solange er gesund und stark war, machte, was er wollte, und nun, krank und schwach, sterben wird, wie sie es will. Die Vernunft ihrer Mutter ist eine Alleinherrscherin, die keine Audienzen vergibt. Sie wiederholt, was die Tierärztin gesagt hat.

Nachdem sie aufgelegt haben, lässt sie ihre Assoziationen von der Leine, nennt ihre Mutter eine *Hitchcock-Mutter,* ihr Mitmischen beim Sterben *dämonisch* und ihre Deutung der Lage ein *palliatives*[1] *Deckmäntelchen.* Eine Tautologie[2], sie weiß es. Egal, das Leben geht weiter, bis alle Familientiere verscharrt sind, weit hinten im Garten, wo die Erde von Gräbern durchlöchert ist wie bei den Etruskern[3].

Beim letzten Besuch im Elternhaus hat sie sich von ihm verabschiedet. Sie hat sich an sein graues, mit himmelblauen Tatzen bedrucktes Hundebett gehockt, ihn gestreichelt. Sie musste sich überwinden. Er hatte ein großes Gewächs am Kopf, das immer wieder aufbrach und blutete. Sie kniete auf dem mit italienischen Kacheln gefliesten Boden, um Adieu zu sagen. Ihr war kalt, sie konnte ihn riechen. Als sie seinen Kopf streichelte, fühlten sich ihre Hände talgig an. Benno verzog die Lefzen zu einem schiefen Grinsen; ein blöder Ausdruck drückte sich ihrer Hand entgegen. Er genoss es, und sie dachte an den Tod und schämte sich.

Die Nachricht auf dem Mobiltelefon ist bereits zwei Stunden alt. Draußen ist es dunkel. Sie simst nicht zurück. Es ist zu spät. Wahrscheinlich schläft jetzt auch sein Herz.

Am nächsten Morgen findet sie eine SMS ihrer Mutter. *Benno schläft für immer! Bitte ruf an!* Sie hat ein Foto angehängt.

Sie ruft nicht zurück. Manche Geschichten brauchen keine letzten Worte.

Einen Tag später ruft ihre Mutter an. Ob sie ihre SMS nicht bekommen habe. Sie beginnt zu weinen. Sie erzählt ihr die Geschichte, die sie ja aber, bis auf die letzten Worte, schon kennt, noch einmal von vorn.

Das Ende handelt vom Gärtner, dem lieben Herrn Gärtner. Der hat im Garten ein Grab ausgehoben. „Du weißt, wo!" Und der liebe Herr Gärtner, hat den lieben Benno, der so lieb in seinem Bettchen lag, als schlafe er nur, mitsamt dem Bettchen ins Grab gehoben. „Dann hat er zugemacht", sagt ihre Mutter und weint wieder, und sie stellt sich vor, wie sie den Hörer in der linken Hand mit der rechten Hand abdeckt und, wen auch immer, um eine frische Packung *Tempo* bittet.

Aus: Alissa Walser: Eindeutiger Versuch einer Verführung, Hanser Verlag: München 2017, S. 123–126.

Anmerkungen

1 palliativ: wörtlich: mit einem Mantel bedeckend; gemeint ist schmerzlindernd
2 Tautologie: Formulierung, die einen Sachverhalt doppelt wiedergibt
3 Etrusker: antiker Volksstamm

TIPP **Bearbeitungshinweise**

Der Operator „interpretieren" fordert dazu auf, einen Text **unter inhaltlichen und sprachlich-formalen Gesichtspunkten** zu deuten. Beide Ebenen stehen in einem funktionalen Zusammenhang. Sie deuten funktional, wenn Sie herausfinden, welche Bedeutung inhaltliche, sprachliche und formale Beobachtungen für die Aussage des Textes haben.

Nennen Sie in der **Einleitung** – nachdem Sie idealerweise kurz zum Thema hingeführt haben – Autor, Gattung, Titel, Erscheinungsjahr sowie das Thema des Textes. Die Angabe des Themas des Textes beinhaltet Ihre Deutungsthese. Lassen Sie in Ihrer Reinschrift Platz in der Einleitung, denn Sie können Ihre Deutungsthese auch erst dann notieren, wenn Sie die gesamte Kurzgeschichte interpretiert haben. Oft fällt es Ihnen dann leichter, das Thema des Textes und die Deutungsthese anzugeben. Es geht in dieser Kurzgeschichte ja nicht um den Tod des Haustieres Benno, wie Sie nach einer ersten Lektüre vermuten könnten, sondern um **verschiedene Ansichten von Mutter und Tochter zum Thema Sterben** und Tod. Diese Auseinandersetzung zeigt auf einer weiteren Ebene, wie die Beziehung zwischen beiden beschaffen ist und warum Kommunikation zwischen Mutter und Tochter nicht gelingt.

Nach der Angabe des Themas sollte eine **kurze Inhaltsangabe** folgen, die sich auf das Wesentliche konzentriert. Achten Sie bei der Inhaltsangabe auf das Präsens als Zeitform, auch wenn eine Erzählung im Präteritum verfasst ist. In der anschließenden **Interpretation** empfiehlt es sich, **textchronologisch** vorzugehen. So übersehen Sie Wichtiges nicht. Achten Sie bei diesem Vorgehen aber darauf, dass Sie nicht erneut eine reine Textwiedergabe verfassen, sondern inhaltliche, sprachliche und formale Auffälligkeiten funktional deuten.

Im **Schlussteil** Ihres Aufsatzes haben Sie gestalterische Freiheit: Sie können auf Ihre thematische Hinführung in der Einleitung zurückgreifen, offene Fragen beantworten, Ihren persönlichen Leseeindruck begründet darstellen oder die Bedeutung des Themas für sich oder unsere Gesellschaft darstellen.

Arbeiten Sie immer **textnah**. Begründen Sie also Ihre eigenen Aussagen zum Verständnis und zur Interpretation der Kurzgeschichte mit Aussagen des Textes, die Sie zitieren oder paraphrasieren können. Achten Sie dabei auf die korrekte Zeilenangabe in Klammern, beim Paraphrasieren mit dem Zusatz „vgl."

Literarische Texte sind **mehrdeutig**. Wenn Sie ein Wort, einen Satz oder einen ganzen Abschnitt auf verschiedene Art und Weise deuten können, ist das ein Vorteil, den Sie nutzen sollten. **Stellen Sie alle Deutungsmöglichkeiten dar** und versuchen Sie, selbst eine **Gewichtung herzustellen:** Welche Deutung erscheint Ihnen plausibler, welche weniger? Vermeintlich widersprüchliche oder unverständliche Stellen sollten Sie weder ignorieren noch vorschnell klären. Zeigen Sie auf, wo Sie Widersprüche sehen, und begründen Sie.

Zum methodischen Vorgehen: Nach einer ersten Lektüre lesen Sie den Text ein zweites Mal mit einem Stift und notieren im Text alles, was Ihnen inhaltlich, sprachlich und formal auffällt. Markieren Sie Walsers Text sehr gründlich und nutzen Sie **Anstreichtechniken**, die Sie gelernt haben. Notieren Sie auch Fragen oder Unklarheiten. Erstellen Sie dann ein Konzept, in dem Sie das Beobachtete nach relevanten Analyseaspekten der formalen (z. B. Erzählperspektive), sprachlichen (z. B. Satzbau, Einsatz und Funktion von Stilmitteln) und inhaltlichen Gestaltung (z. B. Figurenkonstellation, Motive und Thema) ordnen. Es empfiehlt sich dabei, mit verschiedenen Farben zu arbeiten. Planen Sie unbedingt **Zeit zum Überarbeiten** Ihres Aufsatzes ein. Achten Sie auf **argumentative Schlüssigkeit** und **Sprachrichtigkeit**.

Lösungsvorschlag

Einleitung: Hinführung zum Thema

Über den Tod zu **sprechen**, fällt niemandem leicht. Wenn ein Familienmitglied schwer erkrankt ist und stirbt, stellen sich den übrigen Familienmitgliedern viele Fragen: Wie geht man mit dem Tod um? Wie kann man diesen verstehen und verarbeiten? Wie gelingt es der Familie, zusammenzuhalten und sich gemeinsam in der Trauer zu unterstützen und füreinander da zu sein? Nicht selten trifft ein solches Ereignis eine Familie wie ein Schock, der bei vielen **Sprachlosigkeit** oder sogar **Konflikte** auslöst. In Alissa Walsers Kurzgeschichte mit dem Titel „Weiter nichts, nichts weiter“, die 2017 veröffentlicht wurde, wird vordergründig die **Auseinandersetzung zwischen einer Mutter und ihrer Tochter** dargestellt. Dabei werden unterschiedliche Ansichten zu der Frage deutlich, wie man den Tod des kranken Familienhundes Benno begleiten soll. Am Beispiel dieses Konflikts wird aber auch gezeigt, **wie Kommunikation misslingt** und wie dieses Misslingen eine Beziehung langfristig schädigen kann. Es enthüllt sich ein Mutter-Tochter-Konflikt vor dem Hintergrund der Geschichte um Benno.

Informationen zu Walsers Kurzgeschichte

Hauptteil: Inhaltsangabe

Die Kurzgeschichte beginnt mit der **Wiedergabe des Textes einer SMS**, die eine Mutter an ihre nicht mehr im Elternhaus lebende, vermutlich erwachsene Tochter schreibt. Sie teilt der Tochter mit, dass der Familienhund Benno krank sei und dass er von einer Tierärztin eingeschläfert werde. In einem anschließenden **Telefongespräch** versucht die Tochter vergeblich, ihre Mutter davon abzuhalten. Nach Beendigung des Gesprächs denkt die Tochter über die Ansichten und Verhaltensweisen ihrer Mutter nach. Es folgt ein **Rückblick auf ihren letzten Besuch im Elternhaus**, in dem ihr Abschied von dem todkranken Tier beschrieben wird. Über den **Tod Bennos** informiert die Mutter ihre Tochter wiederum per SMS. Da die Tochter auf diese Nachricht nicht reagiert, verschickt die Mutter am nächsten Morgen eine SMS, in der sie um Rückruf bittet. Nachdem die Tochter diesem Wunsch nicht nachgekommen ist, ruft ihre Mutter sie am nächsten Tag an und schildert unter Tränen, wie Benno im Garten des Hauses begraben worden ist.

Erzählperspektive und personale Erzählsituation

Das Geschehen wird dem Leser in der Form einer **Rückblende** aus **Sicht der Tochter** präsentiert. Im ersten Satz wird das Ereignis der Einschläferung des Familienhundes Benno vorweggenommen. Dies zeigt, dass es nicht darum geht, Spannung auf der Handlungsebene zu erzeugen, sondern vielmehr darzustellen, wie die Betroffenen mit diesem Ereignis umgehen und welche Folgen man beobachten kann. Der letzte Besuch der Tochter im Elternhaus (vgl. Z. 41–48) wird ebenfalls als Rückblende erzählt. Ansonsten erfolgt die **Darstellung der Handlung im Präsens**, was ein Gefühl von Unmittelbarkeit erzeugt und die **personale Erzählsituation** unterstützt. Der Konflikt zwischen Mutter und Tochter wird dem Leser ausschließlich aus der Sicht der Tochter präsentiert. Man erfährt ihre Ansichten und sieht, wie sie ihre Mutter wahrnimmt.

Fokussierung auf Tochter

erste SMS

„Die Nachricht“ (Z. 4) vom Besuch der Tierärztin wird der Tochter **nicht persönlich, sondern per SMS** mitgeteilt. Die Mutter verschickt zwei Aussage- und zwei Aufforderungssätze an ihre Tochter. Die ersten beiden beschreiben Bennos Zustand und kündigen den Besuch der Tierärztin an (vgl. Z. 1 f.). Die beiden letzten lauten: „Denk an Benno. Denk an uns.“ (Z. 2 f.) Zu erkennen ist der Parallelismus in der Satzstruktur, bestimmt durch den Imperativ „[d]enk“. Dass die Tochter an ihre Familie denken möge, ist **Wunsch, Hoffnung und Befehl der Mutter** zugleich. Wie sehr die Mutter in dieser Situation leidet, wird an einer Steigerung deutlich. Es geht zuerst um Benno, dann aber, und wichtiger, um „uns“ (Z. 3). Wer damit genau gemeint ist, bleibt unklar. Auch die Tochter scheint gar nicht genau zu wissen, mit wem die Mutter zusammenlebt – oder sie möchte es nicht wissen (vgl. Z. 60 ff.). Es werden **brüchige Familienstrukturen** deutlich.

sprachliche Gestaltung der SMS

Entfremdung zwischen Mutter und Tochter

Reaktion der Tochter auf Bennos nahenden Tod

Auch wenn die Tochter von der Nachricht an sich nicht überrascht wird, da sie mit Bennos Tod rechnen musste, ist sie geschockt. Die Mitteilung trifft sie „mit der Wucht des Unvermeidlichen“ (Z. 4 f.). Das adversative „Doch“ (Z. 7) zwei Sätze später verdeutlicht, dass sie zwar weiß, dass Benno alt und krank ist, dass sie daran aber leidet und sich **innerlich noch nicht auf seinen Tod eingestellt** hat: Sie ist darauf nicht „vorbereitet“ (Z. 7), die „Vorstellung“ (Z. 7) davon „verfolgt“ (Z. 8) sie sogar. Jedenfalls wird bereits zu Beginn der

Kurzgeschichte der **emotionale Umgang der Tochter mit dem Thema** deutlich.

Konflikt: Soll Benno eingeschläfert werden?

Sowohl Mutter als auch Tochter leiden sehr an der Vorstellung, dass der sechzehn Jahre alte Familienhund Benno sterben wird, und sind **in diesem Leiden miteinander verbunden**; dennoch gehen beide unterschiedlich mit dem Thema um. Im Telefonat werden ihre Ansichten deutlich: Während die Mutter die Tierärztin zitiert, die abwägend und vorsichtig eine Einschläferung nahelegt (vgl. Z. 10 f.), damit der Hund mit seinem „starken Lebenswillen" (Z. 13) an seiner Krankheit nicht zu sehr leiden muss, wirft die Tochter ihrer Mutter vor, den Hund zu töten und ihn der Freiheit, sein Leben selbst zu beenden, zu berauben.

Haustier-Gräber im Garten

Die sprachliche Gestaltung und die Art und Weise, wie dieses Telefonat (vgl. Z. 9–30) dem Leser präsentiert wird, sagt viel über das **bereits zerrüttete Verhältnis von Mutter und Tochter** aus. Denn offensichtlich sind in ihrer Familie bereits mehrere Haustiere verstorben: „[W]eit hinten im Garten" (Z. 39) sei die Erde von Gräbern schon so durchlöchert „wie bei den Etruskern" (Z. 40). Der **Tod** ist in dieser Familie also durchaus präsent und sogar **sichtbar auf dem Gelände des Elternhauses**, auch wenn die Gräber „weit" (Z. 39) aus dem Blickfeld gerückt erscheinen. Ein Trikolon gibt das Thema an, es gehe „um Töten, Getötetwerden, Sterben" (Z. 14). Möglicherweise aus diesen negativen Erfahrungen heraus traut die Tochter „keinem", wie sie sagt, „[w]enn es um den Tod geht" (Z. 14). Sie scheint in dieser Angelegenheit jegliches **Vertrauen in die Mutter verloren** zu haben.

Skepsis der Tochter

Ansichten der Tochter zum Thema Einschläfern

In der Aneinanderreihung mehrerer Sätze, die die Tochter der Mutter belehrend vorträgt, wird ihre Einstellung deutlich: Ähnlich wie Menschen würden **Tiere** nicht nur leiden, sondern **besäßen auch Würde** (vgl. Z. 16), die es dem Menschen verbiete, darüber zu entscheiden, wann ihr Leben zu Ende ist. Man solle ein Tier deshalb nicht einschläfern lassen, „solange es nicht außer sich gerät, brüllt oder angreift vor Schmerz" (Z. 17 f.). Die Ausnahmen vom Verbot, Tiere einzuschläfern, werden in einer **Klimax** präsentiert, die drei Verben sind steigernd aneinandergereiht. Der Ausdruck „Schmerz" stellt das letzte Wort des Satzes dar, weil es die größte Bedeutung trägt. Eindringlich wiederholt die Tochter im Folgenden die „Bitte" (Z. 18 f.) an die Mutter, Benno „in Frieden" (Z. 18) sterben zu lassen. Ähnlich wie die Mutter in ihrer SMS wiederholt auch die Tochter eine **Imperativform** (vgl. Z. 18 f.). Interessanterweise wird ihre Meinung erzähltechnisch gesehen in größerer Distanz präsentiert, wenngleich immer noch personal. Mehrmals wird der Satz „Sie sagt" (Z. 15 ff.) wiederholt, was **Distanz zum Gesagten** erzeugt.

Bitte der Tochter an ihre Mutter

Dass die Kommunikation zwischen Mutter und Tochter oft von der Unfähigkeit oder dem Unwillen, zu sprechen, und **von Schweigen geprägt** ist, wird deutlich, wenn die Mutter erst mal „eine Weile nichts“ (Z. 20) sagt. Auch kurz darauf erwidert sie „nichts“ (Z. 24). Die Mutter stellt nur eine Frage: „Soll er denn leiden, nur weil du das Sterben nicht erträgst?“ (Z. 20 f.) Sie hat sicherlich recht, die Tochter leidet ähnlich wie sie und erträgt die Vorstellung von Bennos Tod nicht. Dennoch formuliert sie einen **Vorwurf an ihre Tochter**. Um diesen zu erwidern, benutzt auch die Tochter das Personalpronomen „du“, das im Folgenden deutlich betont wird: „Du verdrehst alles. Du bist es, die das Sterben nicht erträgt. Deshalb lässt du ihn einschläfern.“ (Z. 22 f.) In der rhetorischen Frage der Mutter wird ein Gegensatz deutlich: „[E]r“ (Z. 20), also Benno, solle nicht leiden, weil die Tochter anderer Meinung sei. Dieser Gegensatz verletzt die Tochter zweifellos, denn sie möchte, dass es Benno den Umständen entsprechend möglichst gut geht und er in Würde sterben kann. Deshalb geht die Tochter zum **Gegenangriff** über und wendet das „du“ (vgl. Z. 22) gegen die Mutter.

von Vorwürfen geprägte Kommunikation

gegensätzliche Auffassungen

Weil die Mutter nicht reagiert, „fährt [die Tochter] fort mit allem, was ihr einfällt“ (Z. 24). Diese Äußerungen werden vom Erzähler teilweise in der indirekten, teilweise in der direkten Rede präsentiert. Dass dieses Thema die Tochter zweifellos **emotional beschäftigt**, sieht man daran, dass sie zum Thema Geburt und Tod auch schon etwas gelesen hat (vgl. Z. 25), nämlich dass den Moment der Geburt allein das „Baby im Mutterbauch bestimmt“ (Z. 25 f.). Daran knüpft sie aber nicht weiteres Wissen, sondern eine **Vermutung** an: „[U]nd sie glaube, mit dem Sterben sei es ebenso“ (Z. 26).

Gedanken der Tochter zu Geburt und Tod

Interessant ist, dass die Tochter mit dem **Vergleich von Mensch und Tier** argumentiert. Sie geht noch einen Schritt weiter und setzt Mensch und Tier gleich, wenn sie vom „Wesen“ (Z. 26) spricht. Es geht der Tochter hier um den **Unterschied zwischen Selbst- und Fremdbestimmung**. Auch und gerade am Ende des Lebens solle ein Lebewesen selbst bestimmen können, „wann es Zeit ist zu gehen oder zu sterben, zu verenden, sich aus dem Staub und zu Staub zu machen, zu krepieren“ (Z. 26 ff.). Die Aneinanderreihung der Verben mit den Metaphern zeigt vor allem die Emotionalität der Tochter. Selbstbestimmung sei eine Form von **Willensfreiheit**, die man keinem Lebewesen nehmen und in die man auch nicht manipulativ eingreifen dürfe. Genau dies wirft sie der Mutter indirekt vor (vgl. Z. 28).

Argumentationsstrategie der Tochter

Selbst- und Fremdbestimmung

Nach der Äußerung dieser zwei Sätze, die auf die **ethisch-moralische Debatte** zum Thema hinweisen, verfällt sie recht emotional wieder auf die persönliche Ebene („Denk zum Beispiel an mich [,] als du

Abbruch der Kommunikation

mich geboren hast …", Z. 28 f.). Dieser Satz stellt den letzten Versuch dar, der Mutter ihre Sicht der Dinge zu erklären, indem sie die Mutter sogar an den Zeitpunkt der Geburt ihrer eigenen Tochter erinnert. Doch die Tochter gibt auf. Sie **bricht den letzten Satz ab** und damit auch das gesamte Gespräch. Als Schlussfolgerung und als **Ausdruck von Verzweiflung und Hilflosigkeit** kann man den elliptischen Satz verstehen, der nur aus einem Wort besteht: „**Sinnlos**" (Z. 30).

Gründe für Beenden des Gesprächs

In den beiden folgenden Abschnitten wird dargestellt, **warum die Tochter keinen Zugang zur Mutter findet**. Sie wirft ihr vor, eine „Alleinherrscherin" (Z. 34) in ihrem „Reich" (Z. 32) zu sein. Sie greift damit das **Thema Macht und Manipulation** auf, das metaphorisch mit der Vorstellung des Palastes entfaltet wird, in dem ein Monarch das durchsetzt, was er für richtig hält, und über alles bestimmt. Dem mütterlichen Willen habe sich auch Benno, „der Palasthund" (Z. 32), zu fügen; er würde sterben, „wie sie es will" (Z. 34). Die Mutter wiederhole nur, was die Tierärztin gesagt habe, und würde nicht selbst urteilen. „Die Vernunft ihrer Mutter ist eine Alleinherrscherin, die keine Audienzen vergibt" (Z. 34 f.). Die **mütterliche Vernunft** wird hier **personifiziert**. Aus der Sicht der Tochter würde die Mutter auf niemanden hören, sich nicht beraten lassen und keine anderen Meinungen gelten lassen. Dass dies nicht unbedingt zutreffend ist, zeigt der Besuch der Tierärztin. In der Tat ist die Kommunikation zwischen beiden weder durch An- oder Zuhören geprägt noch durch persönlichen Kontakt, etwa durch einen Besuch mit einem **Gespräch unter vier Augen**.

Sicht der Tochter: Mutter als „Alleinherrscherin"

Assoziationen der Tochter

Im **Überschwang der Gefühle** lässt die Tochter „ihre Assoziationen von der Leine" (Z. 36). Wirr und recht unverbunden fällt ihr Verschiedenes ein. So denkt sie an Alfred Hitchcock, den berühmten britischen Filmregisseur und Drehbuchautor, der seinen Figuren mitunter auch **manipulative Macht** verlieh, ähnlich wie sie Dämonen besitzen (vgl. Z. 37).

Rückblende: Tochter nimmt Abschied von Benno

Das Verhältnis der Tochter zum Thema Tod ist nicht nur von großer Emotionalität und unbestimmten Gefühlen geprägt, sondern auch von **Widerwillen und Ekel gegenüber Krankheiten**. So wird in einer Rückblende erzählt, wie sich die Tochter bei ihrem letzten Besuch im Elternhaus von Benno verabschiedet. In diesem Abschnitt (vgl. Z. 41–48) fällt besonders die Darstellung der **Sinneswahrnehmung der Tochter** auf. Das Streicheln des Hundekopfes kostet sie Überwindung, da „ein großes [blutendes] Gewächs am Kopf" (Z. 43) zu sehen ist. Außerdem riecht sie ihn (vgl. Z. 45) und ihre Hände werden „talgig" (Z. 46). Dieser **körperliche Kontakt** scheint dem Tier gutzutun, während die Tochter sich ekelt (vgl. Z. 47 f.).

Die finale SMS, die die Tochter über den tatsächlichen Tod Bennos gut zwei Stunden später informieren soll, beantwortet sie nicht. Die Dunkelheit des Abends, die hervorgehoben wird (vgl. Z. 49), spiegelt die **Enttäuschung und Traurigkeit der Tochter** wider. Es sei jetzt aus verschiedenen Gründen „zu spät" (Z. 50). Etwas kindlich-naiv wirkt der anschließende Satz, der das Herz des Hundes personifiziert und so den Tod euphemistisch umschreibt: „Wahrscheinlich schläft jetzt auch sein Herz." (Z. 50)

Verweigerung der Kommunikation nach Bennos Tod

Die Mutter erwartet offensichtlich eine Antwort auf ihre SMS, weshalb sie ihrer Tochter erneut eine Nachricht schickt, verbunden mit der Bitte, sie anzurufen. Jene verweigert aber die Kommunikation und sieht die Textnachricht erst am nächsten Morgen. In dieser verwendet auch die Mutter eine **euphemistische Umschreibung des Todes** (vgl. Z. 51), was zeigt, dass **beide gleichermaßen trauern.** Da die Tochter die Nachricht weder beantwortet, noch die Mutter zurückruft, meldet sich diese telefonisch am nächsten Tag.

Mutter sucht Kontakt

Den **Schock des Todes** hat auch die Mutter noch längst nicht überwunden, weshalb in ihrer Erzählung Benno und ein Mann namens Gärtner, der Benno begraben hat, mit dem Attribut „lieb" versehen werden. Es bleibt unklar, ob es sich um den Gärtner der Familie handelt oder um einen Mann, der mit Nachnamen Gärtner heißt. Ersteres erscheint etwas plausibler (vgl. Z. 57). Dass die Tochter das Attribut „lieb" so oft wiederholt (vgl. Z. 57 ff.), wirkt ironisch. Die **Diminutive** („Bettchen", Z. 59) und die **euphemistische Umschreibung** („zugemacht" statt „begraben", Z. 60) zeigen, dass die Mutter vom Tod Bennos nur in dieser Form erzählen kann.

„Geschichte" von Bennos Tod

auffällige Wortwahl

Man kann den Anruf der Mutter als impliziten **Vorwurf fehlender Anteilnahme** verstehen, als erneuten Versuch der Kontaktaufnahme oder als Suche nach der Gelegenheit, das Erlebte auszusprechen und damit „loszuwerden". Gerade in dem Moment, in dem die Mutter „wieder" (Z. 60) zu weinen anfängt, bricht die Darstellung der erzählten „Geschichte" ab und die Erzählung fährt damit fort, wie sich die Tochter die Reaktion der Mutter vorstellt (vgl. Z. 60 ff.).

abruptes Ende der Kurzgeschichte

Als Medium ermöglicht das Mobiltelefon zweifellos bestimmte **Formen mündlicher und schriftlicher Kommunikation**, es formt sie aber auch. So kann man als Leser z. B. kritisch fragen, ob nicht ein Anruf der Mutter erfolgversprechender für das Verständnis der Tochter gewesen wäre als das Versenden einer Textnachricht oder ob die Tochter ihre Mutter nicht hätte zurückrufen können, anstatt zwei Tage lang den Kontakt zu verweigern. Das Mobiltelefon lässt also bestimmte Formen von Kommunikation zustande kommen, andere kann es aber auch **verhindern**, z. B. ein persönliches Treffen.

Medien formen Kommunikation

Offensichtlich ist ein solches Treffen nicht möglich oder nicht erwünscht. Es hat aus Sicht der Tochter ja auch nur eine weitere solcher „Geschichten" stattgefunden. Es ist „weiter nichts" geschehen als das übliche Belanglose – **misslungene Kommunikation**. Andererseits ist dieses Mal nicht irgendein Haustier gestorben, sondern der langjährige Begleiter der Tochter. Die **Vergeblichkeit der Bemühungen um gelingende Kontaktaufnahme** zeigt auch der Titel der Kurzgeschichte. Der Ausdruck „nichts weiter" kann als endgültiger Kommunikationsabbruch gelesen werden. Es geschieht eben „nichts" mehr in der Beziehung zwischen Mutter und Tochter. Und in Zukunft wird sich daran wohl auch „nichts" mehr ändern.

Deutung des Titels

Oft liegen diesen Beziehungsproblemen Kommunikationsprobleme zugrunde. Dass es Walser – mehr noch als um das Thema Sterben und Tod – um das **Aufzeigen misslingender Kommunikation** geht, zeigt auch die Wahl der Figurennamen: Während der Hund und der Begräbnishelfer konkrete Namen besitzen, werden Mutter und Tochter als allgemeingültige und zeitlose Figuren konzipiert, mit denen sich Leser und Leserinnen identifizieren können.

Namenlosigkeit von Mutter und Tochter

Schluss

Die Frage, wie man in einer Familie mit dem **Tod eines Familienangehörigen** umgeht, ist ein zentrales Thema. Der Haushund Benno, der sicherlich eine lange Zeit seines sechzehn Jahre langen Lebens in dieser Familie verbracht hat, ist ein vollwertiges Familienmitglied. Alissa Walser will vor diesem Hintergrund wahrscheinlich auch auf die Frage verweisen, wie man mit **Krankheiten beim Menschen** umgehen kann, die keine Aussicht auf Heilung haben. Wie kann man einen todkranken Menschen begleiten? Gibt es Möglichkeiten, ihm das Leiden zu erleichtern? Wer entscheidet über lebenserhaltende Maßnahmen, wenn der Sterbende dies nicht mehr selbst kann? Dies sind nur drei von vielen komplizierten Fragen, die immer auch an ethisch-moralische Grenzen stoßen. **Sterbehilfe und Sterbebegleitung** sind zentrale Themen unserer Zeit.

Frage nach dem Umgang mit dem Tod

ESSAY

Arbeitsanweisungen

Bearbeiten Sie die folgenden Aufgaben auf der Grundlage des vorgelegten Dossiers:
- Verfassen Sie Abstracts zu den **Materialien 3 bis 5**.
- Schreiben Sie einen Essay mit dem Titel **„Vom Nutzen von Helden“**.

Material 1 helden. heroes. héros.

Helden und Heldinnen prägen das Orientierungswissen nicht nur europäischer Kulturen seit dem Altertum. Ob antike Heroen wie Odysseus und Achill, biblische Helden wie David und Judith, mittelalterliche Volkshelden wie Robin Hood und Jeanne d'Arc, nationale Revolutionshelden wie Danton und Marat, literarische Helden bzw. Antihelden wie Don Quijote und Faust oder auch zeitgenössische Helden der Populärkultur wie James Bond und Batman, immer schon dienen Helden und Heldinnen als Projektionsflächen und Identifikationsfiguren für Individuen, soziale Gruppen oder gar ganze Gesellschaften.

Obwohl aktuell häufig die Diagnose eines ‚postheroischen Zeitalters' gestellt wird, lässt sich eine neue Konjunktur und Diskussion des Heroischen beobachten, in der fortlebende Traditionen und heterogene Vorstellungen neben Skepsis und Tabuisierung stehen. […]

Helden und Heldinnen werden als charismatische Figuren zwar oft bewundert und kultisch verehrt, jedoch tragen sie durch ihre herausfordernde Exzeptionalität immer auch ein erhebliches Konfliktpotential in sich, das nicht selten zu Neid, Hass, Ausgrenzung und Verfolgung führt. Vor diesem Hintergrund ist die Verehrung und Verdammung heroischer Figuren sowie die Zuschreibung ihres Status als Täter und Opfer oftmals nur eine Frage der Perspektive.

Aus: Carla Gebauer, Christiane Hadamitzky, Christiane Hansen, Gero Schreier, Jakob Willis: Editorial. In: helden. heroes. Héros, E-Journal zu Kulturen des Heroischen. Band 1.1 (2013), S. 5

Material 2

Das ist …

Maria-Teresa Asplund, 42, die am Sonntag im schwedischen Borlänge an einer Demonstration gegen die Nazi-Organisation Nordiska motståndsrörelsen („Nordische Widerstandsbewegung“) teilnahm. Die für ihre Aggressivität bekannte rechtsradikale Gruppe marschierte am 1. Mai 2016 durchs Zentrum der Stadt.

Quelle: Quentin Lichtblau, 04. 05. 2016, www.jetzt.de/das-ist/schwedische-aktivistin (Bild: picture alliance / TT NEWS AGENCY)

Material 3 Tom Steininger – Deutsche Helden

Brauchen wir Helden? […] Anfang Mai besuchte ich die Jahrestagung des Integralen Forums in Bremen, auf der auch Terri Patten, ein enger Mitarbeiter des Philosophen Ken Wilber, einen Vortrag hielt […].

Im Besonderen ging Terri auch auf die Deutschen ein: Gerade weil die deutsche Geschichte neben ihren unleugbaren Verdiensten auch eine solch tragische und dunkle Seite hat, haben wir Deutsche eine besondere geschichtliche Aufgabe, die keine andere Nation auf diese Weise erfüllen kann. […] Die Welt brauche eine Kulturnation, die in der Lage sei, aus ihrem Scheitern zu einer neuen moralischen Reife zu finden. […] – wir Deutsche müssten auf eine neue Art den Mut haben, Helden zu sein. […]

Der Reiz des Wortes „Helden“ kommt natürlich auch daher, dass wir alle wissen: Dieses Wort war früher einmal ein wichtiges Wort. Unsere deutsche Literatur ist voll von Helden, von der Nibelungensage über Schiller bis zu Karl May – nichts als Helden, und die deutsche klassische Musik von Beethoven bis Richard Wagner war, vereinfacht gesagt, Heldenmusik. Wir haben die Helden einmal wirklich geliebt.

Und manchmal lieben wir sie noch immer. In keinem Land wurde Gorbatschow mehr gefeiert als in Deutschland, und das nicht nur wegen des Mauerfalls. Wir liebten seinen Mut, ein ganzes Gesellschaftssystem in Bewegung zu bringen. Und Barack Obama wurde, noch bevor man ihn zum Präsidenten der Vereinigten Staaten wählte, vor der Siegessäule in Berlin von Hunderttausenden begeisterter Fans bejubelt, und die Deutschen jubelten nicht nur, weil Obama der Anti-Bush ist. Wir sind von seiner positiven und zukunftsgestaltenden Kraft tief berührt und fasziniert. Gleichzeitig würden wir nie einen deutschen Obama zum Bundeskanzler wählen. Es wäre zu gefährlich.

Unsere Heldenphobie hat natürlich, wie so vieles, mit unserer Geschichte zu tun. Denn 1933 waren Helden bei uns hoch im Kurs. Und damals wollten wir Deutschen auch Verantwortung für die Geschichte übernehmen. Die menschenverachtende Vision, die hinter den damaligen Ereignissen stand, verschlägt uns, berechtigterweise, auch heute noch den Atem. So ist es auch kein Wunder, dass gleich nach 1945 niemand etwas mit dem zu tun haben wollte, was unter den Nazis geschah. Wir entwickelten in den Nachkriegsjahren eine ganze Kultur des Nichts-damit-zu-tun-Habens.

Quelle: Thomas Steininger: Deutsche Helden, https://www.thomas-steininger.de/deutsche-helden/ veröffentlicht am 7. 10. 2013, Zugriff am 15. 4. 2018

Material 4 Vor der Revolution

Er nannte sich „John Doe", als er der SZ die Panama Papers anbot. Mehr verriet der Whistleblower nicht über sich. Nun meldet er sich erstmals öffentlich zu Wort: mit einer Art Manifest.

[...] Die Panama Papers könnten Tausende Anklagen nach sich ziehen, wenn die Strafverfolgungsbehörden in den Besitz der Dokumente gelangen und sie auswerten könnten. Das ICIJ[1] und seine Partnermedien haben vollkommen zu Recht erklärt, die Dokumente nicht weiterzugeben. Ich jedoch bin bereit, mit den Behörden zusammenzuarbeiten – im Rahmen meiner Möglichkeiten.

Allerdings: Ich habe mitangesehen, was mit Whistleblowern und Aktivisten in den USA und Europa geschehen ist, wie ihr Leben zerstört wurde, nachdem sie Vorgänge öffentlich gemacht hatten, die offensichtlich kriminell waren. Edward Snowden sitzt in Moskau fest, im Exil, weil die Obama-Regierung auf Grundlage des Anti-Spionage-Gesetzes Haftbefehl gegen ihn erlassen hat. Man sollte Snowden für seine NSA-Enthüllungen als Helden feiern und ihm Preise verleihen, aber ihn nicht bestrafen. Bradley Birkenfeld bekam von der US-Steuerbehörde Millionen für seine Informationen über die Schweizer Bank UBS – und wurde dennoch vom US-Justizministerium verurteilt. Antoine Deltour wird momentan in Luxemburg der Prozess gemacht, weil er Journalisten Informationen zur Verfügung gestellt hat, die offenlegten, wie das Land mit enormen Steuervergünstigungen internationale Firmen angelockt hat, und damit letztlich seine europäischen Nachbarländer um Milliarden an Steuergeldern gebracht hat.

Es gibt eine Menge weiterer Beispiele. Whistleblower, die das Richtige tun, indem sie Straftaten aufdecken, egal ob als Insider oder Outsider, verdienen Immunität vor dem Gesetz. Punkt. Solange Regierungen keinen Rechtsschutz für Whistleblower garantieren, sind Strafverfolgungsbehörden weiterhin abhängig von ihren eigenen Informationsquellen oder von medialer Berichterstattung, um an entsprechende Dokumente zu gelangen.

Aus: Süddeutsche Zeitung, 7. 5. 2016.

Anmerkung

1 ICIJ: International Consortium of Investigative Journalists

Material 5

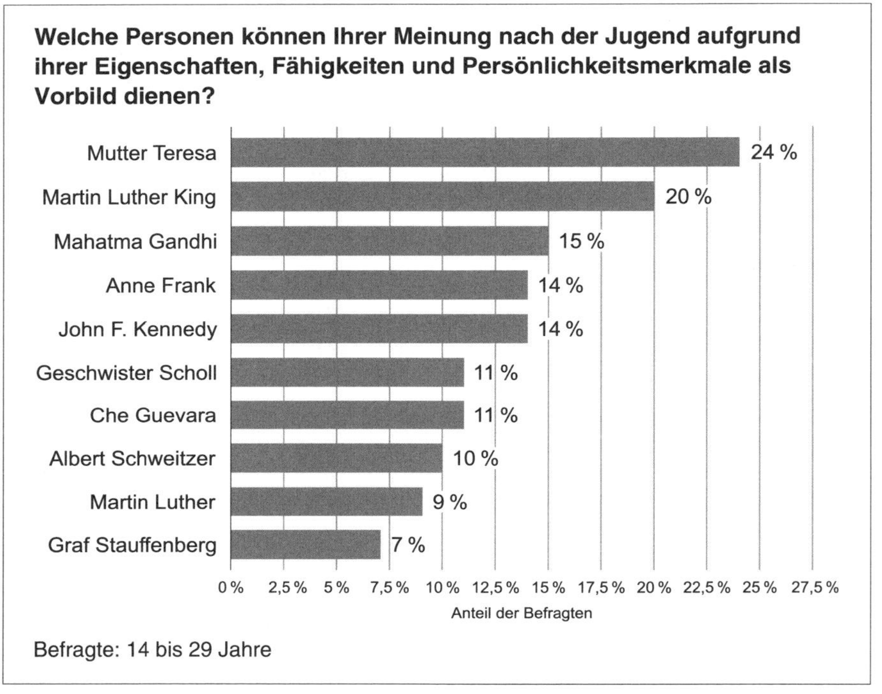

Quelle: eigene Darstellung nach BAT-Stiftung für Zukunftsfragen

TIPP **Bearbeitungshinweise**

Beim Verfassen eines Essays müssen Sie sich nicht nur **intellektuell mit einem vorgegebenen Thema auseinandersetzen**, sondern Sie sollten Ihre Gedanken auch **in sprachlicher Hinsicht originell und ansprechend darstellen**. Eine allein gültige Definition, was einen guten Essay ausmacht, existiert jedoch nicht. Die folgenden Hinweise helfen Ihnen aber beim Gelingen Ihres Essays:

Vorarbeiten:

- Lesen Sie die **Aufgabenstellung** genau durch. Der **Titel** Ihres Essays ist dadurch bereits festgelegt: „Vom Nutzen von Helden".
- Legen Sie eine **Mindmap** an: Welche Ideen und Assoziationen verbinden Sie mit dem Thema „Helden"?
- **Lesen** Sie dann das Dossier und **markieren** Sie die wichtigsten Aussagen.

Abstracts:

- Fassen Sie die wesentlichen Aussagen kurz zusammen (40–90 Wörter), hier nur von den **Materialien 3, 4 und 5**.
- Achten Sie darauf, dass Sie **in eigenen Worten formulieren** und Fremdmeinungen mit der indirekten Rede kennzeichnen.
- Wählen Sie möglichst präzise Verben des Sagens und Meinens (er kritisiert, führt aus, befürchtet, schlägt vor, gibt zu bedenken, widerspricht etc.).

Aufbau Essay:

- Fertigen Sie einen **Schreibplan** an, in dem Sie Ihre Gedanken festhalten.
- Überlegen Sie, wo Sie die Materialien einfließen lassen könnten. Es müssen nicht alle Materialien vorkommen.
- Führen Sie **eigene Beispiele** an, die nicht im Dossier genannt sind. Im nachfolgenden Lösungsvorschlag werden mehrere literarische Texte als Beispiele herangezogen (u. a. „Leben des Galilei", „Antigone"). Es wird natürlich nicht verlangt, dass Sie diese Texte kennen. Sie können und sollen vielmehr **Heldenfiguren** nennen, die Sie aus Ihren eigenen Lektüreerfahrungen oder aus Film bzw. Fernsehen oder aus der Öffentlichkeit kennen.
- Ihr Essay sollte **verschiedene kommunikative Funktionen** erfüllen: z. B. informativ, expressiv oder auch appellativ. Es liegt nahe, den Anfang mit einer ausdrucksstarken Schilderung zu beginnen und einen Appell an das Ende zu stellen.
- Formulieren Sie einen spannenden und reizvollen **Einstieg**, der zum Thema hinführt.
- Ihr Essay darf **zwar assoziativ** aufgebaut sein, behalten Sie aber **immer den roten Faden im Blick.**
- Finden Sie einen **pointierten Schluss** für Ihren Essay, in dem Sie klar Stellung beziehen. Zur Abrundung Ihres Textes können Sie z. B. Ihren Einleitungsgedanken aufgreifen.

Sprache:

- Seien Sie bei der sprachlichen Gestaltung Ihres Essays **kreativ** und scheuen Sie sich nicht, **sprachlich-rhetorische Mittel** einzusetzen, um Ihre Gedanken zu verdeutlichen (z. B. Metaphern, rhetorische Fragen, Wortspiele).
- Die von Ihnen verwendete Sprache sollte jedoch immer eine **inhaltliche Funktion** erfüllen und nicht zur bloßen Spielerei verkommen.
- Insgesamt gilt: **Qualität** geht **vor Quantität**. Ein guter Essay muss keine zwölf Seiten lang sein.

Lösungsvorschlag

ABSTRACTS

Tom Steininger – Deutsche Helden

Zu Material 3

Steininger fragt, ob wir noch Helden brauchten. Dabei bezieht er sich auf einen Vortrag, bei dem den Deutschen wegen ihrer Vergangenheit eine besondere moralische Vorbildfunktion zugeschrieben wurde. Die deutsche Kultur – so Steininger – sei früher voll von Helden gewesen und für eine menschenverachtende Politik missbraucht worden. Deshalb sei es nicht verwunderlich, dass nach dem Zweiten Weltkrieg niemand mehr etwas mit dieser Kultur zu tun haben wollte.

Süddeutsche Zeitung: Vor der Revolution

Zu Material 4

Der Autor, der unter dem Pseudonym „John Doe“ schreibt, zeigt auf, wie gefährlich es für Whistleblower ist, Verbrechen aufzudecken. Sie würden alle von den Strafverfolgungsbehörden ihres Landes verfolgt. Deshalb fordert er Immunität vor dem Gesetz für alle Aktivisten, die dabei helfen, Straftaten aufzuklären.

Balkendiagramm zum Thema „Vorbilder“

Zu Material 5

Das Balkendiagramm zeigt, welche Personen aufgrund ihrer Eigenschaften den 14- bis 29-Jährigen als Vorbild dienen. Für fast ein Viertel aller Befragten ist Mutter Teresa ein Vorbild, die damit den Spitzenplatz einnimmt. Auf dem zweiten Platz folgt Martin Luther King, den jeder Fünfte bei dieser Umfrage bewundert. Eng beieinander liegen Mahatma Gandhi, Anne Frank und John F. Kennedy auf den Plätzen drei bis fünf. Am Ende der Skala rangieren Martin Luther mit neun und Graf Stauffenberg mit sieben Prozent.

ESSAY

Vom Nutzen von Helden

Beißender Rauch quillt aus dem Zimmer. Die Augen tränen. Er kann fast nichts mehr sehen. Nur das **Wimmern der kleinen Schwester** ist zu hören. Noch einmal holt er tief Luft und stößt die Tür zu ihrem Zimmer auf. Eine heiße Wand kommt ihm entgegen und wirft ihn zu Boden. Er rappelt sich auf, tastet sich blind zu dem Gitterbett, packt das schreiende Bündel und rennt zur Haustür und ins Freie. Erschöpft lässt er sich ins Gras fallen und japst nach Luft. In der Ferne ist die Sirene der Feuerwehr zu hören und da kommen schon die Eltern angerannt und schließen die Kinder in die Arme. Am nächsten Morgen zeigt ihm die Mutter stolz die **Überschrift in der Zeitung**: „Achtjähriger rettet Schwester aus dem Feuer“.

Einstieg: ausdrucksvolle Erzählung über Heldentat

Wer hat als Kind nicht davon **geträumt**, **einmal ein Held zu sein**? Einmal wie Emil und seine Detektive den Bösewicht zu überführen, einmal wie Old Shatterhand seinen Freund Winnetou zu retten oder gar wie der schüchterne Peter Parker als Spiderman das Unrecht in der Welt zu bekämpfen. All diese Helden aus der Jugendliteratur zeigen, **wie wichtig es für Kinder ist**, **Vorbilder zu haben**, zu denen man aufsehen, denen man nacheifern kann, und die einem helfen, einen moralischen Kompass zu entwickeln, was gut und was schlecht ist.

Hauptteil: Beispiele für Helden

Bedeutung von Vorbildern

Die **14- bis 29-Jährigen**, die nach ihren Vorbildern gefragt wurden, nennen keine fiktiven, sondern **historische Persönlichkeiten**: Auf den beiden vorderen Plätzen stehen Mutter Teresa, die ihr ganzes Leben den Armen und Obdachlosen in Indien gewidmet hat, und Martin Luther King mit seinem gewaltlosen Kampf gegen die Rassendiskriminierung in den USA. Auffällig an dieser Befragung: Kein einziges der aufgeführten Vorbilder weilt noch unter den Lebenden.

Bezug zu Material 5

Hinweis auf Besonderheit der Statistik

Gibt es **keine lebenden Helden mehr**? Häufig wird heute von einem „postheroischen Zeitalter“ gesprochen, in dem „charismatische Figuren zwar oft bewundert und kultisch verehrt“ werden, was aber auch zu „Neid, Hass, Ausgrenzung und Verfolgung“ führe. In unserer **Informationsgesellschaft**, in der fast jeder rund um die Uhr online ist, Nachrichten senden und empfangen kann, steht jeder Prominente **permanent unter Beobachtung**. Gewiss fände sich heutzutage auch bei Mutter Teresa und Martin Luther King ein dunkler Fleck auf dem Heiligenbild, weswegen man den Helden oder die Heldin vom Sockel stoßen könnte.

Bezug zu Material 1

Helden im klassischen Sinne heute noch möglich?

Hinzu kommt noch, dass gerade wir in Deutschland aufgrund unserer Geschichte ein sehr **gebrochenes Verhältnis zu Helden** haben. Eine Generation von jungen Männern wurde von einem verbrecherischen

Bezug zu Material 3

System in einen sinnlosen Tod geschickt. Zum Glück spricht bei uns kein vernünftiger Mensch mehr davon, dass es „süß und ehrenvoll ist, fürs Vaterland zu sterben“, wie das noch der römische Dichter Horaz geschrieben hat. Wir erwarten, dass sich jeder fragt, für welche Sache er sich einsetzt. Gegenüber dem „Helden“, dessen Heldentum darin besteht, gehorsam in den Tod zu gehen, sind wir **aufgrund unserer historischen Erfahrung misstrauisch**. Zu Recht! Wie leicht ein vermeintlicher Held, der seine Vernunft nicht gebraucht, zu einem manipulierbaren, mörderischen Werkzeug wird, sieht man an den Selbstmordattentätern des sogenannten Islamischen Staates.

Misstrauen der Deutschen gegenüber „Helden“

Ist **Heldentum vielleicht gar nicht erstrebenswert**? Wer hat recht? Der Schüler Andrea, der seinem Lehrer Galilei in Brechts Stück „Leben des Galilei“ vorwirft: „Unglücklich das Land, das keine Helden hat“? Oder der Meister, wenn er ihm antwortet: „Unglücklich das Land, das Helden nötig hat“? Andrea ist enttäuscht von Galilei, weil dieser seine Thesen vor der Inquisition widerrufen und damit den wissenschaftlichen Fortschritt verraten habe. Er hätte sich einen heldenhaften Galilei gewünscht, der seine Erkenntnisse verteidigt, auch wenn er das **mit seinem Leben bezahlen** müsste. Galilei aber hat mit seinem Einknicken vor der Macht sein Leben gerettet und damit seine „Discorsi“ zu Ende schreiben können. Sie wurden ins Ausland geschmuggelt und konnten so ihre Wirkung entfalten.

literarisches Beispiel: „Leben des Galilei“

Frage nach dem Nutzen von heldenhaftem Verhalten

Schon in seiner Parabel „Maßnahmen gegen die Gewalt“ lässt Brecht seinen Herrn Keuner antworten, als ihm seine Schüler opportunistisches Verhalten vorwerfen: „Ich habe kein Rückgrat zum Zerschlagen. Gerade ich muss länger leben als die Gewalt.“ Es **nutze nichts, sich zum Märtyrer zu machen** und den Heldentod zu sterben, wenn sich dadurch nichts verändere. Auch laut Brechts Galilei sind Helden nur in einem unglücklichen Land nötig, in dem die Wahrheit mit dem Tod bedroht ist.

weiteres Beispiel von Brecht

Dieser Logik nach brauchte es **in einem demokratischen Land keine Helden**, weil die Wahrheit gefahrlos ans Licht kommen und wirksam werden kann. Stimmt das aber? Natürlich setzt heute niemand in unserem Land sein Leben aufs Spiel, wenn er die Wahrheit aufdeckt. Aber all die **Aktivisten und Whistleblower**, die in den USA oder Europa kriminelle Machenschaften enthüllten, werden von der Justiz ihres Heimatlandes wegen Geheimnisverrats angeklagt und müssen mit langjährigen Haftstrafen rechnen. Immer noch bedarf es **Mut**, in der Schule oder im Betrieb **ein Unrecht offen zu benennen**. Der Ingenieur, der die Schummelsoftware zur Abgasreinigung bei Dieselfahrzeugen kritisiert, gefährdet seinen Arbeitsplatz. Der Schüler, der gegen eine ungerechte Behandlung eines Mitschülers

Bezug zu Material 4

traurige Realität: Wer Unrecht aufdeckt, begibt sich oft in Gefahr

protestiert, muss befürchten, selbst Opfer von Repressalien zu werden. Und wer würde sich trauen, einer gewalttätigen rechtsradikalen Gruppe bei einer Demonstration entgegenzutreten, wie Maria-Teresa Asplund im schwedischen Borlänge? All diese Personen sind Helden. **Helden des Alltags**. Ohne die eine Demokratie nicht existieren könnte. Oder wem das Wort „Held" zu heroisch klingt: Es sind Vorbilder, die im Alltag **Zivilcourage** zeigen und uns Mut machen, in vergleichbaren Situationen auch aufzustehen und ein Unrecht als Unrecht zu benennen.

Bezug zu Material 2:

Zivilcourage als moderne Form des Heldentums

Auch wenn das Verständnis von Heldentum **von den Zeitumständen abhängt**, gibt es doch eine Fähigkeit, die über alle Zeiten und Kulturen hinweg einen Helden oder eine Heldin auszeichnet: Helden **folgen dem Gewissen**, hören auf ihre innere Stimme, die ihnen sagt, was richtig und was falsch ist. Eines der ältesten Zeugnisse dafür ist **Sophokles' Antigone**, eine 2 500 Jahre alte tragische Heldin, die in der nach ihr benannten Tragödie eine Entscheidung treffen muss, die entweder gegen das weltliche oder das göttliche Gebot verstößt. Kreon, König von Theben, hat das Edikt erlassen, dass derjenige, der den im Kampf gegen seine Vaterstadt gefallenen Verräter Polyneikes beerdige, mit dem Tode bestraft werde. Antigone, die Schwester von Polyneikes, widersetzt sich diesem Verbot und bezahlt dafür mit ihrem Leben. Sie hat sich für etwas entschieden, für das sich letztendlich alle echten Helden entscheiden: für einen **Akt der Menschlichkeit**.

innere Stimme des Helden

Beispiel aus antikem Mythos

Dichter Rauch quillt aus dem World Trade Center. Eine Minute nachdem Terroristen ein Flugzeug in den Nordturm gelenkt haben, sind die ersten **Feuerwehrleute** zur Stelle. Sie dringen in das Gebäude ein und kämpfen sich bis zum 80. Stockwerk vor, bergen Verletzte, evakuieren Eingeschlossene und versuchen, Brände zu löschen. Sie bekommen nicht mit, dass inzwischen auch der Südturm getroffen wurde und eingestürzt ist. Eine halbe Stunde später bricht auch der Nordturm zusammen. Am Ende **bezahlen** 343 Feuerwehrleute den Einsatz **mit ihrem Leben**. Jedes achte Opfer von 9/11 ist ein Feuerwehrmann. Jeden Tag setzen auch bei uns Menschen ihr Leben ein, um das **Leben anderer** zu **schützen oder** zu **retten**. Oft werden sie in ihrer Arbeit behindert, beschimpft oder sogar angegriffen. Es sind die **stillen Helden unserer Zeit**. Wir sollten ihnen dankbar sein.

Schluss:

Feuerwehrmänner von 9/11 als Helden

Appell: Aufruf zur Wertschätzung und Dankbarkeit

Deutsch (Baden-Württemberg) ▪ Abiturprüfung 2019
Aufgabe 5

TEXTERÖRTERUNG / TEXTANALYSE

Arbeitsanweisungen

- Fassen Sie die Aussagen des Textes zusammen.
- Erläutern Sie die Argumentationsstrategie des Autors, und untersuchen Sie in diesem Zusammenhang den Einsatz sprachlicher Mittel.
- Nehmen Sie kritisch Stellung zur Meinung des Autors.

[Schwerpunkt: Textanalyse]

Material

Hans Magnus Enzensberger: Elektronik als Massenbetrug
Ein Wutausbruch

Viele beschweren sich darüber, dass es Konsumgüter gibt, die sich langlebig nennen, obwohl sie von vornherein so gebaut werden, dass sie in wenigen Jahren im Sondermüll landen: allerlei weiße Waren wie Kühlschränke, Küchenmaschinen, Staubsauger und Wollrasierer, die auch als Flusenentferner im Handel sind.

Unabhängig davon, ob diese Gegenstände unentbehrlich, brauchbar oder unnütz sind, ist ein solches Vorgehen bei Fabrikanten von Haushaltswaren zwar nicht strafbar, aber infam. Allerdings gehen die Hersteller von elektronischen Geräten noch viel gründlicher vor. Ihre Schutzbehauptung besagt, dass ihnen gar nichts anderes übrig bleibt, weil der technische Fortschritt sie zur permanenten Innovation zwingt. Das Tempo, das sie anschlagen, ist derart manisch, dass ihre Erzeugnisse schon am Tag ihres Erwerbs veraltet sind.

Die Verschrottung ist also den Geräten eingebaut, und zwar der Hard- ebenso wie der Software. Die Betriebssysteme und Programme werden in immer kürzeren Zyklen ausgetauscht. Das gilt gleichermaßen für Rechner, Telefone, Brillen, Armbänder und Implantate.

Ebenso lästig ist, dass Unternehmen, die der Kommunikation dienen sollen, sich einigeln, um genau diesen Zweck zu sabotieren. Um das zu erreichen, haben sie einen eigenartigen Soziolekt entwickelt, eine Geheimsprache, deren Grundlage eine Art Pidginenglisch ist. Ein Update könnte in der Umgangssprache auch ein Rendezvous bedeuten, das hoch hinauswill, während es bei Computerleuten für eine Optimierung oder Aktualisierung der Software steht, die oft zwangsweise über den Kunden verhängt wird. Anders verhält es sich mit dem Start-up. Damit ist nicht etwa ein Pilot gemeint, der sein Flugzeug in die Höhe steuert, sondern ein ehrgeiziger Unternehmer, der Geld einsammeln möchte.

Das Vokabular der IT-Branche ist reich an Stummelwörtern. Charakteristisc Jargon sind Formulierungen wie Spotify, Instagram, Snapchat, Matse, Bo Moocs, d!conomy und EyeEm. Auf den Benutzer, der den Namen User füh immer neue Abkürzungen herunter: VGA, WXGA, DDR3L, DIMM, SATA, HDMI und so weiter. In der Branche gilt Unaussprechlichkeit als Vorzug: ITK, CFI, DDoS, SXSW … Es gibt auch in Schachteln versteckte Schachteln. Small Computer System Interface wird mit SCSI abgekürzt und seinerseits im UAS verpackt. Selber schuld, wer nicht weiß, was das ist, nämlich ein Universal Serial Bus Attached SCSI. Wer hätte das gedacht?

Sich möglichst unverständlich auszudrücken gehört zur Geschäftsgrundlage der Konzerne. Was einen Bitkom von einem Bitcoin und einer Blockchain unterscheidet, soll sich nur dem Fachmann erschließen. Von den Propagandisten der Digitalisierung wird auch die Null in Dienst genommen. Mit jeder natürlichen Zahl vor dem Punkt wird sofort eine Umwälzung ausgerufen: Industrie 4.0, 5.0, 6.0 und so fort.

Fern sind die Zeiten, in denen der Kapitalismus sich vor Revolutionen gefürchtet hat. Inzwischen sind es die Werbeagenturen, die sie uns ans Herz drücken wollen. Auch was man früher unter Intelligenz verstanden hat, nimmt in der Reklame eine ganz andere Bedeutung an. Diese menschliche Eigenschaft wird heute nicht nur Häusern und Automobilen, sondern auch Kühltruhen und Zahnbürsten zugeschrieben. Die Intelligenz ist zu einem kleinen i geschrumpft, das auf alle möglichen Apparate gepappt wird. Es soll suggerieren, dass Objekte wie iPhones, iPads, iMacs und iPods über die Fähigkeit verfügen zu denken.

Überhaupt wird emsig an der Entthronung des Menschenverstands durch die KI gearbeitet. Hinter diesem Kürzel lauert die künstliche Intelligenz in Gestalt nicht nur von Robotern, wiewohl sie als Androiden immerhin mit einer menschenähnlichen Oberfläche ausgestattet werden. Viel mehr versprechen sich die Verbesserer des Menschen von den Cyborgs. Auch hier ist eine Übersetzung angebracht. Es handelt sich um ein Schachtelwort, das ausgeschrieben Cybernetic Organism heißt. Dieser Begriff stammt aus der Raumfahrt. Um die Astronauten an die Lebensbedingungen in ihren Gehäusen anzupassen, galt es, sie technisch zu verbessern. Ein hybrides Wesen, eine Kreuzung zwischen Maschine und Organismus, wäre die ideale Lösung des Problems. Aber warum nur im Weltall? Warum nicht auf der Erde?

Gesagt, getan. Man braucht sich nur irgendwelche Geräte einzupflanzen. Segensreiche erste Schritte wie die Entwicklung von Prothesen und Herzschrittmachern sind längst getan. Aber wozu gibt es Mikrochips, die sich unter der Haut implantieren lassen? Was könnte man damit alles anfangen! Nicht nur die Haustür öffnen, das Licht im intelligenten Haus einschalten. Nein, auch Rechnungen zahlen, die eigene Gesundheit und den Hund überwachen, Post empfangen und versenden, Geld ausgeben oder investieren, nach Herzenslust bloggen, chatten und twittern. Schon ist die nächste, unwiderstehliche Revolution ausgebrochen, und wehe dem, der zögert, sich ihr anzuschließen.

Im fünften Jahrhundert v. Chr. hat Aristophanes eine Komödie geschrieben: „Die Wolken". Nur dass die milliardenschweren Sophisten[1] keinen Plural mehr kennen. Statt der chaotischen Wolken genügt ihnen eine einzige, um sich aller digitalen Daten der

Menschheit zu bemächtigen, nach denen sie gieren. Diese Datenwolke trägt einen amerikanischen Namen. Sie heißt: The Cloud.

Aus: Hans Magnus Enzensberger: Elektronik als Massenbetrug. Ein Wutausbruch, Der Spiegel, 16. 04. 2016,

Hans Magnus Enzensberger (geb.) 1929, Schriftsteller und Essayist

Anmerkung

1 Sophisten: griechische Philosophenschule des 5. und 4. Jh. v. Chr.; gemeint sind hier geschickt manipulierende Unternehmen

TIPP **Bearbeitungshinweise**

Um die **Analyse dieses Textes** zu verfassen, ist es empfehlenswert, zunächst **Titel und Untertitel** zu betrachten, da allein schon beim Titel „Elektronik als Massenbetrug“ impliziert wird, dass der Autor Elektronik und alle, die damit zu tun haben, als Massenbetrug bzw. Massenbetrüger sieht. Durch den Untertitel „Ein Wutausbruch“ wird deutlich, dass der Autor im Folgenden seinem Zorn Luft verschaffen möchte. Den Lesern ist also von vornherein klar, dass sie einen Text über die **negativen Seiten der Elektroindustrie** lesen werden, bei dem der Autor seine persönliche kritische Meinung darlegen wird.

Für das **methodische Vorgehen** ist es hilfreich, den Kommentar zunächst einmal am Stück zu lesen, um das Thema und das Vorgehen des Autors zu erfassen. Bei einem erneuten Lesen ist es hilfreich, die **Hauptthesen des Textes und sprachliche Besonderheiten** zu **markieren**. Achten Sie hierbei besonders auf sprachliche Mittel, die nicht nur einmal vorkommen und die wohl bewusst gesetzt worden sind. Beim dritten Lesen sollten Sie gezielt auf **Enzensbergers Argumentation** achten und sich dabei überlegen, welche Argumente Ihnen plausibel erscheinen und welche Behauptungen und Beispiele Sie nicht nachvollziehen können. Notieren Sie sich bereits jetzt auf einem extra Blatt Pro- und Kontraargumente und Beispiele zu Enzensbergers Aussagen. Nun kommen Sie zur Strukturierung Ihres Aufsatzes. Erstellen Sie sich ein Konzept, wie Sie vorgehen möchten, und ordnen Sie Ihre bisherigen Notizen.

Die Aufgabenstellung ist in drei Teile gegliedert und bestimmt dadurch auch den **Aufbau Ihres Aufsatzes:**

- Sie beginnen Ihren Aufsatz mit einer **Einleitung**, in der Sie zum Thema des Textes hinführen und gleichzeitig die notwendigen Informationen zum Text (Titel, Autor, Quelle, Erscheinungsdatum, Textgenre) nennen.
- **TEILAUFGABE 1:** In der **strukturierten Textwiedergabe** müssen Sie den Inhalt des Textes zusammenfassen und dies möglichst in eigenen Worten und in indirekter Rede.
- **TEILAUFGABE 2:** Darauf aufbauend befassen Sie sich bei der **Analyse des Kommentars** genauer mit dem Inhalt und mit der Argumentationsstruktur des Textes. Stellen Sie dar, wie der Autor in seiner Argumentation vorgeht, und nennen Sie dabei die sprachlichen Mittel, die er dafür verwendet, und vor allem deren Wirkung auf den Leser. Achten Sie auch auf den Satzbau. Beachten Sie, dass der **Schwerpunkt** der ganzen Aufgabe auf der Teilaufgabe 2 liegt.
- **TEILAUFGABE 3:** Die dritte Aufgabe ist schließlich die **kritische Stellungnahme**, die eine subjektive Auseinandersetzung mit den Argumenten des Autors verlangt. Greifen Sie hierfür auf Ihre Ergebnisse aus Teilaufgabe 2 zurück. Bringen Sie zum Ausdruck, welchen Argumenten des Autors Sie zustimmen und wo Sie ihm widersprechen. Wichtig dabei ist, dass Sie Ihre Ausführungen mit geeigneten Argumenten und Beispielen versehen und Ihre Schlussfolgerung im **Fazit** klar begründen.

Lösungsvorschlag

Einleitung: Hinführung zum Thema

Ein Leben in unserer heutigen Gesellschaft ist **ohne Elektronik kaum vorstellbar**. Durch sie kommunizieren wir, durch sie wird unser Verkehr geleitet und mithilfe von Maschinen werden unsere Kranken am Leben gehalten. Die Elektronik entwickelt sich jedoch stetig weiter. Und dass dadurch die Elektronik immer komplexer wird, ist Realität. Durch diese Komplexität und den rasanten Fortschritt wird die Elektronik für den Otto Normalverbraucher **immer undurchsichtiger**, doch ist das gleich Massenbetrug? Genau diese These stellt Hans Magnus Enzensberger bereits im Titel seines essayhaften Kommentars „Elektronik als Massenbetrug – Ein Wutausbruch" auf, der am 16. April 2016 in der Zeitschrift *Der Spiegel* erschienen ist. Im Verlauf dieses Textes drückt Enzensberger seine **Wut über die Elektronik** an sich **und über die gesamte Elektroindustrie** aus.

Informationen zum Text

TEILAUFGABE 1

Zusammenfassung des Textes:

In seinem Kommentar bekräftigt Hans Magnus Enzensberger immer wieder, dass er der Auffassung ist, dass die Elektronikindustrie und damit die Wirtschaft den **Prozess der Digitalisierung** dazu verwende, die Konsumenten zu manipulieren und zu betrügen. Zu Beginn geht er auf die weit verbreitete Meinung ein, dass bei elektronischen Geräten **Verbrauchertäuschung** vorliege, da diese direkt so gebaut würden, dass sie nach wenigen Jahren unbrauchbar werden (Z. 1–15). Dann wendet er sich der Kommunikationsbranche zu und meint, dass sich IT-Firmen mit Absicht einer **Fachsprache** bedienten, die nur aus „Stummelwörtern" (Z. 25) bestünde, damit sie nur noch für Spezialisten verständlich sei (Z. 16–38).

Vorwurf des Betrugs

Darauf folgend betrachtet Enzensberger den Begriff der künstlichen Intelligenz und weist auch hier auf die angeblich **verhängnisvolle Entwicklung** hin, dass die künstliche Intelligenz der Elektrogeräte dazu führe, dass der menschliche Verstand immer weiter an den Rand gedrängt werde (Z. 39–64).

Gefahr der künstlichen Intelligenz

Mit einem **Vergleich** beendet Enzensberger seinen Wutausbruch. Er vergleicht die angeprangerten Firmen mit Aristophanes' Sophisten aus der antiken Komödie „Die Wolken" und meint, dass diese heute nur noch eine einzige Wolke, nämlich „The Cloud" (Z. 69) als Ziel sehen würden. In dieser würden **alle Daten aller Menschen gespeichert** werden.

Cloud als Datenpool

TEILAUFGABE 2

Textanalyse:

Enzensberger verfasste einen auf den ersten Blick kritischen Text über die Technik, entwickelt jedoch schnell eine **umfangreiche generelle Fortschritts- und Gesellschaftskritik**. Dabei stellt er aber eine Reihe von Thesen auf, die er kaum durch Argumente bekräftigt. Stattdessen führt er eine **Vielzahl teils unpassender Beispiele** an, die er mit allerlei Stilmitteln verziert. Dabei reiht er die einzelnen Aspekte scheinbar beliebig essayhaft – also mit Gedankensprüngen – aneinander, sodass **keine Klarheit in seiner argumentativen Vorgehensweise** ersichtlich wird. So werden manche Punkte lediglich angerissen, ohne dass sie Vertiefung finden. Inwiefern dies beabsichtigt ist, um einem Wutausbruch nachzueifern, ist nicht mit Sicherheit zu sagen, doch erinnert diese Schreibweise stark an eine **emotionsgeladene Tirade**. Auch die Sprache, die Enzensberger verwendet, deutet auf starke Emotionen hin. Sie ist sehr gefühlsbetont gestaltet und mit einem teilweise aggressiven Unterton versehen. Zu berücksichtigen ist außerdem Enzensbergers **Sarkasmus**, den er an vielen Stellen einfließen lässt.

Kritik an Wahl der Beispiele und an Argumentation

Emotionalität und Sarkasmus des Textes

Ein bemerkenswertes Detail ist gleich zu Beginn der Untertitel „Ein Wutausbruch“. Damit möchte der Autor wohl klarstellen, dass es sich bei seinem Text um eine **ungehaltene Aneinanderreihung von negativen Gedanken** handelt. Damit könnte der Autor versuchen, von vornherein Kritik an seiner einseitigen Argumentation zu vermeiden. Denn echte Wutausbrüche können meist nur wenig schlagkräftige Argumente vorweisen. Nichtsdestotrotz ist es aber auffällig, dass der **Text** – im Gegensatz zu einem realen Wutausbruch – **gut strukturiert** ist. Man darf sich als Leser also nicht vom Untertitel täuschen lassen.

Untertitel des Kommentars

Enzensberger bedient sich zudem eines auffälligen Vokabulars und einer Vielzahl von Stilmitteln, um seinen Aussagen eine gewisse **Drastik** zu verleihen. So wirft er der Elektroindustrie vor, „infam“ (Z. 7), also bösartig zu sein, da sie „manisch“ (Z. 10) an Innovationen arbeite. Diese wolle und müsse ständig neue Produkte verkaufen, um ihre Kosten zu decken. Hierbei erwähnt er auch, dass dies unabhängig davon geschehe, ob die Geräte und deren Innovationen „unentbehrlich, brauchbar oder unnütz“ (Z. 5) seien. Mit dieser **Antiklimax** unterstreicht er seine Meinung, dass in der von ihm kritisierten Branche flächendeckend und ohne Ausnahme betrogen wird.

Wortwahl und rhetorische Mittel

Seine Schlussfolgerung, dass „[d]ie Verschrottung [...] eingebaut“ (Z. 12) sei, ist bemerkenswert, da er damit den Unternehmen unterstellt, sie würden **absichtlich minderwertige Ware produzieren**, damit der Konsument möglichst schnell ein neues Produkt kaufen

Enzensbergers harter Vorwurf an Elektroindustrie

muss. Und er behauptet damit indirekt ebenfalls, dass der Konsument – angetrieben von den Innovationen auf dem Markt – immer wieder seine Geräte verschrottet, um sich ein **Gerät der neuen Generation** zu kaufen.

Rolle der Sprache beim Betrug

Im folgenden Teil geht der Autor auf die Abkürzungen und die **Sprache der Elektrobranche** ein und vergleicht diese mit „Pidginenglisch" (Z. 18 f.). Auch hier stellt sich begründet die Frage, welcher Leser auf Anhieb weiß, was sich hinter diesem Wort versteckt. Enzensberger verwendet selbst erneut einen Fachterminus, der einen **Teil der Leserschaft ausschließen** dürfte, so wie es die Elektrounternehmen mit den Kunden – laut seiner Meinung – praktizieren. Unter Pidginenglisch versteht man laut Wörterbuch einen vereinfachten Sprachen-Mix aus Englisch und anderen Sprachen. Enzensberger macht sich also **genau desselben Vorgehens schuldig**, das er den Unternehmen vorwirft, und untergräbt damit seine eigene Argumentation.

widersprüchliches Vorgehen des Autors

Versuch der sprachlichen Ausgrenzung

Im gleichen Zuge benutzt Enzensberger bewusst die **Umgangssprache**, indem er die Fachkräfte der Branche als „Computerleut[e]" (Z. 20) bezeichnet, um eine klare **Abgrenzung** zu den „normalen Menschen" zu schaffen. Als Beispiel führt er das „Update" an, unter dem man auch ein Rendezvous verstehen könne (vgl. Z. 19 ff.). Und das „Start-up" könne auch als Flugzeugstart missverstanden werden (vgl. Z. 22 ff.). Der Autor benutzt hier zwei sehr gängige Sprachbeispiele, um seine **These des unverständlichen Branchen-Soziolekts** Nachdruck zu verschaffen. Allerdings dürften diese beiden Beispiele den meisten Konsumenten bekannt sein – zumindest das Wort „Update". Zusätzlich könnte man sagen, dass Enzensberger durch das Wort „Soziolekt" (Z. 18) die „Computerleute" beinahe stigmatisiert: Denn das Wort suggeriert, dass IT-kundige Menschen eine eigene abgelegene gesellschaftliche Gruppe darstellen würden, obwohl es sich letztlich ja nur um einen Beruf bzw. eine Berufsbranche handelt.

Fehleinschätzung bei Wahl der Beispiele

weitere Beispiele: Abkürzungen der IT-Branche

Nun zählt Enzensberger eine **Vielzahl von Abkürzungen der Computersprache** auf (vgl. Z. 28–32). Er schließt diesen Absatz mit der rhetorischen Frage, „[w]er […] das gedacht [hätte]" (Z. 32 f.), dass die Abkürzung „SCSI" in einem „UAS" verpackt „Universal Serial Bus Attached Small Computer System Interface" bedeutet (Z. 30 ff.). Aus diesem Beispiel schlussfolgert er, dass es „**Geschäftsgrundlage** der Konzerne" (Z. 34 f.) sei, **sich unverständlich auszudrücken**. Er stützt diese Folgerung durch ein erneutes Beispiel, dass nur Fachleute den Unterschied zwischen Bitcoin und Blockchain kennen könnten (vgl. Z. 35 f.). Enzensberger spricht sogar von den „Propagandisten der Digitalisierung" (Z. 36), die durch jede numerische Umbenennung von Programmen und Vorgehensweisen sofort gravierende Umwälzungen ausrufen würden (vgl. Z. 36 ff.).

Mit einer Personifikation des Kapitalismus – dieser müsse heutzutage keine Revolution mehr fürchten – leitet der Autor zu seinem nächsten Abschnitt und Kritikpunkt über (vgl. Z. 39 ff.). Als **Handlanger des Betrugs** führt er die Werbebranche an, die durch ihre Reklame suggeriere, dass elektronische Geräte die **menschliche Eigenschaft der Intelligenz** besitzen würden. Als Beispiel nennt er das „i" von Intelligenz, das auf die Geräte des Herstellers Apple „gepappt" (Z. 44) werde. Mit dem umgangssprachlichen Wort „gepappt" macht sich Enzensberger über das Vorgehen lustig, dass allein der i-Aufkleber dem Kunden vorgaukeln solle, dass die elektronischen Geräte selbst denken könnten. Doch der Autor geht noch weiter, er behauptet mit einer **Hyperbel**, dass „emsig an der **Entthronung des Menschenverstands**" (Z. 47) durch die KI (Künstliche Intelligenz) gearbeitet würde. Diese These unterstützt er lediglich wieder durch Beispiele: Androiden würden menschenähnliche Aspekte annehmen und Cyborgs würden sogar die menschlichen Fähigkeiten an sich verbessern – egal ob im Weltall oder auf der Erde (vgl. Z. 49–56).

Werbebranche als Helfer bei der Manipulation

Werbung suggeriert Intelligenz der Geräte

Mit der **Redewendung** „Gesagt, getan" (Z. 57) leitet Enzensberger in seinen vorletzten Absatz über. Er räumt ein, dass es teils **durchaus sinnvoll** sei, **cyborgähnliche Gestalten zu erschaffen**, denkt man beispielsweise an Herzschrittmacher oder Prothesen (vgl. Z. 57 ff.). Allerdings fragt er kritisch, wozu man sich Mikrochips implantieren lassen solle. Dann leitet er mit dem **sarkastischen Ausruf** „Was könnte man damit alles anfangen!" (Z. 59 f.) zu seiner ellipsenhaften Aufzählung über („Nicht nur die Haustür öffnen, das Licht im intelligenten Haus einschalten. Nein, auch Rechnungen zahlen […]", Z. 60 ff.) und beendet diese mit der Trias „nach Herzenslust bloggen, chatten und twittern" (Z. 63). Mit seinem deutlichen **Sarkasmus** führt Enzensberger diese Aufzählung ad absurdum. Sollten die Leser dennoch noch nicht verstanden haben, was er ausdrücken möchte, fügt er die **ironische Drohung** hinzu: „[W]ehe dem, der zögert, sich […] anzuschließen" (Z. 64).

Zugeständnis: Vorteil der Technik in der Medizin

ironisch-sarkastische Sprechhaltung

Enzensberger beendet seinen Text, indem er die geschickt manipulierenden Unternehmen mit den **Sophisten aus Aristophanes' Komödie** „Die Wolken" vergleicht. Es ist etwas seltsam, dass der Autor zuvor kein gutes Wort über die Elektroindustrie und die Unternehmen verlor und diese nun mit einer antiken Philosophenschule vergleicht. Mit den antiken Philosophen verbindet man allgemein auch heute noch etwas Positives und Lehren, die aktuell noch in vielen Bereichen gültig sind. Diese Philosophen beeinflussten also lang anhaltend die Gesellschaft und deren Verhalten. Auf eben diese Weise

Vergleich mit antiker Komödie

versuchen es laut Enzensberger heutzutage die IT-Leute, mit „The Cloud" und der möglichst kompletten Datenspeicherung (vgl. Z. 67 ff.) die Gesellschaft zu beeinflussen.

TEILAUFGABE 3

Kritische Stellungnahme:

Hans Magnus Enzensberger verleiht in seinem Kommentar seiner Meinung Ausdruck und möchte anhand der gewählten Beispiele die Leser beeinflussen. Er betrachtet die Thematik aber sehr einseitig und führt **keine schlagfertigen Argumente** an.

Enzensberger als Autoritätsperson

Nicht zu vernachlässigen ist die Tatsache, dass der Autor beim Verfassen des Textes rund 90 Jahre alt war und dass er ein bedeutender deutscher Schriftsteller und Dichter ist. Somit verfügt er über **viel Erfahrung in sämtlichen Lebenslagen** und ist für Politik und Gesellschaft bei vielen Fragen ein guter Ansprechpartner. Dennoch stellt sich die Frage, ob man einen solchen „Wutausbruch" in einer der angesehensten deutschen Wochenzeitschriften wie dem *Spiegel* veröffentlichen muss. Enzensberger kritisiert auf nachdrückliche Art und Weise die manipulative Strategie der gesamten Elektro- und IT-Branche und möchte die Leserschaft gegen eben diese aufbringen. Hierbei lässt er jedoch einen wichtigen Aspekt außer Acht, nämlich dass **die Leserschaft möglicherweise ganz anderer Meinung ist** als er.

Irrtum des Autors bzgl. der Meinung der Konsumenten

Menschen gegenüber technischen Neuerungen aufgeschlossen

Die Gesellschaft, die die Elektrogeräte kauft und verwendet, muss man genauer betrachten. Man wird dabei feststellen, dass sie das Vorgehen der Industrie anzuerkennen oder zumindest zu dulden scheint. Der **Wunsch, stets das Neueste zu besitzen**, wächst in einem Großteil der Bevölkerung stetig. Natürlich wünscht sich jeder eine funktionierende Waschmaschine und einen Staubsauger, der nicht alle paar Monate oder Jahre ausgetauscht werden muss. Jedoch hat sich in unserer heutigen Zeit generell die Auffassung geändert: Man will öfter etwas Neues. So hat man vor 50 Jahren für ein Auto gespart, dieses gekauft und mit Stolz so lange gefahren, bis es keine TÜV-Zulassung mehr erhalten hat. Heute möchte jeder ein modern aussehendes Vehikel mit möglichst viel PS und natürlich einem großen Paket an verbauter Elektronik in Form von Navi, Radio etc. **Nach wenigen Jahren** gibt es **neue Modelle auf dem Markt**. Die Reklame – hier muss man dem Autor recht geben – gaukelt uns diese Innovationen dann als „Must-haves" vor, um die Kauflust zu wecken. Wesentlich schneller geht dieser Prozess im **Bereich der Smartphones**. Hier erscheinen alle paar Monate neue Modelle mit Innovationen. Die Frage, welches Endgerät man besitzt, ist für die Konsumenten schon längst zur **Statusfrage** geworden.

verändertes Konsumverhalten

Sonderfall: Smartphones

Hinzu kommt, dass ein Großteil der Gesellschaft – bis mindestens 45 Jahre – den klaren **Nutzen der Innovationen** und der neuen Endgeräte in sämtlichen Bereichen der Elektronik sieht. Ganze Regionen werben mit **Industrie 4.0**, um auf dem globalen Markt konkurrenzfähig zu bleiben, während Enzensberger diesen Fortschritt kritisiert. Dies ist nicht wirklich nachvollziehbar.

Bedeutung der Branche für Wirtschaftskraft des Landes

Ein weiterer Kritikpunkt Enzensbergers ist der angeblich „eigenartig[e] Soziolekt“ (Z. 18) der Branche. Er lässt jedoch komplett außen vor, dass **jeder Fachbereich** – sei es die Botanik, Medizin, Jura oder die Sprachwissenschaft – **seine eigene Fachsprache** besitzt. Erfährt ein abgelegener Fachbereich Beachtung in der Öffentlichkeit oder im Alltagsleben der Menschen, so sind meistens **viele Erläuterungen notwendig**, damit auch jeder die entsprechenden Fachausdrücke verstehen kann. Das wäre in der Medizin der Arzt, der dem Patienten erklärt, was eine Fraktur ist, oder eben in der Elektrobranche der Verkäufer im Fachhandel, der Informationen darüber geben kann, was ein HDMI-Kabel ist. Ebenfalls nicht mit einbezogen in seine Argumentation ist der Fakt, dass viele der aufgeführten Abkürzungen und Fachbegriffe **für die heutige jüngere Generation klar verständlich** sind, da sie mit diesen Begriffen aufgewachsen ist. Und die anderen, tatsächlich unverständlichen Begriffe sind eben wirklich nur für Fachleute und Experten gedacht, werden den Otto Normalverbrauchern im Alltag also nie begegnen. Hier von einem „Massenbetrug“ zu sprechen, ist deshalb stark übertrieben.

Kritik an Enzensbergers Tirade gegen die Fachsprache

junge Generation mit IT-Begriffen vertraut

Es ist absolut menschlich, sich gegenüber Neuerungen zunächst kritisch zu äußern, wenn man mit der momentanen Sachlage zufrieden ist. Doch gerade **technische Innovationen in der Medizin und im Betreuungsbereich** sind es, die der Menschheit ein längeres und leichteres Leben ermöglichen. Denke man nur mal an den „Hausnotruf“ als einfaches Beispiel, den viele gemeinnützige Organisationen wie das DRK oder die Caritas anbieten: ein Knopf in der Wohnung, der morgens und abends gedrückt wird, um in einer Zentrale zu signalisieren, dass alles in Ordnung ist, und ein weiterer Knopf, um per GPS Hilfe zu holen, wenn man unterwegs z. B. gestürzt und kein Helfer in Sicht ist. Das ist technischer Fortschritt, den alle Generationen nicht nur gerne in Kauf nehmen, sondern sogar befürworten.

Nutzen der Technik in Medizin und im Pflegebereich

Nichtsdestotrotz steckt **in Enzensbergers Wutausbruch auch ein wahrer Kern**. Größen der IT-Branche wie Bill Gates oder Elon Musk fordern seit Jahren einen digitalen Weltsicherheitsrat, ähnlich der Atomaufsichtsbehörde. Dieser solle sicherstellen, dass **weltweit die gleichen Regeln in der Technologie-Branche** gelten und eingehalten werden. Gates und Co. warnen davor, wozu ihre Technologie heute schon in der Lage wäre: Von **Cyberkriegen** ist die Rede,

Zustimmung für Enzensberger:

Gefahrenpotenzial der Technologie

bei denen ganze Landstriche und Firmen auf einen Schlag keine Stromversorgung mehr besäßen oder bei denen geheime Daten von Regierungsservern geklaut werden könnten. Nicht auszumalen ist, was Menschen, die der Gesellschaft schaden möchten, künftig durch das Internet und die neuen Techniken anrichten könnten.

Kontrolle der Konzerne über ihre Kunden

Die Daten, die in den Clouds – es gibt ja nicht nur eine (vgl. Z. 67 ff.) – gespeichert werden, nutzen heute schon **Krankenversicherungen** in den USA, um bereits beim Vertragsabschluss eventuelle Verstöße und Falschaussagen ihrer Kunden zu ermitteln. Wenn man z. B. angegeben hat, dass man Nichtraucher ist, **in den sozialen Medien** aber vor Jahren ein Foto gepostet wurde, auf dem man eine Zigarre raucht, so erhebt die Versicherung hier den **Vorwurf der Falschangabe**. Sie könnte sich demnach der Kostenübernahme für die Krebsbehandlung, die eventuell durch Rauchen verursacht wurde, entziehen. Die Technologie birgt also auch die große **Gefahr des gläsernen Bürgers**.

Überwachung der Bürger durch den Staat

Wesentlich verheerender ist die Situation bereits in der Volksrepublik China, wo die **Überwachung der Menschen** bereits enorme Ausmaße angenommen hat. Die durch eine ausgefeilte Technik ermöglichte Sammlung von Daten bedeutet gleichzeitig auch immer die **Sicherung der Herrschaft** über die Menschen in dem jeweiligen Land. Ethische Grenzen werden dabei bedenkenlos überschritten.

Verantwortung der Unternehmen und Kunden für die Umwelt

Ein wichtiger Aspekt, den man beim Thema technischer Fortschritt auch bedenken sollte, ist unsere Umwelt, also der **Ressourcenverbrauch** auf der einen und die **Müllproduktion** auf der anderen Seite. In Zeiten, in denen unsere Meere und Felder durch Müll bedroht sind, sollte man sich ernsthaft Gedanken darüber machen, wie man mit dieser Problematik umgehen kann und wie man möglichst viele Artikel so recyceln oder upcyceln kann, dass man keine neuen Ressourcen benötigt. Die Unternehmen und Kunden sollten also umdenken und sich bemühen, dass **weniger Elektroschrott** entsteht.

Fazit

Der Name Hans Magnus Enzensberger über einem Text weckt Interesse und Aufmerksamkeit. Beim genauen Lesen des Textes wird jedoch klar, dass der Autor eine **argumentative Einseitigkeit** vertritt, ohne auf die Vorteile der von ihm behandelten Thematik einzugehen. Es wäre interessant zu sehen, wie der **Text auf der Online-Plattform der Zeitschrift** ankommt, da hier die Leserinnen und Leser Kommentare hinterlassen und die Themen diskutieren können. Die vom Autor kritisierte Technik macht die **Teilhabe an einer solchen Diskussion** übrigens erst möglich.

INTERPRETATION UND VERGLEICH DER PFLICHTLEKTÜREN (WERKE IM KONTEXT)

Arbeitsanweisungen

- Interpretieren Sie die Textstelle; beziehen Sie das für das Verständnis Wesentliche aus der vorangehenden Handlung ein.

  „[D]es Menschen Herz kann am glücklichsten sein, wenn es sich so recht sehnt."
  Wilhelm Raabe (1831–1910), deutscher Schriftsteller

- Erörtern Sie in einer vergleichenden Betrachtung, ob und inwieweit Anselmus und Harry Haller von Sehnsucht bestimmt sind. Prüfen Sie dabei die Gültigkeit der These Wilhelm Raabes.

[Bitte beachten Sie, dass der Schwerpunkt der Gewichtung auf der zweiten Teilaufgabe liegt.]

Material **E.T.A. Hoffmann (1776 –1822): Der goldne Topf**

Der Student Anselmus saß in sich gekehrt bei dem rudernden Schiffer, als er nun aber im Wasser den Widerschein der in der Luft herumsprühenden und knisternden Funken und Flammen erblickte; da war es ihm, als zögen die goldnen Schlänglein durch die Flut. Alles was er unter dem Holunderbaum Seltsames geschaut, trat wieder lebendig in Sinn und Gedanken, und aufs Neue ergriff ihn die unaussprechliche Sehnsucht, das glühende Verlangen, welches dort seine Brust in krampfhaft schmerzvollem Entzücken erschüttert. „Ach, seid ihr es denn wieder, ihr goldenen Schlänglein, singt nur, singt! In eurem Gesange erscheinen ja wieder die holden lieblichen dunkelblauen Augen – ach, seid ihr denn unter den Fluten!" – So rief der Student Anselmus und machte dabei eine heftige Bewegung, als wolle er sich gleich aus der Gondel in die Flut stürzen. „Ist der Herr des Teufels?", rief der Schiffer, und erwischte ihn beim Rockschoß. Die Mädchen, welche bei ihm gesessen, schrien im Schreck auf und flüchteten auf die andere Seite der Gondel; der Registrator Heerbrand sagte dem Konrektor Paulmann etwas ins Ohr, worauf dieser mehreres antwortete, wovon der Student Anselmus aber nur die Worte verstand: „Dergleichen Anfälle – noch nicht bemerkt?" – Gleich nachher stand auch der Konrektor Paulmann auf und setzte sich mit einer gewissen ernsten gravitätischen Amtsmiene zu dem Studenten Anselmus, seine Hand nehmend und sprechend: „Wie ist Ihnen, Herr Anselmus?" Dem Studenten Anselmus vergingen beinahe die Sinne, denn in seinem Innern erhob sich ein toller Zwiespalt, den er vergebens beschwichtigen wollte. Er sah nun wohl deutlich, dass das, was er für das Leuchten der goldenen Schlänglein gehalten, nur der Widerschein des Feuerwerks bei Antons Garten war; aber ein nie gekanntes Gefühl, er wusste selbst nicht, ob Wonne, ob Schmerz, zog krampfhaft seine Brust zusammen, und wenn der Schiffer nun so mit dem Ruder ins Wasser hineinschlug, dass es wie im Zorn sich emporkräuselnd plätscherte und rauschte, da vernahm er in dem Getöse ein heimliches Lispeln und Flüstern: „Anselmus! Anselmus! Siehst du nicht, wie wir stets vor dir herziehen? – Schwesterlein blickt dich wohl wieder an – glaube – glaube – glaube an uns." – Und es war ihm, als säh' er im Widerschein drei grünglühende Streife. Aber als er dann recht wehmütig ins Wasser hineinblickte, ob nun nicht die holdseligen Augen aus der Flut herausschauen würden, da gewahrte er wohl, dass der Schein nur von den erleuchteten Fenstern der nahen Häuser herrührte. Schweigend saß er da und im Innern mit sich kämpfend; aber der Konrektor Paulmann sprach noch heftiger: „Wie ist Ihnen, Herr Anselmus?" Ganz kleinmütig antwortete der Student: „Ach, lieber Herr Konrektor, wenn Sie wüssten, was ich eben unter einem Holunderbaum bei der Linke'schen Gartenmauer ganz wachend mit offnen Augen für ganz besondere Dinge geträumt habe, ach, Sie würden mir es gar nicht verdenken, dass ich so gleichsam abwesend" – „Ei, ei, Herr Anselmus", fiel der Konrektor Paulmann ein, „ich habe Sie immer für einen soliden jungen Mann gehalten, aber träumen – mit hellen offenen Augen träumen, und dann mit einem Mal ins Wasser springen wollen; das – verzeihen Sie mir, können nur Wahnwitzige oder Narren!".

Aus: E.T.A. Hoffmann, Der goldne Topf, Stuttgart 2016 (Reclam Verlag), S. 14–16

TIPP **Bearbeitungshinweise**

Teilaufgabe 1: Diese Aufgabe besteht aus zwei Teilen: der Handlungseinordnung und der Interpretation. Bei der Einordnung des „für das Verständnis Wesentlichen aus der vorangehenden Handlung" müssen Sie wichtige Zusammenhänge verständlich und strukturiert darlegen. Dies fängt bei den **Basisinformationen zum Protagonisten** und der groben **Handlungsstruktur** an und umfasst auch die **Darstellung der Grundkonflikte**. Es ist wichtig zu unterscheiden, dass die Handlungseinordnung keine Inhaltsangabe ist, sondern komplexere Anforderungen stellt. Es geht es darum, die Inhalte zu reorganisieren in Bezug auf die vorgelegte Textstelle. Dies erfordert eine reflektierte Auswahl von Informationen und Zusammenhängen – ggf. auch von **Auswirkungen der Textstelle auf das gesamte Werk**. Wichtig ist, dass die Handlungseinordnung nicht dazu dient, bereits mit der Analyse und Interpretation zu beginnen.

Der Operator „Interpretieren" beinhaltet, dass Sie auf der Grundlage einer **Analyse von Form, Inhalt und Sprache** auf reflektierte und nachvollziehbare Weise **Sinnzusammenhänge erschließen** sollen. Mithilfe von textimmanenten Struktur- und Stilkriterien können Sie den Inhalt, die Thematik und die Bedeutung der Textstelle herausarbeiten. Analysieren Sie hierfür den Aufbau und die Entwicklung des Handlungsverlaufs, die Charakterisierung der Figuren, die Bedeutung von Ort, Zeit und Raum, die formale Gestaltung (Perspektive, Erzähltechnik) sowie sprachliche Auffälligkeiten (Satzbau, Wortwahl, Stilmittel). Überprüfbar werden Ihre Ergebnisse durch Belege am Text – dafür müssen Sie die **Zitierregeln anwenden**.

Teilaufgabe 2: Die zweite Teilaufgabe bildet den Schwerpunkt Ihres Aufsatzes. Sie verlangt die Einbeziehung einer zweiten Pflichtlektüre. Ein Textauszug wird nicht vorgelegt, sondern ein Vergleichsaspekt, der auf einen kurzen Zusatztext zurückgeht. Dieser enthält einen oder mehrere Aspekte, deren **Gültigkeit in einem Vergleich überprüft werden** soll. Methodisch empfiehlt es sich, diesen Außentext kurz zusammenzufassen und zentrale Begriffe – hier die Sehnsucht – zu definieren und zu reflektieren. Ein Vergleich beinhaltet **Gemeinsamkeiten und Unterschiede**. Um diese benennen und strukturiert aufbereiten zu können, bedarf es sicherer Textkenntnis. Denn auch hier gilt: Ihre Erkenntnisse müssen am Text belegbar sein – durch direkte oder indirekte Zitate bzw. Textverweise. Bei der Einarbeitung der zweiten Lektüre ist es notwendig, eine kurze Hinführung zu zentralen Inhalten und Zusammenhängen voranzustellen. Die Strukturierung des Vergleichs kann blockweise für beide Werke geschehen oder als kriteriengeleiteter Parallelvergleich. Wichtig ist eine **abschließende Zusammenfassung der Gedanken** mit Fokus auf die gestellte Aufgabe.

zitierte Textausgabe: Hermann Hesse: Der Steppenwolf (1927). Erzählung, Frankfurt a. M.: Suhrkamp 2015.

Lösungsvorschlag

TEILAUFGABE 1

Einleitung

Hinführung zum Thema und den Lektüren

„Durch alle Glieder fuhr es ihm wie ein elektrischer Schlag, er erbebte im Innersten" (S. 10): Ein nie gekanntes Gefühl von höchster Seligkeit und tiefstem Schmerz durchfährt den Studenten Anselmus, als er zum ersten Mal Serpentina erblickt. Es ist die **Sehnsucht nach Liebe und Poesie**, die sich beim Blick in die blauen Schlangenaugen in Anselmus regt. Ist **dieses Gefühl des Menschen höchstes Glück?** Zumindest glaubt das der Schriftsteller Wilhelm Raabe. Auch Harry Haller aus Hermann Hesses „Der Steppenwolf" sehnt sich. Aber seine Sehnsucht lässt sich auf den ersten Blick nur schwer mit Glück in Verbindung bringen. Vielleicht ist aber auch das ersehnte Atlantis nicht das pure Glück, wie Anselmus glaubt?

Hauptteil

Handlungseinordnung:

Am Himmelfahrtstag will der Student Anselmus in einem Gartenlokal in Dresden feiern gehen. Doch auf dem Weg dorthin passiert ihm ein **Missgeschick.** Er rennt in den Apfelkorb einer alten Marktfrau. Sofort streckt er der alten Frau sein Geld entgegen, diese schimpft ihm aber einen Fluch hinterher, als er davonrennt. Betrübt über seine Situation setzt er sich **am Elbufer unter einen Holunderbaum**. In einem Selbstgespräch lamentiert er über Situationen, in denen er sich ungeschickt verhalten hat. Anselmus' Gedankengänge werden plötzlich **von Geräuschen aus dem Busch unterbrochen**, aus denen er Worte zu vernehmen glaubt. In dem Holunderbusch entdeckt er drei in grünem Gold glänzende Schlänglein, von denen sich eines zu ihm herunterstreckt. Beim **Blick in die Augen des Schlängleins** durchfährt Anselmus ein nie gekanntes Gefühl der Sehnsucht. Versunken umarmt er den Holunderbusch und ruft nach den Schlangen, weshalb er von Passanten für betrunken gehalten wird. Erneut macht Anselmus sich beschämt davon. Da begegnet ihm sein Freund **Konrektor Paulmann**, der ihn zu einer **Gondelfahrt auf der Elbe** einlädt.

Begegnung mit den Schlänglein

Zusammenfassung der Textstelle

In der vorliegenden Textstelle glaubt Anselmus, in **Wasserspiegelungen** erneut die Schlangen zu erkennen. Er spricht zu ihnen und will sich ins Wasser stürzen. Das **seltsame Verhalten** erschreckt die Mitfahrenden im Boot. Der Konrektor kümmert sich um Anselmus, der ihm von seinem Erlebnis unter dem Holunderbaum erzählt. Doch der Konrektor reagiert abweisend und **hält Anselmus für verrückt**.

Funktion der Textstelle

Die Textstelle offenbart zweierlei: Anselmus besitzt einen besonderen **Sinn für das Fantastische** und kann sich darauf einlassen. Außerdem wird deutlich, dass andere Personen über diese Gabe nicht verfügen und mit derlei Irritationen des Alltags nichts anzufangen wissen. Der Ausschnitt aus der zweiten Vigilie zeigt zudem, dass der Protagonist

hin- und hergerissen ist zwischen rationalen Erklärungen und der Sehnsucht nach dem neuen reizvollen Gefühl, das der Anblick des Schlängleins bei ihm auslöst.

Analyse und Interpretation:

Die Textstelle besitzt expositorischen Charakter: Anselmus wird erneut – nach seiner Holunderbaumvision – in das **Wechselspiel von fantastischer und realer Welt** gezogen. Ausgelöst durch Spiegelungen eines Feuerwerks im Wasser überkommen ihn synästhetische Eindrücke voller verschmelzender Klänge, Düfte und Farben, die ihn in die magische Welt ziehen („als er nun aber im Wasser den Widerschein der in der Luft herumsprühenden und knisternden Funken und Flammen erblickte", Z. 1 ff.).

zwiespältige Gefühle beim Anblick der Schlänglein

Wieder rufen die Schlänglein ambivalente Empfindungen in Anselmus hervor: „unaussprechliche Sehnsucht" und „schmerzvolle[s] Entzücken" (Z. 5 ff.). Anselmus erschrickt nicht vor den Wesen, sondern spricht sie zutraulich und direkt an („Ach, seid ihr es denn wieder [...], singt nur, singt!", Z. 7). Von Beginn an scheint er den „lieblichen dunkelblauen Augen" (Z. 8 f.) zu vertrauen. Sie verweisen auf die **„blaue Blume" der Romantik**, die als **Symbol für die unerfüllbare Sehnsucht** steht.

erzählerische Darstellung

Diesem Gefühl folgt der junge Student – in fast kindlicher Weise **blind für die Gefahr** – und stürzt sich beinahe in die Fluten (vgl. Z. 9 ff.). Der Erzähler gestaltet dabei sehr anschaulich, **wie die inneren Regungen des tollpatschigen Anselmus nach außen wirken**. Sein impulsives Verhalten schreckt die Mädchen im Boot auf, lässt den Schiffer nach Anselmus' Anzug schnappen und sorgt für Getuschel (vgl. Z. 11 ff.) – eine durchaus **komische Szene**, die für Anselmus aber dramatisch ist. Außerdem ziehen die **zahlreichen Dialoge** in dem Ausschnitt den Leser unmittelbar in das Geschehen, Durch sie wird nicht nur Anselmus charakterisiert, sondern indirekt auch andere Figuren, z. B. der Konrektor Paulmann.

Charakterisierung der Figuren

keine Unterscheidung zwischen Realität und Einbildung

Durch das überwiegend **personale Erzählverhalten** erfährt der Leser aber vor allem von den Gedanken und Wahrnehmungen des Anselmus. Immer wieder **verwischen dabei die Grenzen zwischen Wirklichkeit und Einbildung**, um die Existenz der merkwürdigen Vorkommnisse in der Schwebe zu halten („Und es war ihm, als säh' er im Widerschein drei grünglühende Streife", Z. 27 f.). Wie schon in der ersten Vigilie („Bald war es, als [...]", S. 9) streut der Erzähler immer wieder **Relativierungen und Zweifel** ein („da gewahrte er wohl", Z. 30 f.). Diese lassen sich aber auch so deuten, dass der Erzähler es sich nicht anmaßt, Zugang zur magisch-fantastischen Welt zu haben – er beurteilt die Wahrnehmungen nicht abschließend als real oder irreal.

neutrale Haltung des Erzählers

Während die Mitfahrenden in der Gondel also keinen Sinn für das Fantastische haben, spürt Anselmus den „tolle[n] Zwiespalt“ (Z. 19) zwischen realer und magischer Welt umso deutlicher. Wie bei der ersten Begegnung unter dem Holunderbusch („das ist denn doch nur der Abendwind“, S. 10) versucht Anselmus auch dieses Mal, seine Wahrnehmungen rational zu erklären. So entzaubert er die vermeintlichen **Schlänglein als Spiegelungen eines Feuerwerks auf dem Wasser** und damit als Sinnestäuschung (vgl. Z. 20 ff.).

Anselmus' Erklärungsversuche

Durch die Alliteration „glaube – glaube – glaube an uns“ (Z. 27) bringen sich die Wesen jedoch vehement in das Bewusstsein von Anselmus. Die **Schlangen sind hier Boten des Guten und nicht des Verderbens**, wie in der biblischen Geschichte von der Vertreibung aus dem Paradies, wo die Schlange als böse Verführerin auf Adam und Eva einwirkt. Der Beginn der Geschichte am Himmelfahrtstag ist ebenso eine **religiöse Anspielung** auf diese höheren Sphären, mit denen sich Anselmus konfrontiert sieht.

Bedeutung der Schlänglein

Zur **Erklärung der seltsamen „Anfälle“** (Z. 15) des Anselmus wird von den anderen Figuren wahlweise der **Teufel** herangezogen (vgl. beim Ausruf des Schiffers: „Ist der Herr des Teufels“, Z. 11) oder **Wahnwitz und Narrheit** bei Paulmann (vgl. Z. 40). Der Konrektor kann dem „im Innern mit sich kämpfend[en]“ (Z. 31 f.) Anselmus nur philisterhaft und ohne Sinn für Fantasie und Übersinnliches begegnen („mit einer gewissen ernsten gravitätischen Amtsmiene“, Z. 16 f.). Schnell **verurteilt er das Geschehen als Traum** und Anselmus als Träumer „mit hellen offenen Augen“ (Z. 38).

Urteile der anderen über Anselmus

Selbstentlarvung der Philister

TEILAUFGABE 2

Eines der Schlänglein ist Serpentina. Ihre Augen verzaubern Anselmus und wecken in ihm eine **„unaussprechliche Sehnsucht“** (Z. 5) **nach Liebe und Poesie** – Themen, von denen der Jungspund Anselmus noch nicht viel weiß, als er großspurig mit ein paar Groschen in der Tasche „schlampampen“ (S. 6) will. Der alte Steppenwolf Harry Haller hat dagegen ein paar Jahrzehnte Leben mehr auf dem Buckel, so viele, dass er sich **nach dem Ende seines Lebens sehnt** – zur Not auch durch die eigene Hand. Die Einblicke in die Gefühlswelt von Anselmus und seiner Serpentina sowie des selbst ernannten Steppenwolfs Harry Haller zeigen, dass Sehnsucht ganz unterschiedlich ausgeprägt sein kann. **Liebende** kennen das Gefühl der Sehnsucht nach dem anderen. **Reisende** kennen es ebenso als Wunsch nach einem inneren Zustand voller Erholung, Freiheit und Unabhängigkeit. **Gefangene** sehnen sich nach einer Freiheit außerhalb der Gefängnismauern. Stets umgibt die Sehnsucht ein Gefühl, das inneren Schmerz

Hinführung zum Vergleichsaspekt

Beispiele für Ausprägungen von Sehnsucht

erzeugt, weil etwas Abwesendes herbeigewünscht wird. Sie steckt voller „Sucht" nach einem anderen Gefühlszustand, einer anderen Person, einer anderen Wahrnehmungsweise. Der Schriftsteller Wilhelm Raabe behauptet sogar: „[D]es Menschen Herz kann am glücklichsten sein, wenn es sich so recht sehnt." Inwiefern sind Anselmus und Haller von einem **glücklichen Gefühl der Sehnsucht** bestimmt?

Sehnsucht und Glück nach Wilhelm Raabe

Es ist Serpentina, die Anselmus' Sehnsucht weckt, ihn in die Welt des Fantastischen und Poetischen zieht. Es entwickeln sich **konträre Gefühle** zwischen „höchste[r] Seligkeit und [...] tiefste[m] Schmer[z]" (S. 10). Wäre da nicht die Bürgerstochter Veronika, die ebenso „recht schöne dunkelblaue Augen" (S. 16) hat. Die Folge ist eine **tiefe innere Zerrissenheit des jungen Mannes**, die nicht mit der glücklichen Sehnsucht nach Wilhelm Raabe vereinbar ist. Serpentina steht zwar im Zentrum von Anselmus' Gefühlswelt, doch die Ähnlichkeit mit Veronika funkt immer wieder dazwischen. Zudem versucht Veronika, Anselmus **mithilfe magischer Mittel zu manipulieren**, um ihn für sich zu gewinnen – in der Hoffnung, „Frau Hofrätin" werden zu können. So geraten Anselmus' Wahrnehmungen durcheinander, als Veronika in den Zauberspiegel blickt und er ihr antwortet: „Sind Sie es, liebe Mademoiselle Paulmann? Aber warum belieben Sie sich denn zuweilen als ein Schlänglein zu gebärden?" (S. 62). In der späteren Punschszene **verschwimmen im Alkoholrausch sogar die Liebesgefühle für beide** (9. Vigilie).

Anselmus

Entscheidung zwischen Serpentina und Veronika

Zuhilfenahme von Magie durch Veronika

Doch in der Kristallflasche (10. Vigilie) ist es eben Serpentina, nach der Anselmus sich in seiner Verzweiflung sehnt und nach der er ruft. Ihm wird klar, dass er das Wunder des Fantastischen nur durch die **Liebe zu Serpentina** erleben kann (vgl. S. 83). Voraussetzung für diese Wahrnehmungen ist sein „kindliches poetisches Gemüt" (S. 70). Die Begegnung mit Serpentina weckt in ihm die „Sehnsucht nach dem unbekannten Etwas" (S. 28), das symbolhaft auf ein höheres Sein in „himmlische[r] Verzückung" in einer „andern höhern Welt" (S. 30) verweist – gemeint ist der **Sehnsuchtsort Atlantis**, ein sagenumwobener, mythischer Ort, wo Klänge, Düfte, Farben und Gefühle miteinander verschmelzen.

Liebe zu Serpentina als stärkere Kraft

All der Sehnsucht nach der poetischen Welt zum Trotz fühlt sich Anselmus nicht glücklich – ihn reizt auch das bürgerliche Leben in Gestalt von Veronika. Durch den **Einfluss von Zaubermächten** wird es dem jungen Mann nicht einfach gemacht, seiner Sehnsucht nachzugehen: **Lindhorst**, der vermeintlich gute Zauberfürst, handelt nicht selbstlos, schließlich will er mithilfe des poetischen Gemüts von Anselmus seine Rückkehr nach Atlantis vorbereiten. Liese Rauerin, das Äpfelweib, ist Lindhorsts **Gegenspielerin**. Sie versucht, Veronika zu manipulieren, damit diese das Herz des Anselmus erobern

unglückliche Sehnsucht des Anselmus

Anselmus zwischen den Fronten höherer Mächte

kann, doch letztlich will die Hexe nur die Erlösung des Archivarius verhindern. Deshalb ist Anselmus auch ein **Spielball fremder Mächte**, die teils es gut (aber nicht in uneigennütziger Weise gut) mit ihm meinen oder eben auch böse Absichten haben.

Veronika und die Rauerin sind für Anselmus **Prüfsteine für die Liebe zu Serpentina und das gemeinsame Leben in Atlantis**. Nicht ohne Grund bestärkt ihn darum Serpentina in seiner Sehnsucht: „glaube, liebe, hoffe!" (S. 85). Der Archivarius warnt Anselmus vor „feindliche[n] Mächte[n]", denen er nur durch „Kamp[f]" und „innere Kraft" widerstehen könne (S. 54).

Herausforderungen für Anselmus auf dem Weg zu Serpentina

Anselmus erreicht seinen Sehnsuchtsort **nicht ohne Anstrengung und Verluste** – glücklich ist er also dabei nicht, zumindest nicht durchgehend. Seine Liebe zu Serpentina und damit die Sehnsucht nach Atlantis sind am Ende aber stärker als die bürgerlichen Verlockungen. In Atlantis scheint der **Endpunkt aller Sehnsucht** mit dem „Leben in der Poesie" erreicht. Gemeint ist damit, dass sich Anselmus „als tiefstes Geheimnis der Natur" der „heilige Einklang aller Wesen […] offenbaret" (S. 102).

vereint mit Serpentina in Atlantis

Neben dieser Deutung wäre auch eine andere, in der Textstelle angelegte Interpretation möglich: Das Verhalten von Anselmus kann als **Sehnsucht eines Wahnsinnigen und Verrückten** verstanden werden, der zu Schlangen spricht und einen Busch umarmt. In der zehnten Vigilie, in der Anselmus in einer Kristallflasche gefangen zu sein scheint, wird diese Möglichkeit erneut angedeutet: „Der Studiosus ist toll, er bildet sich ein in einer gläsernen Flasche zu sitzen, und steht auf der Elbebrücke und sieht gerade hinein ins Wasser. Gehen wir nur weiter!" (S. 84). Das „Rittergut in Atlantis" am Schluss wirkt vor diesem Hintergrund wie das **endgültige Abgleiten in den Wahnsinn**. „[D]es Menschen Herz" wäre hier erst recht unglücklich, weil krankhaft verzerrt und einsam im Wahn.

alternative Deutung:

Anselmus als Wahnsinniger

Atlantis als Hirngespinst

Wenig lebendig fühlt sich Harry Haller in Hermann Hesses „Der Steppenwolf" am Anfang des Romans. Der Protagonist, der sich selbst als „Steppenwolf" bezeichnet, ist knapp fünfzig Jahre alt. Er quält sich, denn für ihn unvereinbar scheinende **Gegensätze seiner Persönlichkeit** wachsen sich zu einer schweren Lebenskrise aus. Einerseits sehnt er sich nach der **Sicherheit, Ordnung und Geborgenheit der bürgerlichen Welt**. Andererseits sehnt er sich danach, die gesellschaftlichen Konventionen abzuwerfen und seiner wölfisch-triebhaften Natur zu folgen, die er bislang unterdrückt. Die Bekanntschaft mit der Prostituierten Hermine und deren Freundin Maria sowie dem Musiker Pablo bringt Bewegung in das Leben des Außenseiters. Doch so wie ihn der Leser kennenlernt, hat Haller nichts mit

Harry Haller

Bürger und Steppenwolf

kein Glück in Hallers Sehnsucht

dem Raabe-Zitat des glücklich Sehnenden zu tun – der **Wunsch nach dem Selbstmord** drückt das Gegenteil aus.

Glorifizierung des Leidens durch Haller

Seine „tiefe Vereinsamung“ (S. 8) ist das Ergebnis einer ausgeprägten **Selbst- und Weltverachtung**. Der Herausgeber bezeichnet ihn als „dauernd Leidenden“, als „Genie des Leidens“ (S. 16), der vor Pessimismus strotzt. Statt Glück und Zufriedenheit anzustreben, **verherrlicht Haller den Schmerz des Leidens** mithilfe eines Novalis-Zitates: „Man sollte stolz auf den Schmerz sein – jeder Schmerz ist eine Erinnerung unsres hohen Ranges.“ (S. 23).

flüchtige Glücksmomente in der Musik

Doch ist dieser Harry Haller letztlich kein Verlorener. Er „wollte leben“, war „voll flackernder Sehnsucht“, aber eben auch „voll tödlicher Angst“ (S. 111). Eindrücklich beschreibt er seine **Gefühle für Musik:** „So von Gedanken und vom Nachklang der Musik erfüllt, das Herz schwer von Trauer und verzweifelter Sehnsucht nach Leben, nach Wirklichkeit, nach Sinn.“ Doch stets bleibe schale „Resignation, mit der Ergebung ins Verhängnis“ (S. 175). Die **Sehnsucht nach Sinngebung** und der **Schmerz aufgrund des Sinnverlusts** beherrschen Haller gleichermaßen, die „unerträgliche Spannung zwischen Nichtlebenkönnen und Nichtsterbenkönnen“ (S. 136). Wie soll Harry Haller unter diesen Umständen Glück im Sehnen empfinden?

fehlender Lebenssinn

Bewunderung und Idealisierung von Goethe und Mozart

Aber der Steppenwolf Haller badet nicht nur in depressiven und melancholischen Phasen seines Lebens, sondern erlebt auch **Episoden der Hochstimmung**. Die Kunst der „Unsterblichen“ aus Musik und Literatur – vor allem **Mozart und Goethe** (vgl. z. B. S. 125) – öffnen ihm „die Tür zum Jenseits“, wo er „Gott an der Arbeit gesehen [...], selige Schmerzen gelitten und [s]ich gegen nichts mehr in der Welt gewehrt“ habe (S. 39). Man könnte sagen, was Atlantis für Anselmus ist, das bedeuten Mozart und Goethe für Harry Haller.

Bedeutung „der goldenen göttlichen Spur“ für Haller

So wie Anselmus unter dem Holunderbaum träumt, so träumt auch Harry Haller, und zwar von einer **„goldene[n] göttlichen Spur“** (S. 39). Wie im „Goldnen Topf“ offenbaren sich also auch im „Steppenwolf“ höhere Mächte. Harry Hallers „Gottesspur“ (S. 40) steht als **Inbegriff für die metaphysischen, also übernatürlichen Zusammenhänge**, die nur von den „Unsterblichen“ erkannt werden können. Dem Steppenwolf bleibt die Sehnsucht danach. Glücklich im Raabe'schen Sinne ist er mit dieser Sehnsucht nicht. Als Steppenwolf fühlt er sich wie das „in eine ihm fremde und unverständliche Welt verirrte Tier, das seine Heimat, Luft und Nahrung nicht mehr findet“ (S. 41). Vom Tod erhofft sich Harry Haller Erlösung.

Besuch im Magischen Theater

Während Anselmus durch seine Liebe zu Serpentina eine Entrückung nach Atlantis erfährt, von welcher der Erzähler als „Vision“ (S. 101) berichtet, erlebt Harry Haller **im Magischen Theater traum-**

und rauschhafte Zustände, die seine Wahrnehmung erweitern. Hermine und Pablo führen ihn in den „Bildersaal [s]eines Lebens" (S. 181) ein. Doch nicht alles, was er hier erlebt, bereitet ihm Raabe'sche Glücksmomente, zum Beispiel, wenn er sich desillusioniert von seiner Pazifistenattitüde in einer **Gewaltfantasie** wiederfindet (vgl. S. 232 ff.): „‚Komisch', sagte ich, ‚daß das Schießen so viel Spaß machen kann! Dabei war ich früher Kriegsgegner!'" (S. 240). Am Ende dieses Erlebnisses bleibt **Scham** (vgl. S. 243).

Hallers Konfrontation mit der eigenen Persönlichkeit

Fazit

Wie für Anselmus gehören auch für Harry Wohlgefühl und Schmerz zusammen. Anselmus' Sehnsucht lässt sich auf **Serpentina und Veronika** beziehen. Sein poetisches Gemüt wird geweckt und formt seine romantische Sehnsucht – verkörpert durch Serpentina und beheimatet im märchenhaften Atlantis. Dass des Anselmus' Herz dabei am glücklichsten ist, wenn es sich sehnt, kann man nicht behaupten, denn **Ängste, Unsicherheiten und Gefahren** begleiten ihn. Harry Haller dagegen kennt – ganz lebenserfahren im Unterschied zum jungen Studenten – verschiedene Sehnsüchte, vor allem in der Kunst. Durch Hermine lernt er noch weitere kennen, zum Beispiel das **Tanzen** und die **Lust an der Lust**, die er mit der Prostituierten Maria zulassen kann. Doch sein Herz ist voller **Melancholie und Traurigkeit** und das Ende des Hesse-Romans lässt offen, ob ihn das Magische Theater glücklich macht. Aber es macht ihn mutiger, führt ihm seine Defizite vor Augen, die ihn immer wieder an der Erfüllung seiner vorhandenen Sehnsüchte verzweifeln und scheitern lassen. Er „war gewillt" und „einmal" würde er „das Figurenspiel besser spielen" (S. 278). Genau dieses perspektivisch positive „Einmal" könnte für seine **Sehnsucht nach Erlösung** stehen und für den „Weg ins Freie" aus seiner „Angsthöhle" (S. 136) heraus. Dann kann vielleicht auch das Herz von Harry Haller am glücklichsten sein.

Anselmus: Ambivalenz seiner Sehnsucht

Harry Hallers Lernprozess zu mehr Lebensglück

Deutsch (Baden-Württemberg) ▪ Abiturprüfung 2020
Aufgabe 3

INTERPRETATION EINES KURZPROSATEXTES

Arbeitsanweisung

Interpretieren Sie den Text.

Material **Johannes Bobrowski (1917–1965): Im Verfolg städtebaulicher Erwägungen (entstanden 1965)**

Durch eine frühere Allee, die sich, baumlos, auf einen leeren Platz zu verbreitert, immer entschiedener, je weiter sie sich von der Ecke, an der ich wohne, entfernt, kann ich in eine Querstraße hineinblicken. Eine alte Straße von ziemlich neunzig Jahren, alte Häuser mit breiten Simsen[1], Pilastern[2], von Halbsäulen getragenen Fensterstürzen[3], Balkonen, die von Atlanten[4] gestützt werden, und Rundportalen, die vielleicht einfielen, schmiegten nicht Karyatiden[5] von derber Anmut fleischig-kräftige Rücken unter die Wölbung.

Seit einiger Zeit allerdings bemerke ich von meinem Fenster aus, daß sich Unruhe in dieser Straße verbreitet, daß dort etwas angefangen hat, was allgemein unter der Bezeichnung Regulierung[6] des Stadtkerns begriffen wird und gar nichts anderes bedeutet, als daß die Häuser in dieser Straße zum Abriß bestimmt worden sind.

Alte Häuser. Von unten her hat der Schwamm[7] an ihnen gearbeitet und von oben, vom Dachstuhl aus, der Holzwurm. Auf halbem Wege ungefähr haben sie sich getroffen; ohne Aufheben davon zu machen, aber, wie man sieht, nicht unbemerkt.

Die Bewohner des ersten Hauses, kann man annehmen, warten eine Benachrichtigung gar nicht erst ab, vielleicht ist sie auch vor Jahren schon erfolgt. Mit Sack und Pack ziehen sie in das nächststehende hinüber, ohne zu fragen und unbegrüßt von dessen Bewohnern, liegen dann in allen Fenstern, vom Keller bis zum Dachboden, und rufen den Arbeitern draußen, die mit Geräten und Maschinen den Abriß durchführen, ihren Zorn und ihre Verachtung ins Gesicht.

Da sind sie also untergekommen. Aber in der nächsten Woche bereits ist auch dieses Haus an der Reihe. Die Greifbagger rücken vor, Bewohner und Gäste siedeln gemeinsam ins nächste Haus über. Und eine Woche darauf ist es schon wieder so weit, Kisten, Gerät, Kleidungsstücke werden in das nächststehende Haus geschleppt, dessen Türen sich widerwillig öffnen. Jetzt blicken bereits sechs oder acht Köpfe aus jedem Fenster. Da wird sicher geschrien, und man weiß ungefähr: was, aber bis hierher ist nichts zu hören, nur die offenen Münder erkennt man und Fäuste, erstarrt jetzt in einer drohenden Bewegung, denn die Greifer manövrieren und bewegen sich, nach einer halben

Drehung, auf das nächste, noch stehende Haus zu. So geht es voran, ein Haus, und wieder ein Haus.

Wir werden hinübergehn müssen, vor Abend, die Laternen entzündet man in dieser Straße nicht mehr, oder uns wenigstens nach der Länge der Straße erkundigen, oder doch besser einen Blick in die Straße werfen, nach ihrem Ende zu, solange es das noch gibt. Wir müssen doch vielleicht wissen, wieviel Wochen es noch so gehen kann. Übrigens werden die Häuser auf das Ende der Straße zu niedriger und enger. Schmale Türen, immer weniger Fenster. Erst noch achtzehn oder sechzehn in der schon recht schmucklosen Fassade, schließlich noch vier. Wie werden die Leute da alle herausschauen können?

Es findet sich ja noch immer ein Haus, vielleicht eins mit zwei Fenstern, das ist wenigstens etwas. Denn das letzte, denke ich, hat keines mehr.

Es können ja neue Häuser an die Stelle der alten gesetzt werden; alles neu, ein neuer Name für die Straße, neue Bewohner, man hat präzise, ausreichend detaillierte Vorstellungen, wenn es um die Zukunft geht. Aber wie das mit dem Alten, Früheren, dem Vergangenen gewesen ist, da bleibt man auf Vermutungen angewiesen. Das ist gewesen, und ist vergangen, Zeit, und verlorene Zeit. Wie Geschwätz.

Aus: Johannes Bobrowski, Die Erzählungen in chronologischer Folge, Buchverlag Union 1992, S. 166 f.

Anmerkungen

1 Sims: Mauervorsprung unter dem Fenster
2 Pilaster: Wandpfeiler
3 Fenstersturz: Mauerrand oberhalb des Fensters
4 Atlant: eine das Gebälk tragende Männergestalt
5 Karyatide: Gebälkträgerin, weibliche Statue anstelle einer Säule
6 Regulierung: direkte Eingriffe des Staates durch Vorschriften
7 Schwamm: Der Hausschwamm ist ein hochschädigender Pilz, der durch Mauerwerk wächst.

TIPP **Bearbeitungshinweise**

Die Arbeitsanweisung „Interpretieren Sie den Text“ löst bei vielen Schülerinnen und Schülern mitunter eine gewisse Panik aus. Man könnte glauben, dem Text möglichst zügig die eine und richtige Deutung entlocken zu müssen – und wenn sich diese nicht schnell genug einstellt, entsteht Unruhe. Deshalb lautet der erste Hinweis**: Lassen Sie sich Zeit**. Erinnern Sie sich zweitens daran, was unter dem Operator „Interpretieren“ zu verstehen ist. Die **Deutung** ist zwar ein wichtiger, aber nur ein Teil der Aufgabenstellung. Sie gelangen dorthin über die mindestens so wichtigen Schritte der **Texterfassung** und der **Beschreibung**, also der **Analyse**. Die Deutung erschließt sich selten durch eine spontane Eingebung, sondern vielmehr durch diesen **Weg des genauen Lesens**. Deshalb empfiehlt sich der folgende Aufbau Ihrer Interpretation:

Sie können die **Einleitung** mit einer thematischen Anmoderation beginnen, sie ist aber nicht verpflichtend. Worauf Sie an dieser Stelle jedoch eingehen müssen, sind **Autor, Titel, Textsorte** und vor allem das **Thema** des Kurzprosatextes. Mit dem Thema ist nicht die oberflächliche Handlung gemeint, sondern die darunterliegende Problematik, die sich verallgemeinern lässt. Im Fall von Johannes Bobrowskis Text wäre das zentrale Thema also nicht der Häuserabriss, sondern vielmehr die Frage, was der Preis des menschlichen Fortschrittes ist.

Für den **Hauptteil** können Sie zwischen einem aspektorientierten oder einem linearen Aufbau wählen. Möglich ist auch eine Mischform, wie sie der nachfolgende Lösungsvorschlag praktiziert. Vor der eigentlichen Analyse steht eine Inhaltsangabe. Behalten Sie im Kopf, dass **nicht alle Analysekriterien**, die Sie kennen, **gleich wichtig** sein müssen. Auf welche Aspekte Sie detailliert eingehen, hängt vom konkreten Text ab. Bei Bobrowskis Text etwa ausführlich über den Ort und die Zeit der Handlung spekulieren zu wollen, würde vom Thema wegführen. Das **gestalterische Mittel der Kontrastierung** ist für die Geschichte allerdings sehr wichtig. Achten Sie außerdem darauf, Ihre Aussagen inhaltlich sinnvoll und formal korrekt am Text zu belegen.

Der **Schluss** der Interpretation soll die wichtigsten Erkenntnisse Ihres Aufsatzes knapp zusammenführen. Dabei können Sie einen **Rückbezug zum Titel** herstellen. Bei einem vergleichsweise aktuellen Thema wie dem, das Bobrowskis Text behandelt, ist es auch möglich, einen **Bezug zur Gegenwart** herzustellen. Unter dem Begriff der Gentrifizierung werden auch heute vielerorts Stadtteile ohne Rücksicht auf die Natur oder die Bewohner modernisiert.

Das folgende **methodische Vorgehen** ist empfehlenswert:

- Lesen Sie den Text mehrmals. Nach dem ersten Lesen notieren Sie **erste Beobachtungen**. Schreiben Sie hier unbedingt auch Dinge auf, die Sie im ersten Moment irritieren oder die Ihnen unklar erscheinen. Oft erweisen sich gerade diese später als hilfreich für das Verständnis.

- Bearbeiten Sie den Text anschließend. Das beinhaltet, dass Sie **Schlüsselbegriffe unterstreichen**, **Sinnabschnitte bestimmen** und am Rand zusammenfassen sowie **verschiedene Aspekte farbig markieren**.
- Verschaffen Sie sich einen Überblick über den Zwischenstand. Dazu eignet sich eine **Mindmap**, in der Sie die wichtigen Analyseaspekte sammeln.
- Nach diesem Arbeitsschritt empfiehlt es sich, eine **Gliederung** zu verfassen. Sie hilft dabei, Ihre Ergebnisse strukturiert darzustellen. Außerdem wird Ihnen mit einer durchdachten Gliederung anschließend das Schreiben leichter von der Hand gehen. Ein Tipp: Springen Sie nicht zwischen dem Erstellen von Gliederungsabschnitten und dem Schreiben einzelner Aufsatzabschnitte hin und her, sondern stellen Sie Ihre Gliederung zuerst fertig.
- **Schreiben Sie Ihren Aufsatz**. Wenn Sie sich bei einer Formulierung unsicher sind, hängen Sie sich nicht zu lang daran auf. Markieren Sie die Stelle lieber mit Bleistift, um im nächsten Schritt darauf zurückzukommen.
- Lesen Sie Ihren Text **zweimal Korrektur:** Zunächst überprüfen Sie den Inhalt, dann die sprachliche Gestaltung.

Lösungsvorschlag

Einleitung

Benennen des Themas

Heutzutage würde man das, was in Johannes Bobrowskis Kurzprosatext „Im Verfolg städtebaulicher Erwägungen“ (1965) vor sich geht, als **Gentrifizierung** bezeichnen. Der Text schildert den **Abriss alter Häuser** und die **erzwungene Umsiedelung** ihrer Bewohner, um Platz für neue Gebäude zu machen. Er stellt dabei zugleich die Frage nach dem Preis, den das **Streben nach Fortschritt** für den einzelnen Menschen hat – und nach der Verantwortung derjenigen, die nicht eingreifen, obwohl sie Unrecht beobachten.

Hauptteil

Inhaltsangabe

In einer nicht genauer bezeichneten Stadt, in der bereits einige Bäume zugunsten breiterer Straßen gefällt wurden, beobachtet ein anonym bleibender Erzähler in seiner unmittelbaren Nachbarschaft Veränderungen: Nach und nach werden in einer alten Straße alle marode gewordenen Häuser abgerissen. Die Bewohner, zunehmend verzweifelt, ziehen jeweils ein Haus weiter, wodurch die Wohnsituation für alle immer enger wird. Sie **protestieren erkennbar gegen die Abrissmaßnahmen**. Es gelingt ihnen jedoch nicht, sie aufzuhalten. Der Erzähler bezieht erst am Schluss etwas deutlicher Stellung zu dem, was in seiner Umgebung vor sich geht.

Aufbau des Textes

Trotzdem erhält der Leser schon früher Einblick in die Gedanken des Erzählers. Denn geschildert wird nicht nur das Geschehen auf der Straße, der Text verknüpft diese Ereignisse an verschiedenen Stellen mit den jeweiligen Überlegungen des Erzählers dazu. Er verbindet dadurch die **äußere Handlung mit punktuellen Einblicken in die innere Handlung**, die Gedankenwelt des Erzählers. Bei der Schilderung der Abrissarbeiten ist eine **Steigerung** zu beobachten: Während zu Beginn noch ausführlich dargestellt wird, wie die ersten Bewohner der abzureißenden Häuser ein Haus weiterziehen (vgl. Z. 15–20), werden diese Darstellungen immer knapper – ebenso wie auf der inhaltlichen Ebene die verbleibenden Bewohner immer enger zusammenrücken müssen (vgl. Z. 25). Trotz der Steigerung, die beim Geschehen auf der Straße deutlich wird, hat der Text **keinen Höhepunkt** auf der Handlungsebene. Er endet vielmehr auf der Reflexionsebene mit den Gedanken des Erzählers.

Schilderung der Abrissarbeiten – Gedanken des Erzählers

Verhalten des Erzählers

In der Haltung des Erzählers ist **kaum eine Entwicklung** zu beobachten. Er bleibt bis kurz vor Schluss des Textes distanziert und beschäftigt sich nur gedanklich mit dem, was in der Straße vor sich geht. Die gegen Ende formulierte Überlegung, einmal „hinübergehn“ (Z. 31) und sich „erkundigen“ (Z. 32) zu „müssen“, wird durch das wiederholte Modalverb „müssen“ **eher als Pflichtgefühl denn als echtes Bedürfnis erkennbar**.

Das Geschehen erstreckt sich zeitlich über mehrere Wochen (vgl. Z. 21, 23). Es wird also **zeitraffend erzählt**, was den Leseeindruck verstärkt, dass die Menschen **durch die schnellen Abrisskommandos überrumpelt** und überwältigt werden. Über den Ort wird keine genauere Angabe gemacht – es handelt sich jedoch offensichtlich um eine Stadt, in der nach und nach die Natur diversen Baumaßnahmen hat weichen müssen (vgl. Z. 1). Diese Anonymität macht die Ereignisse **auf andere Städte übertragbar** und dadurch auch **als Trend bzw. Massenphänomen erkennbar**.

Zeit- und Raumgestaltung

Ein zentrales Gestaltungsprinzip des Textes ist die Kontrastierung, die den zugrundeliegenden Gegensatz von Vergangenheit und Fortschritt zuspitzt und die bis in die Sprache hineinreicht. Das wird bereits in den ersten Sätzen der Erzählung deutlich. Der Text beginnt mit einer **anschaulichen Darstellung der Vergangenheit**, indem der Erzähler die „alte[n] Häuser" (Z. 3 f.) in der „frühere[n] Allee" (Z. 1) beschreibt. Er verwendet dafür **architektonische Fachbegriffe**, die teilweise kaum noch in Gebrauch sind. Aber gerade durch diese altmodisch gefärbte Sprache entsteht ein **Bild von kunstvoll erbauten Häusern** mit ihren „Pilastern", „Fensterstürzen", „Atlanten" und von „Karyatiden" gestützten „Rundportalen" (Z. 4 ff.) vor dem inneren Auge. Der später thematisierte Abriss dieser Häuser muss **auch in architektonischer Hinsicht als bedauernswerter Verlust** gelten – so der Subtext dieser Passage.

Kontrastierung als Gestaltungsprinzip: Vergangenheit vs. Gegenwart

Fachvokabular

Der Satzbau, den der Erzähler in den ersten Sätzen wählt, ist hypotaktisch. Durch die zahlreichen verschachtelten Nebensätze wirkt er zwar ein wenig umständlich. Er **spiegelt** aber dadurch in gewisser Weise die **verspielte, verschnörkelte Architektur früherer Zeiten** wider. Das wird sich später ändern.

Entsprechung von Syntax und Aussage

Im ersten Satz wird der Gegensatz zu den altertümlich verzierten Häusern schon vorbereitet, wenn der Erzähler berichtet, er schaue durch eine „frühere Allee", die sich nun „baumlos, auf einen leeren Platz zu verbreitert" (Z. 1). Die fehlenden Bäume deuten bereits hier den **Verlust der Natur** an. Auch Menschen sind auf dem Platz offenbar nicht zu sehen. Die Allee wird sogar personifiziert, wenn sie sich „immer entschiedener" (Z. 1 f.) verbreitert und dadurch eine Art Eigenleben gewinnt.

Zurückdrängen der Natur

Dieser inhaltliche Gegensatz zwischen der Natur und dem sich fast schon organisch ausbreitenden Asphalt wird im zweiten Absatz verstärkt. Dies geschieht zum einen durch die Ankündigung einer Veränderung („allerdings", Z. 8), womit der Erzähler seine Beobachtungen zu den Abbrucharbeiten – und damit zur beschleunigten Zerstörung des „Alten" – einleitet. Zum anderen macht sich der Gegensatz

Veränderung im zweiten Abschnitt

sprachlich bemerkbar. Der Erzähler spricht **in euphemistisch-bürokratischen Formulierungen** von der „Regulierung des Stadtkerns" (Z. 10), die nun begonnen werde, übersetzt und benennt diesen Ausdruck aber zugleich mit „Abriß" (Z. 11).

In dieser doppelten Bezeichnung des Geschehens kommt eine für den Erzähler typische Eigenschaft zum Ausdruck: Er äußert im Hauptteil des Textes nie eindeutig seine Meinung zu dem, was er beobachtet. Aufgrund des Ausdrucks „Abriß" (Z. 11) lässt sich zwar **eine kritische Einstellung vermuten**, mehr gibt er aber nicht preis. Gerade zu Beginn verhält sich der Erzähler distanziert. Er stellt lediglich fest, es verbreite sich „Unruhe" (Z. 8) in der Straße. Der Erzähler benennt **keine Verantwortlichen für die Abrissarbeiten**, wenn er vorsichtig feststellt, dass „dort etwas angefangen hat" (Z. 9). Weder von einem städtischen Bauamt noch von einem privaten Wohnhausbesitzer oder einer Immobilienfirma ist die Rede. Die Schäden an den alten Häusern seien „[n]icht unbemerkt" (Z. 14) geblieben – aber auch diese **Feststellung ist unpersönlich gehalten**.

Distanz des Erzählers

kein Wort über die Verantwortlichen

Je weiter die Geschichte fortschreitet, desto deutlicher wird aber auch, dass der Erzähler neugieriger wird. Er beginnt, über das Verhalten der Hausbewohner nachzudenken. Dies ist erkennbar an der Häufung von Formulierungen wie „kann man annehmen" (Z. 15), „vielleicht" (Z. 5, 16, 34, 39) und an Abtönungspartikeln wie „sicher" (Z. 26), „wenigstens" (Z. 39 f.) oder „ja" (Z. 41). Diese **Neugier entwickelt sich aber nicht weiter zu echter Anteilnahme am Schicksal der Bewohner**. Als personaler Ich-Erzähler ist er zwar Teil der erzählten Welt, steht jedoch **abseits des eigentlichen Geschehens**.

zunehmendes Interesse des Erzählers

Dies wird auch an der Stelle deutlich, als er von der ersten Person Singular in die erste Person Plural wechselt („Wir", Z. 31 ff.). Dieser Wechsel irritiert zunächst und ist nicht eindeutig zu erklären. Man könnte das „wir" etwa als **Sorge um die eigene Wohnsituation** deuten, da die Bagger immer weiter vorrücken und so die Wohnung des Erzählers und seiner Nachbarn bedrohen. Weil der Erzähler aber bis zum Schluss emotional unbeteiligt und neutral berichtet, scheint es plausibler, sich das **„wir" als Kollektiv neugieriger Nachbarn** vorzustellen, die spähend um die Ecken sehen. Diese interessieren sich nur insoweit für das Geschehen, als die „Unruhe" (Z. 8) sich möglichst bald wieder legen soll.

„wir" als Ausdruck von Sorge

„wir" als Ausdruck von Neugier

Neben diesem Nachbarkollektiv gibt es zwei weitere Gruppierungen. Denn der Erzähler stellt „den Arbeitern draußen [...] mit Geräten und Maschinen" (Z. 19) die Menschen drinnen im Haus gegenüber, die jenen „ihren Zorn und ihre Verachtung ins Gesicht" (Z. 19 f.) rufen. Dabei werden die **Menschen allerdings nie konkret oder einzeln**

Menschen vs. Maschinen

beschrieben, sondern sie sind immer **nur als Gruppe sichtbar**, die aus den Fenstern schaut (vgl. Z. 18, 25). Insofern tauchen Menschen in Bobrowskis Text nur in Kollektiven auf: die ehemaligen Bewohner, die Arbeiter und die Nachbarn. Alle drei Gruppen wirken überzeichnet, fast schon karikiert und **auf ihre typischen Eigenschaften reduziert:** die Bewohner auf Protest (vgl. Z. 26), die Arbeiter auf ihre maschinengleiche Tätigkeit (vgl. Z. 19), die Nachbarn auf neugieriges Beobachten (vgl. Z. 31–34).

Figuren: Bewohner, Arbeiter, Nachbarn

Die **Entindividualisierung**, die mit dieser Darstellung einhergeht, enthält einen Subtext: In dieser „städtebaulich entwickelten" Welt verlieren die Menschen derart an Bedeutung, dass damit symbolisch auch ihre Gesichter und damit ihre Einzigartigkeit verloren gehen. Die Stadt bekommt damit ein **inhumanes Gesicht**.

keine Rücksicht auf individuelle Schicksale

Während der Erzähler zu Beginn die Umzüge der Menschen von einem abrissbedrohten Haus ins nächste noch genauer schildert, kürzt er diese Darstellungen mit jedem neuen Umzug immer stärker ab. Der Satzbau verändert sich zur Parataxe, um die **Geschwindigkeit des fast schon automatischen Umzugs** zu betonen: „Die Greifbagger rücken vor, Bewohner und Gäste siedeln gemeinsam ins nächste Haus über. Und eine Woche darauf ist es schon wieder so weit, Kisten, Gerät, Kleidungsstücke werden in das nächststehende Haus geschleppt [...]." (Z. 22 ff.)

zunehmende Zeitraffung in der Darstellung

Der **Konflikt zwischen den Maschinen und den Menschen** spitzt sich dabei zu: Immer weniger, enger und kleiner werden die Häuser, in die sich immer mehr Menschen flüchten müssen. Immer aggressiver scheint die Stimmung zu werden, mit der die Menschen den Maschinen gegenübertreten. Der Erzähler spricht von „offenen Münder[n]", „Fäuste[n]" und „einer drohenden Bewegung" (Z. 27 f.). In diesem Zusammenhang werden auch keine menschlichen Arbeiter mehr erwähnt – ein weiteres Indiz für die Entmenschlichung, die der Sanierungsprozess verursacht. Durch die personifizierte Darstellung wird den Maschinen außerdem zusätzliche Macht zugeschrieben: „[...] die Greifer manövrieren und bewegen sich [...] auf das nächste, noch stehende Haus zu." (Z. 28 f.)

Protest der Bewohner gegen drastisches Vorgehen

Personifikation der Maschinen

Im Mittelteil des Textes verändert sich dadurch auch der **Realitätsbezug des Geschehens**. Während die geschilderte Straßenszene zu Beginn noch realistisch gewirkt hat, entsteht im Fortgang der Handlung zunehmend der **Eindruck einer übertrieben dargestellten Wirklichkeit**. Das zeigt sich an verschiedenen Stellen – etwa an der Feststellung, die Bewohner lägen „in allen Fenstern, vom Keller bis zum Dachboden" (Z. 18), oder es blickten „bereits sechs oder acht Köpfe aus jedem Fenster." (Z. 25) Es gipfelt in dem Einwurf, der mit

hyperbolische Darstellung

„[ü]brigens" (Z. 35) eingeleitet wird: Die Häuser würden zum Ende der Straße hin immer niedriger, enger und fensterloser (vgl. Z. 35 ff.), und das „letzte" Haus (Z. 40) habe vermutlich gar keine Fenster mehr. Man kann diese Aussage als eine **Sarg-Metapher** verstehen: Die Tatsache, dass es das „letzte" Haus ist – vergleichbar der Formulierung der „letzten Ruhestätte" – und dass es keine Fenster hat, lassen darauf schließen. Tatsächlich ist ja unklar, was mit den vertriebenen Bewohnern geschieht, wohin sie gehen, wenn sie aus der Straße verschwunden sind. Sie sind gewissermaßen wie tot, jedenfalls **aus ihrem sozialen Umfeld entfernt**.

Metapher: „letztes" Haus

Durch die übertriebene Darstellung der mit Menschen vollgestopften, geradezu schrumpfenden Häuser erhält die Geschichte Züge einer Parabel. Die überladenen Häuser stehen dabei bildlich für eine Welt, in der **Fortschritt und Erneuerung zum Selbstzweck** geworden sind. Diejenigen, die eigentlich davon profitieren sollten, werden an den Rand gedrängt. Dabei stellt sich auch die Frage, welche Verantwortung denjenigen zukommt, die bei dieser Entwicklung nur tatenlos zusehen.

parabelhafte Wirkung

Der Erzähler versucht am Ende erfolglos, die Entwicklung zu verharmlosen, was sich an der wiederholten **Abschwächung mit dem Ausdruck „ja"** zeigt: „Es findet sich ja noch immer ein Haus, denke ich, vielleicht eins mit zwei Fenstern, das ist wenigstens etwas." (Z. 39 f., vgl. auch Z. 41) Er klingt dabei allerdings sehr kleinlaut und wenig überzeugend. An der Formulierung „es" fällt auf, dass er sich weiterhin scheut, die Maßnahmen als die Zumutung zu benennen, die sie sind. Hier und im Rest des Schlussabsatzes, in dem er den leitmotivischen Kontrast zwischen Vergangenheit und Gegenwart noch einmal aufnimmt, gibt der Erzähler aber zu erkennen, dass ihm die **Bewohner und ihr Schicksal zweitrangig** sind.

verharmlosende Reflexion des Erzählers

zurückhaltende Formulierungen

Denn bei der Überlegung, die alten Häuser und Bewohner durch neue zu ersetzen, konstatiert er wiederum mit unpersönlich gehaltenem Personalpronomen: „[M]an hat präzise, ausreichend detaillierte Vorstellungen, wenn es um die Zukunft geht." (Z. 42 f.) Dem stellt er das „Alt[e], Früher[e]" (Z. 43) gegenüber, das man nicht genau genug kenne. Man bleibe „auf Vermutungen angewiesen" (Z. 44). Der letzte Satz schließlich enthält eine Wertung: „Das ist gewesen, und ist vergangen, Zeit, und verlorene Zeit. Wie Geschwätz." (Z. 44 f.) **Die Bewertung der Zeit als „verlorene" im Sinne verschwendeter Zeit** und der elliptische Vergleich entwerten die Vergangenheit, die mit den Häusern und ihren Bewohnern gelöscht wird, gleich doppelt. Wie soll man diese Aussage des Erzählers verstehen? Meint er das, was er sagt, ernst? Dann wäre ihm das Schicksal der Hausbewohner tatsächlich egal. Er würde sie dem Fortschritt unterordnen.

keine Solidarität mit den Bewohnern

auffällige Formulierung: „Geschwätz"

Man kann den Schluss aber auch ironisch lesen: In diesem Fall würde der Erzähler das Gegenteil dessen ausdrücken wollen, was er sagt. Er würde dann in den letzten beiden Absätzen (vgl. Z. 39–45) die **nüchterne, mitleidlose Haltung gegenüber dem Schicksal der Bewohner nur zitieren**, um diejenigen, die die Abrissmaßnahmen zu verantworten haben, indirekt zu kritisieren. Diese Lesart würde zum Beginn des Textes passen, in dem der Erzähler in seiner umständlichen, detailverliebten Art die altmodische Architektur beschreibt und sich so als jemand ausweist, der die Vergangenheit zumindest gut kennt. Dass der Text **kaum Anhaltspunkte** dazu liefert, **über die Position des Erzählers zu entscheiden**, macht eine eindeutige Antwort schwierig. Es lässt sich aber festhalten, dass der Erzähler nicht eingreift und **zwischen den Fronten keine klare Position** bezieht.

andere Deutungsmöglichkeit:

kritische Ironie des Erzählers

Das letzte Wort des Textes, „Geschwätz“, erinnert als eine Art Schlusspunkt an die ursprünglichen Hausbewohner, die **Opfer eines unmenschlichen Fortschritts geworden** sind. Möglich wird dieser nicht nur, aber auch wegen der Tatenlosigkeit derer, die zusehen, ohne einzugreifen. Am Beispiel des Erzählers wird veranschaulicht, wie derjenige, der Unrecht beschönigt, diesem Unrecht heimlich zustimmt. Der Ausdruck „Geschwätz“ wirkt besonders intensiv, wenn man ihn mit dem Titel in Verbindung bringt. Die **umgangssprachliche, wertende Formulierung „Geschwätz“** steht dann in starkem Kontrast zu dem fast schon **klinisch neutralen Ausdruck der „städtebaulichen Erwägungen“**. Gerade in dieser Gegenüberstellung von Anfang und Ende wird das ernüchternde Fazit von Bobrowskis Text besonders deutlich: dass **Bürokratie und städtebaulicher Profit über dem Wohlergehen der Menschen** stehen.

Schluss

Verantwortung der tatenlosen Beobachter

ESSAY

Arbeitsanweisungen

Bearbeiten Sie die folgenden Aufgaben auf der Grundlage des vorgelegten Dossiers zum Thema „Heimat":

- Verfassen Sie Abstracts zu den **Materialien 3, 4 und 5**.
- Schreiben Sie einen Essay. Wählen Sie einen Ihren Intentionen entsprechenden Titel.

Material 1 **Ulrike Vosberg – Ein Begriff mit langer Geschichte**

Für die Deutschen ist das Wort „Heimat" ein beliebter und gängig gebrauchter Ausdruck. Will man ihn aber übersetzen, gibt es Probleme. Beim Aufschlagen von Wörterbüchern bemerkt man schnell, dass es eine Eins-zu-eins-Übersetzung in andere Sprachen nicht gibt.

Weder das englische „homeland" oder „home country" trifft die deutsche Bedeutung, noch das lateinische Wort „patria", das sich heute im Italienischen und Spanischen wiederfindet, beinhaltet die Sinnvielfalt des deutschen Heimatbegriffs. All diese „Ersatzwörter" beziehen sich auf die Heimat als das Vaterland, in dem man geboren wurde. […]

Begibt man sich auf die Suche nach der sprachlichen Herkunft von „Heimat", muss man bis ins Germanische zurückgehen, den Ursprung mehrerer europäischer Sprachen. Hier taucht das Wort „heim" auf, was soviel bedeutet wie „Wohnplatz", „Dorf" oder „Haus". Eine Ableitung ist davon nicht nur im deutschen „Heim", sondern auch im englischen „home" erhalten. Bezeichnet wird allgemein der Ort, an dem man lebt. […]

Im Mittelalter war „Heimat" ein klar definierter Rechtsbegriff. Eine Heimat zu haben bedeutete Haus und Hof in einer Gemeinde zu besitzen. Wer „Heimatrecht" hatte, durfte sich in einer Siedlung niederlassen, dort leben und seinem Handwerk nachgehen. […]

Mit dem Erhalt des Heimatrechts ging man einerseits gesetzliche Verpflichtungen gegenüber der Gemeinde ein. Andererseits hatten die, die in Armut lebten, aber auch finanzielle Unterstützungsansprüche. Das, was früher „Heimatrecht" hieß, ist heute am ehesten auf das Wort der „Staatsangehörigkeit" zu übertragen.

Gegen Ende des 18. Jahrhunderts erfährt der Heimatbegriff dann eine weitere Bedeutungswandlung. Die fortschreitende Technisierung und Industrialisierung hatten die Lebensräume der Menschen so verändert, dass sie sich entfremdet fühlten. […]

Das 19. Jahrhundert ist dann auch eine Zeit des sozialpolitischen Wandels. Der Ruf nach einer Deutschen Nation wird immer lauter. Und so erlebt der Begriff „Heimat“ im Rahmen der Nationalbewegung eine Politisierung. Die national-liberalen Kräfte im Land verlangen nach Einigkeit in dem staatlich zersplitterten Deutschland. Zwar scheitert die Märzrevolution von 1848, doch kommt es im Jahre 1871 schließlich zur Gründung des Deutschen Reiches. Heimat wird im sprachlichen Gebrauch zum Synonym von Vaterland und Nation. […]

Schlagartig ändert sich dieser positive Vaterlandsbegriff im Dritten Reich. Die Nationalsozialisten stellen Heimat in den Dienst der sogenannten Blut- und Bodenideologie. […] Heimat wird zu etwas, das „Ausschluss“ für alle Nicht-Deutschen bedeutet.

Lange Zeit haftete daher dem Begriff „Heimat“ etwas sehr Negatives an. Nach dem Zweiten Weltkrieg wird Heimat auf ganz andere Art und Weise in Deutschland wieder populär: In den 50er Jahren entsteht ein neues und sehr erfolgreiches Filmgenre: der Heimatfilm. Doch woher rührt der große Erfolg dieser „typisch deutschen“ Filmart? Der Heimatfilm bot dem Zuschauer eine heile Welt nach den Schrecken des grausamen Krieges. Man sehnte sich nach Frieden und Geborgenheit.

Quelle: Ulrike Vosberg: Ein Begriff mit langer Geschichte, www.planet-wissen.de/kultur/brauchtum/heimat/index.html (Zugriff am 28. 9. 2019)

Material 2 Die Integrationsdebatte geht weiter

Quelle: www.badische-zeitung.de/kultur-sonstige/heimat-fuer-zuwanderer--97513307.html

Material 3 Stefan Kuzmany – Was ist Heimat? Wo man mich versteht

Sein, wer man sein will, Gleichgesinnte finden, sich am richtigen Platz fühlen: Das kann man überall auf der Welt. In Berlin, in der bayerischen Provinz oder auch in Buenos Aires. Denn Heimat ist kein Ort. Heimat ist ein Gefühl.

Es ist dieser Moment, in dem ich den Flieger verlasse oder den Zug, der Moment, in dem ich mit dem Auto am bronzenen Bären beim Zollamt Dreilinden vorbeifahre, in diesem Moment weiß ich: Jetzt bin ich wieder in Berlin. Ich fahre hinein in die Stadt und kurbele das Fenster hinunter. Die Luft scheint klarer zu sein hier, der Himmel weiter. Und ich kann frei atmen.

Klar, wenn ich dann endlich einen Parkplatz gefunden habe, stinkt es wahrscheinlich wenige Meter weiter schon wieder nach Hundekot und, je nach Jahreszeit, nach Braun- oder Grillkohle, und lange wird es bestimmt nicht dauern, bis ein übellauniger Hauptstadtbewohner mir seinen schlechten Atem ins Gesicht raunzt, aber das macht nichts. Das ist die Großstadt, hier will ich leben. Jetzt bin ich endlich wieder daheim.

Aber halt: Es funktioniert auch umgekehrt. Auch in der Gegenrichtung gibt es diesen speziellen Moment, wenn ich von Thüringen nach Bayern wechsle auf der A9, das ist jetzt vielleicht ein wenig ungerecht den Thüringern gegenüber, aber ich könnte schwören, es macht kurz „Padamm“, und von einer Sekunde auf die andere ist der Straßenbelag besser.

Ich kann jetzt jederzeit irgendwo rausfahren und eine Metzgerei aufsuchen, die diese Bezeichnung verdient, „Grüß Gott“ sagen und mir eine hervorragende Wurst kaufen, wahrscheinlich haben die sogar vernünftige Bretzen da, kein Vergleich mit den traurigen Fleisch- und Backwaren, die in Berlin verhökert werden, und während ich kaue, denke ich: Endlich wieder daheim.

Heimat ist, wenn ich die Wohnungstüre aufsperre und unser kleiner Sohn mir entgegenrennt und aufgeregt erzählt, was er in der Kita erlebt hat. Heimat ist, wenn die Frau vom Spätkauf nebenan wortlos die richtigen Zigaretten auf den Tresen legt. Heimat ist, wenn ich am ersten Mai auf einer Bank auf dem Dorfplatz in Eichenau sitze und die Blasmusik spielt. Heimat ist, wenn wir die Familie meiner Frau in Buenos Aires besuchen und mich ihre Brüder vom Flughafen weg direkt auf einen unglaublich ausschweifenden Junggesellenabschied schleppen, auf eine Party, die ich niemals vergessen würde, wenn ich mich nur an sie erinnern könnte.

Heimat ist kein Ort, Heimat ist ein Gefühl: Wo mich die Menschen verstehen, wo ich mich nicht verstellen muss, wo Leute sind, die ich mag und die mich mögen, da bin ich daheim. Ich habe nie so richtig verstanden, warum viele Menschen niemals den Ort verlassen wollen, an dem sie aufgewachsen sind – obwohl sie sich hier ganz offensichtlich nicht entfalten können. […] Heimat entsteht, wenn man die Fähigkeit hat, sich wohl zu fühlen dort, wo man ist. Wer das nicht kann, ist nie daheim – selbst wenn er seinen Geburtsort niemals verlassen hat. Heimat kann man sich machen. Egal wo.

Quelle: SPIEGEL.DE, Stefan Kuzmany, 07. 04. 2012, https://www.spiegel.de/kultur/gesellschaft/was-ist-heimat-a-826008.html

Material 4 **Interview mit Alena Dausacker auf *jetzt.de*: „Den Begriff ‚Heimat' sollte man nicht einfach hergeben"**

JETZT: Alena, warum hast du dich überhaupt wissenschaftlich mit dem Begriff „Heimat" auseinandergesetzt?

ALENA DAUSACKER: Weil ich eine meiner Heimaten gefunden habe, wo man sie klassischerweise nicht erwartet: im Internet. In meiner Masterarbeit ging es um die Frage, ob technische Medien oder mediale Umfelder als Heimat gewertet werden können. Am Begriff Heimat interessieren mich aber auch andere Fragen: Was bedeutet der Begriff im Moment? Wie hat er sich gewandelt? Wie kann man mit ihm umgehen, ohne dieses schwere Erbe des NS-Heimatbegriffs und ohne Kitsch? Das finde ich extrem spannend.

Wo siehst du denn die Gründe dafür, dass gerade viele den Begriff „Heimat" so wahnsinnig wichtig finden?

Heimat hat immer etwas mit Sehnsucht zu tun, vor allem nach der Kindheit und ihrer Unbeschwertheit. Aber auch nach dem einfachen, vorindustriellen Leben auf dem Land. Bei „Heimat" schwingt immer eine Art verlorene Geborgenheit mit. Das ist gerade aktuell, weil sich viele Menschen aus einer Vielzahl von Gründen nicht geborgen fühlen. Einerseits hat natürlich die AfD diesen Begriff in den gesellschaftlichen Diskurs zurückgebracht Aber auch unabhängig von diesen nationalistischen Tönen haben Ereignisse wie die Finanz- und Eurokrise viele Menschen ratlos gemacht, sie suchen nach Halt, Identität und damit auch nach einer Heimat. [...]

Sowohl die Heimat-Debatte der Grünen als auch das neue Heimatministerium binden das Heimatgefühl an den Nationalstaat, was laut deinem Twitter-Thread „no fucking sense at all" macht. Was wäre denn die richtige Bezugsgröße für einen „guten" Heimatbegriff?

Meiner Meinung nach gibt es nicht nur eine Heimat, sondern mehrere Heimaten. Eine nationale Vorstellung von Heimat finde ich erst einmal furchtbar, weil man dabei so viel verallgemeinern muss. Das Quasi-Vorbild beim neuen Heimatministerium ist ja die schon länger bestehende bayerische Version davon – und die meinen mit ihrer Heimat ja den ländlichen Raum, die Berge, Dörfchen mit Kirche und so weiter. Damit können aber Großstädter aus Hamburg oder Berlin überhaupt nichts anfangen, für die bedeutet Heimat etwas völlig anderes. In Deutschland gibt es so unterschiedliche soziale, wirtschaftliche und landschaftliche Strukturen – das alles über einen Kamm zu scheren ist relativ zwecklos. Der einzige Weg, über den „Heimat" als nationales Konzept ansatzweise funktionieren könnte, wäre eine extreme Verknüpfung mit sozialstaatlichen Gedanken. Der Staat wäre dann insofern eine Heimat, dass er derjenige ist, der einen auffängt, wenn man in Not gerät. [...]

Was sind denn eigentlich deine ganz persönlichen „Heimaten"?

Meine kindliche Heimat ist in Schwaben, meine Wahlheimat ist das Ruhrgebiet, meine mediale Heimat ist Twitter, dann noch ein paar weitere reale, digitale und fiktive Orte. Man könnte das eigentlich „Heimatnetzwerk" nennen, ich fühle mich sowohl an den einzelnen Punkten heimisch, aber auch auf den Wegen dazwischen. Ich mag es, an Orten zu sein, bei denen ich weiß, wo ich bin, wo ich mich geborgen fühle und wo ich die Menschen kenne. Außerdem ist mir wichtig, diese Erfahrungen zu teilen. Wenn man eine schöne Heimat hat, warum sollte man sie dann nicht auch mit anderen teilen?

Quelle: Interview von Quentin Lichtblau mit Alena Dausacker auf jetzt.de: „Den Begriff ‚Heimat' sollte man nicht einfach hergeben", www.jetzt.de/politik/alena-dausacker-ueber-das-heimatministerium, 15. 02. 2018

Material 5

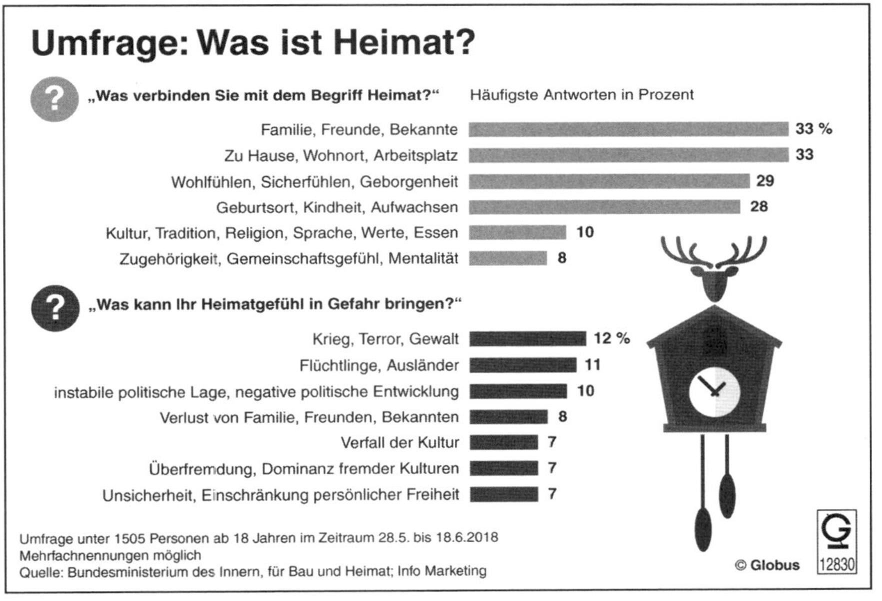

Quelle: picture-alliance/ dpa-infografik

TIPP **Bearbeitungshinweise**

Abstracts:

Denken Sie daran, dass in einem Abstract nicht nacherzählt werden soll. Verwenden Sie also das **Präsens** und bleiben Sie **sachlich**. Distanzieren Sie sich vom vorliegenden Text, hier etwa dem eher umgangssprachlich gehaltenen Kommentarstil in Material 3. Und hangeln Sie sich nicht chronologisch von Absatz zu Absatz, sondern konzentrieren Sie sich auf die **wichtigsten Textaussagen**.

Betrachten Sie das Dossier als Freund, nicht als Feind. Es ist planmäßig ausgewählt, um **verschiedene Facetten des Themas Heimat** zu entfalten. Gedankliche Einseitigkeit des Essays dürfte einer der größten Kritikpunkte sein. Insofern ist es anzuraten, dass Sie auch jenseits der drei Abstracts die **Materialien für Ihren eigenen Gebrauch kommentieren**.

Essay:

Das Dossier kann insofern missverstanden werden, als der Eindruck entstehen könnte, damit sei alles Wichtige zum Thema Heimat gesagt. Hier hilft es, den in den Materialien artikulierten Aspekten – wie plausibel sie auch sein mögen – zu widersprechen, und sei es nur probehalber. Das **Denken in Gegensätzen und Widersprüchen** ist für die Planung und das Verfassen eines Essays förderlich.

Beachten Sie, dass Sie den **Titel Ihres Essays** rund um das Thema Heimat selbst wählen müssen. Der Titel sollte nicht zu eng sein, aber auch nicht zu weit, auch hier ist **Originalität und sprachliche Kreativität** erlaubt – auch wenn sie kein Selbstzweck werden darf. Es kann ein Vorteil sein, wenn Sie den Titel im Verlauf Ihres Essays noch einmal aufgreifen.

Sie dürfen im Abitur ein **Wörterbuch** verwenden. Bei dieser Aufgabenstellung wäre etwa nicht nur das Lemma „Heimat“ interessant, sondern auch Begriffe wie „Patriotismus“, „Nation“ oder „Vaterland“. Das gilt auch und gerade dann, wenn Sie glauben, Sie wüssten, was das Wort heißt. Und natürlich können Sie auch **Begriffe aus dem Dossier nachschlagen**. Nützen kann Ihnen ein Wörterbuch auf vielerlei Weise: Sie könnten den jeweiligen Eintrag im Essay direkt zitieren, wie Sie das auch mit dem Dossier machen können.

Bezüge zur Literatur zu ziehen kann für einen Essay immer gewinnbringend sein. Notieren Sie sich vor dem Abitur eine Reihe von Büchern, die Sie in den letzten Jahren gelesen haben – und überlegen Sie im Abitur, ob diese nicht für Ihr Thema fruchtbar sind. Neben **Filmen** bietet sich aber auch **Musik** an, **Werbung** oder die **Welt des Internets**. Haben Sie dabei keine Scheu, auch populäre oder provokative Texte zu rezipieren, stellen Sie Ihr **Weltwissen** unter Beweis.

Ihre eigene Position müssen Sie im Essay nicht verstecken. Wenn Sie Ihre Person miteinbringen, dürfen Sie Ihre eigenen Erfahrungen durchaus etwas dramatisieren. Glauben Sie dabei nicht, Sie hätten nichts zu erzählen. Bei einem Thema wie Heimat kann **jede Erfahrung einer Andersartigkeit, jeder Migrationshintergrund, jede erlittene Ausgrenzung** zum Argument werden.

Sollte Ihnen im Abitur nichts einfallen, hilft es manchmal, gerade **beim Schreiben** eines Essays, **an einen konkreten Adressaten** zu **denken**, an den sich der Text richten könnte. Das kann ein Freund sein oder aber ein hochrangiger Politiker – beim vorliegenden Thema könnte Sie sich z. B. vorstellen, an den Innen- oder Heimatminister Ihres Bundeslandes zu schreiben. Der Essay kann so zur Rechtfertigung werden oder zur Polemik, auch wenn er in der Briefform nicht vollständig aufgehen darf, sondern seine **Struktur eines Gedankenspaziergangs** behalten muss.

Lösungsvorschlag

ABSTRACTS

Stefan Kuzmany – Was ist Heimat? **Zu Material 3**

In seinem am 7. 4. 2012 im SPIEGEL veröffentlichten Kommentar wendet sich der Journalist Stefan Kuzmany gegen die landläufige Auffassung, Heimat bezeichne das eigene Geburtsland. Auf anekdotenhaft-erzählerische Weise hält Kuzmany dagegen, indem er gleich drei verschiedene Landstriche benennt und mit für ihn eindrücklichen Erlebnissen verbindet. Dabei kommt er zu dem Schluss, dass Heimat kein Ort sei, sondern eine Emotion.

jetzt.de: Interview mit Alena Dausacker **Zu Material 4**

Im Interview mit dem jetzt-Magazin vom 15. 2. 2018 spricht die Medienwissenschaftlerin Alena Dausacker über die neue Konjunktur des Heimatbegriffs in gesellschaftlichen Krisenzeiten und plädiert für dessen Ausweitung: Heimat könne es im Plural geben, eine Heimat bieten könnten nicht nur Landschaften, nicht einmal nur Menschen, sondern auch technische Medien wie das Internet – in ihnen bzw. über sie würde die Heimat erst mitteilbar.

Balkendiagramm zum Thema „Heimat“ **Zu Material 5**

In der Infografik – in Auftrag gegeben vom Bundesministerium des Innern, für Bau und Heimat – vom 16. 11. 2018 wurden etwa 1500 Personen zum Thema Heimat befragt. Mit Heimat wurden am häufigsten die eigene Familie, Freunde und Bekannte sowie der Wohnort oder der Arbeitsplatz verbunden (je 33 %). Die größten Gefahren für das Heimatgefühl lagen für die Studienteilnehmer zu ungefähr 10 % in Kriegen, der Bedrohung durch Flüchtlinge oder negativen politischen Entwicklungen.

ESSAY

Heimat? Das ist Streit!

Ein rauschendes **Bergpanorama**. Der Fluss im Tal so blau wie strahlend, die Geigen ein einziger Jauchzer aus dem Off. Und schließlich diese erhabenen Bergspitzen, von einem zarten Torten-Weiß überzogen: Im deutschen **Heimatfilm** „Die Prinzessin von St. Wolfgang" von 1957 kehrt eine adlige junge Frau in ihr Alpendorf zurück und findet natürlich erst dort, nicht auf den großen Bällen eines europäischen Königshauses, die Liebe ihres Lebens.

Einstieg
Bezug zu Material 1

Ließen sich die Aussagen von Umfragen verfilmen, dann wäre es vielleicht dieser Kameraschwenk, der jahrzehntelang für viele Deutsche Heimat war: die unberührten Alpen, Erinnerungen an die **eigene Kindheit**, **Geborgenheit**. Es sind Werte, die noch heute auftauchen, wenn nach Heimat gefragt wird. Und doch hat sich im 21. Jahrhundert etwas verändert. Heimatfilme gelten heute nicht nur als berüchtigt langweilig: Sie sind zu schön geworden, um wahr zu sein. Was ist mit den Menschen im Norden Deutschlands? Und was mit den Menschen in den Großstädten, die nicht mal Skifahren wollen in den Bergen, weil das die Natur zerstört und Viren überträgt? Nein: Kein einzelner physischer Ort kann **in unserer globalisierten Moderne** mehr Heimat sein. Dafür sind wir zu unterschiedlich, dafür ändern sich unsere Zeiten zu schnell.

Hauptteil
Veränderung des Heimatbegriffes

Bezug zu Material 5

Bezug zu Material 3

Kein Wunder also, dass da von mehr oder wenigen klugen Beobachtern vorgeschlagen wird, Heimat bestünde weder in der Kuckucksuhr noch im Klang des Kirchturms: Sie habe sich entgrenzt. Sie sei nun mehr oder weniger als die eigene Nation. Tatsächlich verliert ja zumindest in westlichen Gemeinschaften der **Zufall des Geburtsortes** in einer grenzenlos vernetzten Welt seine Bindekraft. Und so werden die Stimmen in den Medien, nicht nur die Einträge im Poesiealbum, immer lauter, Heimat sei nicht nur das Netzwerk mit ganz verschiedenen Leuten auf der ganzen Welt: **Heimat sei ein Gefühl**.

keine Gebundenheit an einzelnen Ort

Bezug zu Material 4

Bezug zu Material 3

Tatsächlich ist Heimat für die meisten **kein Ort mehr**, auch nicht mehrere, **sondern eine Praxis**. Es ist allerdings eine, die man nicht selbst herstellen kann wie ein Häkeldeckchen, sondern für die man ein Gegenüber braucht. Genau deshalb sollte Heimat aber nicht zum **Gefühl klebriger Einigkeit** werden. Heimat? Das ist der Streit!

Überleitung zu eigener These

Ich bin im Internat aufgewachsen. Das war erst eine harte Zeit, dann wurde es eine zarte Zeit. Immer war ich **von den unterschiedlichsten Leuten umgeben**: Aus der einen Tür, von Bodo, schepperte Death-Metal, von André harter französischer Hip-Hop. Zwischendrin der Refrain eines deutschen Liedermachers und aus einer Tür, ja, auch

persönliche Erfahrungen

Jauchzer von Geigen. Was uns ausmachte, war **nicht unsere Einigkeit**. Was uns ausmachte, was uns am Ende zusammenschweißte gegen ziemlich viele Widerstände, waren **unsere Unterschiede**. Hätte jemand versucht, unseren Musikgeschmack zu harmonisieren, hätten wir ordentlich Krach gemacht. Den Spitznamen Krawall-Rainer trug ich als Ehrenzeichen.

Vielfalt als bindende Kraft

So manchen Leser wird eine solche Definition verstören. Rhetoriker werden sie ablehnen mit dem Verweis, sie sei rein subjektiv und nur gut dafür, um mal wieder etwas Neues zu sagen. Aber das wäre vorschnell. Dass Heimat gerade in der „**Uneinigkeit, Recht und Freiheit**“ liegt, stünde gerade unserem Land und seiner Geschichte ziemlich gut. Natürlich ließe sich Heimat auch als Gefühl einer allgemeinen Einigkeit definieren. Heimat wäre dann der Moment, in dem man sich gerührt in den Arm fällt und sich in sein Kissen kuschelt. Doch man kann sich nicht nur bis aufs Blut streiten, man kann sich auch bis aufs Blut einig sein. Die **Nationalsozialisten** schlossen alle anderen nicht nur aus, sie brachten diese um. Und wenn man Deutsche heute so fragt, was ihr **Heimatgefühl in Gefahr** bringt, wird am zweithäufigsten genannt: Flüchtlinge. Euer Ernst, Leute? Heimat – frei nach einem Zitat der krawalligen Rosa Luxemburg –, das ist die **Heimat der Andersdenkenden**.

Uneinigkeit als Chance

Bezug zu Material 5

Ein ernst zu nehmender Einwand gegen ein solches Verständnis von Heimat wäre die **Angst davor, Menschen dadurch weiter zu entzweien**. Wenn Heimat im allgemeinsten Verständnis des Wortes eine Bindekraft ist, gerät sie durch ständige Konfrontation nicht leicht in Gefahr? **Reibung ist aber nicht negativ**. Reibung lässt nicht kalt, sondern erzeugt Wärme. Wer streitet, kann nicht am anderen vorbeireden. Wer sich streitet, hört zu. Lieber den anderen angreifen, als ihn in Watte zu packen. Eine solche Erfahrung ist urdemokratisch. **Denn wir Menschen sind nun mal unterschiedlich**. Nur der attische Räuber Prokrustes in den Wäldern Griechenlands wollte alle Menschen, denen er begegnete, gleichmachen: Und so hieb er dem einen, der zu groß war für sein Bett, die Beine ab, den anderen, der zu klein war, streckte er.

Nutzen des Streites

Beispiel aus antiker Mythologie

Nicht nur die griechische Mythologie, auch ein Blick auf die aktuelle Weltlage empfiehlt es, **Selbstvergewisserung und Zuflucht lieber in der Differenz** zu suchen. Diese Verweigerung einer Vereindeutigung ist nicht nur ehrlicher, sie ist auch **pflichtschuldiger Ausdruck unserer modernen Zerrissenheit**. Wer sich streitet, begegnet dem Andersdenkenden, statt sich in einer Blase zu verstecken. Uneinig zu sein – und dem anderen weiter zuzuhören: Das ist Heimat. Gerade in einer Welt der Technisierung und Digitalisierung, einer immer weitergehenden Entfremdung, bietet der Streit die **Möglichkeit,**

realistischer Blick auf die Heterogenität der Welt

diese Differenz produktiv zu machen. Alles andere ist Realitätsverweigerung.

Der Realität zu trotzen und alternative Welten zu entwerfen ist das Kerngeschäft der Literatur. Doch auch sie kann zur Heimat werden. Allerdings misstraut sie der Geborgenheit schon aus ästhetischen Gründen. **Bei zu großer Harmonie droht nämlich die Langeweile**. Kein Wunder also, dass auch die Fiktion zu den Waffen des Wortes greift, gerade das Drama. Es lebt durch das **Aufeinanderprallen gegensätzlicher Standpunkte**, die am Ende in irgendeiner Form aufgehoben werden. Mephistos „Geist, der stets verneint", ist bei Goethe kein böser, christlicher Teufel, sondern ein Symbol für die **Antriebskraft der Moderne**. In Büchners Revolutionsdrama „Dantons Tod" werden die hehren Ideale der Anfangszeit gerade dadurch verraten, dass Robespierre jeder Streit misstrauisch macht. Und Hermann Hesses „Steppenwolf" wird erst erlöst, als er die **eigene Zerrissenheit akzeptieren** lernt.

Streit als konstitutives Merkmal von Literatur

verschiedene literarische Beispiele

Einem Deutschen, der 2020 100 Jahre alt geworden wäre, lag die Literatur vielleicht auch deshalb so nahe. Dieser wortgewaltigste deutsche Literaturkritiker hatte einst den Holocaust überlebt. Das Schlimmste war für ihn nicht das Uneins-Sein, das Schlimmste war die **dumpfe Eintracht**. **Heimat**, auch wenn er das Wort vermieden hätte, lag für ihn **in der gemeinsamen Suche**. Und gerade dadurch wurde Marcel Reich-Ranicki der angesehenste und unabhängigste Kritiker von allen.

Reich-Ranicki als Beispiel produktiver Streitkultur

Ein Außenseiter zu bleiben, wurde mir im Knabenchor erspart. Wer mit anderen singt, ist aufgehoben. Diese Erfahrung konnte ich hinüberretten in die wirkliche Welt, denn irgendwann erschien mir die Gesellschaft wie eine große Bach-Fuge. **Verschiedenste Stimmen** laufen in ihr **nur scheinbar gegeneinander**. Am Ende kommen sie trotz ihrer Eigensinnigkeit, nein, gerade durch sie, zusammen – im Kontrapunkt des Lebens.

Einigkeit erst im Widerspruch möglich

Schluss

„You're fucking insane", knurrt Charlie Barber, bevor er vor Wut mit seiner Faust ein Loch in die Wand schlägt. Er kann es nicht fassen, dass seine Frau Nicole ihn verlassen will. Dieser Showdown in dem oscarprämierten Film „**Marriage Story**" von 2019 lässt niemanden unbeschädigt. Adam Driver and Scarlett Johansson spielen ein Paar, das sich zu gut kennt, um sich nicht aufs Tiefste verletzen zu können. Doch der schmerzhafteste Streit in der jüngeren Geschichte Hollywoods, er endet nicht im Mord, sondern auf den Knien: Charlie vergräbt seinen Kopf auf den Knien seiner Noch-Frau Nicole, die ihm den Kopf krault. Sie werden sich scheiden lassen, das wissen sie. Aber die gemeinsame Zeit und der gemeinsame

Verweis auf Hollywood-Film

Streit wird sie am Ende zu dem gemacht haben, der sie sind. Wer das nächste Mal mit einem Menschen diskutiert, der nicht seiner Meinung ist, sollte sich an diese Szene erinnern. Denn erst wenn wir **streiten lernen** wie Nicole und Charlie, wie Marcel und Mephisto, wie Bodo und André, erst dann wird die **Welt zur Heimat von allen** werden können.

TEXTERÖRTERUNG / TEXTANALYSE

Arbeitsanweisungen

– Arbeiten Sie die Aussagen der Autorin heraus, und berücksichtigen Sie dabei, wie sie den Text gestaltet hat.
– Setzen Sie sich kritisch mit den Argumenten der Autorin auseinander.
– Erörtern Sie – über den Text hinausgehend –, wie eine geschlechtergerechte Arbeitswelt aussehen kann.

[Schwerpunkt: Texterörterung]

Material **Violetta Simon: Er muss zupacken, sie loslassen**

Achtung, jetzt könnte es kurz wehtun: Die Gleichstellung auf dem Arbeitsmarkt ist eine Illusion, trotz Elterngeld, Kinderbetreuung und Frauenquote – wenn man die Arbeit mit einbezieht, die in den eigenen vier Wänden anfällt. Bei der Hausarbeit scheinen viele moderne Paare in den Siebzigern stehen geblieben zu sein. Ungeachtet ihrer Berufstätigkeit hängt der Großteil der häuslichen Pflichten noch immer an den Frauen. Selbst Paare, die eine konventionelle Rollenverteilung ablehnen und gleich viel zum Einkommen beitragen, verfallen häufig in Verhaltensmuster der klassischen Ernährer-Ehe, sobald es um die Aufgabenteilung geht.

Das betrifft nicht nur Haushalt und Kindererziehung. Es ist das große Ganze, die Organisation des Familienalltags, deren Fäden fast immer bei den Frauen zusammenlaufen. Sie sind es, die alles im Kopf haben müssen: Schließzeiten der Krippe, Schuhgröße der Kinder, Arzttermine. In Unternehmen gibt es für Frauen mit solchen Fähigkeiten eine Berufsbezeichnung: Projektmanagerin.

In der Debatte über Vereinbarkeit wird diese Dauerdenkleistung, auch als „Mental Load" bezeichnet, häufig übersehen. Wenn die Gesellschaft darüber zu Lösungen kommen will, muss die Verantwortung für das Familienmanagement ins Zentrum der Überlegungen rücken.

Damit die Lage besser wird, müssen sich Frauen und Männer ändern. Frauen geben das Ruder zu selten aus der Hand, nach dem Motto: „Bevor ich es lange erkläre, mache ich es lieber selbst." Männer nehmen das allzu bereitwillig an und lehnen sich zurück. Statt aktiv zu werden, warten sie auf Anordnungen – eine bewährte Arbeitsvermeidungsstrategie, die auch die Autorin Emma Clit in ihrem feministischen Comic „Du hättest nur fragen müssen" kritisiert.

Gerade Paare mit einem egalitären[1] Anspruch betonen gern, dass beide gleich viel arbeiten und dass sie sich sämtliche Pflichten gerecht teilen. Doch lügen Frauen sich dabei häufig selbst in die Tasche. Aus Scham, und weil nicht sein kann, was nicht sein darf. Soziologinnen der TU Darmstadt sprechen in einer Studie von 2015 gar von „Verschleierungstechniken", die das Ungleichgewicht schönrechnen sollen. Dass immer nur sie „kurz durchs Bad wischt" und „noch schnell" die Wäsche aufhängt, wird ihrem Sauberkeitsfimmel zugeschrieben. Und sie kann es doch auch viel besser, schneller, effizienter als er! Die neuen Gummistiefel für das Kind hat sie unterwegs besorgt. Woher sie wusste, dass die alten zu klein waren? Die Erzieherin wendet sich mit solchen Informationen an die Mutter. Und die merkt es sich.

Obwohl es keine genetische Voraussetzung für das Prüfen von Schuhgrößen oder das Vereinbaren von Arztterminen gibt, überlassen Männer den Posten der Familienmanagerin lieber ihrer Frau. Doch dem Trugschluss, die Organisation des Haushalts als Herrschaftswissen zu missinterpretieren, erliegen häufig beide Seiten: Eine US-Studie legt den Schluss nahe, dass manche Frauen nicht nur fürchten, sondern mitunter sogar hoffen, dass ohne sie alles zusammenbricht, weil ihr Selbstbewusstsein zu einem großen Teil auf diesem Monopol ruht. Dieses Kontrollbedürfnis ist vor allem bei Müttern zu beobachten, weshalb das Phänomen auch als „Maternal Gatekeeping" bezeichnet wird.

Andererseits wird oft vergessen: Der Mann ist nicht der Praktikant in der Familie, der keine Verantwortung übernehmen kann. Die Frau nicht die Haushalts- oder Familien-Chefin, die einem sagen muss, was zu tun ist. Diese Haltung zeigt sich leider häufig, zum Beispiel, wenn sie jedesmal um seine „Unterstützung" bitten muss – und er von sich sagt, dass er „im Haushalt hilft".

Wie dem aktuellen Gesellschaftsreport des Sozialministeriums Baden-Württemberg zu entnehmen ist, bringen Frauen zwischen 25 und 44 Jahren im Vergleich zu gleichaltrigen Männern täglich 4,3 Stunden mehr Zeit für Sorgetätigkeiten auf. Sie erledigen Jobs, die meistens keiner sieht und niemand bezahlt. Somit fehlt vielen Männern nicht nur die Wertschätzung für diese Leitung, sondern auch das Verständnis für daraus resultierende Überforderung und Erschöpfungszustände.

Hinzu kommt: Die häusliche Mehrarbeit vermittelt vielen das Gefühl, sie hätten keine Zeit und Energie mehr übrig, einem bezahlten Job mit voller Kraft nachzugehen. Infolgedessen verschlechtert eine unfaire Aufteilung des Familienmanagements die beruflichen und finanziellen Chancen der Frauen. Im Durchschnitt verbringt sie täglich 2,3 Stunden weniger Zeit im Büro als er. Die Konsequenz: Sie verdient weniger, hat später weniger Rente. Schlimmstenfalls rutscht sie ins finanzielle Abseits. Zwar ist seit den Neunzigerjahren der Anteil berufstätiger Frauen kontinuierlich gestiegen, die Höhe der von ihnen geleisteten Erwerbsarbeitsstunden blieb jedoch nahezu gleich. Denn immer mehr Frauen arbeiten nur in Teilzeit. Im Vergleich mit anderen EU-Staaten ist Deutschland hier besonders auffällig.

Gleichberechtigung entsteht im Alltag, wie die Feministin Caitlin Moran betont, durch Interaktion und Empathie. Solange sie nicht in einer Partnerschaft funktioniert, bleibt

Gleichstellung nur eine Worthülse. Das Familienmanagement gehört gerecht aufgeteilt. Damit das klappt, muss einer zupacken. Und eine loslassen.

Quelle: Violetta Simon: Er muss zupacken, sie loslassen, www.sueddeutsche.de/leben/gleichberechtigung-er-muss-zupacken-sie-loslassen-1.4217159, 20. 11. 2018

Anmerkungen
1 egalitär: auf Gleichheit gerichtet

TIPP **Bearbeitungshinweise**

Um die Analyse des Kommentars, die kritische Auseinandersetzung damit und die darüberhinausgehende Erörterung zu verfassen, ist es empfehlenswert, zunächst den **Titel** zu betrachten, da dieser schon eine **klare Forderung** beinhaltet: „Er muss zupacken, sie loslassen". Ohne den Inhalt des Kommentars zu kennen, wird dem Leser schon vorher deutlich, dass die Themen **Geschlechterrollen und Gleichberechtigung** eine Rolle spielen werden.

Voraussetzung für eine gelungene Texterörterung ist ein **methodisches Vorgehen**, wobei Sie Simons Text zuerst am Stück lesen sollten, um das Thema und die **Gedanken der Autorin** nachvollziehen zu können. Bei einer zweiten Lektüre sollten Sie Violetta Simons Hauptthesen und **sprachliche Besonderheiten**, z. B. Stilmittel, markieren. Bei einer dritten Lektüre des Kommentars steht die **Untersuchung der Argumentation** im Mittelpunkt. Am besten überlegen Sie sich bereits hier, welche Argumente und Beispiele Sie nachvollziehen können oder wo Sie der Autorin widersprechen. Notieren Sie sich **Pro- und Kontraargumente**, die Ihnen spontan einfallen. Im nächsten Schritt können Sie mit dem Verfassen Ihres Aufsatzes beginnen, berücksichtigen Sie dabei die Struktur, die Ihnen die Aufgabenstellung vorgibt:

- Ihr Aufsatz muss mit einer **Einleitung** beginnen, in der zum Thema des Textes hingeführt wird und gleichzeitig die notwendigen Informationen zum Text (Titel, Autor, Quelle, Erscheinungsdatum, Textgenre) genannt werden.
- **TEILAUFGABE 1:** Hier sollen Sie den Inhalt des Textes zusammenfassen, und zwar **in eigenen Worten und in indirekter Rede**. Außerdem müssen Sie die **Textgestaltung analysieren**. Beschreiben Sie also Simons Argumentationsstruktur und ausgewählte sprachliche Mittel samt ihrer Wirkung.
- **TEILAUFGABE 2:** In dieser Teilaufgabe wird eine kritische, subjektive Auseinandersetzung mit den Argumenten der Autorin verlangt. Bringen Sie zum Ausdruck, welchen Argumenten der Autorin Sie zustimmen und wo Sie ihr widersprechen. Wichtig dabei ist, dass Sie Ihre **Zustimmungen oder Widersprüche mit geeigneten Argumenten und Beispielen untermauern**.
- **TEILAUFGABE 3:** Hier sollen Sie – **über Simons Text hinaus** – eigenständige Gedanken zur Gestaltung einer geschlechtergerechten Arbeitswelt entwickeln. Es empfiehlt sich, den Text zur Seite zu legen und sich z. B. durch eine Mindmap und Brainstorming eigene Gedanken zum Thema der Erörterung

zu machen. Achten Sie darauf, dass Ihre Argumente immer aus drei Teilen (Behauptung – Begründung – Beispiel) bestehen sollten. Sie können in diesem Teil die Ergebnisse Ihrer kritischen Auseinandersetzung aus Teilaufgabe 2 aufgreifen, müssen jedoch auch **neue und eigene Gesichtspunkte** einarbeiten.

- Ihre Schlussfolgerungen aus den einzelnen Teilaufgaben legen Sie dann nachvollziehbar in einem **Fazit** dar und runden somit Ihren Aufsatz ab. Machen Sie hier erneut **Ihre eigene Meinung** deutlich. Sie können hier z. B. eine **Forderung für eine geschlechtergerechtere Arbeitswelt** formulieren.

Lösungsvorschlag

Einleitung

Hinführung zum Thema

Wir leben in einem Land, das von Angela Merkel, einer Frau, angeführt, von Annegret Kramp-Karrenbauer, einer Frau, verteidigt wird. Darüber hinaus ist die aktuelle Präsidentin der EU-Kommission, nämlich die Deutsche Ursula von der Leyen, ebenfalls eine Frau. Was vordergründig so aussehen könnte, **als wären Frauen und Männer in Deutschland gleichgestellt** oder die Frauen sogar in höheren Führungspositionen vertreten, ist jedoch ein Irrtum, sobald man die **Aufgaben außerhalb der Arbeitswelt** mit einbezieht. Hier erbringen Frauen laut Violetta Simon nämlich erneut eine quasi berufliche Höchstleistung, indem sie **ihre Familie und den Haushalt managen**.

Informationen zum Text

Dies verdeutlicht sie in ihrem Kommentar „Er muss zupacken, sie loslassen", der am 20. 11. 2018 auf der Internetseite der *Süddeutschen Zeitung* erschienen ist.

TEILAUFGABE 1

Zusammenfassung des Textes

Mit einer **Warnung an die Leser** beginnt die Autorin ihren Kommentar und bereitet somit darauf vor, dass sie ein brisantes Thema ansprechen wird („Achtung, jetzt könnte es kurz wehtun", Z. 1).

fehlende Gleichstellung in Haushalt und Familienmanagement

Gleich darauf behauptet Violetta Simon, dass die **Gleichstellung auf dem Arbeitsmarkt trotz sämtlicher Bemühungen der Politik nicht existent** sei, beziehe man die häuslichen Tätigkeiten mit ein (vgl. Z. 1 ff.). Schließlich organisierten Frauen vor und nach der Arbeit noch den komplexen Familienalltag in sämtlichen Bereichen (vgl. Z. 5). Um hier eine wirkliche Gleichstellung zu erhalten, fordert die Autorin, dass **Frauen Verantwortung abgeben** müssten (vgl. Z. 18 ff.) und zwar ohne dabei das Gefühl des Bedeutungsverlusts zu erleiden. Und **Männer sollten ihre Bequemlichkeit ablegen** und Aufgaben im häuslichen Alltag übernehmen (vgl. Z. 20).

Da jedoch beide Geschlechter diesen Fakt nicht wahrhaben wollten, würden sie sich **selbst betrügen** (vgl. Z. 25 f.). Schließlich sei die alltägliche Aufgabenverteilung zwischen Mann und Frau so gestaltet, dass die **Frau in ihrem beruflichen Tun beschränkt** wird. Daher fordert die Autorin, dass eine wirklich gerechte Aufgabenverteilung im Haushalt hergestellt werden müsste (vgl. Z. 64 ff.).

Selbsttäuschung von scheinbar gleichgestellten Paaren

Violetta Simon verwendet immer wieder **berufliche Begriffe im Kontext der Hausarbeit** und verbindet somit diese beiden Welten miteinander (z. B. „Projektmanagerin", Z. 13). Simon veranschaulicht ihre Auffassung von der Benachteiligung der Frauen durch **Aufzählungen verschiedener häuslicher Tätigkeiten** (vgl. Z. 11 f., 29 ff.). Außerdem stützt sie ihre Meinung mit **Studien der TU Darmstadt** (vgl. Z. 27 ff.), **Aussagen von Feministinnen** (vgl. Z. 22 f.) und **Erkenntnissen aus Psychologie und Soziologie**, wobei sie passende Fachbegriffe und Anglizismen verwendet (z. B. „Mental Load", Z. 14; „Maternal Gatekeeping", Z. 41). Die verschiedenen Erwähnungen von Feministinnen und Soziologinnen sowie die Verwendung von Fachbegriffen sorgen beim Leser dafür, dass die Aussagen der Autorin mehr **Glaubwürdigkeit** erhalten – unabhängig davon, ob man grundsätzlich deren Meinung teilt oder nicht. Auffällig an der Textgestaltung ist der **extreme Kontrast in der Darstellung des Verhaltens von Frauen und Männern**, wodurch dem Leser vermittelt wird, dass Frauen klar die Benachteiligten sind.

Analyse der Textgestaltung

Wirkung auf den Leser

TEILAUFGABE 2

Violetta Simon vertritt die Meinung, dass die Gleichstellung der Geschlechter auf dem Arbeitsmarkt eine Illusion sei, sobald man die häuslichen Tätigkeiten mit in Betracht zieht. Und Simons Beschreibung trifft tatsächlich einen wunden Punkt. Heutzutage tragen **häufig beide Partner gleichviel zum Familieneinkommen** bei, aber dennoch obliegt es meistens den Frauen, nebenher noch den Haushalt zu führen oder z. B. die Betreuung der Kinder zu organisieren. Empfindet die Frau dann eine **Überlastung**, ist der Ausweg häufig, dass sich sie für weniger Arbeit und weniger Verdienst entscheidet, um den häuslichen und familiären Aufgaben nachkommen zu können.

kritische Auseinandersetzung

grundsätzliche Zustimmung zu Simons Hauptthese

Simon lässt jedoch außer Acht, dass solche Entscheidungen oftmals **bewusst und nach Absprache mit dem Partner** getroffen werden. Auch im Jahr 2020 verdienen Männer im Durchschnitt leider immer noch mehr als Frauen und das sogar in den gleichen Berufen – man spricht hier vom **Gender Pay Gap**. So kann die Entscheidung, dass die Frau weniger arbeitet und sich mehr um häusliche Aufgaben kümmert, auch **aus rein wirtschaftlichem Kalkül getroffen** worden

Widerspruch zu Simons These:

gemeinsame Entscheidung der Partner

sein, ohne dass die Partner dabei in veralteten Geschlechterrollen denken.

Nachdem Simon Beispiele für die Doppelbelastung arbeitender Mütter angeführt hat, verwendet sie den aus der Wirtschaft stammenden Begriff der „Projektmanagerin" (Z. 13), um die Dauerdenkleistung von Frauen, den sog. „Mental Load" (Z. 14), zu beschreiben. Auch hier muss man der Autorin zustimmen, **ihr Urteil jedoch ein wenig relativieren**. In vielen Fällen steht es tatsächlich noch auf der familiären Tagesordnung, dass z. B. der Mann morgens zur Arbeit aufbricht, während die Frau die Kinder für den Tag vorbereitet und dann in die Krippe, den Kindergarten oder zur Schule bringt. Jedoch muss man bedenken, dass es immer selbstverständlicher wird, dass **auch Väter bewusst eine mehrmonatige Elternzeit nehmen** und Aufgaben in Haushalt und Erziehung erledigen. Diese Erfahrung kann dazu führen, dass Männer auch nach der Elternzeit mit größerer Selbstverständlichkeit solche Aufgaben wahrnehmen. Dieser Trend scheint sich auch in Deutschland mehr und mehr durchzusetzen und wird dazu beitragen, dass über mehrere Generationen hinweg allmählich eine **nachhaltigere, geschlechtergerechtere Aufgabenverteilung** zwischen Partnern entsteht.

Simons These: „Mental Load" der Frauen

Relativierung: Trend zu mehr Elternzeit bei Vätern

Simons Behauptung, dass auch Paare mit „einem egalitären Anspruch" (Z. 24) einer **Selbsttäuschung** unterliegen würden, da die Frau letztlich doch mehr Haushaltsaufgaben übernehme, muss genauer betrachtet werden. Denn Simon verschweigt, dass es sehr wohl viele Tätigkeiten in einem partnerschaftlichen Zusammenleben gibt, die typischerweise nicht die Frauen, sondern eher die Männer erledigen. Man müsste dann also korrekterweise von einer **geschlechterspezifischen Aufgabenverteilung** sprechen.

Kritik an Simons extremer Darstellung

Oft ist es der Mann, der den wöchentlichen Groß- oder Getränkeeinkauf übernimmt und der schwere Taschen und Kisten ins Haus oder in die im Obergeschoss liegende Wohnung trägt. Auch bei Handwerks- oder Reparaturarbeiten – z. B. beim Aufbau von Möbeln, beim Wechseln von Autoreifen oder beim Rasenmähen – sieht sich **oft der Mann in der Pflicht**. Natürlich handelt es sich bei diesen Tätigkeiten nicht um Aufgaben, die jeden Tag erledigt werden müssen. Dennoch sollte man diesen Aspekt bedenken, um den von Simon sehr extrem dargestellten Kontrast zwischen Frau und Mann etwas abzumildern.

männerspezifische Aufgaben im Haushalt

Dass Frauen diese Kontrolle über Haushalt und Familie benötigen, um sich gebraucht und wertvoll zu fühlen, beschreibt die Autorin im nächsten Abschnitt ihres Kommentars. **„Maternal Gatekeeping"**

Phänomen des „Maternal Gatekeeping"

(Z. 41) wird dieses Phänomen genannt. Es lässt sich insofern erklären, dass Mütter oder Frauen, die keiner oder nur einer geringen Beschäftigung nachgehen, dazu neigen, ihre häuslichen Tätigkeiten zu glorifizieren, um Anerkennung von Partner, Familie und Umfeld zu erhalten. Allerdings ist Simons Argumentation hier nicht schlüssig. Denn sie spricht in ihrem Kommentar eigentlich gleich zu Beginn von Beziehungen, in denen beide Partner beruflich gleichgestellt sind und gleich viel zum Einkommen beitragen (vgl. Z. 6 ff.). Dass eine Frau, die ebenso wie ihr Mann im Berufsleben steht und Karriereziele verfolgt, unter dem Problem des „Maternal Gatekeeping" leidet, erscheint daher eher unwahrscheinlich. Schließlich sollte sie idealerweise auch **durch ihre berufliche Tätigkeit Anerkennung und Wertschätzung** erfahren.

Hinweis auf Simons widersprüchliche Argumentation

Am Ende des Kommentars geht Simon auf die Feministin Caitlin Moran ein, die betont, dass wahre **Gleichberechtigung im Alltag nur durch „Interaktion und Empathie"** (Z. 65) entstehen könne. Erst eine gleichberechtige Partnerschaft würde eine Gleichstellung in beruflicher Hinsicht ermöglichen. Simons Schlusswort, dass der Mann zupacken und die Frau loslassen müsse (vgl. Z. 67), zeigt noch einmal, wie pauschalisierend die Autorin in ihrem Kommentar vorgeht. Dass die überbelastete Frau sämtliche Aufgaben des Zusammenlebens erledigt, während sich der Mann außerhalb der Arbeit faul zurücklehnt, stellt eine **grobe Verallgemeinerung** dar, die mit Sicherheit nicht die Lebensrealität aller Paare abbildet. Man müsste bei dieser wichtigen Diskussion z. B. viel stärker auf die **verschiedenen Generationen** eingehen: Denn ein Paar im Alter von 30 Jahren verfährt bei der Aufgabenverteilung möglichweise anders als ein Paar mit 60 Jahren.

Kritik an Simons pauschalisierender Darstellung

fehlende Differenzierung nach Generationen

TEILAUFGABE 3

Erörterung

Hier liegt einer der Hauptansatzpunkte, um eine geschlechtergerechte Arbeitswelt zu schaffen: Zuerst muss das **verstaubte Rollenbild der Hausfrau und des Ernährers** in den eigenen vier Wänden überarbeitet werden, bevor man in der Arbeitswelt Gleichberechtigung erlangen kann. Wie soll schließlich eine Frau, die sich täglich allein um Haushalt und Kinder kümmern muss, ihre Karriere nach vorne bringen? Es liegt also sowohl an den Frauen als auch an den Männern, die **Aufgaben der häuslichen Tätigkeiten gerecht** zu **verteilen**, damit beide Partner ihre beruflichen Ziele verfolgen können.

Überwindung traditioneller Rollenbilder

Dafür ist es aber essenziell, dass die Kinder gut versorgt sind. Die Politik und die Kommunen müssen sich darum kümmern, dass es dementsprechende **Betreuungsangebote** gibt. Große Firmen wie

Beispiele für sinnvolle Initiativen von Firmen

Daimler oder SAP machen es vor: Die Frauen können nach dem Mutterschutz oder der Elternzeit wieder voll arbeiten, während die firmeneigene Kindertagesstätte z. B. von 7 bis 18 Uhr zur Verfügung steht. Den jungen Eltern werden ebenfalls **Gleitzeit und Homeoffice-Tage** angeboten. Darüber hinaus können frischgewordene Väter in den ersten zwei Monaten bis zu 30 % weniger arbeiten und das bei gleichem Gehalt, um mehr Zeit mit Frau und Kind verbringen zu können. Es liegt also an allen Beteiligten – ob **Partner, Arbeitnehmer, Arbeitgeber oder Politik** –, hier kreative und hilfreiche Lösungen zu finden.

gesamtgesellschaftliche Verantwortung

Das bedeutet auch, dass das **klassische Kinderbetreuungsangebot angepasst und überarbeitet** werden muss. Der Kindergarten von 8 bis 14 Uhr ist nur ausreichend für diejenigen, die halbtags arbeiten oder bei denen sich z. B. die Großeltern nachmittags um die Kinder kümmern können. Benachteiligt sind hier jedoch Familien, in denen **beide Elternteile Vollzeit arbeiten wollen** oder – aufgrund der finanziellen Lage – sogar müssen. Eine geschlechtergerechte Arbeitswelt entsteht nur, wenn die Kinderbetreuung so geregelt werden kann, dass beide Elternteile die freie Wahl haben, wie viele Stunden sie pro Woche arbeiten möchten.

flexible Betreuungsangebote

freie Entscheidung über Länge der Arbeitszeit

Ebenso sollten sich die Bundesländer abstimmen, was die **Kosten für die Kinderbetreuung** betrifft. So können für einen Krippenplatz in Baden-Württemberg monatlich bis zu 500 € anfallen. Verlegen die Eltern ihren Wohnsitz jedoch auf die andere Seite des Rheins, nach Rheinland-Pfalz, so ist dort die Kinderbetreuung kostenlos. Es wäre wünschenswert, dass alle Eltern in Deutschland in dieser Hinsicht **gleiche Voraussetzungen** vorfinden: Die Kinderbetreuung sollte **am besten überall kostenlos** sein, damit Frauen aus eigenem Antrieb – und nicht aus familiären, finanziellen Erwägungen heraus – entscheiden können, wieviel Engagement sie in ihre berufliche Karriere setzen wollen.

Notwendigkeit kostenloser Kinderbetreuung

Stärkung der Entscheidungsfreiheit von Müttern

Ein Aspekt, der bei diesem Thema nicht vernachlässigt werden darf, ist die Altersvorsorge. Bleiben Vater oder Mutter für eine gewisse Zeit zu Hause oder arbeiten weniger, so macht sich das **in den Rentenansprüchen bemerkbar**. Dieser Gesichtspunkt spielt für viele Paare eine entscheidende Rolle z. B. bei der Frage, ob man ein zweites oder drittes Kind bekommen möchte. Hier sollte die Politik dafür sorgen, dass die Jahre, in denen man wegen der Kinderbetreuung weniger gearbeitet hat, voll angerechnet werden. Dass solche Wünsche der Familiengründung an Geld gebunden sind, ist **für ein wohlhabendes und fortschrittliches Land wie Deutschland ein schlechtes Zeugnis**. Es sollte nicht notwendig sein, sich bei der Familienplanung über finanzielle Engpässe Gedanken machen zu müssen.

Problem der Rentenlücke

zu große Abhängigkeit von finanziellen Erwägungen

Hinzu kommt, dass der demografische Wandel in Deutschland voll im Gange ist und somit die Zahl derjenigen, die Rente beziehen, immer weiter wächst, während die **Zahl derjenigen, die in die Rentenkasse einbezahlen können, stetig schrumpft**. Noch besteht ein ausgeglichenes Verhältnis. Doch sollte der demografische Wandel so weitergehen, könnte es bald mehr Rentner als Einzahler in die Rentenkasse geben. Das System würde nicht mehr funktionieren. Daher sollte es die Aufgabe der Politik sein, wesentlich **mehr Anreize für Familien** zu **schaffen**, Kinder zu bekommen und **die arbeitenden Eltern zu entlasten**.

demografischer Wandel als Herausforderung

In der Politik und Wirtschaft wurde sehr lange über die sog. „Frauenquote" dikutiert. Durch diese Quote sollten die Karrierechancen von Frauen im Sinne einer geschlechtergerechten Arbeitswelt gestärkt werden. Diese Quote ist **2016 per Gesetz in Deutschland eingeführt** worden und schreibt vor, dass **30% der Aufsichtsräte von börsennotierten Unternehmen weiblich** sein müssen. Es wäre erstrebenswert, wenn die Politik diesen Prozentanzahl in den nächsten Jahren sukzessive nach oben setzen würde, bis schließlich 50% erreicht sind, oder den **Geltungsbereich dieses Gesetzes auch auf andere Unternehmen ausweiten** würde.

Gesetz zur „Frauenquote"

Ausweitung des Gesetzes

Bei der Dikussion um solche Quoten sollte man aber nicht aus dem Auge verlieren, dass die **Qualifikation eines Bewerbers bzw. einer Bewerberin ausschlaggebend für die Besetzung einer Stelle** sein sollte und nicht das Geschlecht. Daher sollte jedes Bewerbungsverfahren so geregelt werden, dass eine **Vorauswahl ohne Geschlechterangaben** stattfindet, damit weder Mann noch Frau bevorzugt werden kann. Inwiefern sich Unternehmen freiweillig an ein solches Verfahren halten würden, bleibt fraglich. Deshalb sollte auch hier der Gesetzgeber Vorschriften erlassen, um eine geschlechtergerechte Bewerberauswahl zu garantieren.

Qualifikation als Hauptkriterium

Maßnahme zur geschlechtergerechten Bewerberauswahl

Bei der Suche nach Verbesserungsmöglichkeiten muss man auch die Frauen berücksichtigen, die sich dazu entschieden haben, ihre **Karriere für ein paar Jahre zurückzustellen** und während dieser Zeit z. B. nur 50 % zu arbeiten. Wenn der Nachwuchs dann im Grundschulalter und etwas selbstständiger geworden ist, möchten diese Frauen aber wieder voll arbeiten und ihre Karriereziele in Angriff nehmen. Seit 2019 gibt es auch hier ein Gesetz, damit Frauen und Männer **nach einer sog. Brückenteilzeit wieder in die vorherige Arbeitszeit wechseln können**.

Gesetz zur Rückkehr in die Vollzeit

Jedoch ist dieses Verfahren an einige Bedingungen geknüpft. Der jeweilige Arbeitgeber muss z. B. über 45 Personen beschäftigen und

Bedingungen des Gesetzes

pro 15 Arbeitsnehmern muss lediglich einer Person diese Brückenteilzeit genehmigt werden. Es ist natürlich in gewisser Hinsicht **willkürlich und unfair für Arbeitnehmer** (ob weiblich oder männlich), dass die Möglichkeit der Brückenteilzeit von der Größe des Arbeitgebers abhängt.

Abmilderung des wirtschaftlichen Risikos für kleinere Betriebe

Man muss allerdings auch **Verständnis für kleinere Betriebe** haben, denn diese können nicht uneingeschränkt Brückenteilzeit genehmigen, ohne dauerhaft in personelle Engpässe zu geraten. Hier könnte der Staat aktiv werden, um den kleineren Betrieben für die Dauer der Brückenteilzeit die nötigen Sicherheiten zu geben, indem er die Betriebe z. B. bei der Suche nach Teilzeitkräften unterstützt.

Fazit

Violetta Simon hat einen Kommentar verfasst, der in vielen Punkten nachzuvollziehen ist. Die Lösungen sind jedoch nicht so einfach umzusetzen, wie Simon es darstellt. Ein wichtiger Schritt in die richtige Richtung wäre es, wenn die jetzige Elterngeneration ihre Kinder so erziehen würde, dass **sowohl Jungs als auch Mädchen gleiche häusliche Aufgaben übernehmen**, damit diese später ein anderes Rollenbild in ihren Beziehungen und ihrer Arbeitswelt ausleben können. **Gesetzliche Regelungen**, um die Eltern generell und arbeitende Mütter speziell zu entlasten, würden diesen Prozess noch weiter nach vorne bringen. Schließlich sollte **jeder nach Qualifikation und persönlichem Engagement** seine beruflichen Ziele verwirklichen können und nicht aufgrund seines Geschlechts diskriminiert werden.

INTERPRETATION UND VERGLEICH DER PFLICHTLEKTÜREN (WERKE IM KONTEXT)

Arbeitsanweisungen

- Interpretieren Sie die Textstelle; beziehen Sie das für das Verständnis Wesentliche aus der vorangehenden Handlung ein.

  „Wer wir sind, hängt entscheidend davon ab, wem wir begegnen."

  Thomas Berger, Theologe und Schriftsteller; in: André Bégert: Glaube & Schönheit: Erzählungen über den größten Diebstahl aller Zeiten, Taschenbuch, fontis 01. 09. 2018

- Erörtern Sie in einer vergleichenden Betrachtung, inwieweit die Aussage Bergers auf Faust und Anselmus zutrifft.

[Bitte beachten Sie, dass der Schwerpunkt der Gewichtung auf der zweiten Teilaufgabe liegt.]

Material — Johann Wolfgang Goethe: Faust. Der Tragödie Erster Teil

Straße
FAUST. MARGARETE *vorübergehend.*
FAUST. Mein schönes Fräulein, darf ich wagen,
Meinen Arm und Geleit Ihr anzutragen?
MARGARETE.
Bin weder Fräulein, weder schön,
Kann ungeleitet nach Hause gehn.
(Sie macht sich los und ab.)
FAUST. Beim Himmel, dieses Kind ist schön!
So etwas hab ich nie gesehn.
Sie ist so sitt- und tugendreich,
Und etwas schnippisch doch zugleich.
Der Lippe Rot, der Wange Licht,
Die Tage der Welt vergess ich's nicht!
Wie sie die Augen niederschlägt,
Hat tief sich in mein Herz geprägt;
Wie sie kurz angebunden war,
Das ist nun zum Entzücken gar!
MEPHISTOPHELES *tritt auf.*

FAUST. Hör, du musst mir die Dirne schaffen!
MEPHISTOPHELES. Nun, welche?
FAUST. Sie ging just vorbei.
MEPHISTOPHELES. Da die? Sie kam von ihrem Pfaffen,
Der sprach sie aller Sünden frei;
Ich schlich mich hart am Stuhl[1] vorbei,
Es ist ein gar unschuldig Ding,
Das eben für nichts zur Beichte ging;
Über die hab ich keine Gewalt!
FAUST. Ist über vierzehn Jahr doch alt.
MEPHISTOPHELES. Du sprichst ja wie Hans Liederlich,
Der begehrt jede liebe Blum für sich,
Und dünkelt ihm es wär kein Ehr
Und Gunst die nicht zu pflücken wär;
Geht aber doch nicht immer an.
FAUST. Mein Herr Magister Lobesan[2],
Lass' Er mich mit dem Gesetz in Frieden!
Und das sag ich Ihm kurz und gut,
Wenn nicht das süße junge Blut
Heut Nacht in meinen Armen ruht;
So sind wir um Mitternacht geschieden.
MEPHISTOPHELES. Bedenk was gehn und stehen mag!
Ich brauche wenigstens vierzehn Tag,
Nur die Gelegenheit auszuspüren.
FAUST. Hätt ich nur sieben Stunden Ruh,
Brauchte den Teufel nicht dazu,
So ein Geschöpfchen zu verführen.
MEPHISTOPHELES.
Ihr sprecht schon fast wie ein Franzos;
Doch bitt ich, lasst's Euch nicht verdrießen:
Was hilft's nur grade zu genießen?
Die Freud ist lange nicht so groß,
Als wenn Ihr erst herauf, herum,
Durch allerlei Brimborium,
Das Püppchen geknetet und zugericht't
Wie's lehret manche welsche Geschicht.
FAUST. Hab Appetit auch ohne das.
MEPHISTOPHELES.
Jetzt ohne Schimpf und ohne Spaß.
Ich sag Euch, mit dem schönen Kind
Geht's ein für allemal nicht geschwind.
Mit Sturm ist da nichts einzunehmen;
Wir müssen uns zur List bequemen.
FAUST. Schaff mir etwas vom Engelsschatz!
Führ mich an ihren Ruheplatz!

Schaff mir ein Halstuch von ihrer Brust,
Ein Strumpfband meiner Liebeslust!
MEPHISTOPHELES. Damit Ihr seht, dass ich Eurer Pein
Will förderlich und dienstlich sein;
Wollen wir keinen Augenblick verlieren,
Will Euch noch heut in ihr Zimmer führen.
FAUST. Und soll sie sehn? sie haben?
MEPHISTOPHELES. Nein!
Sie wird bei einer Nachbarin sein.
Indessen könnt Ihr ganz allein
An aller Hoffnung künft'ger Freuden
In ihrem Dunstkreis satt Euch weiden.
FAUST. Können wir hin?
MEPHISTOPHELES. Es ist noch zu früh.
FAUST. Sorg du mir für ein Geschenk für sie. *(Ab.)*
MEPHISTOPHELES.
Gleich schenken? Das ist brav! Da wird er reüssieren[3]!
Ich kenne manchen schönen Platz
Und manchen altvergrabnen Schatz;
Ich muss ein bisschen revidieren[4]. *(Ab.)*

Aus: Johann Wolfgang Goethe, Faust. Der Tragödie Erster Teil, Stuttgart: Reclam Verlag 2014, V. 2605–2677.

Anmerkungen

1 Stuhl: hier Beichtstuhl
2 Lobesan: löblich
3 reüssieren: (frz.) Erfolg haben
4 revidieren: (lat.) nachforschen

TIPP **Bearbeitungshinweise**

Teilaufgabe 1: Die erste Teilaufgabe fordert zwei Kompetenzen: die des Interpretierens sowie die des Auswählens und Restrukturierens. Die Voranstellung des Operators „Interpretieren“ verweist darauf, dass die Interpretation im Zentrum steht. Die **Handlungseinordnung** dient dem **Verständnis der vorgelegten Textstelle** und soll zeigen, dass Sie aus dem Gesamtzusammenhang der Handlung funktional Wesentliches zusammenstellen können. Ihr Aufsatz beginnt mit der Hinführung zur Textstelle, um dann mit der Interpretation da anzusetzen, wo die Szene verortet ist. Die Hinführung soll die Handlung des Textausschnitts in das Handlungsganze einordnen. Sie sollten hierin die grundlegenden Informationen und Zusammenhänge berücksichtigen, die zum Verständnis der vorgelegten Textstelle notwendig sind.

Notwendig ist auch eine kurze **Zusammenfassung des Inhalts der Textstelle**. Es schließt sich die Bestimmung der **Funktion der Szene** an. Geht es um die Darstellung einer besonderen Eigenschaft Fausts, z. B. um seine Zerrissenheit? Oder markiert die Szene eine Veränderung, einen Wendepunkt? Sicher ist, dass die Textauswahl eine Besonderheit enthält, die Sie erkennen sollen. Sind Sie sich darüber im Klaren, bewegen Sie sich souveräner durch Ihre Ausführungen.

Die **Interpretation** der Textstelle, also die Analyse und die Deutung des vorliegenden Dramenauszugs, erfordert dann ein komplexes Zusammenspiel mehrerer Kompetenzen. So sollen Sie die Textstelle selbstständig erschließen und zentrale Zusammenhänge in einem schlüssigen Aufsatz darstellen. Wichtig ist, dass Sie Ihre inhaltliche Analyse mit Ihren **Beobachtungen zu Sprache und Form** verknüpfen. Machen Sie Ihre Ausführungen durch Zitate und Textverweise nachprüfbar und verwenden Sie **Fachbegriffe aus der Dramenanalyse**.

Teilaufgabe 2: Die zweite Teilaufgabe bildet den Schwerpunkt des Umfangs und mit circa 60 Prozent auch den Schwerpunkt für die Beurteilung. Sie verlangt die Einbeziehung der Lektüre „Der goldne Topf“ von E.T.A. Hoffmann. Bevor Sie mit der vergleichenden Erörterung beginnen, sollten Sie kurz die **Handlung des Kunstmärchens** umreißen, um ein Grundverständnis sicherzustellen. Solch eine Kontextualisierung ist zwingend nötig. Die Kernaussagen des Außentextes müssen entsprechend der Fragestellung in einen Vergleich eingearbeitet werden. Es empfiehlt sich daher, zunächst die Schlüsselbegriffe des Außentextes aufzugreifen, um dann die **Gemeinsamkeiten und Unterschiede in Bezug auf Faust und Anselmus** herauszuarbeiten. Eine besondere Herausforderung ist es dabei, dass sich die Aspekte des Außentextes strukturbegleitend im Aufsatz wiederfinden sollen. Stellen Sie unter Einbezug aussagekräftiger Textstellen dar, inwieweit Faust und Anselmus **durch Begegnungen mit anderen geprägt** werden. Schließen Sie Ihre Ausführungen mit einem prägnanten **Fazit.**

Zitierte Textausgaben: E.T.A. Hoffmann, Der goldne Topf. Ein Märchen aus der neuen Zeit, Stuttgart: Reclam 2015.
J. W. von Goethe, Faust I. Textausgabe mit Material, Hallbergmoos: Stark 2016.

Lösungsvorschlag

TEILAUFGABE 1

Einleitung

Hinführung zum Thema

Schon einmal verliebt gewesen? Plötzlich fühlen wir uns, als ob wir fliegen und die ganze Welt umarmen könnten. Schon einmal in etwas Kriminelles reingerutscht? Wie schnell wird man skrupellos für ein paar Euro mehr und lügt die besten Freunde an. Vielleicht hat der Theologe und Schriftsteller Thomas Berger solche Situationen im Sinn gehabt, als er formuliert hat: „Wer wir sind, hängt entscheidend davon ab, wem wir begegnen." Jedenfalls waren die Begegnungen von Heinrich Faust in Goethes Tragödie „Faust I" und des Studenten Anselmus in E. T. A. Hoffmanns „Der goldne Topf" überaus folgenreich. **Faust zerstört viele Leben**, Anselmus findet sich zum Dichter berufen und in der **Fantasiewelt Atlantis** wieder.

Hauptteil

Handlungseinordnung:

Fausts Lebenskrise

Der Gelehrte Heinrich Faust verzweifelt am Leben. Obwohl er alles von der Welt weiß, was es zu seiner Zeit zu studieren gab, ist er unzufrieden. Ihm reicht Bücherwissen nicht, er **strebt nach göttlicher Erkenntnis**. Dazu ist er bereit, sich auf Magie und Naturgeister einzulassen, ja selbst Selbstmord zieht er in Erwägung – im letzten Moment gibt er dieses Vorhaben auf. In dieser **Verzweiflung** tritt Mephisto in sein Leben. Er repräsentiert das Böse, das sich Faust zunächst als Pudel und dann in menschlicher Gestalt zeigt. Ausgerechnet Faust sucht er auf, weil er mit dem „Herrn", Gott, eine **Wette** eingegangen ist: Mephisto könne den alten Gelehrten vom rechten Wege abbringen. Faust und Mephisto wiederum gehen ihrerseits eine Wette ein, in der sich Mephisto zum Diener Fausts im Diesseits macht. Mephisto gewinnt die Wette, wenn er Faust **von seinem rastlosen Streben zu innerer Zufriedenheit führen** kann. Sollte ihm das gelingen, muss Faust ihm im Jenseits dienen. Mephisto will Faust zunächst mit banalem und oberflächlichem **Lebensgenuss** verführen. Doch dies gelingt nicht. Mephisto bedient sich der Hilfe einer Hexe, die für Faust einen **Verjüngungstrunk** braut. Dieser macht aus dem alten Professor einen um dreißig Jahre verjüngten Liebhaber. Der Trank bewirkt zudem, dass Faust in einem Zauberspiegel das ideale Schönheitsbild aller Frauen sieht und alle Frauen begehrenswert findet.

Wette zwischen Teufel Mephisto und verzweifeltem Faust

Verwandlung durch Zauber

Zusammenfassung der Textstelle

Die vorgelegte Textstelle setzt hier an. Die erste Frau, der Faust nun begegnet, ist **Margarete**. Faust spricht sie unangemessen an, woraufhin Margarete ihn abweist. Dennoch ist er sofort von ihr angetan und **verlangt Mephistos Unterstützung, um mit ihr zusammenzukommen**.

Die Textstelle hat die Funktion, das **erste Aufeinandertreffen von Faust und Margarete** zu illustrieren. Dieses zeigt einen krassen **Umschwung in Fausts Verhalten** und auch die neue Figur Margarete erlaubt eine erste Charakterisierung. Im Aufbau des Dramas bildet die Szene den **Abschluss der Gelehrten- und den Beginn der Gretchentragödie**. Es wird deutlich, dass Faust nun ein Ziel hat – das auch zu Mephistos Ziel wird: die **Verführung Margaretes**. Es ist Fausts vierter Entgrenzungsversuch, die Sphäre der Liebe und Sexualität. Zuvor scheitert er daran, den Makrokosmos zu begreifen, die Erscheinung des Erdgeists auszuhalten, und auch seinen Selbstmordversuch bricht er ab.

Funktion der Textstelle

Beginn des Werbens um Margarete

Schon zu Beginn der Szene wird deutlich, dass Faust **ungeübt im Anbandeln ist und gleichzeitig von seinen Gelüsten angetrieben** wird. Margarete spricht er überhöhend als „[m]ein Fräulein" an (V. 2605), obwohl sie nicht von adeligem Stand ist. Im Possessivpronomen „mein" und in der Regieanweisung („Sie macht sich los", V. 2608) wird deutlich, dass Faust sofort rabiat wird, da er sie als sein Eigentum sieht und sie offensichtlich übergriffig gepackt oder zumindest angefasst hat. Ihre Antwort auf sein Angebot, sie zu begleiten, wartet er offensichtlich nicht ab. **Margarete antwortet selbstbewusst:** „Bin weder Fräulein, weder schön / Kann ungeleitet nach Hause gehn." (V. 2607 f.) Und sie wehrt ihn auch körperlich ab. Vier Verse umfasst das erste Aufeinandertreffen von Faust und Margarete – zwei für Faust, zwei für Margarete. **Faust wertet sie ab und nimmt sie nicht ernst**, denn im Folgenden bezeichnet er sie als „Kind" (V. 2609) und als Objekt, das ihm Mephisto „schaffen" müsse (V. 2619). „Dirne" (V. 2619) nennt er sie, was allerdings nur für heutige Ohren sexistisch klingt, damals bedeutete es schlicht „Mädchen".

Analyse und Interpretation:

kurzer Wortwechsel zwischen Faust und Margarete

Fausts fehlender Respekt

Auf den kurzen Einstiegsdialog folgt ein **Monolog des Frischverliebten**. Zwar ist Margarete letztlich nur die erste Frau, die ihm nach der Einnahme des Verjüngungstrunkes begegnet und von der er deshalb **buchstäblich verzaubert** ist, dennoch könnte man dem vor Kurzem noch verknöcherten Gelehrten glauben, dass er solch ein Mädchen noch „nie gesehn" habe (V. 2610). Er schwärmt von allem an ihr: von ihrer Schönheit, ihrer Sittsamkeit und Tugend, ihrer schnippischen Art – alles soll sich gleich in sein „Herz geprägt" haben (V. 2616). Schnell wird deutlich, dass dies eher Projektion zu sein scheint, denn selbst **Margaretes Ablehnung reizt ihn**.

Monolog: Fausts Bewunderung für Margarete

Doch mit dem Auftreten Mephistos, mit dem nun wieder ein längerer Dialog beginnt, ist man schnell desillusioniert: „Hör, du musst mir die Dirne schaffen!" (V. 2619). Es ist das **erste Mal, dass Faust Mephistos Dienste einfordert**, und das gleich sehr rüde. Von Me-

Gespräch mit Mephisto

phistos offenem Hinweis, dass ihm aufgrund von **Gretchens Sittsamkeit und Religiosität** Grenzen gesetzt seien (vgl. V. 2625 f.), will Faust nichts wissen. Er geht zunächst auf Gretchens heiratsfähiges Alter ein (vgl. V. 2627) und erpresst Mephisto dann sogar: „Und das sag ich Ihm kurz und gut, / Wenn nicht das süße junge Blut / Heut Nacht in meinen Armen ruht; / So sind wir um Mitternacht geschieden“ (V. 2635–2638).

Drohung an Mephisto

Voller Arroganz spottet Faust über Mephistos begrenzte Fähigkeiten. Im Gegensatz zu Mephistos erbetenen „vierzehn Tag“ (V. 2640) schaffe Faust es selbst in „nur sieben Stunden“ (V. 2642), wobei er Gretchen dabei mit dem herablassenden Diminutiv „[s]o ein Geschöpfchen“ (V. 2644) abtut. Auch Mephisto als Meister der Verführungskünste äußert sich geringschätzig über Gretchen als „Püppchen“ (V. 2651) – allerdings eher in der Absicht, dass er Faust weismachen will, dass eine **Verzögerung des Genusses** und ein **langes Werben um Margarete** viel schöner seien als ihre sofortige Eroberung. Doch Faust ist ungeduldig und triebgesteuert, Spott über sein hemmungsloses Verhalten bleibt ungehört (vgl. V. 2628). Ohne sie umständlich erst verführen zu müssen, will er sofort mit ihr schlafen: „Hab Appetit auch ohne das.“ (V. 2653)

Fausts Drängen auf schnelle Zusammenkunft mit Margarete

Mephistos Verzögerungstaktik

Mephistos begrenzte Macht über Margarete wird hier überdeutlich, gegen ihre Unschuld kommt er nicht an. Gegenüber Faust muss er sich unterwürfig anbiedern, muss sich sogar drohen lassen und kann ihm nur eine „List“ anbieten (V. 2658). In einer **Reihung von Imperativen**, die seine Lüsternheit verdeutlichen (vgl. V. 2659 ff.), fordert Faust von Mephisto, dass dieser ihn in Margaretes Zimmer führen solle und ihm etwas daraus beschaffen solle. Es soll ihm als Ersatz seiner „Liebeslust“ (V. 2662) dienen, die im **Kontrast zu Margaretes Unberührtheit** steht – diese wird als „Engelsschatz“ (V. 2659) bezeichnet. Letztlich lässt sich Faust doch von Mephisto einfangen und fordert: „Sorg du mir für ein Geschenk für sie.“ (V. 2673). Es ist der erste skrupellose Schritt, um in Margaretes Intimsphäre einzudringen, dem weitere folgen hinein in eine große schuldhafte Verstrickung mit katastrophalem Ausgang. Faust zeigt sich nicht mehr als verstaubter Gelehrter, sondern als **triebgesteuerter Lüstling**, der ein junges Mädchen ins Bett bekommen will.

Mephistos Machtlosigkeit gegenüber Margarete

Kompromiss: Geschenk für Margarete

Die Szene wird abgeschlossen durch einen kurzen **Monolog Mephistos**. Er gibt sich beruhigt, dass Faust auf ihn hört und es zunächst einmal mit einem Geschenk versuchen will, um Margarete gefügig zu machen. Mephisto sieht Faust und damit auch sich selbst wieder auf der **Gewinnerseite:** „Das ist brav! Da wird er reüssieren!“ (V. 2674).

Teilsieg für Mephisto

TEILAUFGABE 2

In Mephistos Aussagen blitzt sein diabolisches Wesen auf. Er, der große Verführer, hat aus dem biederen Gelehrten einen rücksichtslosen Egoisten auf der Suche nach Befriedigung seiner Lust gemacht. Oder doch nicht? Lebt Faust nur aus, was auch ohne das Aufeinandertreffen mit diesem teuflischen Gesellen in ihm steckt? Und wäre der Student Anselmus, der Protagonist in E. T. A. Hoffmanns „Der goldne Topf", je Dichter geworden und hätte Zugang zur Wunderwelt Atlantis erhalten, wenn er Serpentina nicht hätte sehen können? Der Theologe und Schriftsteller Thomas Berger geht dieser Frage nach: „Wer wir sind, hängt entscheidend davon ab, wem wir begegnen." Aber wer sind wir eigentlich? Was ist in uns angelegt und wäre früher oder später ohnehin zum Vorschein gekommen? Und was pflanzen andere in uns, das nur durch die Begegnung mit ihnen aus uns herausbricht?

Überleitung

Bezug zum Zitat von Berger

Faust wird dem Leser bereits in der Pudel-Szene so vorgestellt, dass in ihm eine Saite anschlägt, die bei anderen stumm bleibt: „Ich sehe nichts als einen schwarzen Pudel" (V. 1156), sagt Wagner. Faust hingegen scheint auf etwas anzusprechen, das ihn **für die Präsenz des Teufels empfänglich** macht: „[M]ir scheint es, dass er [der Pudel] magisch leise Schlingen / Zu künft'gem Band um unsre Füße zieht." (V. 1158 f.) Hier beginnt ein „Band", das vielerlei Begegnungen nach sich zieht, die unheilvoll enden – und Faust letztlich vor Augen führen werden, wer er ist.

Faust

vielsagende erste Begegnung mit Mephisto

Faust lässt sich auf das ein, was er bereits in der Szene „Nacht" beschworen hat: „Fürchte mich weder vor Hölle noch Teufel" (V. 369). Er setzt auf Magie, beschwört den Erdgeist, kennt dabei keine Grenzen, fragt sich voller **Hybris:** „Bin ich ein Gott?" (V. 439) Nach dem Pakt mit dem Teufel begegnet er Margarete, die in ihm die **triebhafte und schwärmerische Seite** weckt. Faust begegnet Margaretes Bruder Valentin und ermordet ihn. Margaretes Mutter stirbt an den Tropfen, die Faust Margarete gibt, um ungestört die Nacht mit ihr verbringen zu können. Faust betrügt, indem er zusammen mit Mephisto gegenüber der Nachbarin Marthe in einem Meineid den Tod ihres Mannes beschwört. Faust lässt sich in „Wald und Höhle" von Mephisto verführen, voller Begierde zu Margarete zurückzukehren. Mephisto bringt Faust also immer wieder dazu, die **abgründigen, verwerflichen, niederen Seiten seines Charakters auszuleben**.

Fausts Neigung zu Grenzüberschreitungen

schreckliche Folgen der Begegnung mit Mephisto

Die Begegnung mit Margarete offenbart dagegen Fausts Ambivalenz. Das Unheil, das er über ihre Familie bringt, steht im **Kontrast zu den mitunter liebevollen Seiten**, die Faust zeigt. In der Szene „Straße" markiert Fausts Begehren noch eine Projektion, ausgelöst

Fausts zwiespältige Beziehung zu Margarete

durch den Hexentrank. Margarete ist für ihn das typisierte Idealbild von „Helenen in jedem Weibe" (V. 2604). Doch Faust ist in der Lage, zusehends **Gefühle für die junge Frau** als Individuum zu entwickeln. In der Szene „Garten" versucht er eine Liebeserklärung, im „Gartenhäuschen" kommt es zum ersten Kuss der Liebenden.

Andeutung aufrichtiger Gefühle

Aber ehrlich meint Faust es nicht mit seinen Liebesschwüren (vgl. V. 3051–3072). Letztlich obsiegen **Trieb und Egoismus**. In der Szene „Kerker" plagt Faust die Angst, Margarete wiederzusehen: „Mich fasst ein längst entwohnter Schauer [...]. Du fürchtest sie wieder zu sehen!" (V. 4405–4410), spricht er zu sich selbst, in einer der wenigen Stellen, in denen ihn **Gewissen und Mitleid oder vielmehr Selbstmitleid** packen. Schließlich hat er Verderben über sie gebracht. Margarete spürt gleich seine fehlende Liebe: „Wo ist dein Lieben / Geblieben?" (V. 4495 f.) Das Enjambement verstärkt den Bruch.

Fausts Bewusstsein für eigenes Verhalten

Doch nicht erst die Begegnung mit Mephisto und Margarete haben in Faust eine unmoralische Seite zum Vorschein gebracht. Seine **Skrupellosigkeit** und sein **Narzissmus** haben sich bereits zuvor offenbart: „Ich Ebenbild der Gottheit!" (V. 516) Auf der Suche nach gottgleicher Erkenntnis ist er bereit, sich auf Magie und Geister einzulassen. Grenzen akzeptiert er nicht, bringt sich lieber um – senkt erst im letzten Moment die tödliche Ampulle (vgl. V. 781 f.). Auch bezüglich des gemeinsamen medizinischen Wirkens mit seinem Vater zur Bekämpfung der Pest plagen ihn Selbstzweifel und **böse Erinnerungen an seine Taten** (vgl. V. 1030–1034, 1050–1055). Letztlich formuliert Heinrich Faust selbst, wer er ist und wie es in seinem zerrissenen Inneren aussieht: „Zwei Seelen wohnen, ach! In meiner Brust." (V. 1112)

Fausts Taten vor der Begegnung mit Mephisto

Fausts innere Zerrissenheit

Fasst man die Begegnungen Fausts zusammen, so lässt sich feststellen, dass Bergers Aussage auf ihn zutrifft: Die **unheilvollen Begegnungen und Taten im Dunstkreis von Mephisto** haben einen üblen Charakter ans Tageslicht gebracht. Faust hat sich mehrfach in Böses verstricken lassen, **ohne moralischen Widerstand zu leisten**. Dieser blitzt ein wenig bei der Anekdote von den zweifelhaften Taten mit seinem Vater auf, wo er sein Fehlverhalten zumindest im Nachhinein reflektieren kann. Gleichwohl sind in Faust Eigenschaften angelegt, die auch ohne Einflüsse und Begegnungen von außen bereits vorhanden sind. Lange vor Mephisto lernt man Faust als einen innerlich Zerrissenen kennen, als einen, der **voller Hybris** Gott nicht als Grenze menschlicher Erkenntnis anerkennt, weil er sehen will, „was die Welt / im Innersten zusammenhält" (V. 382 f.), und dafür auch vor Magie und Teufel nicht zurückschreckt (vgl. Szene „Nacht").

Resümee zu Faust

Eindeutiger verhält es sich beim Studenten Anselmus in E. T. A. Hoffmanns Kunstmärchen „Der goldne Topf". Dieser strebt zunächst ein **Leben in der bürgerlichen Welt Dresdens** an, doch eine **unheilvolle Begegnung mit einem Äpfelweib** führt ihn letztlich zu einem fantastischen Erlebnis unter einem Holunderbaum. Er verliebt sich in ein Schlänglein namens Serpentina, deren Augen in ihm ein nie gekanntes Gefühl tiefster Sehnsucht wecken. Fortan hat der junge Student Erlebnisse, die ihn innerlich zwischen bürgerlicher und fantastischer Welt zerreißen: Einerseits wünscht er sich eine Karriere als Hofrat und eine Heirat mit Veronika, andererseits erträumt er sich eine Existenz mit Serpentina im Wunderreich Atlantis. Die Voraussetzung dafür, das Fantastische – im Gegensatz zu den allermeisten anderen Menschen – überhaupt wahrnehmen zu können, liegt in der besonderen **inneren Verfasstheit des träumerischen Anselmus:** Er besitzt das notwendige „kindlich[e] poetisch[e] Gemüt" (S. 70).

Anselmus

folgenschwere Begegnung mit Hexe

Anselmus zwischen Bürgertum und Poesie

Ähnlich wie Faust ist auch Anselmus innerlich zerrissen. Seine Begegnungen mit Konrektor Paulmann, Registrator Heerbrand und der Bürgerstochter Veronika festigen in ihm zunächst den **Wunsch, eine bürgerliche Karriere als Hofrat anzustreben**. Seine Bemühungen scheitern jedoch häufig am „Unstern" seiner **Tollpatschigkeit** (S. 8); in den höheren Kreisen stellt er sich unglücklich an (vgl. S. 8). Der Konrektor Paulmann gibt dann auch den biederen Philister, klagt über den seltsamen Jungen. Registrator Heerbrand hingegen nimmt Anselmus in Schutz, will ihm „Raum und Zeit" zubilligen, da er ein „kurioses Subjekt" sei, in dem viel stecke (vgl. S. 36). Heerbrand zeigt zumindest ein wenig Offenheit und verurteilt Anselmus' abweichendes Verhalten nicht sofort.

bürgerlicher Karriereplan

Verwunderung über Anselmus' Verhalten

In der Begegnung mit Veronika offenbart sich Anselmus' Dilemma. Sie erträumt sich eine unbeschwerte Zukunft als „Frau Hofrätin" (S. 37) an der Seite von Anselmus. Mithilfe des teuflischen Äpfelweibs versucht sie, ihn mit einem Zauberspiegel für sich zu gewinnen. Doch der Plan scheitert. Anselmus erhält **Unterstützung von Personen aus dem Wunderreich Atlantis:** Archivarius Lindhorst ist der irdische Gegenspieler des Äpfelweibs und der Vater von Serpentina, der Schlange aus dem Holunderbusch. Er ist ein verbannter Zauberfürst aus Atlantis und will – durch die Heirat seiner drei Töchter mit Jünglingen mit poetischem Gemüt – seine Rückkehr nach Atlantis erreichen. Serpentinas Augen haben in Anselmus eine nie gekannte Sehnsucht geweckt. Doch anders als die Bürgerstochter Veronika ist Serpentina vielmehr ein Wesen der Imagination, des Zugangs zum Wunderbaren. Durch die **Kopistentätigkeit beim Archivarius** erhält Anselmus immer mehr Einblick in das Reich der Fantasie, das für andere unzugänglich ist. Serpentina bestärkt ihn, nicht davon abzulassen: „Anselmus! – glaube, liebe, hoffe!" (S. 85)

Manipulation durch Veronika und das Äpfelweib

Serpentinas und Lindhorsts Einfluss auf Anselmus

Anselmus erkennt zusehends seine Bestimmung und wird letztlich auch dank seines **Zutrauens in Serpentina** aus dem gläsernen Gefängnis der Kristallflasche befreit. Anders als Faust kann Anselmus **unterscheiden, wer ihm wohlgesonnen ist und wer nicht**, und dementsprechend handeln. Er entlarvt die bösen Absichten des Äpfelweibs: „‚[D]u verdammtes Hexenweib', sagte der Student Anselmus, ‚du bist schuld an allem, aber der Salamander wird dich treffen, du schnöde Runkelrübe'" (S. 85). Anselmus erfasst die Zusammenhänge richtig und erkennt **seine Bestimmung für Serpentina**. Veronika findet in Registrator Heerbrand eine neue Zweckliebe, um ihr Ziel „Frau Hofrätin" zu erreichen.

Entscheidung für Serpentina und die Poesie

Das poetische Gemüt des Anselmus reift durch seine Begegnungen mit Lindhorst und Serpentina immer mehr und wird letztlich belohnt mit einem „Leben in der Poesie, der sich der heilige Einklang aller Wesen als tiefstes Geheimnis der Natur offenbaret" (S. 102). Erst durch diese Begegnungen kann Anselmus seine **Bindung an die bürgerliche Welt hinter sich lassen** und fasst Zutrauen zu sich selbst.

durch Begegnungen: Stärkung von Anselmus' Persönlichkeit

Fazit der vergleichenden Erörterung

Anders als Heinrich Faust – wahlweise als alter Gelehrter oder egoistischer Lüstling – bringt der junge Student Anselmus mehr Offenheit mit. Faust ist verbittert, verbohrt, er will um jeden Preis herausfinden, „was die Welt / Im Innersten zusammenhält" (V. 382 f.). Der alte Mann wird **durch die Verjüngung nur äußerlich ein anderer**. Er gewinnt durch den Verjüngungstrank kein „kindlicheres Gemüt", entwickelt keine Offenheit. Anselmus dagegen stolpert geradezu in neue Begegnungen. Durch das Zusammentreffen mit Personen aus der bürgerlichen und der fantastischen Welt lernt sich der junge Mann erst selbst kennen. Der Leser begleitet ihn in diesem **Entwicklungsprozess, bei dem er ein anderer wird**. Er geht durch Stationen innerer Unsicherheit und Zerrissenheit, doch am Ende ist er glücklich in Atlantis. Die Begegnungen haben ihn – ganz im Sinne Bergers – zu dem werden lassen, der in ihm steckte. Er verfügte bereits über das poetische Gemüt, aber er bedurfte regelrecht dieser vielen guten wie schlechten Begegnungen, um das aus ihm heraus zu befördern, was in ihm angelegt ist. Anselmus kann sich auf seinem Weg negativer Einflüsse erwehren, lässt sich letztlich nicht von Veronika oder dem Äpfelweib verführen. Eigenschaften, die in Faust tief verankert sind – wie Hybris, Egoismus, Narzissmus –, sind Anselmus fremd. Dementsprechend wird er bei seinen Begegnungen auch nicht derart auf die Probe gestellt. Die **Begegnung mit eigenen diabolischen Abgründen** bleibt Anselmus – im Gegensatz zu Faust – gerade wegen seines unverdorbenen, kindlichen Gemüts erspart.

positive, schlüssige Entwicklung bei Anselmus

in Faust angelegt: schlechte Eigenschaften

TEXTINTERPRETATION LYRIK

Arbeitsanweisung

Interpretieren und vergleichen Sie die beiden Gedichte.

Material 1 Friedrich Schlegel (1772–1829): Der Wanderer (1802)

Wie deutlich des Mondes Licht
Zu mir spricht,
Mich beseelend zu der Reise:
„Folge treu dem alten Gleise,
Wähle keine Heimat nicht.
Ew'ge Plage
Bringen sonst die schweren Tage;
Fort zu andern
Sollst du wechseln, sollst du wandern,
Leicht entfliehend jeder Klage."

Sanfte Ebb' und hohe Flut,
Tief im Mut,
Wandr' ich so im Dunkel weiter,
Steige mutig, singe heiter,
Und die Welt erscheint mir gut.
Alles reine
Seh' ich mild im Widerscheine,
Nichts verworren
In des Tages Glut verdorren:
Froh umgeben, doch alleine.

Aus: Ernst Behler (Hg.), Kritische Friedrich-Schlegel-Ausgabe. Bd. 5: Dichtungen. Hrsg. v. Hans Eichner. Verlag Ferdinand Schöningh u. Thomas Verlag: München u. a. 1962, S. 186.

Material 2 Stefan Zweig (1881–1942): Fahrten (1906)

Ein Wandrer, der zwei Fremden
Und keine Heimat hat
Franz Grillparzer[1]

Noch immer hat kein liebes Band
Mich angeschmiegt an stillen Sinn,
Noch wird mir Heimat jedes Land,
Dem ich gerad zu Gaste bin.

Den hellen Straßen geh ich nach
Wie Staub, der nach den Rädern rennt,
Gern rastend unter einem Dach,
Wo nicht ein Herz das meine kennt.

Landfahrer ward ich mit dem Wind
Und des Gedenkens ganz entwöhnt,
Daß mir daheim noch Freunde sind,
Die ich mir einst als Glück ersehnt.

Ein Träumer in die runde Welt,
Der wegwärtswandernd schon vergißt,
Wohin der eigne Sinn ihn schnellt
Und wo sein Herz zu Hause ist.

Aus: Stefan Zweig, Silberne Saiten. Gedichte. Hrsg. v. Knut Beck. S. Fischer Verlag: Frankfurt am Main 1982, S. 93.

Anmerkung

1 Das Motto ist dem Gedicht ‚In der Fremde' von Franz Grillparzer (1791–1872) entnommen; es ist Bestandteil des Gedichtes von Stefan Zweig.

TIPP **Bearbeitungshinweise**

Für ein **erstes Verständnis** der beiden Gedichte ist es sinnvoll, sich Klarheit darüber zu verschaffen, in welche Situationen sie uns führen und welche Art von Reise sie beinhalten. Kennen wir die Umstände, die uns die beiden Texte schildern, entsprechen sie unseren Vorstellungen vom Reisen? Über solche Fragen kann man sich dem Thema der beiden Gedichte annähern, die besondere Bedeutung, die jeweils der Reise zukommt, erkennen und zwischen den lyrischen Texten erste grundlegende **Gemeinsamkeiten und Unterschiede** ermitteln.

Ein **zweiter genauer Lesedurchgang** mit besonderem Blick auf **Titel** und **Motto** (siehe 2. Gedicht) wird die **Interpretationshypothese** bestärken, dass beide Gedichte in ihrer Kernaussage den Fokus auf die Fortbewegung (das Wandern bzw. das Fahren) im Gegensatz zum Aufenthalt an einem festen Ort (z. B. der vertrauten Heimat) richten. Das Reisen wird dann nicht als vorübergehende Auszeit (Urlaub), sondern viel eher im existenziellen Sinne einer **Lebensreise** verstanden.

Nach einer **Einleitung**, die z. B. mit allgemeinen Gedanken über die Bedeutung des Reisens zu den Gedichten hinführt, interpretieren Sie im Hauptteil die Gedichte am besten **blockweise nacheinander**, bevor Sie zu einem **abschließenden Vergleich** kommen. Für ein strukturiertes Vorgehen bietet es sich an, zunächst die Kernaussage des Gedichts voranzustellen und den formalen Aufbau (Strophenzahl, Strophenlänge, Metrum, Reimschema) zu beschreiben, um einen gliedernden Überblick zu schaffen. Die detaillierte Interpretation im Anschluss kann chronologisch am Text entlang erfolgen.

Achten Sie bei Ihrer Interpretation auf einen analytischen Zugriff, der die **inhaltliche Ebene** (Situation des lyrischen Ich, Stimmung) und die **sprachlich-formale Ebene** (Form, Stilmittel, Sprachbilder in ihrer Wirkung) stets **funktional miteinander verknüpft**. Zuletzt heben Sie in einem resümierenden Vergleich die wesentlichen Gemeinsamkeiten (hier: die Heimatlosigkeit) und Gegensätze (unterschiedliches Lebensgefühl: Mondlicht als Bezugspunkt im ersten Gedicht, fehlender Bezugspunkt und Entfremdung im zweiten Gedicht) hervor.

Der **Schluss** Ihres Interpretationsaufsatzes kann eine **persönliche Einschätzung** enthalten und eine **Brücke zur Einleitung** schlagen. Eine Epochenzuordnung ist für die Deutung nicht zwingend notwendig, kann aber durchaus erhellend sein (wie z. B. die romantischen Motive im ersten Gedicht) und als besondere Leistung gewürdigt werden.

Lösungsvorschlag

Reisen – das bedeutet Aufbruchstimmung. Im Sinne der Erholung ist dieser Impuls oft mit dem Wunsch verbunden, sich aus den gewohnten Strukturen des Alltags zu lösen, den Ort, an dem wir wohnen, für einen bestimmten Zeitraum hinter sich zu lassen und neue Erfahrungen in fremden Regionen zu sammeln. Was aber ist, wenn sich das Reisen **nicht auf eine Auszeit begrenzt**, der Aufbruch jeden Tag aufs Neue vollzogen wird und **nicht mit der Rückkehr in eine angestammte Heimat endet**? Von dieser Art des Unterwegsseins handeln die beiden lyrischen Texte mit den Titeln „Der Wanderer" und „Fahrten", die von den Dichtern Friedrich Schlegel und Stefan Zweig jeweils zum Anfang des 19. bzw. des 20. Jahrhunderts geschrieben wurden.

Einleitung

unterschiedliche Formen des Reisens

Der Titel und die Anfangszeilen des ersten Gedichts lassen gleich auf den ersten Blick **zwei zentrale Motive der Romantik** aufscheinen: das **Wandern** und die **Mondnacht**. Der Text entwirft das Bild eines einsamen Wanderers, der durch das Licht des Mondes Zuspruch erfährt. Dabei ergreift die eigentümliche nächtliche Stimmung das Innere des lyrischen Ich derart, als würde das Mondlicht direkt zu seiner Seele sprechen (vgl. V. 1–3). Diese Worte, die man auch als eine innere Stimme auffassen könnte, nehmen einen Großteil der ersten Strophe ein (vgl. V. 4–10). Inhaltlich entsprechen sie einem Appell, weiter auf Wanderschaft zu gehen und sich nirgendwo niederzulassen. In der zweiten Strophe kommt das lyrische Ich dieser Aufforderung nach und wandert durch die mondbeschienene Nacht (vgl. V. 11–20).

Interpretation: „Der Wanderer"

Textgeschehen

Diese **zweigliedrige Abfolge** in dem Sinne, dass von einem **Reiz** – dem Mondlicht – eine entsprechende **Reaktion** – die Wanderung des lyrischen Ich durch die Nacht – ausgeht, wird durch einen **Aufbau in zwei gleich lange Strophen** gespiegelt. Ihnen liegt jeweils das zweimalige Reimschema aabba zugrunde, sodass sich für das Gedicht insgesamt vier Fünfzeiler (V. 1–5, 6–10, 11–15, 16–20) ergeben. Das durchgehende trochäische Versmaß betont in seiner Rhythmik allgemein den **Drang zur Fortbewegung**, darüber hinaus verleiht es dem Aufforderungscharakter des Mondlichts in der ersten Strophe dadurch Nachdruck, dass es den Imperativen am Versanfang eine besondere Betonung zuweist (vgl. „**Fol**-ge" in V. 4 und „**Wäh**-le" in V. 5). Fast scheint es, als wolle der Mond, der wie ein Mensch spricht, in seiner direkten Rede dem lyrischen Ich energisch die ihm eigene Art der Bewegung anraten. So wie er am Firmament unentwegt seiner Bahn folgt, soll auch das lyrische Ich unbeirrt seinen nächtlichen Weg fortsetzen (vgl. V. 4: „Folge treu dem alten Gleise").

Aufbau und Form des ersten Gedichts

Rede des Mondes an den Wanderer

Dabei könnte diese **Wanderschaft in einem existenziellen Sinn gedeutet** werden, die über einen einmaligen nächtlichen Ausflug hinausgeht. Entsprechend der **Umlaufbahn des Mondes** mit seinen sich stets verändernden Positionen lässt sich dann ein menschlicher Lebenslauf denken, der durch einen beständigen Ortswechsel geprägt wäre. Deutlich wird diese Analogie in dem Parallelismus „Sollst du wechseln, sollst du wandern" (V. 9), wobei die Alliteration in den W-Lauten den Anspruch noch verstärkt, in Bewegung zu bleiben und sich zu verändern. Die Aussicht, sich auf seinem Lebensweg irgendwo niederzulassen, wird indessen ausdrücklich verneint. Stattdessen erfährt die **Heimat als Gegenbild zur Wanderschaft** in der direkten Rede des Mondes eine negative Konnotation. Das Verharren an einem angestammten Ort wird als „[e]w'ge Plage" (V. 6) beschrieben, die „schwer[e] Tage" (V. 7) bringen würde. Demgegenüber steht das dauerhafte Unterwegssein als einzige Option, einem solchen beklagenswerten Leben zu entrinnen (vgl. V. 10).

Lebenslauf in Analogie zur Mondbahn

Abwertung der Heimat

Die oben angesprochene Zweigliedrigkeit des Gedichts lässt sich nicht nur in den **Polen von Heimat und Unterwegssein** wiederfinden. Bei genauerer Analyse entdeckt der Leser weitere Gegensatzpaare im Wechsel von Tag (vgl. 2. und 4. Fünfzeiler) und Nacht (vgl. 1. und 3. Fünfzeiler), Ebbe und Flut (vgl. V. 11), oben (Himmel) und unten (Erde). Der Auslöser für diese Gegenüberstellungen ist der Mond. Sein fahles Leuchten steht im Gegensatz zur „Tages Glut" (V. 19), sein Schimmer bewirkt das Fallen und Steigen des Meeresspiegels, sein Licht strahlt von oben auf die Erde und auf den Wandersmann herunter. In seinem milden Widerschein (vgl. V. 17) erhält die Welt ihre eigentümlichen Konturen, gewinnt das lyrische Ich seine **Reflexionen über das Auf und Ab des Lebens**.

Vielzahl an Kontrasten im Gedicht

zentrales Motiv: Licht des Mondes

Entscheidend hierfür ist der **Mut des lyrischen Ich**, die Höhen und Tiefen zuzulassen. Er äußert sich zum einen in dem Wagemut, sich der unheimlichen Situation auszusetzen und ohne Angst in das Dunkle weiter vorzudringen (vgl. V. 13 f.: „Wandr' ich so im Dunkel weiter, / Steige mutig, singe heiter"). Zum anderen kommt in dem Mut das Gemüt zum Vorschein, die tiefe Empfänglichkeit für die besondere nächtliche Stimmung (vgl. V. 12 f.: „Tief im Mut, / Wandr' ich so im Dunkel weiter"). Das lyrische Ich spürt eine tiefe **seelische Verbundenheit mit der Natur**, die sich in der Helle des Tages so nicht ereignen kann. Das Sonnenlicht leuchtet die Einzelheiten der Dinge auf der Erde bis zur Verworrenheit aus (vgl. V. 18), das Mondlicht hingegen sorgt mit seinem milden Widerschein dafür (vgl. V. 17), dass die Umrisse miteinander verschmelzen und eine **kosmische Erfahrung zwischen Himmel und Erde** möglich wird. Was zunächst als Gegensätzlichkeit erscheint, findet im Mondlicht als ergänzende Entsprechung zueinander. Das Mondlicht weicht die

Mut des Wanderers

Wirkung des Mondlichtes auf Wanderer

Gegensätze zwischen Himmel und Erde und zwischen Innen und Außen auf. Es dringt in das Gemüt, in die Seele des Wanderers, der sich mutig aufmacht, die Nacht zu durchschreiten. Er wird zum **nächtlichen Wanderer zwischen den Welten**, zu einem Wanderer, der frohgemut, „doch alleine" (V. 20) das gesellige Treiben in der Welt hinter sich lässt. Es ist ein Wanderer, der ohne Heimat ist, vielleicht aber in der Unwirklichkeit der mondbeschienenen Nacht einer universalen Heimat zustrebt, die auf das Leben nach dem Tod verweisen könnte.

möglicher Verweis auf Leben nach dem Tod

Interpretation „Fahrten"

Auch der Reisende im zweiten Gedicht „Fahrten" von Stefan Zweig scheint **ohne eine Heimat** zu sein. Allerdings ist die Situation eine andere, die Reise findet nicht in der Nacht, sondern tagsüber statt (vgl. V. 5: „helle Straßen"). Auch folgt der Wanderer keiner vorgegebenen Bahn und weiß offenbar gar nicht, wohin der Weg ihn führt (vgl. V. 15). Anstatt nach vorn zu schauen, blickt er eher zurück auf ein Leben, das bisher keinen Ort gefunden hat, um sich dauerhaft niederzulassen. Es wirkt so, als sei das **lyrische Ich schon lange unterwegs** und habe sich mit der Erfahrung des Fremdseins abgefunden, auch wenn es erwähnt, dass es sich früher einmal nach Freundschaft gesehnt hat (vgl. V. 11 f.). Die **Ungebundenheit** scheint dem Reisenden zu einer Art Lebensprinzip geworden zu sein.

Heimatlosigkeit und Unterwegssein

Die **vier gleichförmig aufgebauten Strophen**, die durchgängig aus jeweils vier durch einen Kreuzreim verbundenen Verszeilen bestehen, schildern einen Lebenslauf, der ohne Veränderung und ohne auffallende Einschnitte einfach so dahintreibt. Verstärkt wird dieser Eindruck durch den 4-hebigen jambischen Rhythmus, der die **gleichförmige Fortbewegung des Reisenden** unterstreicht. Tagein, tagaus scheint das lyrische Ich unterwegs zu sein, ohne sich für einen längeren Zeitraum an einen festen Ort zu binden. Ob es seine Heimatlosigkeit bedauert, wird nicht klar ersichtlich. Allenfalls schwingt in dem anaphorischen „Noch" (vgl. V. 1, 3) eine gewisse Emotion in der Feststellung mit, dass es bisher keinen Anlass gab, sich irgendwo niederzulassen. Offensichtlich fällt es dem lyrischen Ich schwer, engere Kontakte zu den Menschen zu knüpfen oder gar eine Liebesbeziehung einzugehen. Angedeutet wird dies in der Metapher vom „liebe[n] Band" (V. 1), das sich an den Wanderer anschmiegen (vgl. V. 2), ihn festhalten könnte, um dem unruhigen Fortbewegungsdrang mit „stillen Sinn" (V. 2) Einhalt zu gebieten. Eher scheint das lyrische Ich es vorzuziehen, **keine festen Wurzeln** zu schlagen, sodass ihm jeder fremde Aufenthaltsort, an dem es Rast einlegt, zu einer kurzfristigen und unverbindlichen Heimat wird (vgl. V. 3 f.)

Aufbau und Form des zweiten Gedichts

Andeuten eines Bedauerns

Ungebundenheit des lyrischen Ich

Mit dieser **Entwertung des Heimatbegriffs** lässt sich das Schicksal des Wanderers näher bestimmen. Offenbar ist ihm sein Leben zu einer

Vagabund: Reisen als Schicksal

einzigen Reise geworden, sodass er sich von seinem früheren Zuhause ganz entfremdet hat. Er begreift sich als Vagabunden (vgl. V. 9: „Landfahrer“), der durch die Lande zieht und dabei die Erinnerung an seine Herkunft fast schon aufgegeben hat (vgl. V. 10 f.: „Und des Gedenkens ganz entwöhnt, / Daß mir daheim noch Freunde sind“).

Verschwimmen der Vergangenheit

Treffend wird diese Lebensform ohne festen Wohnsitz mit einem **Motto** umschrieben, das dem Gedicht vorangestellt ist: „Ein Wanderer, der zwei Fremden / Und keine Heimat hat“. Für den Vagabunden verwischen sich durch das Andauern der Reise die Pole von Heimat und Fremde, mit dem Aufbruch am Morgen verlässt er den einen fremden Ort, um am Abend an einem zweiten fremden Ort wiederum nur als Gast anzukommen (vgl. V. 4). Wenn der Mensch aber keinen vertrauten Bezugspunkt mehr hat, wo er hingehört, eine Heimat, mit der er sich identifiziert, läuft er **Gefahr, sich selbst zu verlieren**. Deutlich wird dieser Substanzverlust, wenn sich das lyrische Ich mit dem aufgewirbelten Staub von den Rädern der Fahrzeuge vergleicht (vgl. V. 6).

vorangestelltes Motto: Fehlen eines vertrauten Bezugspunktes

In der Geschwindigkeit, mit denen die Orte gewechselt werden (vgl. V. 6: „rennt“; V. 15: „schnellt“), droht auch das entwurzelte lyrische Ich zu schwinden. Der **Sinn für Realität und Orientierung geht verloren**, ohne die Heimat als emotionale Bezugsgröße (vgl. V. 16: „wo sein Herz zu Hause ist“) wird der Lebensweg richtungslos, der Wanderer weiß gar nicht mehr, wohin er will. Die Folge ist, dass der Vagabund seinen Standpunkt aufgibt, er bestimmt sich nicht mehr über einen festen Ort, vielmehr wandert er aus der Realität des Hier und Jetzt heraus und träumt sich in eine fiktive runde Welt, ohne Anfang und Ende, hinein (vgl. V. 13). Deutlich werden Realitätsverlust und Desorientierung in dem **Schlüsselwort „wegwärtswandernd“** (V. 14), das durch die Alliteration der drei W-Laute und die besondere Betonung im Leserhythmus hervorgehoben wird.

lyrisches Ich als entwurzelter und zielloser Träumer

Die Heimatlosigkeit klingt in beiden Gedichten als Grundthema an. Allerdings liegt der **Entscheidung gegen die Sesshaftigkeit** ein jeweils **unterschiedliches Lebensgefühl** zugrunde. Der Wanderer in Friedrich Schlegels Gedicht lässt sich von der Magie des Mondlichts leiten, er wählt den Weg durch das geheimnisvolle Zwielicht mit seiner nächtlichen All-Erfahrung von Gegensätzen und Entsprechungen. Bewusst wendet er sich von den Mühen des Alltags ab und flieht vor einem Philisterleben, das in seiner nüchternen Weltsicht die bodenständige Arbeit und Plage über die spirituelle Naturerfahrung stellt. Damit entpuppt sich **Schlegels Wanderer als Romantiker**, der auf seiner fortdauernden Reise den beseelenden Austausch mit der Natur sucht und darin ein **Pendant für die fehlende Heimat** zu finden scheint.

Vergleich beider Gedichte

Heimatlosigkeit mit unterschiedlichem Lebensgefühl

Schlegels Wanderer: Mondlicht als beseelender Bezugspunkt

Hundert Jahre später ist es dem Wanderer in Stefan Zweigs Gedicht „Fahrten" nicht gegeben, in einem beseelten Naturraum aufgehoben zu sein. Seine **Reise verläuft ohne einen Bezugspunkt**, wie es das Mondlicht für das lyrische Ich in Schlegels Gedicht darstellt. Stattdessen haben die „Fahrten", wie der bewusst unbestimmte Titel lautet, kein erkennbares Ziel, selbst das Herkommen ist in der Erinnerung schon verblasst. Ohne größere Gefühlsregungen bestätigt der Wanderer das dem Text vorangestellte Motto, wenn er sich entfremdet von der Heimat **von einem unvertrauten Ort zum nächsten treiben** lässt. Die Zwischenstationen auf seiner Lebensreise scheinen ihm dabei gleichgültig zu sein, vielmehr verliert er die realen Orte aus dem Blick und flüchtet sich in seine Träume.

Zweigs Wanderer: Entfremdung von jeglichem Bezugspunkt

Flucht in Traumwelt

Damit unterscheiden sich die Reisen in den beiden Gedichten von unseren üblichen heutigen Vorstellungen. Sie sind nicht als eine vorübergehende Auszeit angelegt, sondern gestalten sich im Sinne einer **Lebensreise als andauernder Prozess**, ohne durch einen angestammten Ort als Ausgangs- und Endpunkt begrenzt zu sein.

Schluss

Reisen als Lebensreise

TEXTINTERPRETATION PROSA

Arbeitsanweisung

Interpretieren Sie den Text.

Material

Thomas Bernhard (1931–1989):
Von einem Nachmittag in einer großen Stadt (1952)

Ich weiß es nicht mehr genau, aber ich suchte irgendwo die Sonne. Ich wußte, daß es sie gibt. Und das hielt mich aufrecht. Was mir aber die meiste Kraft verlieh, war meine Jugend. Ich hatte erst (oder schon?) zwanzig Jahre durchschritten. Eine wundervolle Zeit, vielleicht zu schön. „Je ergreifender die Erinnerung, desto schwerer die Gegenwart", dachte ich. So seltsam und doch „lebendig" erschien mir das Leben.

Drei Tage hielt ich mich hier auf, in einer großen Stadt. – Wir waren Millionen Menschen, alle anders und doch im Grunde dieselben. Ich sah sie täglich, ja stündlich, und nur die Nacht schob sich wie ein Wunder vor diese konzentrierte Welt. Jeden Tag waren es fünfhundert oder tausend Gesichter, an denen ich vorüberging. Und jedes verbarg hinter sich ein anderes Geheimnis. Es gab breite, schmale, runde, blasse, aufgedunsene, fröhliche, kindliche, entsetzte, gleichgültige, dumme und solche, die nur mehr aus Fleisch und einem unangenehmen Wassergemisch bestanden. Diese hatten keinen Ausdruck mehr. Sie lebten ihrer selbst willen. Ich habe sie noch gut vor den Augen, diese „Fleisch"gesichter.

Sie war mir sehr fremd, die Stadt. Und diese Fremde verwandelte sich von Stunde zu Stunde in eine rücksichtslose Kälte. War es vielleicht schon Feindschaft? Vergangene Nacht träumte ich, daß ich einen alten Eichenbaum umarmte, und daß ich ihn atmen fühlte …

Das schrille Abbremsen eines Autos riß mich zurück. Aus einem Wagenfenster drohte ein verzerrtes Gesicht. Ringe glänzten an breiten Fingern, ein mächtiger Hals ragte aus einem Anzug. Von rückwärts schrie eine Männerstimme laut und drohend. Das Auto verschwand um die Ecke. Eine riesige Gaswolke nahm mich auf. Für Sekunden glaubte ich den Tod …

Der Sang der Straßenbahnschienen schwoll immer mehr an. Ich fühlte ihr Zittern unter meinen Füßen. Es klang aufregend, unendlich hastend. Irgendwo heulte ein Zug. Kleine Hunde bellten durcheinander und eine ekelhafte Frauenstimme mischte sich darein. Ich zählte die Randsteine, die großen und kleinen, dann sah ich die Türen und Fenster, einhundert, zweihundert. Es waren so viele. Ein Drahtgewirr spannte sich zwischen mir und der Weite. Ich kam mir vor, wie ein Tier innerhalb der Stäbe eines großen

Käfigs. Und ich ging und ging, immer weiter. Und über allem schwebte der Rauch aus den hohen, starren Kaminen in den gelblich-grauen Himmel.

Ich hatte kein Ziel. Die Stadt wollte ich kennenlernen, in ganzen acht Tagen. Es gab an manchen Straßenkreuzungen, die mich in ihrer Art, nämlich mit den roten, gelben und grünen Lichtern, die in kurzen Abständen aufblitzten, an früheres Spielzeug erinnerten, kleine Parks. Vielleicht sechs oder zehn Bäume standen dort im Rasen. Alles war gepflegt, alles war der übrigen Umgebung angepaßt. Die kleinen Sträucher mit den roten Blüten waren numeriert. Ein kleines Schild war an ihren zarten Stämmen festgenagelt. Sie trugen hohe Nummern, weit über tausend, denn die Stadt war groß, eben eine Millionenstadt mit vielen Parks. Langsam begann ich vieles zu begreifen. Schmale Edelkieswege durchquerten das Grün. Ich ging eine lange Reihe von Eisenrohrsesseln entlang. Und wieder sah ich Gesichter, sie glichen den anderen. Sie waren schmal und bleich, hatten sehr viel „Verbrauchtes" an sich. Alte, gebrechliche Frauen wurden in Fahrstühlen vorübergeschoben. Und die Stadt? Ihr Getöse setzte sich fort, eine Unterbrechung schien undenkbar. Es war nur etwas gedämpft, etwas entfernt.

Ich setzte mich und rastete. Vielleicht hatte ich sogar das Bedürfnis, zu schlafen? Noch einmal hob ich den Kopf und … da stand plötzlich ein mächtiges Weib vor mir, grinsend, mit angefaulten Zähnen und einem flatternden Doppelkinn. Mit der Rechten nestelte sie in einem ihrer beiden Nasenlöcher, die Linke wühlte in einer schwarzen Ledergeldtasche.

„Sechzig Groschen der Herr!" sagte sie und hielt einen weißen Zettel vor meine Augen. Ihr Mund öffnete sich, ihre Augen starrten in eine Richtung, die unendlich war.

Im Moment wußte ich nicht, was geschah, aber dann griff ich in meine Tasche, suchte lange Zeit, war enttäuscht und zornig zugleich, starrte in das rote Gesicht mit den langen Haaren, stand rasch auf und ging. Es war mir, als hörte ich ein Schimpfwort hinter meinem Rücken, da ich über den Kies ging, die Hände am Rücken verschränkt und plötzlich wieder in der belebten Straße stand, mit den vielen Menschen und den rotgrün-gelben Lichtern, die mich an mein frühes Kinderspielzeug erinnerten …

Aus: Thomas Bernhard, Werke. Band 14: Erzählungen und Kurzprosa. Hrsg. von Hans Möller, Martin Huber und Manfred Mittermayer. Suhrkamp Verlag: Frankfurt/M. 2003, S. 463–465.

TIPP **Bearbeitungshinweise**

Wenn Sie sich für die Interpretation eines Kurzprosatextes entscheiden, lautet die **knappe und einteilige Aufgabenstellung:** „Interpretieren Sie diesen Text." Sie sollten bei der Erarbeitung Ihres Aufsatzes schrittweise und strukturiert vorgehen, um aus einer sorgfältigen Analyse eine schlüssige Deutung zu entwickeln.

Die Einleitung kann zunächst **thematisch zum Text hinführen**, darf sich aber auch auf den **Basissatz** beschränken, in dem Sie Autor, Titel, Erscheinungsjahr, Textsorte und – am wichtigsten – das Thema des Textes nennen. Es folgt eine knappe **Inhaltsangabe**, die einen Überblick über die wichtigsten Handlungsschritte gibt. Denken Sie daran, dass Sie hier nicht aus dem Text zitieren sollten. Sofern Figurenrede wirklich wichtig ist, geben Sie sie in indirekter Rede wieder.

Im Hauptteil analysieren Sie in strukturierter Weise, wie der Text Bedeutung erzeugt. Sie können dabei entweder **linear dem Handlungsverlauf** folgen oder **aspektorientiert** vorgehen. Empfehlenswert ist erfahrungsgemäß jedoch eine Mischform, wie sie auch im nachfolgenden Lösungsvorschlag gewählt wurde. Wichtig ist vor allem, dass Sie eine Auswahl treffen: darüber, welche Abschnitte des Textes und **welche Analyseaspekte relevant und deutungswürdig** sind, und welche nicht thematisiert werden müssen.

Es gibt verschiedene Möglichkeiten, den Schluss zu gestalten. Von einer persönlichen Wertung sollten Sie in einem Abituraufsatz absehen. Sie können den Kurzprosatext in seinen zeitgenössischen Kontext einordnen, sollten dies aber nur tun, wenn Sie sich sicher sind. Oft empfiehlt es sich, einen **Bezug zur Einleitung** herzustellen und dem Aufsatz auf diese Weise einen Rahmen zu geben.

Methodisch beginnt jede Interpretation mit genauem Lesen des Textes. Das kann beim ersten Mal auch unvoreingenommen und ohne Stift geschehen – notieren Sie sich dann aber im Anschluss **Fragen oder Ungereimtheiten**, die Ihnen beim Lesen auffallen. Der zweite Lesedurchgang erfolgt mit verschiedenfarbigen Stiften für verschiedene Aspekte und Randnotizen. Es ist sinnvoll, wenn Sie die einzelnen Abschnitte **in wenigen Stichworten am Seitenrand** zusammenfassen.

Bevor Sie an die Gliederung gehen, können Sie eine **Themensammlung** in Form einer Liste oder einer Mindmap erstellen. Die Gliederung verfassen Sie entsprechend dem oben vorgeschlagenen Aufbau und in Stichworten. Stellen Sie Ihre Gliederung unbedingt vollständig fertig, bevor Sie mit dem Schreiben beginnen. Der eigentliche Aufsatz darf und wird später stellenweise von Ihrer Gliederung abweichen, weil beim Schreiben selbst oft noch Gedanken dazukommen. Nach dieser Vorarbeit schreiben Sie den Aufsatz. Achten Sie dabei auf **strukturierende Satzanfänge** und darauf, Ihre **Beobachtungen inhaltlich treffend und formal richtig mit Zitaten am Text zu belegen**. Sie sollten den Aufsatz anschließend mindestens **zweimal kritisch auf Fehler durchlesen**. Beim ersten Mal können Sie sich auf den Inhalt und beim zweiten Mal auf die Sprache konzentrieren.

Lösungsvorschlag

Einleitung

Ein junger Mensch in einer Großstadt – was könnte er dort zu suchen haben? Thomas Bernhards Erzählung „Von einem Nachmittag in einer großen Stadt“ aus dem Jahr 1952 gibt auf diese Frage keine einfache Antwort. Sie erzählt anhand dieses Szenarios vielmehr von verschiedenen **Möglichkeiten, sich mit den Zumutungen des Neuen auseinanderzusetzen.**

Hauptteil

Inhaltsangabe:

Dem Text ist eine Art **kurze Einführung** vorangestellt, in welcher der Erzähler **wenige Informationen zu seiner Person** gibt, nämlich zu seinem Alter und dem vermeintlichen Ziel seiner Suche, der Sonne. Erst dann beginnt die eigentliche Erzählung. Der Erzähler blickt auf einen vergangenen Aufenthalt in einer Stadt zurück, wobei er einen Ausschnitt dieses Aufenthaltes – den titelgebenden Nachmittag – nach dem ersten Drittel des Rückblicks gleichsam noch einmal real zu durchleben scheint. Zunächst macht er **Angaben zu Ort und Zeit:** Er habe sich drei Tage lang in der nicht näher benannten Stadt aufgehalten. Er charakterisiert die Menschen, die ihm begegnen, in Form ihrer Gesichter – erst scheinbar neutral, dann zunehmend abwertend. Er gesteht, der Stadt gegenüber ein **Gefühl der Fremdheit** verspürt zu haben. Nach einem kurzen Exkurs in die Erzählgegenwart springt der Text unvermittelt in das erste konkrete Ereignis des vergangenen Stadtaufenthaltes, in den Moment, als ein **vollbremsendes Auto** den Erzähler aus seinen Gedanken reißt. Der Insasse, ein bedrohlich wirkender Mann, schreit ihn an. Der Erzähler erschrickt und nimmt in der Folge die **Geräusche der Stadt** so überdeutlich wahr, dass er davon überwältigt wirkt. Es folgen widersprüchliche Angaben zur Dauer seines Aufenthaltes, bevor der Erzähler in der zweiten Hälfte der Erzählung einen Park aufsucht. Hier, in der geordneten Natur, beruhigt er sich und wird schläfrig. Doch im **Einschlafen** schreckt ihn eine Frau auf, die ebenfalls bedrohlich wirkt und Geld einfordert – wofür, wird nicht näher ausgeführt. Der Erzähler sucht nach Geld, findet jedoch keines und verlässt die Situation fluchtartig, um seine **Suche in der unverändert belebten Stadt** fortzusetzen.

Rückblick auf Aufenthalt in unbekannter Stadt

Beinahe-Kollision mit Auto

Begegnung mit seltsamer Frau

Aufbau des Textes:

Der Text folgt in seinem Aufbau den **Bewegungen des Erzählers** – so, wie er auch durchgehend aus dessen Sicht wiedergegeben wird. Er bewegt sich von der Beobachtung der vielen verschiedenen Menschen und Gesichter zu immer genaueren **Sinneswahrnehmungen im Straßenverkehr und im Park**, bis er in der einzigen echten Begegnung des Erzählers mit einem anderen Menschen – der Frau – seinen Höhepunkt erreicht. Diese bleibt jedoch seltsam karg und folgenlos, weil **kein echter Kontakt** zustande kommt. Der Erzähler

Bewegungen und Wahrnehmungen des Erzählers

flüchtet vielmehr in die Stadt zurück, wo sich seine **Suche nach etwas Unbestimmtem** vermutlich fortsetzt, wie die drei abschließenden Punkte andeuten (vgl. Z. 57).

Man erfährt wenig über die- oder denjenigen, der in **personaler Erzählhaltung** über sein Leben berichtet. Er benennt sein Alter zum Zeitpunkt der Handlung mit „zwanzig Jahre[n]" und betont seine „Jugend" (Z. 3). Besonders jung oder kraftvoll wirkt er allerdings nicht: Nur das Wissen um die Existenz der Sonne halte ihn „aufrecht" (Z. 2) und auch der sentenzartige Gedanke „Je ergreifender die Erinnerung, desto schwerer die Gegenwart" (Z. 4 f.) lässt ihn **eher vergangenheitsorientiert als auf den Moment bezogen** wirken. Er scheint seiner Kindheit und Jugend, die er als „vielleicht zu schön" (Z. 4) charakterisiert, bereits nachzutrauern (vgl. Z. 3 f.).

Infos zum Erzähler

Orientierung an Vergangenheit

Zu Beginn des Textes gibt er an, „die Sonne" (Z. 1) zu suchen. Diese Aussage scheint im Widerspruch zu einer späteren zu stehen: „Ich hatte kein Ziel." (Z. 32) Auch das wird im darauffolgenden Satz relativiert, wenn er sagt: „Die Stadt wollte ich kennenlernen." (ebd.) Die **Absichten und Äußerungen des Erzählers wirken dadurch unstet und unzuverlässig**. Dies wird durch die sprachliche Gestaltung seiner Aussagen verstärkt: Er verwendet häufig Fragen (vgl. Z. 3, 16, 45) und relativierende Ausdrücke wie „vielleicht" (Z. 4, 35, 45), „glaubte ich" (Z. 23), „wußte ich nicht" (Z. 52), „kam mir vor wie" (Z. 29). Besonders deutlich wird diese Unsicherheit aber in der Tatsache, dass der Text mit dem Satz beginnt: „Ich weiß es nicht mehr genau." (Z. 1)

unsicherer Erzähler

sprachliche Manifestierung der Unsicherheit

Der Erzähler befindet sich offenbar in einer **Phase der Sinnsuche**, die für ihn mit Verunsicherung einhergeht. Es lässt sich aber in den scheinbar widersprüchlichen Aussagen doch ein erster gemeinsamer Nenner finden. Auch wenn der Erzähler sich über das Ziel seiner Suche selbst nicht im Klaren ist: Er kennt „die Sonne" (Z. 1), die als **Symbol für Wärme und Ursprung allen Lebens** und im **Zusammenhang mit seiner Kindheit** steht. Sie dient womöglich als Orientierung dafür, in der Stadt etwas ihr Ähnliches zu finden.

Erzähler auf Suche nach Sinn

Symbol Sonne

Die Stadt, die er erkundet, wird lediglich als „ein[e] groß[e] Stadt" (Z. 6) näher benannt, wirkt dadurch **anonym und austauschbar**. Während er zu Beginn noch das Personalpronomen „[w]ir" (ebd.) verwendet und sich seinen Mitmenschen zurechnet („alle anders und doch im Grunde dieselben", Z. 7), lässt er schnell eine **Distanz** zu denjenigen entstehen, die er beobachtet. Er staunt über die „konzentrierte Welt" (Z. 8), die ihm nur nachts eine Pause gönnt von den vielen Eindrücken, die er tagsüber sammelt. Die Menschen nimmt er zunehmend als eine Flut von „Gesichter[n]" (Z. 9) wahr. Zwar macht

Gesichter der Stadt

er darin individuelle „Geheimnis[se]“ (Z. 10) aus und charakterisiert sie mit verschiedenen Attributen (vgl. Z. 10–12), aber die Aufzählung lässt sie zugleich **unspezifisch und austauschbar wie die Stadt selbst** wirken.

Austauschbarkeit und Anonymität

Wenn der Erzähler die Stadt zunächst neutral beschreibt, bekommt die Darstellung nun eine negative Konnotation. Von den Gesichtern sind ihm vor allem ausdruckslose **„‚Fleisch‘gesichter“** (Z. 14) in Erinnerung, für deren Beschreibung er diesen **Neologismus** verwendet. Im Zusammenhang mit ihnen erinnert sich der Erzähler auch an ein Gefühl der „**Fremde**“ (Z. 15) gegenüber der Stadt, das sich mit der Dauer des Aufenthaltes in eine „**rücksichtslose Kälte**“ (Z. 16) steigert. Möglicherweise könne es sogar eine „**Feindschaft**“ (ebd.) gewesen sein, mutmaßt der Erzähler am Ende dieser **Klimax**.

fremd gegenüber Stadt und Menschen

Dieser Gedanke wird **von einer plötzlichen Erinnerung an einen Traum aus der Erzählgegenwart unterbrochen**, der einen Kontrast zu den unbehaglichen Erinnerungen an die Stadt darstellt: „Vergangene Nacht träumte ich, daß ich einen alten Eichenbaum umarmte, und daß ich ihn atmen fühlte…“ (Z. 16 f.) Der Eichenbaum steht für einen ganz anderen Zustand als den, den der Erzähler in der Stadt erfährt: In der Umarmung kommt **Geborgenheit** zum Ausdruck, im Atem **Lebendigkeit**, der Erzähler fühlt anstatt genau zu beobachten. Als Symbol steht der Eichenbaum mit seinem Alter für **Verlässlichkeit, Beständigkeit und auch Vergangenheit**. All das bleibt in dem knappen Satz nur angedeutet. Die drei Punkte am Ende fordern gewissermaßen dazu auf, ihn weiterzudenken: Der Traum gibt dem Erzähler – ähnlich wie die Erinnerung an die Sonne (vgl. Z. 1 f.) – eine Ahnung dessen, was er sucht.

Kontraste: Stadt und Natur, Tag und Nacht, Wirklichkeit und Traum

Ziel der Suche nur angedeutet

Nach diesem kurzen Einwurf springt die Erzählung unvermittelt in den Stadtaufenthalt zurück. Diese Plötzlichkeit steigert den **Kontrast zwischen der Ruhe des Traumes und der Hektik der Stadt**. Denn die Gefahr, die von ihr ausgeht, wird durch das erste konkrete Ereignis, an das sich der Erzähler erinnert, anschaulich: Er entgeht nur knapp dem Zusammenstoß mit einem Auto (vgl. Z. 19–23). Seine Erinnerungen an die Episode sind nur in einzelnen Bildern erhalten, etwa von einem „verzerrte[n] Gesicht“ (Z. 20), Ringen an „breiten Fingern“ (ebd.) und dem Schreien einer „laut[en] und drohend[en]“ (Z. 21) Männerstimme. Der Erzähler bleibt erschrocken „in einer Gaswolke“ zurück, fürchtet sogar kurz den Tod (vgl. Z. 23). Der Vorfall wirkt fast **unrealistisch verzerrt und überzeichnet**, was sich mit dem großen Schrecken erklären lässt, den er offensichtlich im Erzähler ausgelöst hat.

Zusammentreffen mit wütendem Autofahrer

Schock des Erzählers

Die Stadt überwältigt den Erzähler nach diesem Ereignis zunehmend. Das wird vor allem daran deutlich, wie sie seine Wahrnehmung prägt: „Der Sang der Straßenbahnschienen schwoll immer mehr an." (Z. 24) **Die variierende Wiederholung der s-Laute ahmt hier onomatopoetisch den Klang der Stadt nach**, die für den Erzähler immer stärker körperlich spürbar wird. Im Kontrast zum ruhigen Atem des Eichenbaumes fühlt er jetzt ihr nervöses „Zittern" (ebd.), hört Bellen, Stimmen und das Heulen eines Zuges (vgl. Z. 25), das die **Stadt wie einen lebendigen, aber bedrohlichen Organismus** wirken lässt: Als „aufregend, unendlich hastend" (Z. 25), „ekelhaf[t]" (Z. 26) empfindet der Erzähler die Geräusche der Stadt.

überforderte Sinne in der Stadt

Stadt als Bedrohung

Um Ordnung in die Flut an Reizen zu bringen, konzentriert er sich auf **kontrollierbare Objekte in der Umgebung:** Er zählt Randsteine, Fenster und Türen (vgl. Z. 27 f.), doch auch hier wirkt er schnell überfordert von deren schierer Menge. Das **Fremdheitsgefühl** fasst der Erzähler in Bilder: „Ein Drahtgewirr spannte sich zwischen mir und der Weite. Ich kam mir vor wie ein Tier innerhalb der Stäbe eines großen Käfigs." (Z. 28 f.) Draht und Stäbe veranschaulichen den Abstand, den der Erzähler in der Stadt zwischen sich und seiner Umwelt wahrnimmt. Er fühlt sich nicht nur von den anderen Menschen getrennt, sondern – indem er sich als Tier darstellt – ihnen **nicht mehr ebenbürtig, ja kaum noch zugehörig und gefangen**.

Gefühl der Fremdheit und des Gefangenseins

Trotzdem setzt der Erzähler seine Erkundung der Stadt fort mit einer **Unbeirrtheit**, die die parataktische Satzkonstruktion spiegelt: „Und ich ging und ging, immer weiter. Und über allem schwebte der Rauch [...] in den gelblich-grauen Himmel." (Z. 30 f.) Im Gegensatz zu seiner Aussage zu Beginn der Erzählung will er die Stadt nun in „acht Tagen" (Z. 2) erkunden – als ob der Erzähler sich noch mehr Zeit geben möchte. Es zieht ihn jetzt in einen der vielen „kleine[n] Parks" (Z. 35) in der Nähe der Ampeln. Diese erinnern ihn mit ihren leuchtenden Farben, die einen Kontrast zum als fahl beschriebenen Himmel darstellen, „an früheres Spielzeug" (Z. 34 f.). Ein weiteres Mal holt ihn also die **Erinnerung an etwas Vergangenes** ein.

ungenaue Aussagen über Dauer des Aufenthalts

Im Gegensatz zum knorrigen Eichenbaum aus seinem Traum ist die Natur im Park **von der menschlichen Zivilisation gezeichnet:** Der Erzähler nennt sie zunächst „gepflegt" und „der übrigen Umgebung angepaßt" (Z. 36). Die genauere Darstellung macht aber deutlich, wie sehr der menschliche Eingriff die Natur verletzt: „Die kleinen Sträucher mit den roten Blüten waren numeriert. Ein kleines Schild war an ihren zarten Stämmen festgenagelt." (Z. 36 ff.) Die Attribute „klein", „zart", „rot" stehen sowohl im Kontrast zu der Grobheit, mit der sie mit Nägeln beschlagen wurden, als auch zur technischen Nummerierung. Die Zivilisation macht selbst vor der Natur nicht halt.

gebändigte Natur im Park

Immerhin kann der Erzähler im Park die Geräusche der Stadt auf Abstand halten (vgl. Z. 44). Als ob er sich dadurch besser besinnen könne, gelangt er zu einer ersten Erkenntnis, die er aber nicht näher ausführt: „Langsam begann ich vieles zu begreifen." (Z. 39) Möglicherweise versteht er die **Erbarmungslosigkeit der Großstadt** besser, die sich – aus seiner kritischen Perspektive betrachtet – nicht nur die Natur untertan macht. Auch die Menschen, die er hier beobachtet, sind „bleich und schmal, hatten sehr viel ‚Verbrauchtes' an sich" (Z. 42). Alles Lebendige, so scheint es, wird von der Stadt zermürbt.

erste unspezifische Erkenntnis des Erzählers

Auf einem der vielen „Eisenrohrsessel[n]" (Z. 40 f.), die eher unbequeme Assoziationen hervorrufen, macht der Erzähler nun eine Pause und **scheint fast schon zu schlafen**, als eine Frau ihn davon abhält. In Analogie zu dem bedrohlichen Mann im Straßenverkehr wird auch sie in bruchstückhaften Bildern und fast unheimlich, auf jeden Fall abstoßend beschrieben: „ein mächtiges Weib [...], grinsend, mit angefaulten Zähnen und einem flatternden Doppelkinn." (Z. 46 f.) Sie „nestel[t]" und „wühl[t]" (Z. 47 f.), hat einen Finger im Nasenloch – sie wirkt **fast wie ein Tier**. Mit der einzigen wörtlichen Rede in der gesamten Erzählung fordert sie Geld ein: „‚Sechzig Groschen der Herr!'" (Z. 50) Dazu präsentiert sie ihm einen „weißen Zettel" (ebd.). Handelt es sich um die Aufforderung, für das Ausruhen zu zahlen? Ist es eine Bettel-Nachricht? Der Text lässt den Inhalt offen. **Der Erzähler ist jedenfalls irritiert** (vgl. Z. 52).

Ruhepause des Erzählers

Störung der Pause durch eine unheimliche Frau

Der Erzähler sucht nach Geld, findet aber keines oder will keines finden, und verlässt die Frau ohne ein Wort, „enttäuscht und zornig" (Z. 53). Die Gefühle lassen sich mit der enttäuschten Hoffnung erklären, zur Ruhe und zu sich zu kommen – und mit der **Erkenntnis, dass er in dieser schonungslosen Taktung der Großstadt mit seiner Suche nicht erfolgreich sein wird**. Der Erzähler geht zurück in Richtung Stadt. Er meint, „ein Schimpfwort" (Z. 54) zu hören. Die einzige Begegnung, von der der Erzähler berichtet, verstärkt das Gefühl der Kälte und Distanz zwischen den Menschen in der Stadt.

Verlassen des Parks und Rückkehr in die Stadt

Der Erzähler wirkt überrascht, als er sich „plötzlich" mitten in der Stadt wiederfindet (Z. 56). Den Lesern stellt sich die Frage, ob er nach der enttäuschenden Begegnung seine Suche trotzdem fortsetzen wird. Die Erzählung bleibt die Antwort schuldig. Auffällig ist allerdings, dass der Erzähler im letzten Satz den Hinweis wiederholt, die Ampeln erinnerten ihn „an mein früheres Kinderspielzeug" (Z. 57). Erneut entdeckt er also **in der Stadt Erinnerungen an Vertrautes**, die auch die eingangs genannte Sonne zitieren könnten. Die grellen Farben der Ampeln oder der fahle gelbe Himmel (vgl. Z. 31) wirken allerdings gegenüber dem Spielzeug und der Sonne wie eine billige Kopie, ein schwacher Abglanz.

offenes Ende der Erzählung

Aus diesen Überlegungen ergeben sich mehrere Deutungsansätze. Eine Möglichkeit besteht darin, die Erzählung als **massive Kritik an der Lebensfeindlichkeit der Stadtgesellschaft** zu lesen. Dies wird durch die scharfen Kontraste in der Erzählung nahegelegt: Kindheit, Vergangenheit, Natur und Traum sind der Gegenwart, Stadt und Wirklichkeit entgegengesetzt, wobei das Frühere positiv und das Jetzt deutlich negativ konnotiert ist – auch dadurch, dass Ersteres mit **Lebendigkeit** und Letzteres mit **Alter und Tod** in Verbindung gebracht wird. Trotzdem endet der Text nicht mit einer endgültigen Absage an die Stadt, etwa mit einer Abreise des Erzählers.

Deutungsmöglichkeiten:

Kritik am Lebensraum Stadt

Der Erzähler – mit Blick auf sein Alter und die Aufbruchssituation am Beginn eines neuen Lebensabschnittes – wird **in der Stadt mit Neuem und Unbekanntem konfrontiert**. Wie an verschiedenen Stellen deutlich wird, hat er bislang wenig Erfahrung oder Strategien entwickeln können, wie mit dieser neuen Situation umzugehen ist. Trotz frustrierender Erlebnisse gibt der Erzähler nicht auf: Er stellt sich am Ende des Textes weiter den **Zumutungen und Herausforderungen der Stadt**. Was ihm dabei Halt und Kraft zu geben scheint, hat er schon zu Beginn des Textes angedeutet – es ist die „wundervolle Zeit“ (Z. 3 f.) der Kindheit, die er am Schluss in Form einer Erinnerung ein weiteres Mal erwähnt.

Konfrontation mit neuen Erfahrungen und Umbrüchen

Diese Herangehensweise, **gestärkt durch Vertrautes ins Unbekannte aufzubrechen**, lässt sich auf verschiedene Bereiche übertragen. Als Leser oder Leserin kann man sie auf die eigene Situation beziehen, sofern man gerade – beispielsweise als Abiturientin oder Abiturient – selbst am **Beginn eines neuen Lebensabschnittes** steht. Sie lässt sich aber auch allgemeiner als **Umgang mit Brüchen im Leben oder in Gesellschaften** deuten. Zum Zeitpunkt der Veröffentlichung von Bernhards Erzählung war das **Wachsen der Städte im Zuge der Urbanisierung** etwa noch lange nicht beendet, und die damit einhergehenden Zumutungen waren für viele Menschen eine Herausforderung.

Übertragbarkeit der Aussage des Textes

Kritik an Urbanisierung

Unabhängig davon, welche Bezüge man herstellen will, endet der Text damit, dass der Erzähler sich wieder auf die Stadt einlässt, sich ihr erneut stellt und das trotz aller Irritation nicht pessimistisch. Das Leben mag „seltsam“ (Z. 5) sein, es ist dennoch „lebendig“ zugleich (ebd.), wie der Erzähler anfangs formuliert. Thomas Bernhards Erzählung veranschaulicht eindringlich, welche **Herausforderung** es bedeutet, **das wie auch immer geartete Lebendige beharrlich weiter zu suchen** – trotz all der seltsamen Zumutungen, die das Neue mit sich bringt.

Schluss

ESSAY

Arbeitsanweisungen

Bearbeiten Sie die folgenden Aufgaben auf der Grundlage des vorgelegten Dossiers:

- Verfassen Sie Abstracts zu den **Materialien 2, 3 und 4**.
- Schreiben Sie einen Essay mit dem Titel „Alles fürs Klima?!“

Material 1 Marcus Düwell: Zur Zukunft der Klimaethik

Lange Zeit war die Umweltethik dominiert von sehr abstrakten Fragen, etwa der Frage, ob nicht die besondere Stellung, die Ethik und Recht dem Menschen zuerkennen, für die Überschreitung der ökologischen Grenzen verantwortlich sei und ob nicht eine radikale Abkehr von zentralen normativen Überzeugungen der Moderne erforderlich sei, um einer drohenden ökologischen Katastrophe zu entkommen. Diese Diskussionen waren aus (mindestens) zwei Gründen nicht förderlich für die Entwicklung der ethischen Diskussion. Zum einen wurden mit Stichworten wie „Anthropozentrik“ und „Biozentrik“, „Deep Ecology“ oder „Respekt gegenüber der Natur“ Alternativen etabliert, die die Ethik m[eines] E[rachtens] in eine Sackgasse führen. Ethik wird nicht umhin kommen, dem Menschen eine zentrale Stellung zuzuweisen, will sie verstehen, was es überhaupt bedeutet, moralisch zu handeln, Verantwortlichkeit zu haben, moralische Verpflichtungen einzugehen – all diese Begriffe setzen den Menschen als verantwortungs- und handlungsfähiges Wesen voraus. Das bedeutet aber gerade nicht, dass der Mensch damit auch unbegrenzt ermächtigt ist, die Natur zu beliebigen Zwecken zu verwenden. Zum anderen hat der Fokus auf derartige Diskussionen lange Zeit den Blick dafür verstellt, dass nahezu alle moralischen und politischen Diskurse eine ökologische Dimension haben. Wie kann man Wirtschafts- und Finanzsysteme so gestalten, dass ihre Dynamik nicht zwangsläufig ökologische Probleme verschärft? Müssen nicht politische Entscheidungsprozesse und das Rechtssystem zukünftige Generationen integrieren und wie kann das konkret gestaltet werden? Müssen dazu nicht die Grundlagen des Menschenrechtssystems und der liberalen Gesellschaft im Hinblick auf Zukunftsverantwortung neu durchdacht werden? Erfordern effektive Maßnahmen der Zukunftsverantwortung nicht andere Institutionen globaler Politik, als es sie derzeit gibt? Und wie können solche Institutionen demokratisch gestaltet werden? Setzt ein effektiver Schutz der natürlichen Lebensgrundlage nicht voraus, dass das enorme Wachstum der Weltbevölkerung gestoppt wird? Und kann dies geschehen, ohne dass massiv in Freiheits- und Persönlichkeitsrechte eingegriffen wird?

Aus: Jahrbuch für Wissenschaft und Ethik, Band 21 (2017), Heft 1, S. 116.

Material 2 Interview mit der Politikwissenschaftlerin Ulrike Ackermann: Bewegung wird zur „Religion“ – Warum wir anders über den Klimaschutz reden sollten

FOCUS Online: Wie empfinden Sie die derzeitige Debatte über den Klimaschutz?

Ulrike Ackermann: Die Debatte ist hysterisch und wird mit Alarmismus geführt. Wir sind uns alle darüber einig, dass die Klimarettung wichtig ist und der Klimawandel bedrohliche Züge angenommen hat. Umso wichtiger ist es, dass wir mit kühlem Kopf den Problemen entgegentreten.

FOCUS Online: Was meinen Sie genau mit „kühlem Kopf“?

Ackermann: Sachlich und in Ruhe, mit naturwissenschaftlichen Fakten. Klimarettung kommt mittlerweile wie eine neue Heilslehre daher, fast wie eine Religion. Es hat beängstigende Züge angenommen, wenn dauernd vom drohenden Weltuntergang die Rede ist. Das ist so nicht zielführend.

Der Klimaschutz wird über alles gestellt. Der Kult um Greta Thunberg ist zu einer Art Heiligenverehrung geworden. Veganer treten geradezu militant auf und predigen, dass der Verzicht auf Fleisch unsere Welt rettet.

FOCUS Online: Wieso ist es problematisch, dass die Bewegung religiöse Züge angenommen hat?

Ackermann: Weil die Fakten aus dem Blick geraten und die Aktivisten als radikale Retter der Welt auftreten. Wir müssen versuchen, sachlich zu reden und nicht zu moralisieren. Die Polarisierung in dieser Debatte hängt damit zusammen, dass sie nicht mehr sachlich ist.

Wissenschaftler, die sich dieser aufgeheizten Stimmung entgegenstellen, werden als sogenannte „Klimaleugner“ und „Klimaskeptiker“ stigmatisiert. Das ist unredlich. Für den Klimawandel wird vor allem der Kapitalismus und unsere westliche Lebensweise, die Ausbeutung der Dritten Welt verantwortlich gemacht. Aber unser Wirtschaftssystem hat den Lebensstandard weltweit verbessert. Auch wenn der Umgang mit unserem Planeten teils unverantwortlich gewesen ist.

Die Welt ist komplizierter und hat heute ein paar mehr Probleme. Selbst wenn wir das Klima auf einen Schlag reparieren könnten, entsteht nicht plötzlich ein Paradies auf Erden. Ungerechtigkeiten oder Kriege wird es auch dann noch geben. Ich will den Klimaschutz nicht kleinreden. Aber wir sollten eine vernünftige Debatte darüber führen. […]

FOCUS Online: Wie müsste die Debatte um Klimaschutz Ihrer Meinung nach geführt werden?

Ackermann: Ich finde es klüger, wenn Menschen als Erwachsene wahrgenommen werden. Sie müssen dazu befähigt werden, Eigenverantwortung zu übernehmen. Die Menschen fahren weniger Auto, gehen bereits bewusster mit Plastik um oder achten auf Recycling. Das sind alles Aktivitäten, die in die richtige Richtung gehen. Die Menschen sind nicht so unvernünftig, wie sie immer dargestellt werden.

Quelle: Vivica Mildner: Interview mit Politologin: Bewegung wird zur „Religion“: Warum wir anders über den Klimaschutz reden sollten, FOCUS Online vom 10. 09. 2019, https://www.focus.de/perspektiven/nachhaltigkeit/politologin-erklaert-bewegung-wird-zur-religion-warum-wir-anders-ueber-den-klimaschutz-reden-sollten_id_11123302.html

Material 3 Die persönliche CO_2-Bilanz

Die persönliche CO_2-Bilanz

So viele Tonnen Kohlendioxid* werden durchschnittlich pro Person in Deutschland im Jahr verursacht

rund 11,6 t CO_2 pro Person/Jahr unter folgenden Bedingungen:		So könnte die persönliche CO_2-Bilanz auf **5,8** t CO_2 reduziert werden:	
ERNÄHRUNG pflanzliche und tierische Produkte, teilweise Tiefkühlkost, keine Bioprodukte	**1,74**	vegetarisch, vorwiegend regional und saisonal, viele Bioprodukte	**1,16**
MOBILITÄT Mittelklassewagen mit Benzinmotor (Jahresleistung 6 700 km) 4-Stunden-Flug	**2,18**	kein eigenes Auto, Fahrrad, Carsharing (im Jahr 500 km), Bus & Bahn, kein Flug	**0,24**
HEIZUNG & STROM Strommix (Jahresverbrauch 2 900 kWh) Heizung (Jahresverbrauch 11 550 kWh)	**2,40**	Ökostrom, weniger heizen (Jahresverbrauch 8 000 kWh)	**1,19**
SONSTIGER KONSUM z. B. Kleidung, Elektronik, Freizeit 450 € Konsumausgaben im Monat, manchmal gebrauchte Gegenstände, weniger als 2 Wochen Hotel im Jahr	**4,56**	sparsames Kaufverhalten, langlebige, gebrauchte Gegenstände, 300 € Konsumausgaben im Monat, keine Hotelübernachtung	**2,46**
ÖFFENTLICHE EMISSIONEN**	**0,73**		**0,73**

Annahme: 2-Personen-Haushalt in 100 m^2-Mietwohnung

* einschl. Methan und Lachgas, die in CO_2-Äquivalante umgerechnet wurden

** Emissionen, die auf alle Einwohner verteilt werden z.B. durch öffentliche Verwaltung und Bildung

Eigene Darstellung nach: Umweltbundesamt, CO2-Rechner, Globus Infografik Dc-13394 vom 23. August 2019

Material 4 BUND will Luftverkehrswachstum nach Corona eindämmen

Während der Flugverkehr gegenwärtig fast zum Erliegen gekommen ist, warnt der Bund für Umwelt und Naturschutz Deutschland (BUND) vor einer Rückkehr zur wachstumsorientierten Luftverkehrspolitik nach der Corona-Pandemie. Als „Wegweiser für Politik und Wirtschaft“ legte der Verband einen 7-Punkte-Plan für einen „klima- und ressourcenschonenden Luftverkehr“ vor. In diesem wird die Bundesregierung aufgefordert ein grundsätzlich neues Luftverkehrskonzept auf den Weg zu bringen. Das letzte stamme aus dem Jahr 2017 und strebe ein Wachstum des Luftverkehrs an, ohne Vorschläge für mehr Umweltschutz zu machen. Es bedürfe zudem einer effizienteren Auslastung durch mehr Zusammenarbeit der Fluggesellschaften, so ließe sich die Zahl der Flugbewegungen stark reduzieren.

Um mehr innerdeutschen Verkehr auf die Schiene zu verlagern, müssten zudem „Dumpingpreise“ für Flüge verhindert und neben weiteren Maßnahmen Verhandlungen zwischen Airlines, Flughäfen und Bahn zur Umsetzung starten. [...]

Die Corona-Krise sei eine Chance, aus alten Mustern im Luftverkehr rauszukommen, kommentiert der BUND-Vorsitzende Olaf Brandt den Aufruf des Verbandes. „Ein Zurück in die Vergangenheit darf es aus Klimaschutzgründen im Flugverkehr nicht geben. Bereits jetzt in der Krise müssen nachhaltige, klimafreundliche Maßnahmen eingeführt werden, die der Transformation im Luftverkehrssektor dienen.“ Nach der vollen Wiederaufnahme des Luftverkehrs sei es zu spät.

Für den Bundesverband der Deutschen Luftverkehrswirtschaft (BDL) muss der Fokus für Politik und Wirtschaft hingegen auf technischen Innovationen, vor allem der Entwicklung weitgehend klimaneutraler Treibstoffe, liegen.

Es sei wichtig, den Luftverkehr stärker mit dem Klimaschutz in Einklang zu bringen, so Verbandschef Matthias von Randow zu airliners.de. Für nachhaltige Kraftstoffe brauche es eine industriepolitische Initiative zum Aufbau von Produktionskapazitäten und einer Markteinführung zu angemessenen Preisen.

Im Übrigen sei momentan der mit Abstand wirkungsvollste Hebel für weniger Emissionen im Luftverkehr der Ersatz von älteren Maschinen durch neue emissionsarme Flugzeuge, die deutlich weniger Kraftstoff verbrauchen. Eine neue Flugzeuggeneration stößt rund 25 Prozent weniger Emissionen aus, so von Randow.

Quelle: https://www.airliners.de/bund-plan-luftverkehr/55165 (veröffentlicht am 30. 4. 2020, abgerufen am 09. 7. 2020).

Material 5 Philipp Banse: Ökologischeres Wirtschaften nach der Coronakrise

Europa hat die Chance, einen großen Schritt zu machen: Mehr Solidarität, mehr Klimaschutz, ja: Klimaschutz als architektonisches Rückgrat der EU zu etablieren. Da waren sich die vier Wirtschaftsforscher und -forscherinnen auf ihrer Pressekonferenz heute Morgen einig.

Die EU-Kommission hat ja vorgeschlagen, dass die EU sich Milliarden leiht, um die Corona-Folgen zu lindern und dieses Geld nur zum Teil als Kredit verteilt. Der Großteil soll als Zuschuss an EU-Länder überwiesen werden. Dieser Plan der EU weise im Kern in die richtige Richtung, sagt Pascal Lamy, ehemaliger Generaldirektor der Welthandelsorganisation, ehemaliger EU-Kommissar für Handel:

„Die grüne Dimension ist absolut enthalten in diesem Wiederaufbau-Plan. Der Plan würde eine Reihe von klimatischen Transformationen anstoßen – im Transport, aber auch bis hin zur Biodiversität. Die Musik ist gut.“ [...]

Alle vier Ökonomen und Ökonominnen sprachen sich klar dafür aus, dass EU-Corona-Hilfsgelder an klimapolitische Bedingungen gebunden sein müssten. Ein Beispiel nannte Enrico Giovannini, Professor für Wirtschaftsstatistik an der Universität Rom und ehemaliger italienischer Arbeitsminister:

„Italien zahlt jedes Jahr 19 Milliarden Euro für klimaschädliche Subventionen. Das ist absolut inakzeptabel. Wenn die EU-Staaten nicht fordern würden: Bringt euer Haus klimatisch in Ordnung, bevor Geld fließt, wäre das ein großer Fehler."

Maja Göpel, Generalsekretärin des Wissenschaftlichen Beirats der Bundesregierung *Globale Umweltveränderungen*, setzt große Hoffnungen darin, dass ausgerechnet das einflussreiche Deutschland in dieser wichtigen Phase die EU-Präsidentschaft innehat.

„Eine der wichtigsten Fragen ist: Wie können wir die Digitalstrategie der EU dazu nutzen, um die grüne Transformation der Gesellschaft voranzubringen? Wie können wir künstliche Intelligenz nutzen, um Europa nachhaltig umzubauen?"

Quelle: https://www.deutschlandfunk.de/oekonomen-fordern-oekologischeres-wirtschaften-nach-der.697.de.html?dram:article_id=478758(veröffentlicht am 16. 6. 2020; abgerufen am 09. 7. 2020).

TIPP **Bearbeitungshinweise**

Abstracts:
Wie in jeder Inhaltsangabe sollen Sie bei der Abfassung der Abstracts im **Präsens** bleiben und möglichst **knapp und nüchtern** formulieren. Das Wichtigste steht oft im Titel oder im letzten Satz. Nennen Sie dabei die **Textsorte des Materials**. Zu Beginn zu vermerken, dass Material 4 etwa eine „Nachricht" ist, ist wichtig, um offenzulegen, dass hier nicht bewertet wird, wer nun mehr im Recht ist: die Umweltschützer-Lobby um den BUND oder die industrienahe BDL.

Essay:
Beachten Sie, dass der **Titel Ihres Essays** „Alles fürs Klima?!" – anders als im letzten Jahr – bereits für Sie gewählt wurde. Der Titel gibt Ihnen wichtige Hinweise, wie hier die Dopplung von Frage- und Ausrufezeichen, die deutlich macht, dass Sie sowohl **Argumente für als auch gegen die These** finden sollten. Es ist aber möglich, den Titel um einen eher erklärenden Untertitel zu erweitern, den Sie auch erst nach dem Verfassen Ihres Essays hinzufügen können. Zudem ist es stilistisch elegant und dramaturgisch sinnvoll, wenn der Titel im Essay mindestens noch einmal auftaucht.

Ein **Wörterbuch** liegt für Sie im Abitur bereit. Sie können es nicht nur nutzen, um Wörter richtig zu schreiben, hier ist immer auch noch der Sinn eines Wortes angegeben. Außerdem dürfen Sie daraus auch zitieren (wie im Essay anbei).

Sie haben viel Zeit im Abitur, viel mehr als in jeder anderen Deutschklausur bisher. Nehmen Sie sich also mindestens eine halbe Stunde Zeit, um nachzudenken. In dieser Zeit dürfen und sollen Sie jeden Gedanken, jedes Stichwort zulassen, das Ihnen zum Thema „Klima" in den Kopf kommt. Sie können an Ihr eigenes Leben denken – vielleicht finden Sie eine **kleine Geschichte zum Thema**. Sie können überlegen, was Sie dazu in der letzten Zeit **in den sozialen Netzwerken oder in Zeitungen gelesen** haben. Ein Streit über die Frage rund ums Klima, ob in der Schule oder im privaten Umfeld, kann von besonderem Interesse sein. Im vorliegenden Lösungsvorschlag dienen z. B. die Passagen zu Bill Gates, Papst Franziskus und Jonathan Franzen als Beispiele dafür, wie man **eigenes Wissen** in den Essay mit einfließen lassen kann.

Was ein Essay genau ist, darüber streiten die Experten. Wichtig für Sie ist, dass auch in einem Essay gute Argumente vorgebracht werden müssen und die Fragestellung aus mehreren Perspektiven betrachtet werden soll. Sie haben dabei sprachlich-stilistische Freiheiten: Sie sollen **mehrere Stilebenen verwenden**. Darunter versteht man etwa subjektive Schilderungen, nüchterne, ironische, kommentierende oder erzählerische Passagen. Wichtig ist, dass Sie nicht nur eine dieser Varianten zeigen. Durchgängig ironisch oder vulgär sollte Ihr Essay nicht sein, aber in jedem Fall immer **selbstreflektiert**. Hinterfragen Sie an mindestens einer Stelle Ihren eigenen Standpunkt – dieser Gedankenspaziergang kann und darf auch Spaß machen.

Lösungsvorschlag

ABSTRACTS

Focus Online: Interview mit Ulrike Ackermann

Zu Material 2

In dem FOCUS-Interview vom 10. 09. 2019 warnt die Politologin Ulrike Ackermann vor der Gefahr, im Kampf um die Bewahrung des Klimas zu übertreiben. Geboten sei eine strikt sachliche Debatte über die Gefahren der Klimaerwärmung, ohne andere Probleme der Gegenwart dagegen auszuspielen. Eine darüber hinausgehende Verteufelung des kapitalistischen Wirtschaftssystems sei schädlich – stattdessen sollte in dieser Frage die Eigenverantwortung des Einzelnen gestärkt werden.

Infografik über die CO_2-Bilanz pro Person in Deutschland

Zu Material 3

Die Infografik vom 23. 08. 2019, angelegt von Globus und in Auftrag gegeben vom Umweltbundesamt, identifiziert (in Tonnen CO_2) fünf Bereiche, die für den Ausstoß von Kohlendioxid im Land pro Einwohner pro Jahr verantwortlich sind. Die Felder „Ernährung“, noch etwas mehr „Mobilität“ und am meisten „Heizung und Strom“ machen gemeinsam im Durchschnitt gut die Hälfte aller Emissionen aus. Der Löwenanteil entfällt dagegen auf den „Sonstigen Konsum“ (vor allem Kleidung, Elektronik und Freizeit). Die rechte Seite der Grafik hingegen macht deutlich, wie und um wie viel man den CO_2-Ausstoß reduzieren könnte.

airliners.de über die Frage zur Eindämmung von Luftfahrt-Emissionen

Zu Material 4

Eine Nachricht auf airliners.de kontrastiert die Bemühungen der Naturschutzorganisation Bund für Umwelt und Naturschutz Deutschland (BUND), Emissionen in der Flugbranche zu senken, mit den Einschätzungen des Bundesverbands der Deutschen Luftverkehrswirtschaft (BDL). Während der BUND etwa die Auslastung von Flügen erhöhen, Billigflugpreise verhindern und Bahnfahrten fördern wolle, setze der BDL auf technische Innovationen wie neue emissionsarme Flugzeuge oder nachhaltige Kraftstoffe.

ESSAY

„Alles fürs Klima?!“

Damit das gleich klar ist: Mit der Natur kann ich nichts anfangen. Das war schon immer so und das muss jetzt niemand persönlich nehmen. Wenn ich mit meiner bayerischen Familie in die Berge musste, guckte sie raus und ich rein: in die mitgebrachten Bücher. Ob es draußen regnete oder hagelte, wie jetzt gerade, war mir immer „ganz wurscht“, wie es bei uns hieß. **Die Alpen? Nichts für mich**. Für Tourist*innen inszeniert und ausfotografiert.

Einstieg

persönliche Erfahrung

Sollte ausgerechnet jemand wie ich einen Essay über das Klima schreiben – oder lieber jemand mit so richtig Wut im Bauch? Ich finde: Meine Perspektive ist hier sehr nützlich. Sagen wir, du machst jemandem, der dir egal ist, ein Kompliment. Kaum jemand wird dir in diesem Fall vorwerfen, das sei nicht ehrlich gemeint.

Überleitung

Das Klima, und damit fängt unser Schlamassel schon an, ist ein **Wort, das vieles bedeuten kann**. Das DUDEN-Wörterbuch beginnt zwar zunächst so, als wüsste es ganz genau, was das ist. Nämlich ein für ein „bestimmtes geografisches Gebiet typischer jährlicher Ablauf der Witterung“ – obwohl ich, wenn ich ehrlich bin, das Lexikon gleich noch einmal brauche, um „Witterung“ nachzuschlagen. In der Definition 1 b heißt es dann aber kleinlaut, Klima könnte auch ein „künstlich geschaffenes Verhältnis zwischen Temperatur und Luftfeuchtigkeit in einem geschlossenen Raum“ sein. Um schließlich noch eine ganz unnatürliche Bedeutung anzuhängen: „durch bestimmte Ereignisse oder Umstände hervorgerufene Atmosphäre oder Beziehungen zwischen Personen, Gruppen, Staaten o. Ä.“ Damit wäre die **Aufregung um das Klima** aber auch wiederum getroffen. Leute, wenn auch nicht immer „in einem geschlossenen Raum“, streiten sich nämlich gerne in „geografischen Gebieten“ über die Frage, was ein „typischer [...] Ablauf der Witterung“ sein soll – und verbreiten dabei ein **Klima der Intoleranz**.

Hauptteil

Bedeutungen des Wortes „Klima“

kontroverse Debatte um das Thema Klima

Behaupten wir also, wir wüssten jetzt, was mit dem verdammten Wort gemeint ist. Wie viel sollten wir tun, um Sorge zu tragen, dass es sich nicht zu sehr verändert? Also das Klima, nicht das Wort. Bill Gates, mal reichster Mensch der Welt, Zielscheibe aller möglicher Verschwörungstheorien und legendärer Gründer von Microsoft, hat gerade über diese Frage ein Buch geschrieben. Als rationaler Informatiker, der er ist, hat ihn daran vor allem das Problem interessiert. Für ihn war **Technik im Leben immer die Lösung** und so setzt er jetzt ausgerechnet auf die **Atomenergie, um die Umwelt zu retten**. Gates hat in seinem Leben für alles und jedes Listen geschrieben, in denen er penibel **die Vor- und die Nachteile aufgelistet** hat (sogar

eigenes Wissen: Bill Gates und die Klimafrage

bei der Frage, ob er seine Partnerin Melinda heiraten soll). So sollten wir das auch tun, um einen Überblick zu gewinnen – um bei dieser so wichtigen Frage nicht baden zu gehen. Also: Warum sollten wir etwas, nein, alles fürs Klima tun?

Das erste Argument ist von Gott: „Macht euch die Erde untertan" (1. Mose 1,28). Der **berühmte Bibel-Satz in der Genesis** wurde von Theologen lange so verstanden: „Leute, das Ding gehört jetzt euch. Tut damit, was ihr wollt." Die **Erde als Geschenk Gottes**, ohne jede Haftung. Aber in den letzten Jahrzehnten sind sich über diese Deutung selbst die hohen Priester nicht mehr so sicher. Papst Franziskus hat jüngst nur ein Wörtchen davon verändert und auf seiner letzten (E-)Mission damit eine kleine Revolution eingeleitet: „Macht Euch der Erde untertan!" Himmelherrgott, sollte das heißen: Die Erde ist jetzt der Boss, nicht mehr ihr! Wir haben eine heilige **Verantwortung ihr gegenüber**, Herrschaftszeiten! Und es gibt, selbst für Gott, keinen Planeten B.

Verhältnis zwischen Mensch und Erde aus religiöser Sicht

Neuinterpretation der Bibelstelle im Sinne des Klimas

Tatsächlich ist Klima nicht nur eine, sondern die **Zukunftsfrage** – und so werden Kinder oder Eltern anders über diese Frage denken als ältere Menschen. Ökologische Fragen, meint etwa der Philosoph Marcus Düwell, seien nicht Fragen unter anderen. Die wichtigen Fragen unserer Zeit seien Fragen der Moral, Fragen der Politik, Fragen des Finanzsystems und Fragen der Gesellschaft. Und sie alle hingen an der **Frage, wie stark die Menschheit ihre Umgebung ausbeute** – und wie gut sie es schaffe, diese zu priorisieren. Das Klima ist also nicht einfach nur wichtig – es ist die **Bedingung der Möglichkeit von allem anderen!**

Klimafrage als übergeordnete Frage

Bezug zu Material 1

Andererseits: Die Debatte über den Klimaschutz ist mittlerweile ziemlich ausgeartet, findet nicht nur die Politologin Ulrike Ackermann. Es sei eben doch **nicht das einzige Problem, das die Menschheit derzeit hat**. Und dann ist das Klima ja auch noch eine **Klassenfrage**. Nicht alle können es sich leisten, Bio-Fleisch zu kaufen, im Regenwald Bäume zu pflanzen oder das gute alte Auto umrüsten zu lassen. Da hilft es auch nur bedingt, wenn daran Hoffnungen geknüpft werden, die nicht erfüllbar sind.

Einwand: überhitzte Debatte

Bezug zu Material 2

Und natürlich kann ich den Einzelnen in einer Demokratie nicht dazu zwingen, sozial zu sein oder klimaneutral zu leben – ansonsten geraten wir in eine **Ökodiktatur**. Und egoistisch zu sein ist – bis zu einem gewissen Grad – nicht nur komfortabel, sondern legal. Klar gibt es den Klimawandel, aber bis zu welchem Grad ist er menschengemacht? Und welche Folgen wird das für das Klima haben? Darüber gibt es auch jenseits von Verschwörungstheorien durchaus noch **alternative Fakten**.

Freiheit des Einzelnen in seinem Verhalten

Das größte Problem am Klima-Komplex ist aber wohl, dass wir nicht mehr viel Zeit haben, darüber zu lesen. Ein einflussreicher amerikanischer Schriftsteller und passionierter Vogel-Beobachter, Jonathan Franzen, ging in einem anderen Essay hier noch weiter. Es sei schon **zu spät, darüber nachzudenken, was wir gegen die menschengemachte Erderwärmung tun sollten**. Die Welt werde so oder so untergehen. Das klingt, wenn ihr mich fragt, so deprimierend, dass man den Stift fallen lassen will. Doch wenn die Corona-Krise eines gezeigt hat, dann, dass Gesellschaften schnell handeln können, wenn sie die Gefahr anerkennen. So schlägt die EU-Kommission vor, dass die EU sich Milliarden ausborgt, um die schädlichen Begleitfolgen eines Virus einzudämmen. Damit macht sie Hoffnung, diese Mittel auch und gerade **für eine grüne Transformation der Gesellschaft** einzusetzen.

Unabwendbarkeit des Klimawandels

Bezug zu Material 5

Bedeutet das also, dass wir deshalb weniger Verantwortung der Welt gegenüber hätten? Nicht unbedingt. Nur sollten wir dabei nicht meinen, wir könnten das Klima retten. Die Welt wird auch ohne uns Menschen klarkommen. Und ohne solch schiefe Sprachbilder, die nahelegen, ein Abstraktum wie das Klima ließe sich „retten" – was schon deshalb schräg ist, weil der Ausdruck „Klima" sich ja jeder Wertung enthält. Schlechtes oder schönes Wetter ist kein böses oder gutes Wetter. Wenn die **Welt aufgrund der Erderwärmung wirklich in 200 Jahren unbewohnbar** werden sollte, ist höchstens der Homo sapiens ausgestorben, aber nicht etwa die Turritopsis dohrnii, eine Qualle, die sich bei Stress in ihr früheres Entwicklungsstadium rückversetzen kann und diesen Vorgang auch noch unendlich oft wiederholt.

Einschränkung und Warnung vor übertriebenen Erwartungen

Beispiel aus Tierwelt: Anpassungsfähigkeit

Und so kann uns **nach Abwägung der Pro- und Kontraargumente, ob wir wirklich alles für das Klima tun sollen**, in Zeiten einer anderen Krise, der Corona-Pandemie, vielleicht nur ein Gedankenexperiment retten. Denn wenn die Klimakrise ein tödliches Virus wäre, würden wir schnell handeln und …

Resümee: Reduzierung der CO2-Bilanz

- … **Flugreisen privater Natur für immer verbieten** – jeder bekäme stattdessen ein Fahrrad.
- … Metzgereien und Milchabteilungen in Supermärkten (die zusammen mit anderen Lebensmitteln immerhin ca. 15 % unserer Ökobilanz versauen) für immer schließen.
- … jeder würde einmal im Monat darüber nachdenken, ob ihm sein **persönlicher Konsum in Sachen Kleidung, Elektronik oder Urlaub** wirklich so wichtig ist wie gedacht (und das macht schon satte 39 % unseres ökologischen Fußabdrucks aus).

Auflistung: Bezug zu Material 3 und 4

Wenn das Klima ein Virus wäre, wäre also sofort **Schluss mit dem bulimischen Auffressen der Welt**, Schluss mit dem Fressen von Ressourcen, bis man kotzen muss! Und diskutieren müssten wir darüber auch nicht mehr!

Schluss

Es liegt in der Natur der Sache, dass allein eine solche Auflistung ein Klima der Angst schürt, ja sogar das Zeug hat, Shit-Stürme zu produzieren. Nur ist es eben so, dass du kein bayerischer Naturbursche sein musst, um zu dem Schluss zu kommen, dass du dein Leben trotzdem ändern musst. Die Natur selbst ist mir egal. Ich könnte ja in einem Atombunker weiter meine historischen Sachbücher lesen. Aber um mir genau diese Einstellung bewahren zu können, muss ich dafür sorgen, dass die so klugen Erdbewohner, die wir sein wollen, diese Welt nicht noch stärker demolieren. Darin liegt ein gewisser Widerspruch. Aber der ist gerade nicht unser größtes Problem.

Aufgreifen des einleitenden Gedankens

Deutsch (Baden-Württemberg) ▪ Abiturprüfung 2021
Aufgabe 5 a

TEXTERÖRTERUNG / TEXTANALYSE

Arbeitsanweisungen

- Fassen Sie die Aussagen des Textes zusammen.
- Erläutern Sie die Argumentationsstrategie des Autors, und untersuchen Sie in diesem Zusammenhang den Einsatz sprachlicher Mittel.
- Nehmen Sie kritisch Stellung zur Meinung des Autors.

[Schwerpunkt: Textanalyse]

Material **Michael Bauchmüller: Ein schwarzer Freitag**

Dieser Freitag wird garantiert keiner für die Zukunft. Zwar werden wieder Zehntausende Schüler zum Friday for Future strömen. Aber zeitgleich steigt der *Black Friday*, dieses Hochamt des Konsums, dieser Tag der angeblichen Supersonderangebote und überfüllten Geschäfte. Zwei *Fridays*, die gegensätzlicher kaum sein könnten – und doch so eng zusammenhängen.

Denn natürlich sind die Schülerinnen und Schüler auf den Straßen auch Kinder der Konsumgesellschaften. Schaut man genau hin, sieht man auf den Rückseiten mancher ihrer Plakate den geschwungenen Pfeil einer Amazon-Lieferung. Und es ist nicht ausgeschlossen, eher wahrscheinlich, dass so mancher sich nach der Demo noch einen Shopping-Nachmittag gönnt. Ist ja nicht alle Tage Black Friday.

Das klingt widersprüchlich, ist aber in dieser Gesellschaft zutiefst rational. Warum sollte jemand für ein Produkt mehr zahlen als nötig? Wer mit Schnäppchen spart, hat noch Geld für anderes, und es gibt ja so vieles. Es ist die Rationalität einer Gesellschaft, die ständig ihren Nutzen maximiert; und die der festen Überzeugung ist, dass *mehr* Produkte auch *mehr* Nutzen stiften. Darüber kann man den Kopf schütteln oder sich lustig machen, aber einer Logik entbehrt das nicht.

Der Rationalität ihrer Kunden folgen die Anbieter. Entlang der Wertschöpfungskette drücken sie die Kosten, bis hin zu den armen Menschen, die am Ende dieser Kette schuften. Das geht auf Kosten der Qualität, natürlich. Aber in einer Welt, in der Modekollektionen alle paar Wochen überholt sind und elektronische Geräte nach wenigen Jahren untauglich werden, spielt das eh keine große Rolle mehr.

Viele derer, die an diesem Freitag auf die Straße und danach in die Läden gehen, wissen, was all das heißt: Wenn das so weitergeht, wird es irgendwann nicht weitergehen. Genau genommen demonstrieren die Protestierer nicht nur gegen Regierende, sondern auch gegen sich selbst – gegen Konsum- und Lebensstile, die ihnen ihre Eltern vorleben, die aber weder zukunftsfähig sind noch als Modell für den Rest der Welt taugen. Und sie ahnen, an diesem schwarzen Freitag noch mehr als an den anderen: Aus eigener Kraft kommen sie aus diesem Teufelskreis der Rationalitäten, aus dieser Welt der scheinbar grenzenlosen, aber folgenreichen Möglichkeiten nicht raus.

Der Klimawandel ist nur das bekannteste der Probleme, er steht stellvertretend für die katastrophalen Rückwirkungen zukunftsvergessener Lebensstile – so, wie die Plastikteppiche in den Weltmeeren vielen Schülern bewusst gemacht haben, dass das, was sie wegwerfen, damit noch lang nicht aus der Welt ist. Sie stellen den eigenen Konsum ins große Bild.

Doch die Probleme im globalen Dorf entziehen sich längst der nationalen Gestaltung. Gefragt wäre die Europäische Union, und das weit jenseits symbolischer „Klimanotstände“ und vieler Milliarden für den Klimaschutz. Im Kern geht es darum, Standards zu heben. Standards für die Landwirtschaft, die verhindern, dass der sorgsame, auf Böden, Grundwasser und Artenvielfalt bedachte Bauer am Ende der Dumme ist. Standards, mit denen sich negative Umwelteffekte in Produktionskosten niederschlagen, allen voran mit Preisen für den Kohlendioxidausstoß, die den Namen verdient haben. Standards auch für das Design von Produkten, die sie reparierbar machen und es erlauben, Rohstoffe zurückzugewinnen.

Gelingen muss das zu den Bedingungen eines freien Welthandels. Im Liberalisierungsfieber der Neunzigerjahre spielten solche Standards keine Rolle, aus der Angst heraus, sie könnten zur Abschottung von Märkten missbraucht werden. Das war ein Fehler, an dem die neue EU-Kommission aber ansetzen kann. Natürlich funktionieren Standards etwa für eine nachhaltige Landwirtschaft nur, wenn auch Importe ihnen genügen müssen. Natürlich lässt sich ein wirksamer CO_2-Preis nur durchhalten, wenn er an der Grenze auch auf Einfuhren aufgeschlagen wird. Und natürlich kann sich die Lage für die armen Menschen am Ende der Wertschöpfungskette nur dann verbessern, wenn starke Umwelt- und Sozialstandards in Handelsverträgen das verlangen. Das sind sehr, sehr dicke Bretter. Aber nach Lage der Dinge kann nur Europa sie zu bohren beginnen.

Es geht deshalb auch an diesem Friday for Future nicht nur um das Klima, sondern ganz allgemein um eine Gesellschaft, die es sich auf Kosten anderer, auch anderer Generationen, gut gehen lässt. Und gerade der Black Friday beweist, wie schwierig es ist, diesem Muster zu entkommen, trotz aller Appelle an den „mündigen Verbraucher“, der doch bewusster konsumieren kann; an Nachhaltigkeit, „qualitatives Wachstum“ und eine neue Genügsamkeit. Im Angesicht eines Schnäppchenpreises geht es einfach zu vielen wie dem Hund mit dem Knochen. Und das oft in dem dumpfen Bewusstsein, dass auf viele schwarze Freitage eine ebensolche Zukunft folgt.

Quelle: www.sz.de/1.4701194 (veröffentlicht in der Süddeutschen Zeitung am 29. 11. 2019; abgerufen am 03. 08. 2020).

TIPP **Bearbeitungshinweise**

Wenn Sie die Aufgabenstellung betrachten, fällt zunächst auf, dass es sich um eine **Textanalyse** handelt – auf den genauen Aufbau wird weiter unten eingegangen. Unter dieser Prämisse sollten die **Überschrift** und auch der Text an sich gelesen werden. Es kann sein, dass der eine oder andere bei der Überschrift des Textes tatsächlich an den Black Friday denkt, der im Text thematisiert wird. Wahrscheinlicher ist jedoch, dass die Menschen mit dem Ausdruck ein negatives Ereignis aus ihrer eigenen Vergangenheit oder der Geschichte verbinden. Sie sollten nun den Text zunächst einmal am Stück lesen, um die **groben Gedankengänge des Autors zu erfassen**.

Spätestens beim zweiten Lesen sollten Sie die **wichtigsten Thesen und die Struktur der Gedankengänge markieren** – diese können, müssen aber nicht mit den sichtbaren Abschnitten des Textes zusammenfallen. Beim erneuten Lesen achten Sie gezielt auf die Argumentationsketten und -strukturen und auf Stilmittel. Markieren Sie diese und schreiben Sie mögliche **Pro- und Kontraargumente sowie Kritikpunkte für Ihre eigene Argumentation** direkt auf ein gesondertes Notizpapier. Überlegen Sie sich, welche Argumentationsgänge Sie überzeugen und welche Sie widerlegen möchten und können.

Nun können Sie sich genaue Gedanken darüber machen, wie Ihr Aufsatz aufgebaut sein soll. Erstellen Sie sich ein genaues Konzept und strukturieren Sie Ihre Notizen, um einen logischen Lesefluss zu ermöglichen.

Da die **Aufgabenstellung in drei Teile** gegliedert ist, gibt diese auch den Aufbau des Aufsatzes vor:

- Zu Beginn ist es Ihre Aufgabe, eine **Einleitung** zu verfassen. In dieser führen Sie kurz in die Thematik ein und nennen die notwendigen Informationen zum Text (Autor, Titel, Quelle, Erscheinungsdatum, Textgenre).
- **Teilaufgabe 1:** Hier wird von Ihnen verlangt, den Textinhalt **in möglichst eigenen Worten und in indirekter Rede** wiederzugeben. Achten Sie darauf, hier keine detailreiche Inhaltsangabe oder Nacherzählung zu verfassen.
- **Teilaufgabe 2:** Bei dieser Teilaufgabe sollen Sie die **Argumentationsstrategie sowie die Stilmittel analysieren**. Sie befassen sich also ausführlich mit dem argumentativen Vorgehen des Autors und erläutern, wie der Autor Schritt für Schritt seine Argumentation entfaltet. In diesem Zusammenhang gehen Sie auf die **sprachlichen Mittel** ein und erklären deren **Wirkung auf den Leser**. Achten Sie darauf, dass der **Schwerpunkt der gesamten Aufgabe auf Teilaufgabe 2** liegt.
- In **Teilaufgabe 3** setzen Sie sich subjektiv mit der Meinung des Autors auseinander. Machen Sie **deutlich, welchen Argumenten des Autors Sie zustimmen und welchen Sie widersprechen**. Stützen Sie Ihre Zustimmung bzw. Ihren Widerspruch mit eigenen Argumenten, Beispielen und Belegen. Beenden Sie diesen Teil in einem **Fazit** mit Ihrer persönlichen Schlussfolgerung.

Lösungsvorschlag

Ein Freitagvormittag im Herbst 2019, ein Marktplatz einer beliebigen, mittelgroßen deutschen Stadt – überall das gleiche Bild: Anstatt in der Schule zu sein, demonstrieren Tausende von Schülerinnen und Schülern für die Rettung des Weltklimas und verlangen von Industrie und vor allem Politik ein **Umdenken und schärfere Klimaschutzgesetze**. Mitten in den demonstrierenden Scharen von jungen Menschen sieht man viele Jugendliche, die lachend das neueste Smartphone zücken, Selfies von sich machen und diese als Beweis für ihren Einsatz in den sozialen Medien posten. Die Krux ist, dass viele der Demonstranten, die gegen den Klimawandel demonstrieren, gleichzeitig immer das neueste Smartphone kaufen. Dass sie mit diesem Verhalten indirekt den **Prozess der Klimaerwärmung beschleunigen**, scheint ihnen in diesem Moment gar nicht bewusst zu sein. Und das vor allem nicht, wenn gerade wieder zum Black Friday die neusten Angebote locken. Diese Diskrepanz des jungen Konsumenten, der dem vorgelebten Lebensstil der Eltern nacheifert, greift Michael Bauchmüller in seinem Kommentar „Ein schwarzer Freitag" auf, der am 29. 11. 2019 in der Süddeutschen Zeitung veröffentlicht wurde.

Einleitung

Schilderung einer Friday-for-Future-Szene

Basisinformation zum Text

TEILAUFGABE 1

Michael Bauchmüller geht in seinem Kommentar kritisch auf die **Konsumgesellschaft in Verbindung mit dem Black Friday und die Bewegung Fridays for Future** ein – kritisch deswegen, da er den Zusammenhang zwischen beiden Phänomenen als widersprüchlich beschreibt. Er führt aus, dass der Konsument natürlich darauf aus sei, möglichst neue Produkte zu einem möglichst niedrigen Preis zu erstehen. Genau dieses Verlangen wird durch die Firmen und Hersteller befriedigt: Sie bringen **Produkte mit geringer Lebensdauer und geringer Nachhaltigkeit** auf den Markt. Allerdings nimmt Bauchmüller den jungen Konsumenten der Fridays-for-Future-Bewegung in Schutz, da es schwierig sei, sich aus vorhandenen – teilweise von den Eltern vorgelebten – Denkmustern zu befreien.

Zusammenfassung des Textes

Widerspruch zwischen Konsum und Protest

Bauchmüller beschreibt auch die globalen Folgen dieses Verhaltens, z. B. die Plastikteppiche im Ozean oder den Klimawandel. Im Anschluss skizziert er **mögliche Lösungsansätze**. Hier nimmt er die Europäische Union in die Verantwortung, mit dem schwierigen Unterfangen zu beginnen, **internationale ökologische und soziale Standards** einzuführen, um Umwelt und Mensch zu schützen. Den Kommentar beendet Bauchmüller damit, dass er erneut den einzelnen Demonstranten bzw. Bürger in den Blick nimmt. Dieser gehe am

Verantwortung der Politik

Black Friday **auf Kosten anderer und auch anderer Generationen** shoppen, obwohl er sich insgeheim über die Folgen – über die schwarze Zukunft (vgl. Z. 61) – im Klaren sei.

TEILAUFGABE 2

Textanalyse

Bauchmüller beginnt mit einer düsteren Prognose, indem er mit den Begriffen „Black Friday" („Ein schwarzer Freitag", Titel) und „Fridays for Future" spielt („Dieser Freitag wird garantiert keiner für die Zukunft", Z. 1). Mit der Metapher „Hochamt des Konsums" (Z. 3) spricht der Autor dem Black Friday eine **religiöse Bedeutung** zu. Seine religiösen Anhänger sind die Konsumenten, welche die Produkte im „Supersonderangebo[t]" (Z. 3) kaufen, auch wenn durch solche Neueinkäufe **wenig Nachhaltigkeit** entstehe. Die Hyperbel „Supersonderangebot" bekräftigt die Besonderheit des Tages, spielt jedoch auch auf die **Sprache der Werbemacher** an, die sich solch absurde Steigerungswörter ausdenken, um den Kunden zu locken.

Metapher und Hyperbel

Bereits im ersten Absatz ist der parataktische Schreibstil Bauchmüllers deutlich zu erkennen. In kurzen, prägnanten Sätzen werden **angebliche Fakten präsentiert**, was dazu führt, dass die Leserinnen und Leser dem Autor Glauben schenken (vgl. Z. 1–5). Gleichzeitig sorgt dieser Satzbau – gespickt mit umgangssprachlichen Ausdrücken (vgl. z. B. Z. 10, 19, 23) – dafür, dass der Text sich gut lesen lässt und auch bei jüngeren Leserinnen und Lesern nicht zu Langeweile führt. So nutzt Bauchmüller z. B. das Wort „Fridays" (Z. 4), was Personen seines Alters wohl eher selten verwenden würden, nicht jedoch die jugendlichen Demonstranten. Ebenso wirken polemische Floskeln wie „Ist ja nicht alle Tage Black Friday" (Z. 10) dafür, dass der Text aufgelockert wird und **zum Weiterlesen und Mitdenken anregt**.

parataktischer Satzbau

Umgangssprache und Polemik

Die Jugendlichen dieser Protestbewegung werden durch eine Alliteration als „Kinder der Konsumgesellschaf[t]" (Z. 6 f.) bezeichnet. Durch ihr Konsumverhalten würden die Jugendlichen **ihre eigenen gut gemeinten Ziele durchkreuzen**. Diese Auffassung unterstreicht Bauchmüller zum einen durch die Correctio („Und es ist nicht ausgeschlossen, eher wahrscheinlich […]") und zum anderen mit der rhetorischen Frage „Warum sollte jemand […] mehr zahlen als nötig?" (Z. 11 f.).

widersprüchliches Verhalten der Jugendlichen

Diesem widersprüchlichen Kaufverhalten liegt seiner Meinung nach eine **Ökonomie der Nutzenmaximierung** zugrunde, die besage, dass man durch „mehr Produkte […] mehr Nutzen" (vgl. Z 14 f.) habe. Bauchmüller gelingt es hier mit dem fast flapsigen Umgangston „Ist ja nicht alle Tage Black Friday" (Z. 10), den Leser davon zu

Nützlichkeitsdenken

überzeugen, dass dieses Verhalten als normal empfunden werde und dass **jeder demonstrierende Jugendliche derart widersprüchlich** handle.

Dieser Denkweise – immer mehr Nutzen durch immer mehr Produkte – bedienten sich selbstverständlich die Produzenten und brächten **ständig neue Produkte auf den Markt** (vgl. Z. 17 ff.). Laut Bauchmüller bringe dies eine Kostensenkung in allen Bereichen, also auch beim ärmsten Arbeiter, und eine Qualitätsminderung beim Endprodukt mit sich. Das scheine in unserer derzeitigen Welt aber nicht zu interessieren (vgl. Z. 19 ff.). Schließlich beschwere sich niemand darüber, dass **elektronische Produkte nach wenigen Jahren nicht mehr funktionieren**, und dass sich die Modetrends stetig ändern und man **jede Saison neue Klamotten kaufen** soll, scheint ebenso vom Konsumenten begrüßt zu werden, zumindest machen genügend dabei mit (vgl. Z. 19 ff.).

Auswirkungen auf Produktionskosten und Qualität

Kurzlebigkeit heutiger Produkte

Auch hier geht der Autor wieder polemisch vor und **spielt die Thematik scheinbar auf ironische Art und Weise herunter:** Das alles spiele ja keine Rolle mehr in solch einer Gesellschaft (vgl. Z. 21), obwohl ja gerade das Gegenteil der Fall ist. Er provoziert also durch diese Formulierungen und versucht damit, bei seinen Leserinnen und Lesern die gewünschte Haltung zu erzielen.

Ironie als Mittel der Provokation

In den folgenden Zeilen geht Bauchmüller wieder auf die einzelnen Konsumenten und deren Verhalten ein. Er macht mit einer **Antithese** deutlich, dass viele der Demonstranten und gleichzeitigen Käufer am Black Friday sehr wohl wüssten, dass „[w]enn das so weitergeht, […] es irgendwann nicht weitergehen [wird]“ (Z. 23). Seine Schlussfolgerung daraus ist, dass die Demonstranten **nicht nur gegen Wirtschaft und Regierende, sondern auch gegen ihre eigenen Lebensstile** demonstrierten (vgl. Z. 25 f.), die er als „Teufelskreis der Rationalitäten“ (Z. 28) bezeichnet. Dadurch unterstellt er den Demonstranten, hilflos und ohne Ausweg in einem kapitalistischen Rad gefangen zu sein, in dem sich alles um Konsum dreht.

Demonstrationen gegen eigenen Lebensstil

angebliche Hilflosigkeit der Demonstranten

Bauchmüller führt weiter aus, dass der Klimawandel **stellvertretend für die Auswirkungen der Lebensstile heutiger und vergangener Generationen** (vgl. Z. 30 f.) stehe. Den jungen Menschen werde so langsam – z. B. durch Plastikteppiche in Weltmeeren – bewusst, „dass das, was sie wegwerfen, damit noch lang nicht aus der Welt ist“ (Z. 32 f.). Der Autor behauptet, dass den Jugendlichen dadurch die **Auswirkungen des eigenen Konsums vor Augen geführt** würden und dass sie anfangen würden, ihr Handeln zu überdenken.

Umdenken bei Jugendlichen bzgl. Folgen ihres Konsums

Der Autor spricht sich im Folgenden für eine politische Lösung aus, wobei man bedenken müsse, dass dies längst kein nationales, sondern ein Problem des „globalen Dorf[s]" (Z. 35) sei. Diese **widersprüchliche Zusammenstellung im Begriff** des „globalen Dorfs" stellt ein Oxymoron dar und veranschaulicht, dass kleine lokale Geschehnisse sehr wohl Auswirkungen auf die gesamte Welt, den gesamten Globus haben können. Daher könne auch kein einzelnes Land diese Probleme lösen, die **Europäische Union stehe in der Verantwortung** (vgl. Z. 35 f.). Das Ausrufen eines symbolischen Klimanotstands reiche nicht mehr aus, ebenso wenig die Investition vieler Milliarden, die nichts am Problem änderten (vgl. Z. 36 f.).

Oxymoron „globales Dorf"

Rolle der EU

Bauchmüller nimmt hier klar Stellung und bezeichnet die bisherigen Anstrengungen als nicht ausreichend und unbedeutend. Laut ihm müssten **Standards für sämtliche Bereiche der Produktion** erlassen werden, bei denen sich „negative Umwelteffekte in Produktionskosten niederschl[ü]gen" (Z. 40). Denn nur wenn die **naturschädigende Produktion sanktioniert** werde, könne man erreichen, dass sich die Firmen umstellen und eine Besserung für Mensch und Umwelt herbeiführen. Außerdem müssten diese Standards so gestaltet sein, dass der „sorgsame [...] Bauer am Ende [nicht] der Dumme ist" (Z. 38 f.).

Bauchmüllers Vorschlag: Einführung verbindlicher Standards

Der Autor erläutert, wie die EU beginnen könnte, die Welt des Konsums zu verändern: Um Pläne für nachhaltige Produktion, etwa in der Landwirtschaft, umsetzen zu können, müssten die **Standards auch für importierte Ware** gelten, was nur durch „starke Umwelt- und Sozialstandards in Handelsverträgen" (Z. 52) realisierbar sei. Bauchmüllers Schlussfolgerung lautet, dass nur Europa in der Lage sei, zu beginnen, diese „sehr, sehr dicke[n] Bretter" (Z. 52 f.) zu bohren. Die **besondere Schwierigkeit dieses Vorhabens** wird durch die Emphase „sehr, sehr" verdeutlicht.

internationale Handelsverträge

Zum Abschluss seines Kommentars stellt Bauchmüller fest, dass es an diesen Freitagen nicht nur um Klimarettung gehe, sondern um eine Gesellschaft, die „[i]m Angesicht eines Schnäppchenpreises" (Z. 59) sämtliche verantwortungsvollen Vorsätze eines „mündigen Verbrauchers" (vgl. Z. 57) über Bord werfe. Dies unterstreicht er mit dem **Vergleich des Hundes**, der vor einem Knochen sitze und seinen Instinkten folge, er könne einfach nicht widerstehen (vgl. Z. 59 f.). Doch wenn dies so weiterginge, würde „auf viele schwarze Freitage eine ebensolche Zukunft folg[en]" (Z. 61). Der Autor schließt also mit einem indirekten **Appell an seine Leser, etwas zu verändern**, damit wir und Folgegenerationen einer schwarzen Zukunft entgehen.

Vergleich des Konsumenten mit Hund

Appell an Leser

Auffällig ist bei Bauchmüllers Schlusswort die Formulierung, die nun weniger von Ironie, jedoch umso mehr **von Sarkasmus geprägt** ist. Seiner Ansicht nach besitze der „mündige Verbraucher" nämlich **nicht mehr Selbstkontrolle als ein Hund** und könne somit einem Schäppchenpreis nicht widerstehen. Mit diesem Vergleich provoziert der Autor sehr deutlich, damit der Leser eben nicht mehr wie ein Hund instinktiv reagiert, sondern als intelligentes Wesen sein Kaufverhalten überdenkt und dadurch **langfristig zu einer Veränderung der Gesellschaft beiträgt**.

Bauchmüllers sarkastische Einschätzung des Konsumenten

TEILAUFGABE 3

kritische Stellungnahme

Michael Bauchmüller lässt außer Acht, was die Bewegung **international um Greta Thunberg** und **national in Deutschland um Luisa Neubauer** alles erreicht hat. Noch vor drei Jahren war es nicht selbstverständlich, dass man in Talkshows Jugendliche und CEOs zusammen sieht und sie miteinander über Klimaziele und deren Umsetzung diskutieren. Ebenso ist heute ein Wahlkampf, egal ob auf Kommunal- oder Landesebene in Europa, ohne Debatten über Umwelt und Klima nicht mehr vorstellbar. Man muss Bauchmüller an dieser Stelle kritisieren, da er die **positiven Errungenschaften der Protestbewegung außen vor lässt** und sich nur auf die für seine Argumentation wichtigen Aspekte beschränkt.

mediale Präsenz der Themen Klima und Nachhaltigkeit

Bauchmüller beschreibt junge Demonstranten, die gleichzeitig auch Konsumenten sind und somit oftmals bewusst oder unbewusst gegen ihre eigenen Grundsätze verstoßen. Teilweise mag Bauchmüller mit seiner Auffassung recht haben, jedoch vernachlässigt er einen zentralen Punkt: Denn **immer mehr Menschen versuchen, bewusster zu leben** und steigen z. B. auf nachhaltige Smartphones, wie Fairphone, oder Rucksäcke aus recyceltem Meeresplastik, wie von GotBag, um. Zum Erscheinen des Artikels war die Covid-19-Pandemie noch nicht in Sicht und auch deren Auswirkungen auf die Gesellschaft nicht vorstellbar. Wesentliche Umdenkungsprozesse breiter Massen begannen jedoch schon weit vor der Pandemie. Der Lockdown sorgte dann noch zusätzlich bei vielen dazu, ihr Leben zu überdenken und sich **auf wesentliche Dinge zu beschränken**. Bewegungen wie die des **Minimalismus** haben einen hohen Zuwachs während der Pandemie genossen. Im Internet herrscht teilweise ein regelrechter Wettkampf unter Minimalisten, die zeigen, wie sie ihren Alltag mit wenigen Objekten bestreiten

gestiegenes Bewusstsein für nachhaltigen Konsum

Beispiel: minimalistischer Lebensstil

Man kann dem Autor also in dem Punkt widersprechen, dass der Konsument nur nach dem Prinzip „mehr Produkte – mehr Nutzen" handle (vgl. Z. 14 ff.). Der Kunde macht sich sehr wohl Gedanken

finanzielle Möglichkeiten der Jugendlichen

darüber, welche Anschaffungen notwendig und auch langlebig sind. Bauchmüller hat hierbei auch die **Kosten vergessen**, die mit Produkten wie iPhone etc. verbunden sind. Kaum ein junger Mensch kann sich jährlich ein neues Handy für 1 000 Euro oder mehr kaufen. Im Gegenteil, viele junge Menschen achten darauf, **hochwertige Gegenstände für eine lange Nutzdauer** zu kaufen.

Ein weiterer Punkt ist die Lebens- und Konsumeinstellung des Veganismus oder des Vegetarismus. Immer mehr **Skandale in der Fleisch- und Pelzindustrie** sorgen gerade bei Jugendlichen und bei jungen Erwachsenen dafür, dass sie sich für eine tierfreie Ernährung und ein möglichst veganes Leben in allen Bereichen entscheiden. Dies hat zur Folge, dass u. a. der Absatz von Fleischersatzprodukten im vergangenen Jahr um ein Drittel stieg. Nebeneffekte dieser Lebensweisen – z. B. **geringerer CO_2-Ausstoß, weniger Abholzung des Regenwaldes für die Viehzucht, weniger Leid für die Tiere** – spielen bei der Entscheidung, sich vegetarisch zu ernähren oder vegan zu leben, fast immer eine Rolle. Deshalb ist es zu kurz gegriffen, wenn Bauchmüller vom sorgenfreien Endkonsumenten spricht, der sich nicht um seine Umwelt kümmert.

vegetarische und vegane Lebensweise

positive Folgen dieses Lebensstils

Diese **Trendwende weg vom billigen Massenprodukt auf Kosten von Tier und Umwelt hin zum nachhaltigen, tierfreundlichen Produkt** erkennen auch immer mehr Produzenten. Supermärkte stellen ihr Angebot zunehmend auf tierfreie und Bio-Produkte um. Schließlich lässt sich mit diesen meist teureren Produkten auch mehr Geld verdienen und der verantwortungsbewusste Konsument ist auch gerne dazu **bereit, dafür höhere Preis zu bezahlen**. Dies hat oft zur Folge, dass die Endverbraucher weniger Geld für andere Dinge zur Verfügung haben und somit insgesamt bewusster einkaufen.

Umdenken bei Produzenten und Händlern

Hier liegt einer der wichtigsten Änderungspunkte, die auch von Bauchmüller angesprochen werden. Natürlich ist es zentral, dass sich die Chefs sämtlicher Länder über Klimaziele und CO_2-Grenzwerte einigen. Allerdings beginnt die **Veränderung im Kleinen**, also beim Endverbraucher. Das Umdenken hin zu nachhaltigem Konsum kann nur vonstattengehen, wenn der Endkunde in seinem Umfeld umdenkt und beginnt, nachhaltig zu kaufen und zu handeln. Würden alle Menschen Deutschlands von heute auf morgen nur noch fair produzierte und nachhaltige Produkte kaufen, dann würde es nur wenige Wochen dauern, bis Firmen reagieren und ihre Produktion dementsprechend anpassen müssten, um ihre Kunden nicht zu verlieren. Bauchmüllers globales Denken ist nachvollziehbar, da es sich um ein globales Problem handelt, jedoch steht **jeder Einzelne in der Pflicht, um das große Ganze zu verändern**.

Verantwortung jedes einzelnen Konsumenten

Druck auf Hersteller

In diesem Zusammenhang erwähnt der Autor die Europäische Union als die einzige Instanz der Welt, die den Änderungsprozess starten könne. Da andere Nationen und wirtschaftliche Zusammenschlüsse wie in **Nordamerika oder Asien allerdings um einiges stärker als die EU im ökonomischen und im produzierenden Sektor** sind, ist fraglich, inwiefern die EU andere Freihandelszonen zu einem Umdenken bewegen könnte, ohne sich selbst aus dem Rennen um Abnehmer und Umsatz zu schießen. Denn während Fridays for Future in den westlichen Staaten große Aufmerksamkeit erfährt, ist die Bewegung in manchen Teilen der Welt nahezu unbekannt. **Umweltbewusstes und klimafreundliches Denken ist nicht überall auf der Welt gleichermaßen ausgeprägt**. Hier müsste man die Regierungen zu einem Umdenken animieren, damit diese politische Ziele und Gesetze erlassen, die sowohl den Endverbraucher in seinem individuellen Verhalten positiv beeinflussen als auch die Firmen zu einer klimaneutralen Produktion verpflichten.

mögliche wirtschaftliche Einbußen für EU

fehlende globale Akzeptanz für Umweltthemen

Zum Schluss vergleicht Bauchmüller den Endkunden mit einem Hund vor einem Knochen und in gewisser Weise hat er recht. Natürlich wünscht sich jeder Mensch immer ein neues Produkt, das besser ist als das, das man besitzt. Locken dann die Sonderangebote wie am Black Friday und das Produkt der Begierde ist plötzlich günstiger als sonst, dann fällt es **schwer, vernünftig und nachhaltig zu handeln**. Die Kaufentscheidung liegt natürlich bei jedem selbst. Doch sorgt der technologische Fortschritt dafür, dass man sich **nach immer kürzerer Zeit mit einem veralteten Produkt in den Händen** sieht, obwohl dieses erst ein paar Monate oder ein Jahr alt ist. So wird z. B. die Bildqualität von Fernsehern ständig verbessert. Ein Fernseher, der heute als das Nonplusultra gilt, ist morgen schon überholt.

Anfälligkeit der Kunden für neue Produkte

wegen technischem Fortschritt: überholte Produkte

Michael Bauchmüller spricht in seinem Kommentar über zwei große Probleme, welche die kommenden Generationen zu lösen haben: der nachhaltige Konsum und der Umgang mit unserer Umwelt – dazu zählt der Klimawandel. Seine Kernaussage ist, dass Black Friday und Fridays for Future für gegensätzliche Lebenskonzepte stehen. Wenn wir an diesem Widerspruch nichts ändern, dann drohe uns allen eine schwarze Zukunft. Viele wichtige Punkte nennt der Autor beim Namen, **betrachtet jedoch manche Aspekte zu einseitig**, um seine Argumente nicht zu entkräften. Zusammenfassend betrachtet bietet Bauchmüllers Kommentar Anlass zum Nachdenken und Raum für Diskussion. **Seine Lösungsvorschläge sind ausbaufähig, im Kern jedoch ein guter Anfang**.

Fazit

TEXTERÖRTERUNG / TEXTANALYSE

Arbeitsanweisungen

- Arbeiten Sie die Aussagen der Autorin heraus und berücksichtigen Sie dabei, wie sie den Text gestaltet hat.
- Setzen Sie sich kritisch mit den Argumenten der Autorin auseinander.
- Erörtern Sie – über den Text hinausgehend –, welche Konsequenzen Konsumverhalten für die Arbeitswelt hat.

[Schwerpunkt: Texterörterung]

Material **Friederike Zoe Grasshoff: Wenn der Konsum eskaliert**

Ganz groß wird das, ganz groß wirst du, rufen die blinkenden Buchstaben aus den Onlineshops von den Bildschirmen, seit Wochen rufen sie das. Im Grunde geht dieses Spiel das ganze Jahr so, aber im Dezember ist das Rufen und Buhlen noch lauter als sonst. Weihnachten. Kaufseligkeit. 30 Prozent Rabatt auf die Käsereibe, wenn Sie in den nächsten drei Minuten bestellen. Cyber Monday, Pre Sale, After Sale, dies und das könnte auch gefallen, keine Versandkosten, hier schnell ein Häkchen, alles kein Stress.

Kein Stress? Der Kaufdruck impliziert das Gegenteil – und eine neue und digitale Eskalation des Konsums, die an Terror grenzt, Glücksterror. Die Kriegsführung im Kleinen übernehmen Online-Anzeigen, die immer dann hochschießen, wenn man das gesuchte Produkt vergessen hatte; den großen Rest übernehmen die Shops, die immer da sind, und der Kunde, der immer da ist. Überhaupt, der zerrissene Kunde. Wenn doch permanent Schlussverkauf ist, wenn der Online-Umsatz am Black Friday allein in den USA bei 7,4 Milliarden US-Dollar lag: Welche Werbeagentur erfindet dann den White Sunday, an dem man ohne schlechtes Gewissen alles Unnötige einkaufen darf? Wer schenkt der Welt den Chocolate Wednesday, an dem man moralneutral ins Schlaraffenland reisen darf?

Die Lagerlogistikerinnen und Lastwagenfahrer leben nicht im Schlaraffenland. Jeder weiß das. Jeder weiß, dass die Amazon-Ära nicht auf der Lehre Gandhis beruht, sondern auf der von Jeff Bezos. Neulich wurde bekannt, dass verletzte Lagerarbeiter in den Vereinigten Staaten nach Unfällen einfach an den Arbeitsplatz zurückgeschickt worden sein sollen. Jeder weiß – und leugnet –, dass die Arbeitsbedingungen nichts mit dem Kein-Stress-Gerede zu tun haben, das diese Firma, ihr Umsatz lag 2018 bei rund 232,9 Milliarden US-Dollar, so mächtig gemacht hat wie einen Staat, der noch dazu kaum zu greifen ist. „Prime" ist ein Lebensmodell, das reibungslose Tagesabläufe verspricht und diesen Ablauf insofern zunichtemacht, als man ständig Pakete suchen und Pakete zurückschicken muss.

Und jetzt ist auch gut mit Alarmismus. Die Menschen haben nun mal Systeme tief in ihr Leben gelassen, die praktisch sind, aber nicht bekannt für humane Geschäftsmodelle. Im Gegenzug bekommen diese Systeme sehr viele, sehr private Daten geschenkt. Und? Nagt schon ein bisschen. Ist aber kollektiv egal. So egal, dass man nicht lange mit diesen Binsen[1] langweilen will: Apple baut Telefone, schön wie sonst was, doch Apple steht seit Jahren in der Kritik wegen seiner Steuertricks. Bei dem Modehändler Zalando sind Mitarbeiter angehalten, einander per Personalsoftware zu bewerten. Und Facebook? Gut, lassen wir das.

Wollte man dem nahenden Fest einen Sinn abverlangen, der über Schenken, Stress und Wachstum hinausgeht, ist man schnell beim Innehalten, beim Gedanken an andere. Zu den anderen könnte man auch den Lieferando-Fahrer und die Arbeiterin aus dem Logistikzentrum Bad Hersfeld zählen, theoretisch. Denn diese anderen sind zwar Teil der Dienstleistungsstrukturen, die das rasende Leben ermöglichen, aber auch sehr weit weg. Bis natürlich auf den DHL-Boten, der einem die Windeln und die iPhones in die Wohnung hochträgt.

Kein Alarmismus, kein Aburteilen – aber eine Frage sei gestattet, weil man den Menschen, auch den kaufenden, ja ernstnehmen muss: Wie vollbringt ein Vernunftwesen den schizophrenen Meisterakt einzustimmen, wenn das Lied der Big-Tech-Bösartigkeit gesungen wird, um dann auf „Kaufen“ zu drücken? Es ist billig, es ist bequem, klar. Aber der routinierte Konsument scheint auch ein paar knallharte Techniken der Digitalisierung gelernt zu haben. Vielleicht: Wer verdrängt und sich abzuschotten weiß, kommt besser durch. Oder: Ein neues Handy kann glücklich machen, so zwei, drei Tage lang.

Der Konsumkultur ist mit Moral kaum beizukommen, sie ist das Widerspiel der Moral. Konsum als kalkulierter Irrsinn ist so erfolgreich, dass er als Narrativ[2] überall auf der Welt funktioniert. Nur wenige können sich dem entziehen.

Schöne Sachen anzuziehen und auf schönen Möbeln rumsitzen zu wollen, gehört zu den Grundbedürfnissen des Menschen. Das Schöne spendet Trost und kann das Unschöne fernhalten. Natürlich kann man gut existieren, wenn man nicht die 10 000 Gegenstände eines deutschen Durchschnittshaushalts besitzt, viele unnütz, manche absurd. Auf sich zu schauen und dieses Selbst mit Dingen zu behängen, sich zu belohnen, all das mag von einer gewissen Schwelle an snobistisch klingen, im Kapitalismus ist das per definitionem aber nicht böse. Es ist logisch.

Onlineshopping besteht, das ist viel extremer als beim physischen Einkaufen, aus vielen Mikroentscheidungen. Was kaufe ich, bestelle ich beim Monopol oder gehe ich in den kleinen Buchladen, der bald sterben wird, gibt es das noch billiger? All diese Entscheidungen geben Struktur und ordnen die eigene kleine Welt, die ja immer auch groß ist. Da draußen: bald acht Milliarden Menschen, die Apokalypse derart beschworen, dass man geneigt ist, sie 08/15[3] zu finden, viele Dinge, die passieren, viele, die man nicht versteht. Hier drinnen: Pakete, Geschenke, Rückzug aus dem riesigen Zusammenhang. Das kleine Glück.

Dass dieses Wegdriften den gesellschaftlichen Zusammenhalt und die Solidarität gefährdet, ist kaum wahrnehmbar, während man so konsumiert, wie man das heute eben macht; während man aus dem Zustand permanenter Wachheit in Passivität runterfährt. Würde man Produktbeschreibungen verfassen, könnte man es auch so ausdrücken: individuelle Ohnmacht nach allzu beschleunigter Inanspruchnahme. Also bestellt man noch ein Kissen, ein Kleid. Das Fest, die Engelein, die Pakete, alle sind bald da. Irgendwann wird man schon aufwachen aus diesem Rausch. Aber bitte nicht mehr dieses Jahr.

Quelle: www.sz.de/1.4731652 (veröffentlicht in der Süddeutschen Zeitung am 21./22. 12. 2019; abgerufen am 17. 05. 2020).

Anmerkungen
1 Binsen: hier gemeint: Binsenwahrheit, allgemein bekannte Tatsache
2 Narrativ: sinnstiftende Erzählung, Geschichte
3 08/15: gewöhnlich

TIPP **Bearbeitungshinweise**

Überfliegen Sie zuerst die Arbeitsanweisungen und den vorgelegten Artikel, bei dem es sich um einen **Kommentar** handelt. Die **Überschrift** nennt das Thema **Konsum**. Wenn Sie das Verb „eskalieren" auf seine Bedeutung hin abfragen, ahnen Sie bereits, dass die Autorin eine konsumkritische Haltung einnimmt. Wenn etwas eskaliert, dann weitet sich ein Konflikt ins Krisenhafte aus, wird verschärft und tritt offen zutage. Nach der Lektüre merken Sie, dass sich diese Kritik auf **Onlineshopping** bezieht.

Lesen Sie den Kommentar mehrmals sorgfältig und nehmen Sie gleichzeitig **Textmarkierungen** vor. Heben Sie durch Unterstreichungen und Randnotizen erstens die Argumentation der Autorin hervor, also Thesen sowie Begründungen und Beispiele. Farblich davon abgesetzt, markieren Sie zweitens sprachliche Besonderheiten und notieren deren Wirkung und Funktion (z. B. mit einem Folgepfeil). Drittens notieren Sie am Textrand (z. B. durch ein Plus- oder Minuszeichen), welchen Aussagen Sie zustimmen und welchen Sie ablehnend gegenüberstehen. Es genügt, wenn Sie sich hier auf die wichtigsten oder Ihnen besonders interessant und diskussionswürdig erscheinenden Aussagen beziehen.

Dass die Aufgabenstellung dreigliedrig ist, fällt Ihnen durch den Einsatz der **Operatoren** (herausarbeiten und berücksichtigen, kritisch auseinandersetzen, erörtern) sowie durch die Gliederung mit Spiegelstrichen auf. Diese Gliederung wird den Aufbau Ihres Aufsatzes bestimmen.

- Sie beginnen Ihren Aufsatz mit einer **Einleitung**, in der Sie das Interesse des Lesers wecken und ihn zum Thema Konsumkritik hinführen. Formulieren Sie das Thema kurz und präzise in eigenen Worten, bevor Sie die notwendigen Informationen zum vorliegenden Kommentar angeben (Autorin, Titel, Erscheinungsort und -datum des Textes, Textsorte).
- **Teilaufgabe 1** ist zweigliedrig und erwartet von Ihnen das **Herausarbeiten zentraler Aussagen und Argumente**. Geben Sie diese in eigenen Worten wieder, nutzen Sie indirekte Rede sowie redeeinleitende Verben, wenn Sie die Meinung der Autorin referieren. Führen Sie **Belegstellen** in Klammern an zum Zitieren oder Paraphrasieren zentraler Textstellen. Gleichzeitig analysieren Sie die Textgestaltung, d. h., Sie erkennen **sprachliche Besonderheiten** (rhetorische Mittel, sprachliche Besonderheiten auf der Wort- oder Satzebene, Sprachebene und -stil, Strategien der Leserlenkung) und geben deren **Wirkung und Funktion für die Argumentation der Autorin** an. Wählen Sie die auffälligsten und wichtigsten sprachlichen Besonderheiten aus.
- In **Teilaufgabe 2** setzen Sie sich kritisch mit der Argumentation der Autorin auseinander. **Machen Sie deutlich, welchen Argumenten Sie zustimmen und welchen Sie nicht folgen können**. Auch hier nennen Sie Belegstellen für diejenigen Aussagen, auf die Sie sich beziehen. Begründen Sie in jedem Fall Ihren Zuspruch oder Ihre Ablehnung.

- **Teilaufgabe 3** verlangt von Ihnen, dass Sie über den Text hinausgehen und **mithilfe eigenen Wissens** kritisch erörtern, welche Konsequenzen unser Konsumverhalten für die Arbeitswelt hat. Sie können hier auf Ergebnisse aus Teilaufgabe 2 zurückgreifen, sollten dann aber auch **eigene Argumente** einbringen, die das Thema erweitern. Beziehen Sie sich bei der Darstellung wirtschaftlicher Zusammenhänge nicht nur auf Onlineshopping, sondern weiten Sie den Blick auf den gesamten Handel. Achten Sie darauf, dass Sie Ihre Argumente vollständig und nachvollziehbar vortragen (Behauptung, Begründung, Beleg/Beispiel). Der **Schwerpunkt** Ihres Aufsatzes liegt auf dieser kritischen Texterörterung.
- Der **Schlussteil** Ihres Aufsatzes wirkt meist besonders überzeugend, wenn Sie sich auf Aspekte beziehen, die bereits in der Einleitung erwähnt wurden. Zudem können Sie einen Gesichtspunkt nennen, der die Diskussion erweitert, indem Sie z. B. die Relevanz des Themas für Ihr eigenes Leben oder für aktuelle gesellschaftliche Entwicklungen hervorheben.

Lösungsvorschlag

TEILAUFGABE 1

Einleitung

Onlineshopping boomt! Noch nie zuvor in der Geschichte des Konsums bedurfte es nur weniger Klicks auf einem Handy, Tablet oder Laptop, um ein gewünschtes Produkt zu kaufen. Besonders im Dezember füllen sich in der westlichen Welt jedes Jahr **virtuelle Warenkörbe** schneller, als der Nikolaus in Gestalt rennender Paketboten sie an die Haushalte ausliefern kann. Die großen Onlinekonzerne und -Versandhäuser stellen regelmäßig zum im Herbst beginnenden Weihnachtsgeschäft zusätzliche Beschäftigte ein, um die Bestellungen der Kunden bearbeiten zu können. Um die Wirkung des Kommentars mit dem Titel „Wenn der Konsum eskaliert" von Friederike Zoe Grasshoff zu erhöhen, wurde er in der Süddeutschen Zeitung in der Ausgabe vom 21./22. 12. 2019 veröffentlicht, also nur wenige Tage vor Weihnachten. Die Autorin setzt sich in ihrem Kommentar mit den **Konsequenzen übermäßigen Onlineshoppings** auseinander.

Hinführung zum Thema

Basisinformationen zum Text

Herausarbeiten der Aussagen

Als Einstieg in ihren Kommentar dient Grasshoff die **Darstellung aggressiver Werbung im vorweihnachtlichen Onlinegeschäft**. Bereits der erste Satz führt dem Leser die Situation anschaulich vor Augen: Die personifizierten „blinkenden Buchstaben aus den Onlineshops" (Z. 1 f.) riefen dem Käufer zu: „Ganz groß wird das, ganz groß wirst du" (Z. 1). Der Konsument werde nicht nur direkt angesprochen, sondern es werde sogar laut nach ihm gerufen und um ihn gebuhlt (vgl. Z. 3). In der Ellipse „Weihnachten. Kaufseligkeit"

(Z. 4) verdichtet sich Grasshoffs Kritik, dass die Nähe des Weihnachtsfestes genutzt werde, um maßlosen Konsum zu legitimieren. Der aus dem Christentum stammende Begriff der Seligkeit wird profanisiert: Dem Konsumenten wird das **Erleben von Glück versprochen**, wenn er online einkauft (vgl. Z. 8, 67).

Glücksgefühle durch Einkaufen

Durch die Verwendung von Anglizismen, die in weiteren Ellipsen präsentiert werden (vgl. Z. 5 f.), wird unterstrichen, in welch schneller Abfolge verschiedene Angebote auf den Käufer geradezu einzuprasseln scheinen. Die **zügige Kaufabwicklung** („hier schnell ein Häkchen", Z. 6) verspreche „kein[en] Stress" (Z. 6.) für den Käufer. In den Augen der Autorin ist dieses Versprechen jedoch bloße Ironie, da der Stress, in dem sich die Konsumenten angesichts des Drucks durch ständig verfügbare Angebote befinden, enorm sei.

Geschwindigkeit der Angebote und des Kaufprozesses

Internetkonzerne und Betreiber von Onlineshops stehen nach Grasshoff in **Konkurrenz um die Aufmerksamkeit der Konsumenten**. Der zunehmende Kaufdruck erzeuge „eine neue und digitale Eskalation des Konsums, die an Terror grenzt" (Z. 7 f.). Onlineanzeigen führten „Krie[g] [. . .] im Kleinen" (Z. 8 f.) und schössen zu jeder Zeit hoch (vgl. Z. 9). Die Autorin nutzt hier das **Stilmittel der Übertreibung** sowie **die Sprache der Gewalt**. Als ursächlich für diese Situation identifiziert sie die ständige Präsenz von Onlineshops, in denen man rund um die Uhr einkaufen könne (vgl. Z. 10 f.). In diesem Zusammenhang bezieht sich die Autorin auch auf die Praxis großer Internetkonzerne, bestimmte Tage im Monat oder Jahr als besonders auszuweisen, nur um die Aufmerksamkeit der Kunden auf bestimmte Produkte oder günstige Angebote zu lenken. Hier führt sie neben dem bekannten Beispiel des „Black Friday" (Z. 12) ironisch den „Chocolate Wednesday" (Z. 15) als Wortneuschöpfung an.

Erregung von Aufmerksamkeit als Verkaufsstrategie

Erfindung spezieller Verkaufstage

Der Begriff des Schlaraffenlandes (vgl. Z. 15 f.) wird im Fortgang der Argumentation zum Aufbau eines Gegensatzes genutzt: Die Situation der Konsumenten wird mit den negativen Begleiterscheinungen übermäßigen Onlineshoppings für die Mitarbeiterinnen und Mitarbeiter großer Internetkonzerne kontrastiert. Als Beispiel dient der **Verweis auf die Arbeitsbedingungen** im Amazon-Konzern, dessen Gründer Jeff Bezos explizit erwähnt und ironisch von den Überzeugungen Mahatma Gandhis abgegrenzt wird (vgl. Z. 18 f.). Der berühmte indische Rechtsanwalt, Pazifist und Asket trat in der indischen Unabhängigkeitsbewegung u. a. für Gewaltlosigkeit und Selbstkontrolle ein. Unterdrückung und soziale Ungerechtigkeit bekämpfte er zu Lebzeiten. Ohne es explizit auszusprechen, dient der Vergleich der beiden Persönlichkeiten der Kritik an den Methoden des Amazon-Konzerns. Diese schließt den **Appell zur Solidarität**

negative Folgen des Onlineshoppings

Vergleich zwischen Bezos und Gandhi

mit schlecht bezahltem bzw. unter unangemessenen Bedingungen arbeitendem Personal mit ein (vgl. Z. 37 ff.).

Moral vs. Gemütlichkeit

Grasshoffs Kritik konzentriert sich im Folgenden auf den Onlinekäufer, dessen Verhalten letztlich den gesellschaftlichen Zusammenhalt bedrohe, da er die Folgen übermäßigen Onlineshoppings ausblende. Käufer vertrauten **ihre persönlichen Daten** Internetkonzernen, z. B. Apple, an, von denen man wisse, dass sie seit Jahren wegen Steuergeschäften in der Kritik stünden (vgl. Z. 31 f.). Die Autorin stellt eine **Verdrängung moralischer Überlegungen** bei den Konsumenten fest, die sich in der mangelnden Solidarität mit schlecht bezahlten Angestellten zeigt, und konstatiert gleichzeitig die Unmöglichkeit, sich der „Konsumkultur" (Z. 50) zu entziehen (vgl. Z. 50 ff.). Die Konsumkultur, so lautet die zentrale These, sei aus diesen Gründen das „Widerspiel der Moral" (Z. 50).

fehlende Solidarität mit prekär Angestellten

Onlineshopping als Trost und Belohnung

Moralische Überlegungen blende der Konsument auch deshalb aus, weil er sich abschotte (vgl. Z. 47) und vor allem auf sich selbst schaue (vgl. Z. 57 ff.). Man kaufe „[s]chöne Sachen" (Z. 53), um **sich zu trösten und sich zu belohnen** (vgl. Z. 57). Da Onlineshopping mehr noch als Einkaufen im stationären Handel aus vielen „Mikroentscheidungen" (Z. 61) bestehe, die der Konsument zu treffen habe, wird dem Konsum eine strukturierende und beglückende Funktion zugeschrieben (vgl. Z. 60 ff.). Diese führe letztlich zu einem **Rückzug aus der Welt ins Private** (vgl. Z. 64 ff.), der „den gesellschaftlichen Zusammenhalt und die Solidarität" (Z. 68) gefährde.

Gefahr für Gesellschaft

Konsument in Kauflaune

Abschließend nimmt die Autorin wie zu Beginn ihres Kommentars die Perspektive des Käufers in Onlineshops ein. Dessen **Überwältigung durch die Möglichkeiten des Onlineshoppings** wird mithilfe einer Alliteration (vgl. Z. 72 f.) und einer Aufzählung (vgl. Z. 73) dargestellt. Der Konsument befinde sich zu dieser Zeit geradezu im „Rausch" (Z. 74). Die Kritik wird im letzten Satz zugespitzt, wenn ironisch behauptet wird, dass sich der Käufer in dieser Situation wohlfühle und aus diesem „Rausch" vor Ablauf des Jahres nicht mehr aufwachen wolle (vgl. Z. 74 f.).

TEILAUFGABE 2

kritische Auseinandersetzung

Geschickt beginnt und beendet Grasshoff ihren Kommentar mit der Darstellung der Perspektive des Onlinekäufers, der sich vor Weihnachten der überwältigenden Vielzahl von Angeboten aus dem Onlineshopping nicht entziehen könne. In der Tat buhlen (vgl. Z. 3) Onlinehändler um Kunden insbesondere zur Weihnachtszeit und leisten zahlreiche Konsumversprechen. Das **fiktive Zitat aus einer Werbeanzeige**, mit der Grasshoffs Kommentar beginnt (vgl. Z. 1), bildet die Realität gut ab, denn das Erlangen von Glück (vgl. Z. 8), Wohlbefinden oder „Trost“ (Z. 54) sind zutreffende Motive, die beim Onlineshopping eine Rolle spielen und die für gestiegene Zufriedenheit des Kunden nach erfolgtem Einkauf sorgen (vgl. „ganz groß wirst du“, Z. 1). Der Beobachtung, dass Onlinewerbeanzeigen den Käufer regelrecht verführen (vgl. „Buhlen“, Z. 3), ist sicherlich zuzustimmen. Werbeanzeigen, für die Unternehmen eine Vielzahl an Mitarbeitern beschäftigen, zielen durch verschiedenste Techniken, die immer manipulativ wirken, darauf ab, dass der Kunde das Produkt erwirbt. Das **sprachliche Bild des Rausches**, in dem sich der Konsument in der Vorweihnachtszeit befinde (vgl. Z. 74 f.), kann gut die **Passivität und Überforderung** mancher Käufer zeigen. Ob man diese Vorstellung des Käufers im „Rausch“ nur als leichte Überzeichnung der Autorin bewertet oder als starke Übertreibung, ist sicherlich Ansichtssache.

erfolgreiche Online-Werbestrategie

Relativierung: Käufer im „Rausch“

Daher ist es kaum übertrieben, wenn man wie die Autorin vom „Krieg“ um den Käufer spricht (vgl. Z. 8 ff.). Die Tatsache, dass man **zu jeder Zeit an jedem Ort auf der Welt**, an dem man ein elektronisches Endgerät mit Internetempfang hat, Einkäufe tätigen kann, führt dazu, dass Versandhäuser und Internetkonzerne ihre Angebote auf Dauer stellen. Es ist, wie Grasshoff prägnant formuliert, eben „permanent Schlussverkauf“ (Z. 12). Dies wiederum setzt denjenigen Kunden, der sich von Werbeanzeigen ansprechen lässt, unter enormen Kaufdruck. Gerade in diesem Argument wird klar, dass Grasshoff maßlos übertreibt. Denn der **Kunde ist nicht nur verführtes Opfer**, sondern kann sehr wohl selbstständig entscheiden, was er kauft und was nicht. Die Autorin verdeutlicht aber zu Recht den großen „Stress“ (Z. 6 f.), den die „Eskalation des Konsums“ (Z. 7 f.) für den Konsumenten bedeute. Zu überlegen wäre andererseits, ob die **ständige Verfügbarkeit der Produkte** nicht auch auf einige Kunden tatsächlich beruhigend wirken könnte. Denn der Kunde könnte sich gewissermaßen entspannt zurückzulehnen im Wissen, den Kauf auch später oder gar nicht tätigen zu können.

Einkaufen immer und überall möglich

Kritik an Grasshoffs übertriebener Darstellung

mögliche gegenteilige Wirkung der Werbung

Die Mehrheit der Onlinekäufer blendet tatsächlich die Konsequenzen ihres Handelns aus. Man gibt persönliche Daten schnell preis, wenn es darum geht, das gewünschte Produkt zu kaufen. Denn Onlineshopping funktioniert nach dem Prinzip: **Ware gegen Daten**. Dabei werden die Daten der Käufer ihrerseits zu Produkten, die der Onlineverkäufer erwerben möchte. Deshalb muss der Käufer zwingend persönliche Daten, etwa die Postanschrift, die Telefonnummer, manchmal auch das Alter, aber in jedem Fall eine E-Mail-Adresse sowie die Daten zur Abwicklung des Zahlungsvorgangs angeben. In diesem Zusammenhang ist Grasshoffs Argumentation überzeugend (vgl. Z. 29 ff.). Die Frage, inwiefern die **Preisgabe persönlicher Daten unbedenklich**

achtlose Preisgabe persönlicher Daten

oder besorgniserregend ist, steht seit einigen Jahren zu Recht im Zentrum vieler Diskussionen. Von diesen lässt sich der Kunde aber in der Regel nicht beeinflussen, obwohl bekannt ist, dass z. B. Amazon und Zalando die Daten ihrer Nutzer sowie weitere Netzaktivitäten mithilfe von Algorithmen auswerten und so ein **ständig aktualisiertes Nutzerprofil** erstellen, um Kunden gezielt weitere Produkte zum Kauf anbieten zu können. Die Erfahrung, dass man von diesen Unternehmen ein Produktangebot erhält zu einem Schlagwort, das man kürzlich in eine Google-Suche eingegeben hat, dürften die meisten Nutzer bereits gemacht haben. Vielen scheint der **Schutz individueller Daten weniger wichtig als der Komfort**, den die Plattform bietet.

personalisierte Werbeanzeigen

Tatsächlich blendet eine beträchtliche Anzahl der Onlineeinkäufer moralische Fragen beim Shopping aus. Wer denkt schon beim Erwerb eines T-Shirts des Modelabels H&M an die Arbeitsbedingungen der Menschen, die das T-Shirt hergestellt haben? Lässt sich der Kauf eines Buches über Amazon nicht schneller und bequemer abwickeln, als es der Gang zum örtlichen Buchhändler ist, obwohl man weiß, dass Amazon seine Mitarbeiter unter teilweise nicht akzeptablen Bedingungen arbeiten lässt und gleichzeitig die **Existenz des lokalen Buchhändlers vor Ort durch Onlinekäufe bedroht** ist? Wenige Nutzer von Amazon scheint es zu kümmern, dass das Unternehmen seine **Gewinne größtenteils in Luxemburg versteuert** und nicht in den Ländern, in denen es die Gewinne erwirtschaftet.

während Einkauf: keine moralischen Bedenken

Negativbeispiel Amazon

Sicherlich führt diese Haltung bei einigen Konsumenten zum Rückzug ins Private (vgl. Z. 60 ff.). Dennoch erscheint **Grasshoffs Argumentation hier nicht plausibel genug**. In diesem Argument wie auch in anderen fehlen Beispiele und weitere Erläuterungen – z. B. zur Frage, welche Produkte mit „dem Schönen“ gemeint sind und wie sich der Onlinekauf von Luxusgütern von demjenigen anderer Produkte unterscheidet (vgl. Z. 53 ff.).

Kritik an Grasshoffs unvollständiger Argumentation

Auch wenn, idealtypisch gesehen, man zum Einkaufen das Haus nicht mehr verlassen muss und so deutlich weniger kommunikativen Kontakt zu anderen Menschen aufrechterhalten kann, muss dies nicht gleich zu Abschottung und Entpolitisierung führen. Hiermit ist die **Frage nach dem Handlungs- und Entscheidungsspielraum des Kunden** angesprochen. Die Autorin verweist zu Recht auf die „vielen Mikroentscheidungen“ (Z. 60 f.), die auch beim Onlineshopping von Kunden getroffen werden müssen. Diese könnten aber auch dazu führen, dass man als Verbraucher manche Produkte eben nicht online erwirbt oder dass man die **Website des lokalen Unternehmers besucht anstatt diejenige des Großkonzerns**. Der Onlinekäufer muss nicht das verführte Opfer sein, wie es Grasshoff glauben

Einwände gegen Grasshoff: Freiheit des Kunden

Unterstützung lokaler Produzenten

macht. Er kann durch Nutzung zahlreicher Informationsquellen auch zum aufgeklärten Konsumenten mit kritischer Haltung werden.

Obwohl Grasshoffs Beobachtungen für die Zeit des Weihnachtsfestes sicherlich zutreffend sind, ist dennoch kritisch zu fragen, ob Onlineverkäufer und Großkonzerne gerade durch die erwähnten Kaufstrategien des „Cyber Monday", „Pre Sale" und „After Sale" (Z. 5) nicht versuchen, jeden Tag zu einem besonderen Verkaufstag zu machen. Die **Konstruktion immer neuer Anlässe** – der „Chocolate Wednesday" (Z. 15) ist hierfür ja ein fiktives Beispiel – sowie das **ständige Anbieten von Rabattaktionen** soll dem Käufer jederzeit neue Kaufanlässe bieten und ihn mit verbilligten Angeboten zum Kauf bewegen.

Erweiterung von Grasshoffs Argument: Erfinden neuer Rabatttage

Zu hinterfragen ist darüber hinaus, ob einige Beobachtungen der Autorin nicht auch für den stationären Handel gelten. Sicherlich erreichen die Werbeanzeigen von Onlineshops schneller mehr Käufer und sicherlich sind die beschriebenen moralischen Folgen von Onlineshopping besonders gravierend. Andererseits sind ebenso im stationären Handel die **Arbeitsbedingungen teilweise schlecht und prekär**. Auch dort werden nicht allen Angestellten Mindestlöhne gezahlt, auch dort werden Kundendaten erfasst. Es existieren zudem Berichte über Unternehmen, die MitarbeiterInnen überwacht oder Steuerschlupflöcher zu nutzen versucht haben.

Schattenseiten auch im Einzelhandel

Bei wem liegt die Schuld für diese Missstände, die keinesfalls nur Einzelfälle sind? Sicherlich tragen sowohl Verkaufsstrategien der Konzerne, die **Profitsteigerung als oberstes Ziel** verfolgen, als auch die unreflektierte Haltung von Konsumenten dazu bei. Dass beide Seiten ihren Anteil an der Eskalation des Konsums haben, wird in Grasshoffs Kommentar sehr deutlich. Zu fragen bleibt allerdings nach der **Funktion und Aufgabe des Gesetzgebers**. Er sollte einen stärkeren Fokus auf den Schutz von Arbeitnehmern und die Einhaltung ihrer Rechte legen, wirtschaftliche Entscheidungen von international operierenden Großkonzernen u. a. in seiner Steuerpolitik bedenken sowie den Verbraucherschutz in vielen Hinsichten stärker ins Zentrum wirtschaftspolitischer Überlegungen stellen.

Verantwortung der Produzenten und Konsumenten

Gesetzgeber in der Pflicht

TEILAUFGABE 3

Erörterung

Auf Kritik an Arbeitsbedingungen, Umweltbelastungen oder kaum nachzuverfolgenden Lieferketten antworten Unternehmen oft, dass sie das produzieren, was Verbraucher kaufen. In der Tat funktioniert so die Logik des Marktes: **Der Verbraucher bestimmt durch seine Kaufentscheidung, was produziert wird**. Welchen Einfluss er auf die Bedingungen der Produktion hat, ist dagegen eine offene Frage.

Kaufentscheidungen haben, egal ob sie online oder offline stattfinden, gravierende Auswirkungen auf die lokale bzw. nationale und internationale Arbeitswelt. In der Regel erzeugt Konsum Arbeitsplätze, sodass die **erhöhte Nachfrage nach einem Produkt oft zur Schaffung neuer Arbeitsplätze** führt. Wenn immer mehr Kunden Produkte online kaufen, steigt die Nachfrage. Deswegen bieten Unternehmen höhere Stückzahlen dieses Produkts auf dem Markt an. Eventuell denkt das Unternehmen auch darüber nach, weitere Mitarbeiter einzustellen, z. B. im Bereich Logistik, Werbung oder IT. Erhöhter Onlinekonsum vernichtet dabei gleichzeitig Arbeitsplätze im stationären Einzelhandel.

neue Arbeitsplätze durch hohe Nachfrage

Das Konsumverhalten in Onlineshops hat deshalb auch zur Entstehung neuer Arbeitsfelder und Berufe geführt, während andere Berufsfelder aussterben oder **kaum noch Nachwuchs für die eigene Ausbildung** bekommen. Hier sind v. a. Handwerksberufe zu nennen. Die Nachfrage nach IT-Fachkräften dagegen ist so stark angestiegen, dass viele Unternehmen **händeringend nach Fachkräften suchen**. Das seit einigen Jahren entstandene Berufsbild der sog. Influencer ist eine Reaktion auf die Tatsache, dass Kunden das Medium Internet nicht nur für den Kauf, sondern auch für die **Kaufberatung** nutzen.

Entstehung neuer und Verschwinden bekannter Berufe

Gegenüber dem stationären Handel ist es dem Kunden online nur eingeschränkt möglich, Produkte vorab in Augenschein zu nehmen. Auch ist ein Verzicht auf fachkundige Beratung oder gewisse Serviceleistungen, die der stationäre Handel bieten kann, festzustellen. Sucht man nun das passende Auto, die billigste Digitalkamera oder den passenden Stromlieferanten, recherchiert man zunächst im Internet. Der Käufer lässt sich dabei nicht nur von Anbieterseiten mit Onlinewerbung, sondern vor allem von **Produktvergleichsseiten, Kommentaren und Bewertungen anderer Nutzer** sowie evtl. von Empfehlungen von Verbraucherzentralen leiten. Erst das Internet hat es mithilfe der Etablierung von Feedbackschleifen und Kommentarfunktionen in Verbraucherforen sämtlicher Art geschafft, dass es nicht nur zum Kaufort wurde, sondern auch zum Medium, in dem die Kaufentscheidung getroffen wird. Ähnlich wie in einem lokalen Geschäft sind es die Entscheidungen und die Urteile bisheriger Käufer, die weitere Käufe ermöglichen – mit dem Unterschied, dass im Internet die Meinung der vielen durch schnelle Klicks abrufbar ist. Wie vertrauenswürdig und hilfreich diese ist, muss immer noch jeder Käufer selbst entscheiden. Auch die Anbieter profitieren, wenn Verbraucher **Spuren ihrer Aktivitäten im Netz hinterlassen und Produkte bewerten**. So erhalten Unternehmen Daten, die sie zur Generierung weiterer Kundenkäufe nutzen.

Vorteile des Einzelhandels bei Beratung

Online-Beratung durch Produktvergleiche und Kundenrezensionen

nützliche Daten für Hersteller

Ein weiterer wichtiger Aspekt in dieser Hinsicht ist die Idee des fairen Handels – diesen zu etablieren und damit Organisationen und Konzerne zu gründen, die sich in der **Förderung und Produktion nachhaltiger Produkte unter fairen Bedingungen** engagieren, ist heutzutage wichtiger denn je. Denn Onlinehandel verstärkt und beschleunigt die Auswirkungen des Kaufverhaltens der Kunden auf Arbeits- und Produktionsbedingungen. Konsumverhalten beeinflusst Lieferketten und Herstellungsorte von Unternehmen, die vor der Entscheidung stehen, ob sie ihre Produktion in Billiglohnländer verlagern sollen, in denen evtl. unter prekären Bedingungen gearbeitet wird, oder ob sie sich für regionale Produktion entscheiden sollen.

wünschenswerte Nachhaltigkeit bei Herstellung und Konsum

Einfluss jedes einzelnen Käufers

Wenn das Internet zum Kaufberater wird, legen immer mehr Unternehmen dort auch ihre Produktionsprozesse offen. So hat der engagierte Kunde die **Möglichkeit, Produktionswege nachzuvollziehen**. Das mag bei bestimmten Gütern für beide Seiten gut möglich sein. Schwieriger ist es aber z. B. für den Kunden, den Weg eines Bekleidungsstückes nachzuverfolgen, das in verschiedenen Ländern Produktionsketten durchläuft, bevor es online oder stationär zum Kauf angeboten wird. Dass in Zukunft Kaufentscheidungen von Kunden sich an der Frage orientieren, wie transparent Unternehmen ihre eigenen Produktionsbedingungen offenlegen, wäre wünschenswert.

Forderung nach Transparenz bei Produktion

Um bewusste Kaufentscheidungen zu treffen, kann der Kunde sich an Gütesiegeln orientieren. Hier muss man unterscheiden zwischen ungeschützten Siegeln, wie etwa „bio" und „fair", oder geschützten Prädikaten, wie etwa das Fair-Trade-Logo des „fairen Handels". Das „Transfair"-Siegel wird nur dann vergeben, wenn die gesamte Herstellungskette von der Baumwollernte bis zur Verladung der fertigen Jeans auf ihre Arbeitsbedingungen hin überprüft wurde und den Baumwollbauern feste Mindestpreise garantiert wurden. Um **Transparenz auf dem Lebensmittelmarkt** bemüht sich z. B. die Organisation „Foodwatch", die damit staatliche Verbraucherschutzministerien unterstützt. Auch die Durchführung von Warentests und die Veröffentlichung der Ergebnisse auf den Produkten durch die bekannte „Stiftung Warentest" könnten Orientierung schaffen.

Gütesiegel als Hilfe beim Kauf

weitere Informationsmöglichkeiten für Kunden

Es gibt durchaus Möglichkeiten, eine bewusstere Konsumhaltung einzunehmen, um sich weder dem von Grasshoff beschriebenen „Glücksterror" (Z. 8) auszusetzen noch in den Kaufrausch (vgl. Z. 74) zu geraten. Für Online- und Offlineeinkäufe gibt es sicherlich gute Gründe, auch wenn vieles dafür spricht, dem stationären Handel den Vorzug zu geben. Die Entscheidung, wo und wie man einkauft, sollte aber eine bewusste Entscheidung sein. Zudem kann man die Möglichkeiten des Verbraucherschutzes und der Verbraucherpolitik nutzen. Gütesiegel und Verbraucherforen geben **Orientierung auf**

Reflexion und Verantwortungsbewusstsein des Konsumenten

dem Weg zu einer nachhaltigeren und wertigeren Konsumhaltung. Sich vor einem Kauf über das Produkt und seine Entstehungsbedingungen zu informieren, verlangsamt natürlich den Kaufprozess, was große Vor-, aber auch Nachteile mit sich bringen kann. Eine solche Konsumhaltung einzunehmen, ist schließlich nicht billig. Sie kostet Zeit und Geld, was sich viele Verbraucher nicht leisten können. Insofern gehen Fragen nach einer bewussteren Konsumpolitik immer auch mit **Fragen sozialer Gerechtigkeit und Teilhabe** einher.

soziale Dimension: höhere Preise für nachhaltige Produkte

Fazit

Grasshoffs Kommentar ist äußerst aktuell. Nur wenige Monate nach seinem Erscheinen in der Süddeutschen Zeitung wurden Mitte März 2020 in Deutschland im sog. ersten Lockdown der Covid-19-Pandemie auf Anordnung der Regierung nicht nur Institutionen wie Schulen und Universitäten vorübergehend geschlossen, sondern auch die meisten Geschäfte des Einzelhandels. Da nur Lebensmittelgeschäfte und Anbieter körpernaher Dienstleistungen geöffnet blieben, musste sich die übergroße Anzahl an Unternehmen im stationären Handel auf das Onlinegeschäft konzentrieren. Demzufolge wuchs die **Bedeutung des Onlinehandels für den Konsumenten in der Krise** um ein Vielfaches. Auch wenn die Möglichkeit des Onlineeinkaufs in der Pandemie für viele Menschen im wörtlichen Sinne lebensnotwendig war, traten durch die Krise viele Missstände, die die Autorin beklagt, noch deutlicher zutage. Da Einkäufe im stationären Handel wieder möglich sind, ist es nun umso wichtiger, nach den Konsequenzen übermäßigen Onlineshoppings zu fragen und **Perspektiven für eine nachhaltigere Konsumhaltung** zu entwickeln.

Verstärkung der Entwicklung durch Corona-Pandemie

Deutsch (Baden-Württemberg) ▪ Abiturprüfung 2022
Aufgaben

Um Ihnen die Prüfung 2022 schnellstmöglich zur Verfügung stellen zu können, bringen wir sie in digitaler Form heraus.

Sobald die Original-Prüfungsaufgaben 2022 freigegeben sind, können sie als PDF auf der Plattform **MyStark** heruntergeladen werden (Zugangscode vgl. Farbseiten vorne im Buch).

Prüfung 2022

www.stark-verlag.de/mystark